KB089507

일제강점기 민족지도자들의
역사관과 국가건설론 연구 07

독립운동가가 바라본 한국 고대사

- 독립운동사학의 고대사 인식

임찬경 지음

한가람역사문화연구소

독립운동가가 바라본 한국 고대사
- 독립운동사학의 고대사 인식

초판 1쇄 인쇄 2020년 8월 15일
초판 1쇄 발행 2020년 8월 25일

지은이 임찬경
펴낸곳 한가람역사문화연구소

등록번호 제2019-000147호
주소 서울특별시 마포구 마포대로라길 8 2층
전화 02) 711-1379
팩스 02) 704-1390
이메일 hgr4012@naver.com

ISBN 979-11-90777-11-7

값은 뒤표지에 있습니다.

이 도서는 국립중앙도서관 출판도서목록(CIP)은
서지정보유통지원시스템 홈페이지(http://seoji.nl.go.kr)와
국가자료공동목록시스템(http://www.nl.go.kr/kolisnet)에서 이용하실 수 있습니다.
(CIP제어번호: CIP2020033970)

독립운동가가 바라본 한국 고대사

- 독립운동사학의 고대사 인식

● 일러두기

이 책의 서술에서 다음 몇 가지 점에 주의하였다.

1. 가능한, 독립운동역사가의 입장을 선명하게 부각시키려 노력하였다. 그러므로 제3자의 해석보다는 독립운동역사가들이 그들의 고대사에 대한 관점을 직접 밝히는 원문(原文)을 다수 인용하려 했다.

2. 이 책에서 독립운동역사가가 직접 저술한 원문에서의 한자 및 고어(古語) 어휘를 대부분 알기 쉽게 해석하여 본문에 실었다. 독립운동역사가들의 저술은 대부분 국한문 혼용으로 되어 있으며, 어떤 것들은 한문으로만 되어 있다. 본고에서는 읽힘과 이해의 편의를 위해, 원문을 대부분 쉽게 번역 및 의역(意譯)하여 실었지만, 본문의 내용에서 꼭 원문이 필요한 경우에는 예외로서 원문 그대로를 인용했다.

3. 본문 중에서 의미를 명확하게 전달하기 위해 한자어가 꼭 필요한 경우 한자어를 한글과 병기(倂記)하였다.

4. 이 책은 대중을 상대로 한 교양서적임에도 사료(史料) 부분에 대해서는 원문을 가능한 덧붙여 놓았다. 그 이유는 필자 스스로 원문의 오독(誤讀)을 피하고 동시에 독자들께서 반드시 알아야 할 역사 사실에 대한 자료를 나름대로 재해석하시기를 기대하는 마음에서다. 필자는 우리의 고대사가 무엇 하나 제대로 정립되어 있지 못한 현실을 비판하는 입장에 있고, 때문에 이 책을 읽는 분들이 모두 독립운동역사가들처럼 "마치 독립운동을 하는 심정으로" 역사를 이해하고, 또 올바로 재해석해주시길 바란다.

5. 이 책은 본문 구성에 관련된 참고사항들에 대해 가능한 상세한 각주(脚註)를 붙이려 시도하였다. 일반인들이 쉽게 읽어야 할 교양서적임에도 각주를 다수 붙이는 이유는, 이 책이 논쟁의 여지가 많은 한국 고대사를 대상으로 하는 까닭이다. 또한 독자가 고대사의 어떤 문제에 대한 관련 자료를 직접 찾아서 검토해보기를 바라는 필자의 바램 때문이다. 필자가 가능한 상세하게 덧붙인 각주를 통해, 독자들이 우리 고대사에 대해 깊이 검토해보는 계기가 되기를 기대한다.

[헌사(獻詞)]

오로지 독립운동을 위해 역사를 연구하고 또 저술했던, 역사 연구 및 저술 자체가 그들에게는 또 하나의 가장 시급하고도 중요한 독립운동이었던, 이 땅의 뿌리 깊은 사대(事大)와 식민(植民)의 역사 왜곡을 철저히 극복하려 몸부림쳤던, 독립운동과 함께 역사 연구 및 저술이란 두 가지의 시대적 역할을 기꺼이 무겁게 짊어졌던, 1945년 광복 이후에도 또한 사대와 식민의 잔재들이 살아남아 오히려 한국사회의 지배계급으로 재편되면서 제대로 평가되지 못했고 심지어 폄하(貶下)되기도 했던, 한국사회의 깨어있는 모든 자들에게 역사 왜곡 청산과 극복의 과제를 남겨준, 죽어 묻혀서도 이 땅의 '진정한 독립'을 간절히 염원하고 있을, 독립운동가들의 영전(靈前)에 삼가 이 책을 바친다.

2020년 5월 1일 저자 임찬경

출간 서문

한국학중앙연구원은 조선총독부 소속 국가기관인가?

1

보통의 대한민국 국민들은 1945년 8월 15일 이 나라, 이 민족이 광복을 되찾았다고 생각한다. 그러나 그때의 상황을 조금 더 공부해보면 그 때 과연 광복을 되찾았는지 의문을 갖게 된다. 그날 광복이 되고 일본인들이 물러갔으면 일제 식민지배와 목숨 걸고 싸웠던 독립운동가들이 정권을 잡으면서 프랑스가 그랬던 것처럼 친일 매국노들에 대한 처단이 이루어졌어야 하는데, 상황은 거꾸로 갔기 때문이다.

일본인들은 물러갔지만 미 군정과 뒤이은 이승만 정권에서 친일세력들이 다시 정권을 잡으면서 일제강점기와 크게 다를 바 없는 상황이 전개되었다. 사회 전 분야에 걸쳐 친일세력들과 그 후예들이 득세했고 독립운동가들과 그 후예들은 일제강점기 때와 같은 삶을 살아야 했다.

정치계, 법조계를 비롯한 다른 분야들은 우리 사회가 민주화되고, 다양화되면서 친일구조가 해체되어 갔지만 역사학 분야만은 아직도 독야탁탁(獨也濁濁) 조선총독부 역사관이 교리 수준으로 기세등등하다.

2

'한국학중앙연구원(한중연)'이라는 국가기관이 있다. 박정희 유신체제가 종말로 치닫던 1978년 6월 "한국 전통문화와 한국학 연구 및 계승, 창조"라는 명분으로 만든 한국학 연구 국가기관이다. 첫 이름은 한국정신문화연구원이었는데, 초대 원장이 만주국 협화회 위원을 지낸 친일파 이선근이다. 이선근의 이력은 화려하다. 진단학회 발기인, 서울대학교 정치학과 교수, 육군본부 정훈감, 성균관대학교·동국대학교 총장, 문교부장관 등을 역임했다.

2005년 한국정신문화연구원은 한국학중앙연구원으로 이름을 바꾸었다. 한중연 내에 한국학진흥사업단이 있다. 연간 300억원 정도의 국가예산을 쓰는 조직이다. 지난 정권 때 한국학진흥사업단장이자 이른바 뉴라이트였던 역사학자가 공개 학술회의 석상에서 "단재 신채호는 세 자로 말하면 또라이, 네 자로 말하면 정신병자다"라고 망언했다. 다른 석상에서 그랬으면 큰 문제가 되지만 역사학계에서는 문제가 되지 않는다. 아무도 항의하지 않았다. 그나마 이 학회에 참석했던 어느 학자가 사석에서 분노하면서 전해준 풍경이다.

3

한중연 한국학진흥사업단에서 진행했던 사업 중의 하나가 '일제강점기 민족지도자들의 역사관과 국가건설론 연구'라는 것이다. 2013년 5월부터 2016년 5월까지 수행했던 연구과제였다. 한 독립운동가 후손이었던 국회의원이 자신의 지역구 사업 하나를 포기하면서 추진했던 사업이었다. 3년 동안 총 15권의 학술교양도서를 발간하는 사업이었는데, 성과가 좋으면 2년 동안 연장하기로 한 사업이었다. 그런데 이 사업에는 '한가람역사문화연구소' 외에는 신청자가 없었다. 사업 목표 중에 '조선사편수회 식민사관 비판'이 들어갔기 때문이다. 즉 연구내용 중에 '조선사편수회 식민사관'을 비판하는 내용이 들어가야 했다. 그러니 남한 강단사학계에서 이 프로젝트를 수행할 곳이 '한가람역사문화연구소' 밖에 없게 되었다. 물론 사업 목표 중에 '조선사편수회 식민사관 비판'이 들어간 것 역시 독립운동가 후손 국회의원 때문이었다. 한국 강단사학은 '식민사학'이란 이름표를 '실증사학'이란 이름표로 바꿔단 채 조선총독부 조선사편수회에서 만든 식민사관을 추종한다. 그러니 이 사업을 수행하겠다고 나선 대학 사학과나 학회, 연구소는 '한가람역사문화연구소' 외에 존재하지 않았다.

4

국가사업은 매년 심사를 받아야 했는데, 그 심사라는 것이 식민사학자들이 하는 것이었다. 이들은 아직도 '1945년 8월 14일 이전'의 세상에 사는 사람들이었다. 다른 분야는 그나마 무늬라도 친일색채가 엷어졌는데, 이 분야는 노골적인 친일파 세상이었다. 수많은 우여곡절 끝에 15권의 저서 중에 4권에 최종 불합격처리가 결정되었다. 출간금지와 연구비 환수조치가 내려졌다. 아래는 그 4권의 명단이다.

1. 《조선사편수회식민사관 비판-한사군은 요동에 있었다》 (이덕일)
2. 《조선사편수회출신들의 해방 후 동향과 영향》 (김병기)
3. 《한국 실증주의 사학과 식민사관》 (임종권)
4. 《독립운동가가 바라본 한국고대사》 (임찬경)

연구자들은 이런 조치에 반발해 이의신청을 했다. 한중연은 이의신청을 기각해서 교육부로 넘겼다. 연구자들은 여러 방식으로 교육부에 항의했지만 교육부 역시 연구비 환수와 출간불가라는 제재조치를 내렸다. 한중연이 처분하고 교육부가 최종확정한 이른바 〈처분확정통지서〉는 조선총독부 학무국과 조선사편수회에서 내렸다면 명실이 상부할 내용이었다. 한중연과 교육부가 자신들을 아베 내각 소속으로 아는지 대한민국 정부 소속으로 아는지는 일단 별개로 두자. 이 사업의 과제는 '일제강점기 민족지도자들의 역사관과 국가건설론연구'이다. 사업 목표 중의 하나가 '조선사편수회 식민사관 비판'이다. 한중연과 교육부가 제재를 가한 네 권의 저작은 모두 이 과제를 정확하게 수행한 것이었다. 이를 부적격하다고 판단한 근거는 단 하나 조선총독부 식민사관을 비판했다는 것뿐이었다.

5

이른바 한중연과 교육부에서 내린 〈확정통지〉에는 4권의 처분에 대한 연구자들의 이의신청 내용과 한중연 및 교육부의 심의결과가 담겨 있다. 한중연에서 내린 판정에 대해서 저자는 이렇게 이의제기했고, 한중연과 교육부는 이렇게 답했다. 하나씩 살펴보자.

① 조선사편수회식민사관 이론비판(이덕일)

이의신청 내용	• 제출한 두 과제는 본 사업의 전체 공모 주제와 핵심공모 주제와 완전히 부합 • 제출한 과제는 과거 조선총독부 조선사편수회의 식민사관을 비판하면서 현재 중국의 동북공정에 대한 반박 논리까지 갖춘 것으로 국민들에게 꼭 필요한 내용임
이의신청 심의결과 (한중연 및 교육부)	• 한국학총서 사업의 기준(주제 관련 학계 연구성과의 편향되지 않은 충실한 반영, 개인의 견해 반영 시 전문성과 합리적 근거 제시, 일반인도 이해하기 쉬운 문체 등)에 입각해 볼 때, 결과물 심사 결과는 타당하다고 판단되므로 이의신청을 기각함

이 저서는 조선사편수회의 핵심논리 중 하나이자 현재 중국에서 북한 강역은 자신들의 것이라고 주장하는 근거인 '한사군은 북한 지역에 있었다'는 것을 비판하고 '한사군은 요동에 있었다'고 논증한 저서이다. 한중연과 교육부는 "주제 관련 학계 연구성과의 편향되지 않은 충실한 반영"을 요구하고 있다. 이말은 "주제 관련 조선총독부 조선사편수회의 논리를 따르라"는 것이다. 즉 한사군은 조선총독부와 중국 동북공정의 주장대로 북한에 있었고, 낙랑군은 평양에 있었다는 것이다.

이 문제에 대해서 북한 역사학계는 어떤 견해일까? 《임꺽정》의 저자 홍명희의 아들인 홍기문은 1949년 〈조선의 고고학에 대한 일제 어용학설의 검토〉라는 논문을 썼다. 그는 "일제가 조선을 완전한 식민지로 만들기에 성공하자 그들의 소위 역사학자들은 조선역사에 대해서 이상한 관심을 보였다…(그들의 논리는) 첫째 서기 전 1세기부터 4세기까지 약 5백년 동안 오늘의 평양을 중심으로 한(漢)나라 식민지인 낙랑군이 설치되었다는 것이요…"라고 말했다. 70여 년 전인 1949년에 북한 학계는 '낙랑군=평양설'이 일제 어용학설의 첫 번째라고 비판했다. 그후 북한의 리지린은 1958년 북경대 대학원에 유학하며 고사변학파의 고힐강을 지도교수로 1961년 《고조선연구》란 논문을 써서 박사학위를 취득했다. 낙랑군은 평양이 아니라 요동에 있다는 내용이다. 리지린이 1961년 평양에서 열린 '고조선에 관한 과학토론회'에 참석해 자신의 학술논문의 요지를 발표하면서 북한 학계는 공식적으로 '낙랑군=평양설'을 폐기시키고 '낙랑군=요동설'로 정리했다. 지금으로부터 60여 년 전에 북한 학계에서 폐기시킨 '낙랑군=평양설' , 즉 조선총독부 조선사편수회 학설이 남한의 한중연과 교육부에는 신성불가침의 교리이다. 조선총독부가 만든 이 교리에 도전해서 '낙랑군=요동설'을 주장했으니 출판을 금지하는 것은 물론 연구비를 환수해야겠다는 것이 21세기 백주대낮에 한중연과 교육부가 휘두르는 칼춤이다. 일본학중앙연구원, 일본문부성으로 이름을 고치면 명실이 상부하다.

② 조선사편수회 출신들의 해방 후 동향과 영향(김병기)

이의신청 내용	• 재심에서 지적한 실증사학에 대한 관련된 부분은 최소한으로 하여, 본고에서 지나치게 실증사학을 강조했다는 부분은 수용하기 어려우며, 다른 세부적인 지적 사항은 출판 과정에서 수정 보완하여 해결할 수 있는 문제임
이의신청 심의결과 (한중연 및 교육부)	• "향후 연구를 위한 심화방안"은 앞으로 고민할 주제라는 의견은 합리성이 있으며, 1-2장의 비중을 20%로 줄인 것은 고무적이나 "연구자의 관점이나 해석이 거의 없다"는 점은 거의 개선되지 않았음.(참고문헌에 정상우의 조선사편수회 박사학위논문 인용했으나 본문에서 전혀 다루지 않는 등) 여전히 심사자들이 제기한 근본적인 문제는 진행 중이며 출판과정에서 수정하거나 보완할 수 있는 사항은 아니므로 이의신청을 기각함

이 책은 조선총독부 조선사편수회의 연구내용을 비판하고 나아가 조선사편수회 출신으로 해방 후 국사학계의 태두라고 떠받들려진 이병도·신석호의 해방 이후 행적을 비판하는 내용이다. 먼저 이병도·신석호는 《친일인명사전》에 반민족행위자로 등재된 친일파들이다. 이 책을 집필한 김병기 박사는 3대가 독립운동에 나섰던 희산 김승학 선생의 종손이며 현재 광복회 학술원장이다. "독립운동을 하면 3대가 망하고 친일하면 3대가 흥한다"는 속담을 지금은 "독립운동을 하면 영원히 망하고, 친일을 하면 영원히 흥한다"로 바꾸어야 하는 실례다. 희산 김승학 선생은 대한민국 임시정부 학무국장(교육부 장관)과 만주 무장항쟁조직이었던 참의부 참의장을 지냈으며, 해방 후 백범 김구 주석으로부터 국내에 군부 설립을 위임받았던 저명한 독립운동가이다. 그는 임정의 2대 대통령이었던 백암 박은식 선생으로부터 광복 후 《독립운동사》를 쓰라는 권고를 받고 독립운동을 하면서도 각종 사료를 모았으며, 광복 후 생존 독립운동가들과 함께 《한국독립사(1964)》를 편찬했다. 그는 일제 때 5년 동안 투옥되었는데, 그 과정에서 "팔 다리가 몇 차례 부러지는 숱한 고문"을 받았다. 김승학 선생은 《한국독립사》 서문에서 일제의 고문 이유를 "독립운동사 사료를 어디에 감추었느냐?"는 것이었다고 썼다. 이렇게 피눈물로 지켜낸 사료들은 2016년 한중연에 위탁기증해서 정리하고 피눈물로 쓰여진 《한국독립사》를 일반인들도 보기 쉬운 한글판으로 재간행될 예정이었지만 이 사업 역시 한중연에서 2017년 강제로 중단시키고 말았다.

그 연장선상에서 친일반민족행위자 이병도·신석호가 해방 후에도 일제 식민사학을 하나뿐인 정설로 만든 것을 비판하는 《조선사편수회 출신들의 해방 후 동향과 영향》도 한중연과 교육부에 의해 출판금지와 연구비 환수조치를 당했다. 한중연과 교육부는 "지금이 조선총독부 세상이라는 사실을 아직도 모르느냐?"라고 기염을 토하는 듯하다. 3대 독립운동가 후손인 김병기 박사는 여전히 한중연과 교육부에 또아리 튼 토왜, 친일매국세력들에 의해 탄압받는 중이다.

③ 한국 근대역사학:실증주의와 민족사학(임종권)

이의신청 내용	• 본래 공모 주제에 부합하게 연구한 내용이 한국 실증주의 사학과 식민사관의 연관성을 지적하고 비판했다는 이유로 'FAIL' 판정을 내린 것은 다분히 친일 성향 역사관을 지닌 일부 학자들의 횡포임
이의신청 심의결과 (한중연 및 교육부)	• 한국학 총서 사업의 결과물은 개인의 독창적 학설이나 주장을 담을 경우 합리적 근거를 제시하고 설득력이 있어야 하나, 여러 차례의 심사와 그에 대한 이의 제기 내용을 볼 때 심사위원 지적에 대한 학문적 합리적 반론보다는 주관적 견해에 입각한 반발이 대부분임. 기존 처분을 바꿔야 합당한 이유를 찾기 어려우므로 이의신청을 기각함

이 책은 한마디로 남한 역사학계에서 주장하는 '실증주의'는 남한 강단사학계에서 일제 식민사학을 여전히 하나뿐인 정설로 유지하기 위한 수사에 불과하다는 내용이다. 임종권 박사는 서양사 전공자로서 영어는 물론 프랑스어·독일어·일본어에도 능한 학자이다. 그래서 실증주의 창시자로 불린 랑케의 저작을 직접 읽고 남한 역사학계의 실증주의는 일본 제국주의 역사학이 일제의 침략을 합리화하기 위해서 왜곡한 실증주의로서 랑케의 실증주의와도 아주 다르다는 사실을 서술했다. 광복 후 조선사편수회 출신인 이병도·신석호를 태두로 삼은 남한 역사학계는 '일제 식민사학'이란 이름을 '실증사학'으로 바꾸어달고 '객관성' 등을 주창하면서 조선총독부 역사관이 마치 객관적인 실증사학인 것처럼 국민들을 호도했다. 임종권 박사의 실증적 연구로 남한 학계의 실증주의가 조선총독부 역사관을 계속 유지하기 위한 도구임

이 밝혀지자 이런 연구결과를 '개인의 독창적 학설이나 주장'으로 매도하고 출판금지 및 연구비 환수조치를 내린 것이다. 심사의견 중에는 심지어 《민족주의는 반역이다》라는 책을 따르지 않았다는 내용까지 있다. 이 사업의 대주제가 '일제강점기 민족지도자들의 역사관과 국가건설론 연구'인데, 민족지도자들의 독립투쟁이 '반역'이라는 것이다. 정확히 조선총독부의 자리에 서서 독립운동을 바라보는 것이다.

④ 일제 하 독립운동가들의 고대사 인식(임찬경)

이의신청 내용	• 한국학중앙연구원 측의 최종 '심사소견'이 심사자의 주관적 판정에 치우쳤다고 판단하며, 이 주관적 판정에 학술적 입장 이외 판단 요소가 개입되었다고 판단함 • 참고문헌을 출판 편집과정에 자연스레 이루어질 작업으로 판단하였기에 참고문헌을 본문 뒤 별도 작성하지 않은 것이 '불합격' 판정 사유가 된다는 점이 이해가 안감
이의신청 심의결과 (한중연 및 교육부)	• 본 과제는 개인적인 학설이나 주장은 가능한 최소화하면서 학계의 보편적인 입장을 반영함은 당연하며, 나아가 기존의 연구성과를 이해하고 이를 집필하는 과정에 '대중의 입장'을 반영하는 자세가 요구됨. 항일의식을 일깨우는 정신적 유산 중 하나인 "독립운동가들의 고대사 인식"을 당시 시대상황과 관련하여 서술하려는 노력은 좋으나 미흡한 부분도 적지 않음. 미시적인 입장과 거시적인 관점이 조화롭지 못한 부분이 있어 제재조치가 타당하다고 판단되어 이의신청 기각함

이 저서는 일제강점기 독립운동가들의 고대사관은 조선총독부 조선사편수회의 식민사관과 다르다고 논증한 책이다. 한중연과 교육부에서 말하는 '학계의 보편적 입장'이란 물론 '조선총독부 역사관 추종'을 뜻하는 것이다. 이의신청 심의결과는 한마디로 앞뒤도 맞지 않는 횡설수설에 불과하다. 남한 식

민사학자들의 횡설수설은 그러나 반드시 "조선총독부 역사관은 영원히 우리를 지배하신다"는 종착점을 정확하게 찾아간다. 얼마나 비판할 거리가 없으면 참고문헌을 첨부하지 않았다는 것으로 삼았는지 측은한 생각까지 든다. 참고문헌을 첨부하지 않은 다른 여러 저서들은 합격판정을 받았다. 한중연과 교육부는 독립운동가들이 어떤 역사관을 가졌는지 국민들에게 절대 알려져서는 안 된다는 것이다. 대한민국 국민들은 오직 조선총독부에서 만든 반도사관만 알아야 한다는 것이다.

6

한국학중앙연구원이 자신들은 조선총독부 소속이라고 굳게 믿고 내린 출판금지 및 연구비 환수조처는 위 4권의 책만이 아니다. 전 한국회계학회장 허성관(전 광주과기원 총장)이 쓴 《개성상인의 탄생》도 출간불가와 연구비 환수조치를 내렸다. 이 책은 〈박영진가 복식부기 장부의 20세기 전후 삼포(蔘圃)회계와 현대적 경영사고〉 (《경영학연구》, 2017년 8월) 등의 논문을 기초로 작성된 저서이다. 이 논문은 2017년 통합경영학회 우수논문상을 수상했다. 허 전 총장은 2014년에도 〈개성상인의 20세기 전후 삼포회계와 현대적 경영사고〉라는 논문으로 우수논문상을 수상한 바 있는데, 이런 논문들을 일반대중들이 쉽게 접할 수 있도록 쓴 책이 《개성상인의 탄생》이다. 이 책은 개성상인 박영진 가문에서 전해 내려오는 문서가 복식부기였고, 박영진가 장부에 담긴 현대 자본주의적 사고와 경영기법들을 구체적으로 설명한 책이다. 초서(草書)로 쓰여진 박영진가 문서(문화재청 등록문화재 587호)를 탈초 작업까지 해 가면서 논문을 쓰고, 저서로 풀어낸 책이다.

이 책에 대해서 고려대 경영학과 정석우 교수는 "조선조 말 개성상인 장부가 복식부기이고, 개성상인들이 자본주의적으로 사고하면서 사업했음을 실증적으로 확인해 종합한 책"이라고 평가했는데도 한중연은 왜 출간금지 및 연구비 환수 조치를 내렸을까?

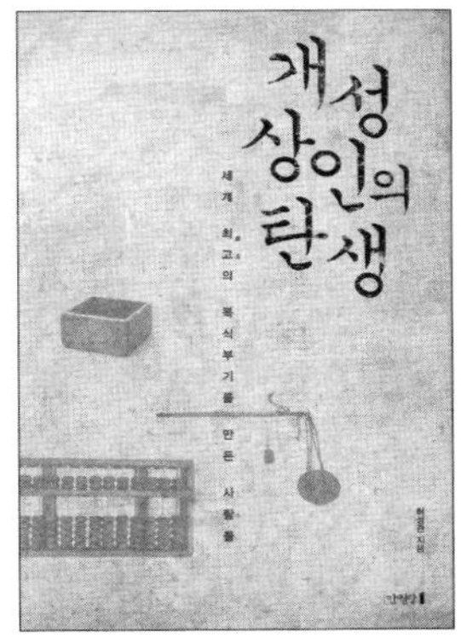

가장 중요한 이유는 허성관 전 총장이 서문에서 "(이책은) 우리나라 경제사학계 일부에서 주장하고 있는 식민지근대화론을 정면에서 반증하는 증거"라고 쓴 것처럼 안병직·이영훈 등이 포진한 낙성대경제연구소 등에서 주장하는 식민지근대화론을 정면에서 부정한 책이기 때문이다. 일제강점기 때 우리 사회가 근대화되었다는 식민지근대화론은 대한민국의 탄생 자체를 거부하는 반민족적 논리인데, 이를 비판했다고 한중연에서 제재를 가한 것이다. 다른 이유는 허 전 총장이 이 논문들을 '한가람역사문화연구소 연구위원'의 명의로 발표했기 때문일 것이다. 한가람역사문화연구소는 설립 이래 우리 사회 구석 구석을 장악하고 있는 친일세력들과 총성없는 전쟁을 계속해 왔는데, 이 책에 대한 한중연의 친일매국적 제재 조치 또한 그 일환인 것이다.

7

2013년 필리핀은 헤이그에 있는 국제상설중재재판소(PCA:이하 국제재판소)에 남중국해 분쟁과 관련해 제소했다. 중국이 남중국해에 9개의 U자 형태의 선(구단선)을 그어놓고 그 안쪽 바다와 섬들이 모두 중국의 관할권 아래 있다고 선언한데 대해서 국제상설재판소에 제소한 것이다. 중국이 자국관할이라고 주장하는 9단선은 필리핀뿐만 아니라 베트남, 말레이시아 등의 배타적 경제수역(EEZ)을 침범하고 있다. 이에 대해 국제재판소는 2018년 만장일치로 중국의 패소를 판결했다. 나는 국제재판소의 판결문 중에 "중국은 남중국해 구단선에 대한 역사적 권리(Historical Rights)를 주장할 법적 근거가 없다"고 판시한 부분을 중시한다. '역사적 권리'가 판단의 주요 근거의 하나로 사용된 것이다.

시진핑 중국 국가주석은 트럼프 미국대통령을 만나 "한국은 역사적으로 중국의 일부"였다고 망언했지만 한국의 강단사학자들은 한 마디도 반박하지 못했다. 시진핑의 논리를 자신들이 제공했기 때문이다. 한중연과 교육부에서 출간금지 조치를 내린 《조선사편수회식민사관 이론비판-한사군은 요동에 있었다》는 시진핑이 한국이 중국의 일부였다는 주요 논리의 하나인 한사군 한반도설을 사료를 들어 부정하고 한사군은 고대 요동에 있었다고 논증한 저서다. 한중연과 교육부에서 이 책을 우수 학술교양도서로 선정해 전 국민에게 일독을 권한다면 대한민국 정부 소속이 맞지만 지금 한중연과 교육부가 보이는 행태는 정 반대다. 시진핑의 "한국은 중국의 일부였다"는 주장을 뒷받침하는 "한사군 한반도설" 외에는 대한민국에서 출간할 수 없다는 것이니 이들은 내심으로는 중국 국무원 소속 기관이라고 믿고 있는 것이 아닌지 의심된다.

일본의 아베 내각은 2014년 7월 '집단적 자기방위 결의안'을 통과시켰는데, "일본에 대한 무력공격뿐만 아니라 일본이 긴밀한 관계를 유지하고 있는 국가에 대한 공격의 경우와 그러한 공격의 심각한 위협이 있는 경우에도 자위대를 사용할 수 있다"고 결의했다. 여기에서 '일본이 긴밀한 관계를 유지하고 있는 국가'란 물론 대한민국이다. 군대보유 및 분쟁에 대한 교전권을 부인한 일본의 평화헌법 9조를 개정해 자위대를 합헌으로 만들어 여차하면 대한민국에 보내겠다는 뜻이다. 일본 문부성과 A급 전범 출신이 만든 사사카와 재단, 도요타 재단 등은 한국 학자들에게 막대한 자금을 제공하거나 유학생들의 경우 학자금은 물론 생활비까지 대어주면서 일본에서 박사학위를 취득하게 한 다음 국내 대학에 교수로 침투시키는 전략을 꾸준히 사용했다.

그 결과 2019년 12월 국립중앙박물관이 '가야본성'이라는 일본식 이름의 가야전시 연표에 "369년 가야 7국(비사벌, 남가라, 탁국, 안라, 다라, 탁순, 가라) 백제·왜 연합의 공격을 받음(서기)"이라고 써놨다. 일본 극우파들이 369년에 야마토왜가 가야를 점령하고 임나일본부를 설치했다고 주장한 것을 그대로 써 놓은 것이다. 국립중앙박물관은 당초 일본 순회 전시일정까지 잡아놓고 있었다. 만약 한가람역사문화연구소와 미사협 등의 반박이 없었다면 '가야본성'은 일본 전시를 강행했을 것이고 일본 극우파는 "역사는 다시 장악하는데 성공했다"고 축하하면서 독도를 필두로 땅만 다시 점령하면 된다고 기염을 토했을 것이다.

한중연과 교육부에서 《조선사편수회출신들의 해방 후 동향과 영향(김병기)》을 출간금지시키고 연구비 환수조치를 내린 것은 친일반민족행위자로 등재된 이병도·신석호를 극력 보호함으로써 일제 식민사학에 대한 비판을 원천 봉쇄하려는 의도인 것이다. 대한민국 정부 소속이 아니라 아베내각 소속의 한중연과 교육부가 내린 조치라면 명실이 상부하다. 다른 두 권의 저서 《한국 실증주의 사학과 식민사관(임종권)》이나 《독립운동가가 바라본 한국고대사(임찬경)》도 마찬가지로 한중연과 교육부가 중국 국무원 소속이거나 아베 내각 소속이 아니라면, 아니 대한민국 국민이라면 감히 꿈도 꾸지 못할 반역사적, 반민족적 작태를 버젓이 자행하고 있는 것이다.

광복 후 미군정과 이승만 정권이 다시 친일파 세상을 만듦으로써 친일 매국노들에게 다시 탄압받던 독립운동가들의 심정이 절로 다가온다. 김병기 박사의 증조부인 희산 김승학 선생께서 유고로 남긴 《한국독립사》 서문의 일부가 필자들의 심경을 대신 전해주고 있다.

"유사 이래 국가흥망의 역사가 허다하나 우리처럼 참혹한 이민족의 압박을 받아 거의 민족이 말살될 위경(危境:위태로운 처지)에까지 이르렀던 전례는 일찍이 없었다…(내가) 불행히 왜경(倭警)에게 체포된 후 수각(手脚:팔다리)이 부러지는 수십 차례의 악형이 바로 이 사료 수색 때문이었다…

무릇 한 국가를 창건하거나 중흥시키면 시정 최초 유공자에게 후중한 논공행상을 하고 반역자를 엄격하게 의법조치하는 것은 후세자손으로 하여금 유공자의 그 위국충성을 본받게 하고 반역자의 그 죄과와 말로를 경계케 하여 국가 주권을 길이 만년 반석 위에 놓고자 함이다. 이 중요한 정치철학은 동서고금을 통하여 역사가 증명하는 바이다.

우리나라는 반세기 동안 국파민천(國破民賤:나라가 망하고 백성이 노예가 됨)의 빠저린 수난 중 광복되어 건국 이래 이 국가 백년대계의 원칙을 소홀히 한 것은 고사하고 도리어 일제의 주구(走狗:반역자의 사냥개)로 독립운동자를 박해하던 민족 반역자를 중용하는 우거를 범한 것은 광복운동에 헌신하였던 항일투사의 한 사람으로서 전 초대대통령 이승만 박사의 시정 중 가장 큰 과오이니 후일 지하에 돌아가 수많은 선배와 동지들을 무슨 면목으로 대할까보냐? 이 중대한 실정으로 말미암아 이박사는 집정 10년 동안 많은 항일투사의 울분과 애국지사의 비난의 적(的:과녁)이 되었었다(김승학, 《한국독립사》 유고)"

일제강점기 민족지도자들의 역사관 및 국가건설론 연구 연구자 일동

서 문

몇 년 전 필자는 교육부의 예산지원을 받아, '독립운동가의 고대사 인식'이란 주제의 연구를 진행했다. 그 연구 과정에 수집한 자료를 기초로 「이병도 한사군 인식의 형성과정에 대한 비판적 검토」(2014), 「근대 독립운동과 역사연구 출발점으로서의 단군인식 검토」(2017), 「독립운동가의 고대사 인식 : 그 계승을 통한 한국 역사학계 적폐청산 과제와 방법」(2018) 등을 학술지에 발표했다. 최근에 발표한 「대한민국임시정부 출간 『배달족역사(倍達族歷史)』의 대종교적 역사관」(2019)도 역시 그 연구 과정에 수집한 자료를 기초로 한 논문이다.

한편 그와 같은 시기에 필자는 교육부의 예산지원을 받는 또 다른 연구도 진행했는데, 그 주제는 고구려의 도읍인 평양의 왜곡된 위치를 새롭게 바로 찾는 것이었다. 이 연구 과정에 필자는 기존의 역사 서술에서 고구려의 첫 도읍인 졸본(卒本), 427년 장수왕이 천도한 평양의 위치가 심각하게 왜곡되었음과 함께 그 왜곡의 과정도 알아냈다. 더 나아가 고구려 역사 왜곡은 소위 위만조선(衛滿朝鮮)의 위치 왜곡과 밀접하게 연관되어 있음도 알아냈다. 이 연구에 따르면 한국고대사 전반의 왜곡은 위만조선, 졸본, 평양의 위치에 대한 왜곡으로부터 비롯된 것이었다. 이러한 왜곡을 바로잡으려는 목적으로 필자는 최근 『고구려와 위만조선의 경계 : 위만조선, 졸본, 평양의 위치 연구』(한국학술정보, 2019)를 출간했다.

지금 생각하면 당시, 위에 소개한 두 연구를 동시에 진행할 수 있었던 것은 고대사 전문 연구자인 필자에게 더 없이 큰 행운이었다. 사실 두 연구는 서로 밀접히 연관되어 있었다. 두 연구의 공통점은 고대사 왜곡의 극복에 있었던 것이다.

독립운동가들은 우리의 '역사'로써 '동포'를 일깨워, 깨어난 '동포'들로 일제 침략에 맞서는 독립운동을 벌이려 했다. 그러나 비참하게도 당시 우리 민족에게는 '동포'들을 일깨우고 일으켜 세워 독립운동에 나서게 할 '우리의 역사'가 없었다. 그러므로 독립운동가들이, 독립운동을 하기 위해서는 우선 '우리의 역사'부터 긴급히 다시 써야만 했다. 사대(事大)와 식민(植民)으로 심각하게 왜곡되어 온 고대사부터 극복해야 했던 것이다. 독립운동가들에게, 기존 역사 왜곡의 극복과 새로운 '우리의 역사'를 쓰는 자체가 바로 가장 시급한 독립운동이 되었던 것이다.

'평양의 올바른 위치 연구' 역시 조금도 다르지 않았다. 서기전194년에 현재의 북한 평양 일대에 위만조선이 세워졌고, 서기전108년 한(漢)의 무제(武帝)가 위만조선을 멸망시키고 현재의 평양 일대와 그 주위에 낙랑군 등의 사군(四郡)을 설치했으며, 427년에 고구려가 그 평양 일대로 도읍을 옮겼다는… 그런 심각한 역사 왜곡을 극복하는 연구였던 것이다.

위의 두 연구를 동시에 진행하던 그 몇 년과 그 이후, 필자는 우리사회의 뿌리 깊고 심각한 역사 왜곡 극복의 과제를 안고 수많은 고민을 거듭했었다.

이번에 이 책을 내게 되면, 방금 위에 소개한 두 연구의 결과가 모두 단행본으로 출간되는 것이다. 두 연구 결과는 모두 우리사회의 역사 왜곡 극복을 통한 역사 바로쓰기와 관련되어 있다. 작년에 필자는 '평양의 올바른 위치 연구' 결과를 담은 『고구려와 위만조선의 경계 : 위만조선, 졸본, 평양의 위치 연구』(한국학술정보, 2019)를 출간하며, 그 뒷표지에 다음처럼 써놓았었다.

"역사 서술은 사람의 몫이며, 따라서 역사왜곡도 결국 사람에 의해 이루어진다. 특히 해방 이후 청산되지 못한 사대(事大)와 식민(植民)의 잔재들이 한국사회의 지배계급으로 재편되면서, 조선시대와 일제강점기의 역사왜곡은 청산되지 않고 오히려 그대로 유지 및 강화될 수밖에 없었다. 그러므로 현재 우리 사회에 어떤 역사왜곡이 존재한다면. 그 역사왜곡을 유지시킬 필요가 있는 세력이 아직도 이 사회를 지배하고 있기 때문이라고 생각한다. 보다 많은 분들이 이 책을 통해 우리 한국역사가 안고 있는 역사왜곡의 본질을 분명히 이해하길 기대한다. 역사왜곡의 본질을 바로 이해해야… 비로소 역사 바로쓰기가 가능해진다."

위의 서술은 이번에 출간된 이 책에도 역시 유용하기에, 여기 서문에 특별히 덧붙여 둔다. 이 책 출간의 궁극적 목적은 바로 위의 서술에 담긴 "역사왜곡의 본질 이해, 그리고 그를 통한 역사 바로쓰기 시도"라고 할 수 있기 때문이다.

필자는 이 책의 첫 부분에 독립운동가들에게 바치는 [헌사(獻詞)]를 실었다. 독립운동과 함께 역사 연구 및 저술이라는 두 가지의 시대적 사명을 무겁게 짊어지고, 오로지 독립운동을 위해 역사를 연구하고 또 저술했던, 이 땅의 뿌리 깊은 사대(事大)와 식민(植民)의 역사 왜곡을 철저히 극복하려 몸부림쳤던 독립운동가들에게 바치는 [헌사]이다. 무엇보다도 이 책의 첫 부분에 [헌사]를 꼭 넣은 이유는, 역사를 연구하고 또 저술했던 독립운동가들께 특별히 사죄하고 또 용서를 구하고 싶기 때문이다. 사실 1945년 광복 이후에도 또한 사대(事大)와 식민(植民)의 잔재들이 청산되기는커녕 그대로 살아남아 오히려 한국사회의 지배계급으로 재편되면서, 독립운동가들의 역사 연구와 저술은 제대로 평가되지 못했음은 물론 오히려 폄하(貶下)되기도 했다. 독립운동가들이 시도했던 역사 왜곡의 극복은 제대로 이루어지지 못한 채, 대한민국은 아직도 사대와 식민의 역사를 일부 유지하고 있다. 독립운동가들이 꿈꾸고 시도했던 '진정한 독립'은 아직 실현되지 않은 것이다. 이런 가슴 아픈 현실에 대해, 필자 또한 역사연구자로서 독립운동가들께 진심으로 사죄하고 또 용서를 구하는 의미로서 [헌사]를 실은 것이다.

독립운동가들에게 역사 특히 민족사(民族史)는 대외적으로 제국주의의 침략에 맞서는 유력한 사상적 무기의 하나이며, 대내적으로 반민중적·반민족적 봉건세력을 비판하여 해체시키는 문화 도구이며, 또한 민족 성원을 각성(覺醒)시켜 독립운동 전선(戰線)에 나서게 하는 교육과 선전의 핵심이며, 그들이 목숨까지 바쳐서 건설하려는 독립된 자주 국가를 건설하는 청사진(靑寫眞)이 담긴 것이었다. 독립운동가들의 이러한 역사 정신이 이 책을 통해 널리 이해되어 질 수 있기를 기대한다.

2020년 5월 1일 저자 임찬경

차례

3부. 독립운동가의 한사군 인식

4부. 부여-고구려-발해의 역사 계통과 대륙국가 인식

보론

서 론

'독립운동역사가'의 '독립운동사학' 중 고대사 인식에 대해

1910년 일제에 의한 국권 강탈 이후로부터 1945년 해방되기까지의 36년 동안을 일제강점기(日帝强占期)라고 부른다. 일제강점기는 우리민족의 유구한 역사에서 우리민족에게 가장 크고 아픈 상처를 남긴 한국사의 특수한 한 시기였다. 당연히 우리민족 성원들은 일제강점기를 극복하고 우리민족의 독립을 쟁취하기 위해 다양한 방식으로 투쟁하였는데, 그러한 사회운동을 독립운동(獨立運動)이라고 하며, 그 운동에 나선 인물들을 독립운동가(獨立運動家)라고 부른다.[1]

독립운동역사가의 고대사 인식과 독립운동의 관계

일제의 침략과 강점에 맞서서 독립을 쟁취하기 위해 싸우는 독립운동가들은 역사를 특별히 중시했다. 독립운동가들에게 역사 특히 민족사(民族史)는 대외적으로 제국주의의 침략에 맞서는 유력한 사상적 무기의 하나이며, 대내적으로 반민중적·반민족적 봉건세력을 비판하여 해체시키는 문화 도구이며, 또한 민족 성원을 각성(覺醒)시켜 독립운동 전선(戰線)에 나서게 하는 교육과 선전의 핵심이며, 그들이 목숨까지 바쳐서 건설하려는 독립된 자주 국가를 건설하는 청사진(靑寫眞)이 담긴 것이었다고 볼 수 있다.

1 국립국어원,『표준국어대사전』. 이 책 전체에서의 모든 용어는『표준국어대사전』을 참조하였다.

그러므로 독립운동가들은 자신과 동지들의 목숨을 건 독립운동을 진행하면서 한편으로는 사서(史書)를 읽고 연구하여 우리 역사와 관련한 글들을 연이어 발표하였으며, 독립운동가들이 국외의 망명지에 학교를 세우면 무엇보다 먼저 역사교과서를 만들어 국어와 지리 등과 함께 역사를 가르쳤다. 예를 들면 조국해방을 위한 독립군을 양성할 목적으로 1911년에 세워진 신흥강습소(新興講習所, 뒤에 신흥중학교 혹은 신흥무관학교로 명칭을 바꿈)에서도 군사교육과 함께 또한 가장 중시하여 가르친 과목이 바로 역사 및 지리였다.[2] 그러므로 독립운동을 위해 국외로 망명하는 어떤 독립운동가들이 다른 무엇보다 역사 관련 서적을 가장 소중하게 챙겨 가슴에 품고 갔다는 일화(逸話)들이 남겨질 수 있었던 것이다.

예를 들면, 독립운동가 신채호는 1910년 4월 중국으로 망명할 당시에 그 어려운 조건에도 불구하고 안정복의 『동사강목(東史綱目)』을 소중하게 지니고 갔다고 전한다.[3] 1911년 1월에 중국으로 망명한 이상룡은 압록강을 건너 도착한 안동(安東, 현재의 중국 단동시)에서 이후의 역사 연구를 위해 우선 『만주지지(滿洲地誌)』 등을 구입하여 지니고 다시 본격적인 망명길에 오른다.[4] 1910년 만주의 회인현(懷仁縣, 현재의 중국 환인현)에 망명한 윤세복 등의 대종교(大倧敎) 지도자들은 다수의 역사서적을 지니고 있었는데, 이는 박은식과 신채호 등은 물론 대종교 계통의 다수 독립운동가들이 이후 역사를 연구 및 저술하는 중요한 자료로 활용되었다.

그러한 독립운동가들에게 역사 연구 및 저술은 또 하나의 중요한 독립운동 그 자체였다. 이렇게 민족의 역사를 연구하고 또 관련 역사저술을 남긴 '독

2 박환, 「滿州地域의 新興武官學校」『사학연구』40, 1989, 376~383쪽.

3 단재신채호전집편찬위원회, 『단재신채호전집』제9권, 독립기념관 한국독립운동사연구소, 2008, 연보.

4 李相龍, 「西徙錄」『石洲遺稿』, 高麗大學校 影印叢書 第一輯, 1973, 272쪽.

립운동역사가'들은 특히 고대사를 중시했다. 독립운동역사가들은 대부분 고대사 중심의 역사 연구자였던 것이다.

이 책에서는 독립운동 차원의 역사연구를 진행하고 또 그 연구에 의한 일정한 역사저술을 남긴 독립운동가를 '독립운동역사가'로 불러, 독립운동과 역사연구라는 두 가지의 시대적 역할을 담당했던 독립운동가들의 그 성격을 특히 부각시키는 의미의 용어로 사용하고자 한다.

우선 독립운동역사가들은 고대사 연구를 통해 우리민족사의 첫 출발점에 단군(檀君)을 세우려 했다. 단군에서 우리민족의 역사적 정체성을 찾았고, 단군으로부터 시작된 유구한 역사로서 우리민족을 각성시켜 독립운동에 나설 동력을 찾으려 했다. 당연히 독립운동역사가들은 고대의 한반도에 기자(箕子)가 와서 조선을 다스렸다는 사대적(事大的) 역사 인식을 극복하려 했다. 서기전108년 무렵 한(漢)의 무제(武帝)가 위만조선(衛滿朝鮮)을 멸망시키고 한반도 일대에 설치했다는 소위 한사군(漢四郡)의 논리 역시 독립운동역사가의 고대사 연구에서 우선적으로 극복해야 할 대상이었다. 독립운동역사가들은 조선시대의 사대적인 역사가들이 기자(箕子)나 한사군을 한반도에 끌어들임으로서 우리민족의 역사적 강역을 한반도 안으로 축소시켰다고 강하게 비판하면서, 만주대륙(滿洲大陸)을 강역으로 하는 우리민족 고대사를 회복시키려고 노력했다. 독립운동역사가들은 단군에서 부여(扶餘)-고구려-발해를 거쳐 여진(女眞)과 고려로 이어지는 민족사 체계를 확립하고, 그에 따른 대륙국가를 우리역사의 본모습으로 설정하였던 것이다. 만주대륙을 우리민족 본래의 역사 강역으로 보는 이러한 역사 인식에 따라, 독립운동가들은 만주대륙을 터전으로 독립운동을 벌여나갈 수 있었고, 독립운동으로 쟁취할 자주독립국가의 건설 구상에서도 만주대륙을 미래의 우리 강역으로 설정할 수 있었다.

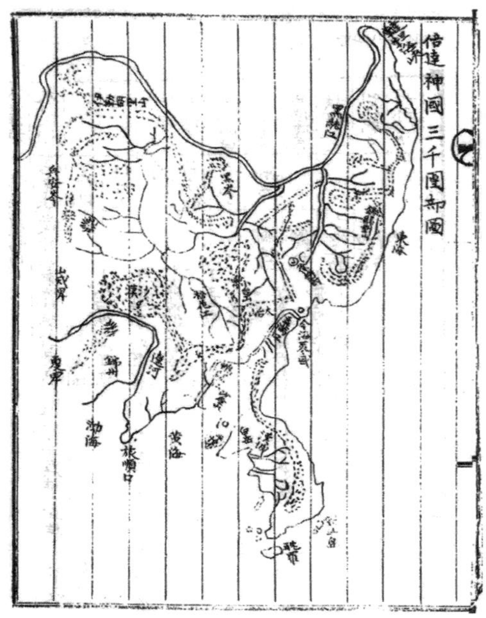

[자료 1] 독립운동역사가들은 우리 민족사 초기의 강역을 옆의 지도와 같이 인식하였다 [5]

이러한 여러 문제들을 이 책에서 검토하고자 하는데, 이는 한국독립운동사 연구 분야에서 뿐만 아니라 한국고대사 연구 분야에서도 매우 의미 있는 작업이 될 것이다.

독립운동역사가의 형성과 그들의 시대적 역할

사대적(事大的)이고 봉건적인 조선이 해체되며 근대로 넘어가는 시기에, 근대적 방법으로 우리역사를 해석하고 또 복원하려는 독립운동역사가들이 본 당시 우리역사의 현실은 실로 참담한 것이었다. 신채호가 "조선에 조선사라 할 조선사가 있었던가 하면 수긍하기 어렵다."고 하던가, "내가 보건데, 조선사는 내란이나 외구(外寇)의 병화(兵火)에서보다 곧 조선사를 저작(著作)하던 그 사람들의 손에서 더 탕잔(蕩殘)되었다 하노라."라고 하던가, "예전 조선의 역사

5 「倍達神國三千團部圖」『檀君敎五大宗旨佈明書』(1909).

가들은 …도깨비도 뜨지 못한다는 땅 뜨는 재주를 부려 졸본(卒本)을 떠다가 성천(成川) 혹은 영변(寧邊)에 놓으며, 안시성(安市城)을 떠다가 용강(龍崗) 혹 안주(安州)에 놓으며"라고 비판했듯,[6] 기존 조선 역사의 서술이나 연구방법은 물론 그 서술 주체 등 모두가 전반적으로 혁신(革新)되어야 할 필요가 절실했다.

고려 중기 이후부터 조선시대를 거치며 사대사관(事大史觀)에 의한 한국민족사의 왜곡은 심각한 수준에 이르러 있었다. 신채호가 그의 글에서 "조선에 지금까지 조선사가 없다 하여도 과언이 아니다."라고 비판할 정도로, "조선적 조선을 적은 조선사거나, 위인적(偉人的) 조선을 지은 조선사이거나, 다만 조선을 주체로 하는 충실히 적은 조선사"라 할 수 있는 '참 조선사'는 전혀 존재하지 않았던 것이다.[7]

독립운동가들이 볼 때, 일제강점기로 넘어가는 그 위기의 시기에 우리민족을 각성시키고 단합시킬 우리의 민족사가 세상에 존재하지 않았다. 그러므로 독립운동을 위한 차원의 역사서술이 절실하였고, 그 역사서술의 역할을 맡은 이들이 바로 독립운동역사가였던 것이다.

사대사관 및 식민사관과의 역사전쟁

---

6 申采浩, 「二. 史의 三大元素와 朝鮮舊史의 缺點」『朝鮮日報』(1931. 6. 11). 위의 인용문에서 "도깨비도 뜨지 못한다는 땅 뜨는 재주를 부려 졸본을 떠다가 성천 혹은 영변에 놓으며"라는 구절은 조선시대의 사대적 역사가들이 고구려의 첫 도읍인 졸본을 한반도 안의 성천이나 영변에 있었던 것처럼 서술한 상황을 비판한 것이다. 고려시대의 사서인 『삼국사기』와 『삼국유사』에는 고구려의 첫 도읍인 졸본이 현재의 요하 서쪽 의무려산 서쪽 일대에 있었다고 기록하였다. 고려시대의 고구려 첫 도읍에 대한 통설(通說)은 졸본이 현재의 요하 서쪽에 있었다는 것이다. 그러나 조선시대 이후 일제강점기를 거치며, 조선시대의 사대사관과 일제강점기의 식민사관에 의해 고구려의 첫 도읍이 현재의 중국 요령성 환인 일대라는 소위 통설(通說)이 형성되어 심지어 현재까지 유지되고 있다(임찬경, 「고구려 첫 도읍 위치 비정에 관한 검토」『仙道文化』제20권, 2016, 참조).

7 신채호, 「조선사 정리에 대한 사의」『룡과 룡의 대격전』, 조선문학예술총동맹출판사, 1966, 216~223쪽.

그러나 독립운동역사가들이 독립운동을 위한 우리의 역사를 서술하고자 했을 때, 그러한 시도들은 출발부터 크나큰 장벽에 부딪혔다. 조선을 침략하여 영구적인 식민지로 만들려는 일제는 처음부터 조선의 주체적인 민족사 서술, 독립운동을 위한 동력을 만들어낼 수 있는 조선인의 역사서술을 근본적으로 철저하게 막아내려 했다. 독립운동역사가들이 직면한 당시의 암담한 상황은 박은식의 망명과 관련된 다음의 서술에 잘 나타나 있다.

> 합병과 동시에 여러 언론기관이 문을 닫고, 또 모든 국사책을 압수하니 (박은식) 선생은 "나라는 비록 망하였으나 국혼(國魂)이 소멸되지 않으면 부활(復活)이 가능한데 지금 국혼(國魂)인 국사책마저 태워 없애니 통탄하지 않을 수 없다", "한마디 말과 글자 하나의 자유가 없으니 오로지 해외로 나가서 4천년 문헌을 모아서 편찬하는 것이 우리민족의 국혼(國魂)을 유지하는 유일한 방법이라"고 한탄하면서 망명을 계획하였다.[8]

일제의 조선 강점에 따라, 독립운동가들은 이 땅에서 우리역사를 새롭게 쓸 시도조차 할 수 없게 된 것이다. 그러나 식민지 상황으로 전락하면서, 독립운동을 위한 우리역사를 새롭게 써야 할 필요는 더욱 절실하였다. 이에 다수의 독립운동가들은 국외로 망명하여, 그곳에서 독립운동과 함께 역사서술에 나섰다. 그들 중 대표적인 망명 독립운동역사가들로는 이상룡(李相龍), 박은식(朴殷植), 류인식(柳寅植), 김교헌(金敎獻), 이시영(李始榮), 계봉우(桂奉瑀), 신채호(申采浩), 김정규(金鼎奎), 김승학(金承學), 이원태(李源台) 등을 들 수 있다. 이들 독립운동역사가들에 의해 '독립운동사학'의 역사서술이 시작된 것이다.

---

8 李萬烈 編, 「白巖 朴殷植 연보」『朴殷植』, 한길사, 1980, 359쪽.

이 책에서는 '독립운동사학(獨立運動史學)'이란 하나의 새로운 개념도 설정하여 사용하고자 한다. '독립운동사학'이란 독립운동역사가들의 역사적 의미, 특히 독립운동을 위해 역사를 연구하고 서술한 그 특성을 더욱 뚜렷이 부각시키는 용어로서 창안해낸 것이다. 즉 독립운동역사가들의 역사학을 기존의 한국사학사(韓國史學史)에서처럼 '애국계몽사학'을 뒤이은 '민족주의사학'으로 분류하여 검토하는 것이 아니라, 새로이 '애국계몽사학'을 뒤이은 '독립운동사학'으로 분류하여 검토하려는 것이다. 독립운동을 목적으로 운동 차원에서 진행된 역사연구들을 특별히 '독립운동사학'이란 새로운 개념으로 구분하여 전문적으로 검토하고 싶은 의도 때문이다.

독립운동역사가들이 독립운동과 역사서술을 위해 이 땅을 떠나야했던, 이러한 시대상황은 우리역사학이 근대사학으로 순조롭게 발전하지 못하도록 방해하였다. 더욱이 조선을 침략하여 영구한 식민지로 만들려는 일제는 "조선에 참다운 조선사가 없는" 그런 시대상황을 오히려 악용하였다. 즉 일제는 조선의 주체적 민족사 서술을 강력히 탄압하는 한편, 더 나아가 조선고대사를 왜곡하고 조작하여, 일제가 조선민족을 문화적으로 영구히 지배하기 위한 유용한 도구로 활용하고자 했다. 일제의 조선사 왜곡이 조선역사를 말살(抹殺)하는 수준이었음을 박은식은 다음과 같이 밝히고 있다.

> 일본인 요시다 도고(吉田東俉)는 문학박사로서 조선역사를 없앨 것을 소리높이 주장하였다. 조선역사가 존재하면 일본이 조선 문화를 받았다는 것이 남아 있게 되어, "조선역사를 없애 그 흔적까지 없애버리는 것만 같지 않다."라고 말하였다.[9]

9 朴殷植, 『韓國痛史』, 1915.

일제는 식민사관(植民史觀)이란 논리로 무장했고, 그 식민사관에 의해 왜곡된 조선사의 논리들을 만들어 전파하는 시도에 착수했다. 그러므로 독립운동역사가들은 조선이란 봉건왕조에서 오랫동안 사대사관에 의해 왜곡되어온 기존의 역사서술은 물론 일제가 새로이 식민사관에 의해 왜곡해대는 역사서술에 동시에 맞서면서, 조선의 민중을 각성시켜 독립운동으로 내세울 수 있는 민족사를 연구하고 또 서술하는 작업에 가능한 모든 노력을 기울여야 하였다.

그러므로 독립운동역사가에게는 역사연구 자체가 또 다른 하나의 중요하고도 긴급한 독립운동이었던 것이다. 이 책의 본문에서는 그런 독립운동으로서의 고대사 연구를 살펴볼 것이다.

1부

근대 독립운동과 역사연구 출발점으로서의 단군 인식

1. 독립운동가 단군 인식 형성의 역사적 배경
2. 독립운동과 역사연구 출발점으로서의 단군 설정
3. 소위 기자조선의 문제
4. 독립운동역사가의 기자조선 극복과 단군

1. 독립운동가 단군 인식 형성의 역사적 배경

고려의 승려인 일연(一然, 1206~1289년)의 『삼국유사(三國遺事)』에 단군(檀君)의 출현과 그가 세운 국가로서의 고조선(古朝鮮)이 처음으로 기록된 이후, 단군과 고조선은 우리 상고사의 출발점으로 여겨지게 되었다. 당연히 고려를 이은 조선시대에도 단군을 국가의 시조로 여기는 인식이 존재할 수 있었다.

조선시대의 단군 인식과 그 한계

조선의 건국 직후인 1392년 8월 11일의 『조선왕조실록(朝鮮王朝實錄)』을 보면, "조선의 단군은 동방에서 처음으로 천명(天命)을 받은 임금이고, 기자(箕子)는 처음으로 교화(敎化)를 일으킨 임금이오니, 평양부(平壤府)로 하여금 때에 따라 제사를 드리게 할 것입니다."라는 예조(禮曹)[10]의 상서(上書)가 보인다. 이 기록으로 조선시대에 단군이 국가의 시조로서 제사지낼 대상으로 인식되고 있었음을 알 수 있다.

또한 1476년에 국가가 편찬한 관찬사서(官撰史書)인 『삼국사절요(三國史節要)』에는 "신인(神人)이 단목(檀木) 아래로 내려오자 나라 사람들이 임금으로

10 예조(禮曹) : 고려 및 조선 시대 중앙 행정관청인 육조(六曹, 즉 吏曹·戶曹·禮曹·兵曹·刑曹·工曹)의 하나로서 예의(禮儀)·제향(祭享)·조회(朝會)·교빙(交聘)·학교·과거(科擧)에 관한 일을 관장하였다. 남궁(南宮) 혹은 춘관(春官)이라고도 불렸다.

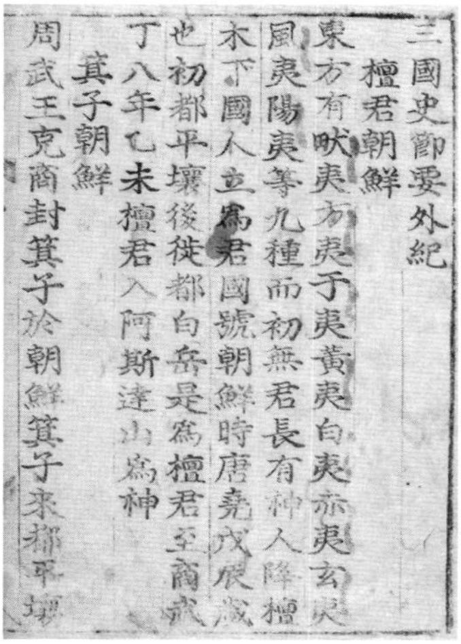
三國史節要外紀
檀君朝鮮
東方有畎夷方夷于夷黃夷白夷赤夷玄夷
風夷陽夷等九種而初無君長有神人降檀
木下國人立爲君國號朝鮮時唐堯戊辰歲
也初都平壤後徙都白岳是爲檀君至商武
丁八年乙未檀君入阿斯達山爲神
箕子朝鮮
周武王克商封箕子於朝鮮箕子來都平壤

[자료 2]『삼국사절요』의 단군 관련 서술 부분[11]

세우고 국호를 조선이라고 하였으니, … 이 분이 곧 단군이다."라는 기록이 있다 이 기록을 통해서, 국가 차원에서 단군의 조선을 국가의 출발점으로 사서에 서술하려 했음도 알 수 있다.

그러나 조선 시대의 단군 인식은, 그 시대의 사상적 한계인 사대주의 및 봉건성을 크게 벗어나지 못한 것이었다.

우선 주목할 점은, 조선 시대의 단군 인식은 대체로 사대적(事大的)이었다는 것이다.『조선왕조실록』을 살펴보면, 조선 시대의 '조선'이란 국호 자체가 단군보다는 기자(箕子)를 계승한다는 의미에서 사대적(事大的)으로 형성된 것임을 분명하게 알 수 있다.

1392년 8월 11일의『조선왕조실록(朝鮮王朝實錄)』에는 "옛날 기자(箕子)의 시대에 있어서도 이미 조선이란 칭호가 있었으므로, 이에 아뢰어 의견을 올려 감히 천자께서 허락하시기를 청했는데, 신하가 아뢴 것에 대해 천자의 대답을 곧 내리시니 특별한 은혜가 더욱 크게 느껴집니다."라는 기록이 보인다. 이 기록에서의 천자는 명(明)의 태조인 주원장(朱元璋, 1328~1398년)이다. 이성계는 쿠데타 이후 당분간 고려란 명칭을 그대로 유지하다가, 명(明)에 국호를 새로 정해달라고 요청하였다. 이에 주원장이 기자조선(箕子朝鮮)을 계승한 조선이란 이름을 사용하라고 허락하였고, 이성계는 '기자(箕子)의 조선'을 계승한 '조선'이란 국호를 승인한 명 태조의 은혜를 사례하는 글을 올렸던 것이다.

이렇게 그 왕조의 출발부터 근본적으로 틀잡은 사대주의에 의해, 조선왕조의 지배계급에게 단군보다 기자(箕子)가 정치적으로 더 존중되었음은 오히

11 문화재청 국가문화유산포털(http://www.heritage.go.kr/heri/idx/index.do)에서 인용

려 당연한 것이었다. 조선왕조는 때때로 단군을 내세워 국가의 유구(悠久)함을 대내외에 과시하기도 하지만, 대내외적인 국가 문명이나 문화의 전통은 단군보다는 기자(箕子)로부터 계승되어 온 것임을 특별히 강조하는 경향이 있었다.

이렇게 조선 지배계급으로서의 유학자들이 기자(箕子)를 내세우면서, 그들 지배의 정치적 및 문화적 당위성을 주장하려 할 때, 결과적으로 그들은 자신도 모르게 철저한 사대주의의 함정에 빠져들 수밖에 없었다. 그러므로 조선시대의 단군 인식은 단군의 실체 여부와는 관계없이 대체로 근본적으로 철저한 사대주의에 의해 왜곡될 수밖에 없었다.

또한 조선 시대의 단군 인식은 대체로 봉건적이었다. 그러므로 봉건왕조의 정치적 정통성을 과시하기 위한 필요에 의해 단군이 때때로 이용될 뿐, 단군을 통해 주체성과 자주성이란 역사적 자존(自尊)을 찾는 사례도 거의 드물었다.

예를 들면, 조선 봉건왕조의 국가는 곧 군주 자신을 의미하기 때문에, 조선이란 국가의 시조로서의 단군은 곧 군주의 정치적 시조로 연결되는 의미일 뿐이었다. 그러므로 조선왕조의 군주는 단군을 시조로서 제사함으로써 자신 왕조의 정치적 정통성을 과시할 수 있었고, 최초로 천명을 받아 건국한 것으로 전해지는 정치적 시조와의 계승관계를 강조할 수 있었으며, 이를 통해 왕조의 정통성과 왕권의 정당성을 과시하려고 했을 뿐이었다.

또한 그 시대의 사상적 한계로 말미암아, 조선왕조는 물론 그 이후의 대한제국 시기에도 단군을 민족 전체의 시조로 여기는 인식은 존재하기 어려웠다. 그 이유는 한편으로는 단군의 후손에 대한 기록이 다소 모호했기 때문이고, 다른 한편으로는 민족이란 관념조차 분명하게 확립되어 있지 않았으며, 또 다른 한편으로는 엄격한 신분제 사회에서 왕·양민·평민 심지어 천민까지 신분을 초월하여 공통의 조상을 가진 혈족 내지 대가족이란 논리로 설명하기 어려웠고, 또한 사실 그러한 설명 자체가 불경(不敬)스럽기까지 한 것이었기 때문이었다. 그러므로 우리 민족은 단군의 자손이란, 즉 민족 전체의 시조로서의 단군 관념은 기록상으로 1908년 이후에야 나타난 것으로 확인된다.[12]

일본 제국주의 침략과 식민지 조선으로의 전락

일본이 운요호(雲揚號) 등의 군함을 동원하여, 무력으로써 조선의 '무능하고 부패한' 봉건왕조를 위협하여, 1876년에 「조일수호조규(朝日修好條規, 일명 강화도조약)」가 체결되었다.[13] 이 '불평등조약'으로 조선의 개항(開港)이 이루어졌는데, 이는 잇따른 열강의 조선 침략으로 연결되면서, 결국 조선이 일본의 식민지로 빠르게 전락하는 출발점이 되었다.

그러므로 그 개항으로부터 30여년이 지난 1907년 이후의 대한제국은 이미 일제의 식민지로 전락한 것과 다름없는 상태가 되어 있었다. 1907년 이후의 대한제국이 처한 식민지적 상황에 대해, 상해의 영어 신문 『대륙보(大陸報, China Press)』의 기자였던 내다니엘 페퍼(Nathaniel Peffer, 1890~1964년)는 다음과 같이 묘사하고 있다.

> 1907년부터 1910년에 이르기까지 한국의 합병은 이미 기정사실화 되었으며, 조약체결은 그 형식상의 수속에 불과하였다. …한국의 합병은 이를 정복이라 하면 과언이라 할지 모르지만 사기(詐欺)와 위협으로 된 것은 명백한 사실이다.[14]

12 徐永大, 「한말의 檀君運動과 大倧教」『한국사연구』114, 2001, 220~221쪽.

13 「조일수호조규」의 체결과 그 내용에 대해서는 『조선왕조실록』「고종실록」13권의 고종 13년 2월 3일자 기사를 참고할 수 있다. 이 기사에 「조일수호조규」의 체결 일자는 "대조선국 개국(開國) 485년 병자(丙子) 2월 초2일, 대일본국 기원 2536년 명치(明治) 9년 2월 6일"로 기록하였다.

14 내다니엘 페퍼 著/金輿濟 譯, 『韓國獨立運動의 眞相』, 국가보훈처, 1994, 17~18쪽.

[자료 3] 1919년 한국에 왔던 내다니엘 페퍼와 그의 기록인 『한국독립운동의 진상』

내다니엘 페퍼의 지적처럼, 대한제국은 1907년 이후 일제의 실제적 식민지로 전락했던 것이다. 1907년 5월에 이토 히로부미(伊藤博文)는 친일주구(親日走狗) 이완용(李完用)을 내세워 소위 '이완용 내각'을 구성하여 통감부 아래에 소속시켰다. 7월에는 헤이그에 밀사를 파견한 책임을 묻는다며 고종(高宗)을 강제로 쫓아내고 순종(純宗)을 즉위시킨 뒤, 대한제국의 내정(內政)에 관한 모든 국권(國權)을 일제에게 넘긴다는 내용의 「한일신협약(韓日新協約)」을 체결하였다. 그 협약의 시행규칙에 의해 8월 1일 대한제국 군대를 강제로 해산하였으며, 그해 9월에는 경찰권을 박탈하였다. 한일신협약의 체결로 대한제국은 사실상 일본의 식민지로 전락하였던 것이다.

이렇듯 1876년의 개항으로부터 시작하여 30여년에 걸친 잔인한 침략으로 조선은 끝내 일제의 식민지가 되었는데, 물론 그 과정에 식민지로의 전락을 막으려는 조선의 저항이 없었거나 혹은 저항의 강도가 약했던 것은 결코 아니었다.

예를 들면, 봉건체제의 모순을 해체시키는 동시에 제국주의의 조선 침략을 물리치려는 반제(反帝)·반봉건(反封建)의 기치를 선명하게 들고 1894년부터 1895년까지 진행된 갑오농민전쟁이 있었다. 청일전쟁(淸日戰爭)과 갑오경장

(甲午更張)으로 일제 침략이 노골화된 1895년으로부터 1896년까지의 시기에 발생하여, 일제 침략자 및 그와 결탁한 봉건적 지배계급을 처단하려는 농민적 항쟁으로서의 을미의병(乙未義兵)도 있었다. 그 뒤를 이은 1905년의 을사의병(乙巳義兵)은 러일전쟁 이후에 한국의 정치적 및 군사적 국권을 장악하려는 일제의 음모를 분쇄하려는 의병투쟁이었다. 을미의병은 1906년에 더욱 확산되면서 독립전쟁의 성격을 띠게 되었고, 「한일신협약」에 의해 1907년 8월 한국군대가 해산되자 그에 반발하여 일어난 정미의병(丁未義兵)과 합쳐지면서 대대적인 항일무장전쟁으로 확산되었다.

제국주의 극복 위한 민족주의에서의 단군 발견

분명히 갑오농민전쟁, 을미의병, 을사의병, 정미의병 등의 강렬한 민중적 저항들은 그 규모가 결코 작지 않았다. 그럼에도 불구하고 이제 막 생성된, 소위 일본 제국주의라는 새로운 체계와 그것이 발휘하는 물리력에 의해 그 강렬한 저항들은 번번이 좌절되고 말았다. 이들 몇 차례의 민중적 저항으로 제국주의를 극복할 수는 없었던 것이다.

그러므로 몇 차례의 의병전쟁을 거치면서 우리 사회의 다수는 제국주의와 그 침략적 속성 등에 대해 심각하게 고민하지 않을 수 없었다. 그리고 여러 차례의 고민을 거듭하여 마침내 제국주의에 대해 전반적으로 이해할 수 있게 되었다. 또한 단지 이해에 그치는 것이 아니라, 일제 등의 침략적 제국주의를 극복할 수 있는 대안까지 찾아내려고 많은 노력을 기울였는데, 그러한 노력의 결과로 발견한 것이 바로 민족주의였다. 제국주의에 맞서는 방법으로서의 민족주의 즉 '저항적 민족주의'를 발견했던 것이다.

신채호의 경우를 예로 들면, 그는 1909년에 발표된 그의 글에서 먼저 제국주의에 대해 다음과 같이 이해했음을 밝히고 있다.

論說

◉帝國主義와 民族主義

風雲이起ᄒᆞᄂᆞᆫ듯洪水가漲ᄒᆞᄂᆞᆫ듯雷霆이鳴ᄒᆞᄂᆞᆫ듯潮가打ᄒᆞᄂᆞᆫ듯火가焚ᄒᆞᄂᆞᆫ듯二十世紀帝國主義여(領土와國權을擴張ᄒᆞᄂᆞᆫ主義)

神聖ᄒᆞᆫ門羅主義(我가他人을干涉지아니ᄒᆞ고他人도我를干涉지못ᄒᆞᄂᆞᆫ主義)가白旗를豎ᄒᆞᆫ後로東西大洲에所謂六大强國이니八大强國이니ᄒᆞᄂᆞᆫ列强이모다滿腔血誠으로此帝國主義를崇拜ᄒᆞ며모다奮鬪爭先ᄒᆞ야此帝國主義에게屈服ᄒᆞ야世界舞臺가一帝國主義的活劇場을成ᄒᆞ얏도다

然則此帝國主義를抵抗ᄒᆞᄂᆞᆫ方

[자료 4] 「제국주의와 민족주의」『大韓每日申報』(1909. 5. 28)

풍운(風雲)이 일어나는 듯, 홍수가 세차게 흐르는 듯, 천둥과 벼락이 울리는 듯, 조수가 때리는 듯, 불이 타오르는 듯한 20세기 제국주의여(영토와 국권을 확장하는 주의).

> 신성한 먼로주의(내가 타인을 간섭하지 아니하고, 타인도 나에게 간섭하지 못하는 주의)가 백기를 든 뒤로, 동서양 6개 주(洲)에 소위 6대 강국이니 8대 강국이니 하는 열강이 모두 마음속에서 진심으로 우러나오는 정성으로 이 제국주의를 숭배하며, 모두 있는 힘을 다해서 싸워 앞서 나가기를 다투면서 이 제국주의에 굴복하여, 세계무대가 하나의 제국주의적 활극장(活劇場)을 이루었도다.[15]

위의 인용문에서 알 수 있듯, 신채호가 인식한 제국주의는 "영토와 국권을 확장하는 주의"였다. 당연히 제국주의가 "영토와 국권을 확장"하려면, 주변의 다른 국가에 대한 침략과 약탈이란 방식은 피할 수 없는 것이었다. 산업혁

15 申采浩, 「帝國主義와 民族主義」『大韓每日申報』(1909. 5. 28).

명 이후 소위 열강이라 불리게 된 제국주의 국가들이 경쟁적으로 주위의 여러 국가들을 침략하면서 식민지 쟁탈전을 벌이던 상황을 신채호는 깊이 이해하고 있었던 것이다. 더 나아가 신채호는 제국주의에 저항하는 방법으로서의 민족주의를 발견하였고, 다음과 같이 서술하였다.

> 그러한 즉 이 제국주의에 저항하는 방법은 어떤 것인가. 말하건대, 민족주의(다른 민족의 간섭을 받지 않는 주의)를 힘써 드러내는 그것이니라.
>
> 이 민족주의는 실로 민족 보전(保全)의 유일한 방법이라. …오호라! 민족을 보전코자하는 자가 이 민족주의를 버리고 무엇을 선택하겠는가.
>
> 이러한 까닭으로 민족주의가 확산되고 웅장하고 굳센 빛을 발하면 어떠한 극렬하고 잔악한 제국주의라도 감히 침입하지 못하느니, 요컨대 제국주의는 민족주의가 박약한 나라에만 침입하느니라.
>
> 비단 같고 꽃 같은 한반도가 오늘에 이르러 어둠 속에 휩쓸려 악마의 소굴에 떨어지는 원인은 무엇인가. 바로 한국인의 민족주의가 강건하지 못한 까닭이니, 바라건대 한국동포는 민족주의를 크게 분발하여 「우리 민족의 나라는 우리 민족이 주장한다」하는 말로 호신부(護身符)를 삼아 민족을 보전할지어다.[16]

신채호는 제국주의에 맞서 민족을 지키는 방법으로 민족주의를 찾아 제시한 것인데, 위의 글에서의 민족주의는 바로 '저항적 민족주의'를 의미하는 것이 분명하다.

16 申采浩, 「帝國主義와 民族主義」『大韓每日申報』(1909. 5. 28).

신채호는 1910년에 발표한 또 다른 글에서, 당시 세계의 추세를 "제국주의의 세계, …민족주의의 세계"라고 설명하고 있다.[17] 그런데 이 글에서 주목할 점은, 제국주의와 민족주의가 서로 대립적인 것으로만 설명되지 않는다는 것이다. 이 글 전체의 맥락을 살펴보면, 신채호는 제국주의도 물론 그 자체 안에 민족주의적 속성을 갖고 있고, 그러한 제국주의 내부의 민족주의는 지배계급의 계급적 지배를 강화하거나 혹은 국민을 동원하여 다른 국가를 침략하는 지배이데올로기[18]로서 작용할 수 있으며, 그럼으로써 제국주의의 민족주의는 그 성격이 기본적으로 배타적이고 또 폭력적인 것으로 이해하고 있었음을 알 수 있다. 이에 비교하여, 제국주의에 의해 침략당하는 국가의 민족주의는 제국주의에 맞서 대항하는 '저항적 민족주의'로서, 그 저항에는 제국주의 침략은 물론 자기 국가 내부의 반민족주의적인 온갖 세력과도 맞서는 것임을 이해하고 있었던 것으로 보인다.

그런데 신채호가 발견한 이러한 '저항적 민족주의'는 그 이전인 1902년 무렵에 중국의 양계초(梁啓超, 1873~1929년)가 발견했던 민족주의와 상당히 유사함을 알 수 있다. 신채호가 제국주의에 맞서는 방법으로 민족주의를 발견하여 "민족주의는 실로 민족 보전의 유일한 방법"이라고 주장했는데, 그에 앞서 양계초도 중국이 열강의 제국주의적 침략을 막아내고 국가를 지키려면, 민족주의 이외의 다른 방법이 없음을 일찍이 그의 『신민설(新民說)』에서 다음과 같이 강하게 주장했었다.

17 申采浩, 「二十世紀 新國民」『大韓每日申報』(1910.2.22 3.3).

18 지배란 지배하는 자와 지배되는 자와의 사이에 성립하는 노골적인 사실관계이며, 그것을 지탱하는 것은 지배하는 측의 힘이지만, 그러나 동시에 지배되는 측이 그 지배를 어쩔 수 없는 것 혹은 자진하여 선(善)한 것으로 받아들이는 것을 가능케 하는 논리나 사상 같은 것이 없으면 지배는 역사적으로 적어도 어느 정도의 영속성을 지닐 수가 없는 것이다. 그와 같은 지배의 정당성을 강조하고 인상지을 수 있는 역할을 담당하고 있는 사상이나 이념 등을 지배이데올로기라고 부를 수 있다(呂博東, 「日本近代天皇制의 統治構造와 지배이데올로기」『일본학지』10, 계명대학교 국제학연구소, 1991, 64~65쪽).

지금 열강의 민족제국주의(民族帝國主義)를 막아내고, 재앙을 피함으로써 백성을 구하려 한다면, 오직 우리가 우리의 민족주의를 행하는 하나의 방법밖에 없으며, 중국에서 민족주의를 실행하려고 한다면, 신민(新民)을 통해서만 그것이 가능하다.[19]

양계초는 '신민'을 통해서만이 중국에서의 민족주의 실행이 가능하며, '신민'을 통한 민족주의를 실행해야만 제국주의를 막아낼 수 있다고 강조하고 있다. 여기에서의 '신민'은 중국의 고전인 『대학(大學)』에서 빌려온 개념으로,[20] 국가를 새롭게 변화시키려면 먼저 백성을 새롭게 변화시켜야 한다는 의미에서 '신민(新民)'이라 한 것이다. 당시의 양계초는 새롭게 변화된 '신민'을 주체로 세워, 그 '신민'으로 중국의 민족주의를 실행하여 제국주의를 막아내야 한다고 주장했던 것이다. 먼저 '신민'이란 주체가 바로서야, 비로소 민족주의의 실행이 가능하다고 본 것이다.

19 "故今日欲抵當列强之民族帝國主義, 以挽浩劫而拯生靈, 惟有我行我民族主義之一策；而欲實行民族主義於中國, 舍新民末由."(梁任公著, 『飮冰室文集』一冊, 大道書局, 1936, 4쪽). 이 인용문에서 양계초가 사용한 민족제국주의(National Imperialism)란 용어는 우리가 흔히 사용하는 제국주의를 말하는데, 양계초는 제국주의가 민족주의로부터 출발하여 발전하였음을 강조하는 의미에서 민족제국주의란 표현을 사용하였다. 1901년에 일본에서 재판(再版)된 미국의 정치학자 라인쉬(Paul Samuel Reinsch)의 『제국주의론』에서 민족주의와 제국주의를 연속적으로 파악하는 개념으로 민족제국주의라는 용어가 사용되었는데, 양계초는 이 책의 영향을 받은 것으로 추정할 수 있다. 1898년에 강유위(康有爲)와 광서제(光緖帝)를 움직여 일으킨 변법자강(變法自彊)운동이 서태후(西太后) 등 보수파의 반대로 실패하여 일어난 정변(政變)을 피해 일본으로 망명한 양계초는 1902년 2월 『신민총보(新民叢報)』를 창간했는데, 이곳에 당시 자신의 도덕관이나 정치사상 등의 새로운 관념들을 '신민'이란 주제로 연재했다. 이 연재물들이 마지막에 책으로 엮이면서 『신민설』이란 제목을 붙였다. 『신민설』에는 양계초가 일본에 있으면서 서방 자본가계급의 국가론이나 천부인권이론 등을 받아들여 형성한 그의 여러 관점들이 잘 표현되어 있으며, 중국은 물론 대한제국 시기의 지식인들에게 상당한 영향을 미쳤다.

20 『大學』 傳2章 「新民」 "탕(湯, 중국 고대의 국가인 상(商)을 세운 왕)의 '반명(盤銘, 반명이란 제사 때 손을 씻기 위한 대야에 자신을 돌아볼 수 있는 경구를 적어 넣은 것으로 일종의 좌우명이라 할 수 있다)'에 이르기를 진실로 날로 새로워지고, 나날이 새로워져서, 또 날로 새로워지라고 했다. 「강고(康誥)」(『書經』「周書」의 편명 중의 하나)에서는 새로이 백성을 만들라고 하셨다(湯之盤銘曰苟日新日日新又日新, 康誥曰 作新民).".

양계초와 달리, 이미 위에 인용한 1909년의 「제국주의와 민족주의」란 글에서 신채호는 "한국동포는 민족주의를 크게 분발하여 …민족을 보전"해야 한다며, 민족주의 실행의 주체로서 '동포(同胞)'라는 단어를 사용하고 있다. '동포'는 1910년 이전에 신채호가 쓴 글들에서 자주 볼 수 있는 단어였다.

[자료 5] 양계초와 그의 저서인 『新民說』

'동포'는 정치적 및 역사적으로 명백한 경계를 갖는 민족이라는 개념이 등장하고 또 활발하게 사용되기 시작한 1908년 이전까지,[21] 민족을 애매하게 함의(含意)하는 용어로 사용되고 있었다. '동포'는 정치적 참여를 요구하는, 내부의 평등과 정치에 대한 관심과 분발·행동을 요구하는 강력한 함의를 가진 용어로 흔히 사용되었다. 정치적 동원을 위해, 정형화(定形化)되지 않은 그러나 그 의미에서 강력한 내적 친밀감을 갖고 있었던 '동포'가 민족 혹은 국민이라는 용어를 대신하여 사용되었던 것이다. 이후 '동포'는 민족을 포괄하되, 민족이 갖는 명백한 정치적 함의를 우회적으로 표현하는 개념으로 자리 잡았다. 그리고 강력한 정치적 동원력을 갖고 있으면서도 탈정치성을 띤 용어이기에, 일제 강점기는 물론 해방 이후에도 자주 그런 의미로 사용된 용어였다.[22]

---

21 1908년 무렵에 이르러, 국수(國粹 : 한 나라나 국민의 고유한 역사, 문화, 국민성 등에 나타난 우수성)에 대한 강조가 이루어지고, 한편으로는 종래의 전통유학이 지녔던 중화주의(中華主義)에 대한 비판이 이루어짐으로써, 종족적·문화적 독자성을 지닌 것으로 이해되는 한국민족의 개념이 정립되었다고 볼 수 있다(백동현, 「러·일전쟁 전후 '民族' 용어의 등장과 민족인식」『한국사학보』10, 2001, 178쪽). 조선시대가 끝난 시점 혹은 일제의 식민지로 전락하는 20세기 초라는 시점까지도 한반도의 지식인들인 유학자들에게 우리의 고대 이래의 고유문화를 그 자체로서 긍정하는 태도는 나타나지 않았다. 우리의 고유문화 자체를 내세우는 태도는 한말 일제 초기를 거치면서 비로소 형성되었다(趙誠乙, 「洪大容의 역사 인식」『震檀學報』79, 1995, 230~231쪽). 한국민족주의 개념의 형성이 늦어진 원인은 이러한 역사적 배경에서 찾아야 한다.

22 김동택, 「[특집-역사용어 바로 쓰기] 동포와 형제」『역사비평』73, 2005, 107~108쪽.

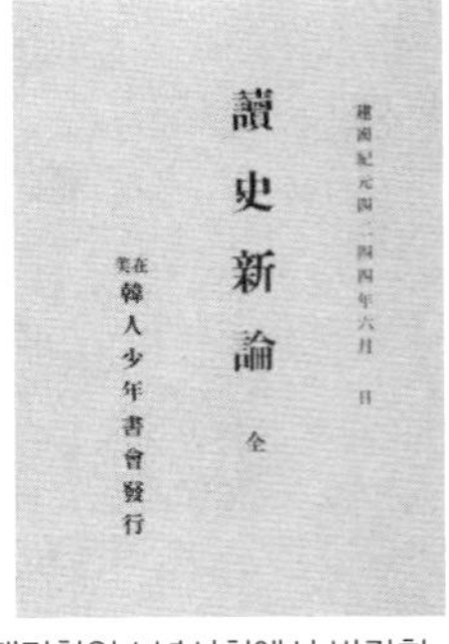

[자료 6] 신채호와 1911년 6월 재미한인소년서회에서 발간한 『독사신론』의 표지

이렇듯, 신채호는 그의 민족주의 관련 글에서 '동포'라는 용어도 운동 차원에서 고려하여 사용한 것이다. 제국주의에 대항하는 정치적 행동에 대한 관심과 분발을 촉구하는 차원에서 '동포'란, 정치적 동원을 위한 용어를 썼던 것으로 볼 수 있다.

신채호는 물론 다른 독립운동가들도 여기서 더 나아가 "민족을 보전하기 위해, 한국동포의 민족주의를 크게 분발시켜" 일본 제국주의의 침략을 막아낼 독립운동의 현실적인 방법을 찾으려고 고민했으며, 그 과정에서 그 독립운동의 정신적 구심점(求心點)으로서의 단군을 발견한 것으로 보인다. 독립운동에 민족사회 구성원의 다수를 동원하기 위해, 다수를 결집시킬 수 있는 동원력(動員力)이 강한 역사적 소재를 찾으려 했고, 그때 신채호가 발견해낸 것이 바로 단군이었던 것이다.

2. 독립운동과 역사연구 출발점으로의 단군 설정

독립운동가 신채호가 민족독립을 위한 역사연구 작업의 첫 결과로서 발표한 논문이 바로 『독사신론(讀史新論)』이다. 『독사신론』은 『대한매일신보(大韓每日申報)』에 1908년 8월 27일부터 연재되었는데, 그 첫 회의 서두에서부터 단군으로부터 비롯된 우리 민족사 서술의 중요성을 강조하고 있다. 즉 여기에서 신채호는 단군을 민족사의 첫 출발점이자 중심에 놓았던 것이다.

역사 서술의 첫 출발점으로서의 단군 설정

신채호는 "국가의 역사는 민족 발전과 흥망의 상태를 서술한 것으로서, 민족을 빼버리면 역사가 존재할 수 없으며, 역사를 빼버리면 민족의 그 국가에 대한 관념이 클 수 없다."며,[23] 역사 서술의 중심이 민족이어야 함을 주장하고 있다. 이러한 관점에 따라, 신채호는 1908년을 전후한 시점에 대한제국의 각종 역사 서술들 특히 그 중에서도 각 역사교과서들이 우리 민족의 기원 및 발전과 흥망을 제대로 밝히지 못하고 있다며 다음과 같이 비판하고 있다.

> 내가 현재 여러 학교 교과용의 역사를 살펴보건대, 가치 있는 역사가 거의 없도다. 제1장을 살펴보면 우리 민족이 한족(漢族)의 일부분인 듯하며, 제2장을 살펴보면 우리 민족이 선비족(鮮卑族)의 일부분인 듯하며, 나중에 전편을 다 살펴보면 때로는 말갈족(靺鞨族)의 일부분인 듯하다가, 때로는 몽고족(蒙古族)의 일부분인 듯하며, 때로는 여진족(女眞族)의 일부분인 듯하다가, 때로는 일본족의 일부분인 듯하니, 오호(嗚呼)라, 과연 이와 같다고 하면, 우리 몇만 방리(方里)의 토지가 곧 남만북적(南蠻北狄)의 수라장이며, 우리 사천여년의 산업이 곧 아침에는 양(梁, *필자 주 : 중국 전국시대 제후국의 하나) 저녁에는 초(楚, *필자 주 : 중국 전국시대 제후국의 하나)의 경매물이라 할지니, 그러할까? 절대로 그럴 수 없다.[24]

신채호는 당시 통용되던 대한제국의 각 역사 교과서가 우리 민족의 역사가 최소한 어떤 민족의 역사인지조차 제대로 서술하지 못한 점을 날카롭게 지

23 申采浩, 『讀史新論』「叙論」『大韓每日申報』(1908. 8. 27).

24 申采浩, 『讀史新論』「叙論」『大韓每日申報』(1908. 8. 27).

적하였다. 신채호는 우리 민족의 근원과 그 발전 과정을 명확하게 서술하지 못하는 이러한 교과서들에서는 우리 민족사를 살펴볼 수 없다고 강하게 비판하였던 것이다.

그러한 비판 뒤에, 신채호는 우리 민족사가 바로 단군으로부터 시작되고, 단군의 후예가 만들어 전해오는 역사임을 다음과 같이 분명하게 밝히고 있다.

> 고대의 불완전한 역사라도 이를 자세히 살펴보면, 우리 국가의 '주족(主族)'인 단군 후예의 발달한 실적이 명백하거늘, 어떤 이유로 우리 선민(先民)을 왜곡함이 이에 이르렀느뇨. 금일에 민족주의로 온 나라의 완고한 꿈을 일깨우며, 국가 관념으로 청년의 새로운 두뇌를 단련시켜, 우수함은 살아남고 열등하면 망하는 갈림길에서 함께 나서서, 한 가닥의 실처럼 아직 남아있는 국가의 명맥(命脈)을 지켜내고자 할진대, 역사를 버리고서는 다른 방법이 없다고 할 수 있으니, 이러한 것과 같은 역사를 역사라 한다면 역사가 없는 것과 같지 않도다.[25]

신채호는 비록 완전하게 서술되어 있지 못한 현재 우리의 고대사조차도 그것을 자세히 살펴보면, 우리 민족의 역사는 단군과 그 후예가 만든 역사임을 분명히 알 수 있는데도, 왜 우리 민족의 중심인 단군과 그 후예들의 역사를 우리 스스로 왜곡하고 있는가에 대해 안타까움을 감추지 않고 있다. 나아가 신채호는 단군으로부터 시작되며, 그 후예에 의해 발달되어온 민족의 역사로써 민족주의를 일으켜, 완고한 꿈에 빠져있는 전체 민족을 깨워, 망해가는 국가를 되살려야 한다고, 그러기 위해서는 역사에서 방법을 찾을 수밖에 없다고 주장하였다.

25 申采浩,『讀史新論』「叙論」『大韓每日申報』(1908. 8. 27).

독립운동의 정신적 구심점으로서의 단군 설정과 역사 서술

이와 같이 신채호는 민족 차원에서 전개해야 할 독립운동의 정신적 구심점으로서의 단군을 발견했고, 단군을 통한 민족주의를 일으켜, 민족 구성원인 전체 동포를 동원하여 독립운동을 전개할 것을 주장한 것이다. 그러므로 신채호는 우리 민족의 출발점이자 중심인 단군과 그 후예를 주요한 대상으로 삼아 역사를 서술하지 못한다면, 무정신(無精神)의 역사에 따라 무정신의 민족과 국가가 될 것이라며, 아래와 같이 경고하였다.

> 역사의 붓을 잡은 자는 반드시 그 나라의 주인이 되는 하나의 종족을 먼저 밝히고, 그 민족을 주요한 대상으로 삼아, 그의 정치는 어떻게 잘 되고 못 되었으며, 그의 산업은 어떻게 발전하고 쇠퇴하였으며, 그의 군사상의 공적은 어떻게 발전하고 퇴보하였으며, 그의 풍습은 어떻게 변화하였으며, 그가 외부의 각 종족을 어떻게 받아들였으며, 그가 다른 여러 나라와 어떻게 교섭하였는가를 서술하여야, 여기서 역사라고 말할 수 있는 것이며, 만일 그렇지 않다면 그것은 무정신(無精神)의 역사이다. 무정신의 역사는 무정신의 민족을 낳으며 무정신의 국가를 만들 것이니, 어찌 두렵지 아니하리오.[26]

이와 같은 단군 인식을 바탕으로, 신채호는 『독사신론』 제1편 제1장의 제목을 '단군시대'로 설정하여, 그 안에서 단군과 관련된 여러 문제를 서술하고 있다.

26 申采浩, 『讀史新論』「叙論」『大韓每日申報』(1908. 8. 27).

'단군시대'에서 신채호는 우선 "우리나라를 처음으로 세운 시조(始祖)가 단군"이라고 밝히면서, 단군의 역사를 믿을 수 없거나 혹은 고찰하기 어렵다는 일부 역사가들을 비판하고 있다. 이어서 단군 관련 사적(史籍)들이 단군의 뒤를 이은 북부여 즉 고구려가 정치적으로 해체되는 시점에 병화(兵火)로 소실되어 이후에 전해 내려오지 못함을 안타까워하고 있다. 그러나 고구려를 이어 고구려 계통의 대조영(大祚榮)이 발해를 세워 단군 이후의 사적이 문헌에 기록되었지만, 뒤의 김부식과 같은 역사가들이 이를 역사서에 기록하지 못하여 또한 전하지 못하게 됨을 지적하고 있다.

여기에서 신채호는 단군시대는 추장정치(酋長政治)가 가장 발전한 시대로서 10리 10국 100리 100국의 무수한 나라들이 있었는데, 단군이 성인(聖人)의 신공성덕(神功盛德)으로 통일하여 백두산 아래에서 처음 일어났으며, 그 나라의 초기 정치 중심지는 졸본부여(卒本扶餘)라고 설명했다. 또한 이와 관련하여, 우리나라의 일부 역사가가 단군이 처음 일어난 지역을 영변(寧邊) 묘향산(妙香山)이라 하고 또 초기의 정치중심을 평양 왕검성(王儉城)으로 서술한 것은 단지 고기(古記)의 "신인(神人)이 태백산 단목(檀木) 아래에 내려왔다."는 기록에 의거하여 향단목(香檀木)이 울창한 묘향산을 태백산으로 잘못 인식한 것으로 설명했다.[27]

신채호 『독사신론』 단군 인식의 역사적 의의

『독사신론』을 집필하기 이전에도 신채호는 이미 단군을 민족국가의 시조로 인식하고 있었다. 예를 들면 1908년 5월 25일 『대한독립협회보(大韓獨立協會報)』에 발표된 「역사와 애국심의 관계」에서 신채호는 "단군 시조가 태백산에 내려오셔서 가시나무를 자르고 후손이 농사지어 먹고살게 도모하던 유적

27 申采浩, 『讀史新論』「叙論」『大韓每日申報』(1908. 9. 2~1908. 9. 6).

을 우러러 생각하면 밥 한 그릇의 작은 은혜도 감히 잊을 수 없으며"라고,[28] 우리 민족의 역사에는 반드시 이러한 기록이 담겨서 그를 읽는 사람이 민족의 시조 인식을 통한 애국심을 느낄 수 있어야 한다고 서술했다. 물론 그와 같은 시기에 단군을 민족의 시조로 생각하는 다른 연구자의 인식이 전혀 없었던 것은 아니지만, 『독사신론』에서처럼 민족 시조로서 단군을 분명하게 세워 민족사를 재구성해야 한다는 구체적 언급은 신채호가 처음 할 수 있었던 것이다.

거슬러 올라가 검토하면, 고려 시기의 『삼국유사』나 조선 시기의 『동국통감(東國通鑑)』 등의 사서에 단군을 기록하긴 했지만, 이곳들에서의 단군은 신화적 요인 때문에 다소 막연한 신인설(神人說) 등으로 간단하게 언급하는 정도에 불과했다. 또한 그 전해지는 기록 자체를 부정할 수는 없어 억지로나마 단군조선을 기자조선에 앞서는 어떤 왕조로 서술하는 정도로밖에 취급하지 않았다. 그러한 학문적 맥락에서 볼 때, 신채호의 『독사신론』에서 단군을 오로지 신화로만 취급하지 않고 오히려 역사화(歷史化)시키는 최초의 작업을 한 셈이다.

특히 『독사신론』에 나타난 신채호의 단군 인식은, 일본의 식민사학자 하야시 다이스케(林泰輔, 1854~1922년)의 『조선사(朝鮮史)』 등에서처럼 일제의 조선 관련 연구자들이 앞다투어 단군의 역사적 성격을 부인하는 시기에 저술된 것인 만큼, 일제가 단군을 부정하는 것에 대해 적극적으로 대응하는 의미도 있었다고 볼 수 있다. 『독사신론』에 서술된 신채호의 단군 인식이 일제 학자들의 단군 부인 주장에 대해 어느 정도의 논리적 대응효과를 거두었는지 단언할 수는 없으나, 신채호의 단군 인식이 그 이전 전통 사서들의 전형적인 틀에서 벗어나 보다 넓은 사안(史眼)을 가지고 새로운 방향을 모색하고 있었던 점만은 높이 평가되어야 할 것이다.[29]

---

28 申采浩, 「歷史와 愛國心의 關係」『大韓獨立協會報』2(1908. 5. 25).

29 李萬烈, 『丹齋 申采浩의 歷史的 硏究』, 문학과지성사, 1990, 248~249쪽.

사실 『독사신론』은 1908년 당시의 사학계뿐만 아니라 문화계 전체에 표현하기 어려울 만큼 큰 '충격'을 준 글이었다. 이 글의 착상과 내용은, 그 이전의 역사서는 물론 당시 사용되던 역사교과서들과 비교해보면, 가히 '혁명적'인 것이었다. 『독사신론』의 내용과 관점이 당시 일반적으로 통용되던 관점과는 너무나 다른 것이어서 신채호가 1910년 4월 국외로 망명한 이후 최남선이 이를 『소년(少年)』이란 잡지에 전재하면서 「국사사론(國史私論)」이라고 다른 이름을 붙여 '사론(私論)'임을 강조할 만큼, 『독사신론』은 당시의 통념적 국사관에서 볼 때 '이단적'이고 또 '혁명적'인 것이었다. 그렇지만 『독사신론』은 또한 그 이전의 구사(舊史)들과는 전혀 다른 최초의 '신역사(新歷史)'였음이 틀림없다. 단순화시켜서 표현하면, 우리나라의 근대민족주의 국사학의 체계화는 『독사신론』에서부터 시작된다고 말할 수 있다.[30] 신채호는 그 자체로서 '혁명적인' 글을 통해 단군을 시조로 한 단군민족 역사 서술의 중요성을 사회에 제기하는 '혁명적' 시도를 한 것이었다.

그렇다면 신채호는 어떻게 단군과 관련된 이러한, 당시로서는 '혁명적인' 역사인식을 서술하고 또 언론을 통해 발표할 수 있었을까? 이에 대해서는, 그런 서술과 발표가 가능한 사회적 조건이 형성되었다고 설명하는 것이 합리적이다. 신채호가 『독사신론』을 통해 단군을 시조로 하는 역사 서술을 사회에 제기할 수 있었던 것은 한편으로는 그러한 민족사를 재구성해야할 시대적 요구가 간절하였기 때문이었던 것이다.

『독사신론』이 발표될 당시의 한·중·일 삼국은 각기 서로 다른 방향으로 각자의 독특한 민족주의를 강화할 필요가 있었다. 우선 일본은 일찍이 신도(神道)와 천황(天皇)을 중심으로 한 독특한 민족주의로서 국민을 단결시키고 또 동원하면서 침략적 군국주의를 강화한 뒤, 그 동력으로서 한국과 중국을

30 愼鏞廈, 「해제」『단재신채호전집 제3권 역사 讀史新論 大東帝國史叙言 朝鮮上古文化史』, 독립기념관 한국독립운동사연구소, 2007, 讀史新論 부분.

침략하여 식민지로 만들어가고 있는 중이었다. 한편 제국주의 열강들의 침략에 의해 중화(中華)라는 오랜 자존심을 짓밟힌 중국도 근대적 인식을 수용한 진보세력이 주도하는 신문화 및 정치운동 과정에서, 일찍이 사마천(司馬遷)이 『사기(史記)』에서 중국인들의 시조로 부각시켰지만 그 이후 유학(儒學)이란 대세에 밀려 역사 속에 묻혀만 있었던 황제(黃帝)를 다시 끄집어내어, 그것으로서 국민을 일깨워 단결시키며, 또한 복잡한 민족구성을 통합하는 중국 특유의 '황제를 앞세운 민족주의'를 빠르게 형성해가고 있었다.[31]

그러나 당시 일본은 물론 중국이 그들이 처한 시대상황을 나름대로 극복해가는 논리로서 각자의 역사 속에서 고유(固有)의 소재를 찾아내고, 또한 그것을 앞세워 각자의 민족주의를 강화해가는 경향이 나타났음에도, 그와 비교하여 한반도에서는 그런 민족주의적 경향이 시의적절(時宜適切)하게 나타나지 못했다. 한반도에 위치한 당시의 대한제국에서는 그 지배층과 기득권층 다수가 오히려 침략적 제국주의 세력과 결탁한 매국세력(賣國勢力)으로 전락하여, 봉건체제 청산과 근대화 및 자주적 민족주의로의 민중적 지향을 오히려 가로막으면서, 대다수 민중들에게 국내외적인 이중적 착취와 압박을 심화시키는 암담한 상황이 지속되고 있었다. 이러한 상황을 지켜보며, 또한 그 상황을 철저하게 극복하려 심각하게 고민했던 신채호는 마침내 그 대안(對案)으로서 우리 민족을 일으켜 세울 수 있는 고유의 소재로서 고대사 속의 단군을 찾아냈던 것이며, 그의 첫 번째 역사저술인 『독사신론』에서 "역사가의 책임"으로서 "오늘날 민족주의로 전국의 완고한 꿈을 깨워 일으키며, 국가관념으로 청년의 새로운 두뇌를 단련하여 넉넉한 자 이기고 용렬한 자 패하는 십자가 머리에 아울러 나아가 하나의 가는 실오리만큼 보전하고 있는 나라의 명맥을 유지코자"

31 김선자, 『(만들어진 민족주의) 황제신화』, 책세상, 2007, 참조.

하려고 단군으로부터 시작된 민족사를 서술하여 민족 구성원들에게 널리 전하면서, 한반도에서 민족주의를 크게 일으키고자 했던 것이다.[32]

박은식 『대동고대사론(大東古代史論)』의 단군 인식과 그 영향

독립운동가의 단군 인식을 검토할 때, 박은식의 인식도 매우 중요한 의미가 있다. 사실 1910년 이전의 박은식은 애국계몽운동에 몰두하고 있었으며, 체계적인 역사서의 집필에는 깊은 관심을 갖지 못한 것으로 볼 수 있다. 때문에 한국사학사에 있어서 근대민족주의 사관에 의거한 근대사학의 확립은 1908년 신채호의 『독사신론』에 의해서 비롯되었다는 평가가 가능한 것이었다.[33]

그러나 1910년 국망(國亡)을 겪은 이후 애국계몽운동에 대한 일제의 금지와 탄압이 심해지자, 국내에서의 활동이 불가능해진 박은식은 1911년 5월 만주 서간도 회인현(懷仁縣)으로 망명하는데, 이때부터 박은식의 근대적 역사서술 특히 민족주의 사학자로서의 역사서술 활동이 본격화되는 것이다.

박은식이 애국계몽운동을 넘어서서 민족주의적 역사학자 및 독립운동가로의 변신 과정에 가장 큰 영향을 미친 요인은 바로 대종교(大倧教)[34]였다. 1911년 5월 만주로 망명한 박은식은 대종교의 3세 교주 윤세복(尹世復)의 후원을 받아 역서저술에 집중하여 1911년에 『동명왕실기(東明王實記)』, 『발해태조건국지(渤海太祖建國誌)』, 『몽배금태조(夢拜金太祖)』, 『명림답부전(明臨答夫傳)』, 『천개소문전(泉蓋蘇文傳)』, 『대동고대사론(大東古代史論)』 등을 완성하게 된다.

32 一片丹生, 『讀史新論』「서론」, 在美韓人少年書會, 1911.

33 愼鏞廈, 「朴殷植의 歷史觀(上)」『歷史學報』第九十輯集, 1981, 165쪽.

34 대종교(大倧教) : 1909년 1월 15일 나철(羅喆) 등에 의해 단군교(檀君教)로 설립되었으며, 1910년 8월 대종교로 명칭을 바꾸었다. 단군신앙에 그 뿌리를 두고 있으며, 설립 이후 독립운동은 물론 각종 문화운동에 큰 영향을 미쳤다.

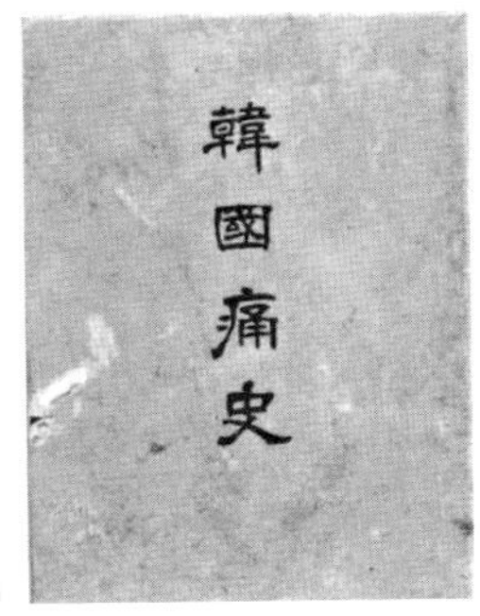

[자료 7] 박은식과 『한국통사』

위와 같은 저술들의 가장 큰 특징은 만주 망명 이전의 박은식이 언급하지 않았던 고대사에 대한 문제들이 대부분이라는 점이다. 특히 이 저술들에 나타나는 민족국가의 강역 인식에서는 만주를 중심으로 하는 대륙사관(大陸史觀)의 시각이 구체화되고 있었다. 물론 이러한 저술의 특징은 박은식이 만주 환인현의 대종교 시교당(施敎堂)에서 생활하면서, 당시 대종교가 소장하고 있던 여러 서적들의 영향을 받아 가능한 것이었다. 박은식은 그러한 영향을 받으며 민족주의 시각의 역사적 인식을 형성해갔고, 그가 저술한 역사책들은 대종교가 설립한 동창학교(東昌學校)의 교과서로 쓰였을 뿐만 아니라, 만주에 옮겨온 한인(韓人)들의 민족정신을 드높이는 중요한 역할을 맡게 되었었다.[35]

이 시기의 박은식은 『대동고대사론』에서 단군을 시조로 하는 민족사의 첫 부분을 다음과 같이 서술하고 있다.

> 하늘이 동양을 열어 대륙이 아득히 넓었으니, 거대한 산은 동쪽에 태백산(백두산)이 있고, 서쪽에 곤륜산(崑崙山)이 있다. 두만강과 압록강이 태백산에서 발원하고, 황하가 곤륜산에서 발원하니, 실로 신성(神聖)들이 나신 곳이었다. 단군은 태백산에 내려와 동방민족의 시조가 되었고, 황제는 곤륜산에 와서 중토민족(中土民族)의

35 金東煥, 「朴殷植 民族史學의 精神的 背景」『國學硏究』第4輯, 1998, 64쪽.

> 시조가 되었다. 단군은 압록강의 발원지를 돌아보고서 서북쪽으로 나아가 평양에 나라를 세우고, 황제는 황하의 발원지를 돌아보고서 동남쪽으로 나아가 중원에 나라를 세웠다.[36]

이렇게 단군을 시조로 한 민족국가를 설정한 박은식은『대동고대사론』에서 조선 후기의 양명학자(陽明學者)인 이종휘(李鍾徽, 1731~1797년)의『동사(東史)』 등을 분석하면서 부여(扶餘), 예(濊), 맥(貊), 비류(沸流), 숙신(肅愼), 옥저(沃沮) 등이 모두 단군에서 나와 세대가 전해지면서 대륙을 무대로 했다는 대륙사관을 구체화하고 있다. 또한 이런 관점에서 출발하여 단군조선의 강역이 서쪽으로 현재의 북경 및 그 동쪽 일대인 유주(幽州) 지역에까지 이르렀다는 새로운 주장 등을 하게 되었다.

박은식이 위와 같은 역사적 발상과 또 서술을 하게 된 것은 '역사와 민족의 관계'에 대한 자각을 통해서였으며, 그 역사를 통해서 민족의 애국애족과 독립정신을 일깨우기 위한 것이었음을『대동고대사론』에서 다음과 같이 밝히고 있다.

> 민족이 있어야 역사가 있으니, 역사가 없으면 민족도 없다. 왜냐하면 역사란 민족의 정신인데, 조국의 역사가 있어야 애국의 정신이 생기며, 동족의 역사가 있어야 애족의 정신이 생긴다. 독립의 역사가 있어야 독립의 정신이 생기며, 자존(自尊)의 역사가 있어야 자존의 정신이 생긴다. 그렇기 때문에 신성한 민족은 반드시 '신성한 역사'가 있는 법이다. 만약 그 민족에 '역사의 정신'이 없다면, 애국애족의 정신과 독립자존의 정신도 없어서 여러 민족과의 경쟁 속에서 생존할 수 없으며, 다행히 생존할지라도 노예나 비천한 종족

36 朴殷植,『大東古代史論』(1911).

으로 전락되지 않으면 다른 민족에 동화되고 말 것이다. 그러므로 "역사가 없으면 민족도 없다"고 말한 것이니, 그 관계가 실로 어떠했던가?[37]

박은식은 당시의 각 민족은 조상의 역사를 부각시켜 자강(自强)과 자주정신으로 경쟁에 대항하는데 도움을 얻고자 하는 것인데, 예를 들면 중원의 한족(漢族)들은 춘추시대에 서로 멀리하고 원수처럼 싸웠지만 요즘은 "우리는 황제의 '신성한 자손'이자 4억 형제"라며 한목소리로 크게 외친다는 것이다. 이는 특히 다른 민족에 대한 관념이 생겨서 '주의'를 표방한 것일 따름이라는 것이다. 박은식은 그렇다면 우리 대동민족(大東民族)[38]은 무엇을 제창할 것인가라고 자문하면서, 그 대답으로서 "우리 대동민족은 4천여 년의 역사가 있지 않은가! 또한 하늘에서 태백산 단목(檀木) 아래에 내려온 신인(神人)이 우리의 시조가 아닌가!"라며, 단군을 중심으로 민족의 종교와 역사를 일으켜야 한다고 주장하였다.

신채호의 『독사신론』(1908)과 박은식의 『대동고대사론』(1911)을 통해 체계화된, 단군으로부터 시작되어 발전하는 민족사 서술은 이후 독립운동역사가의 대부분이 공유하는 것이 되었다. 물론 독립운동역사가들 다수에게 이러한 단군 인식은 독립운동을 위한 목적, 즉 단군을 독립운동은 물론 역사 서술의 출발점으로 삼는 것을 의미했다.

3. 소위 기자조선의 문제

37 朴殷植, 『大東古代史論』(1911).

38 박은식이 사용한 대동(大東)이란 "만주(滿洲)와 대한을 통틀어 부르는 명칭"이다. 그러므로 대동민족이란 만주와 대한의 민족을 포괄하는 용어로써 대륙사관을 지향하는 용어이다.

독립운동역사가들이 단군을 시조로 한 민족사를 새로이 연구 및 서술하고, 또한 그러한 역사를 민족운동의 동력으로 삼고자 하면서, 기존에 오랫동안 유지되어 왔던 기자조선(箕子朝鮮)에 대한 관점이 크게 바뀜은 오히려 당연한 것이었다. 고려 시대 말기에 형성되어 조선 시대를 거치면서 강화되었던 단군조선, 기자조선, 위만조선(衛滿朝鮮)으로 연결되는 민족사의 체계가 부정되기 시작했던 것이다.

사대주의의 상징인 기자조선이란 용어

독립운동역사가인 신채호는 그가 발표하는 모든 글들에서 '중국'이란 용어를 가능한 한 쓰지 않으려 했던 것으로 보인다. 그의 글들에서 '중국'보다는 그 국호를 대신할 수 있는 '지나(支那)'라는 단어가 더 많이 사용된 것으로 확인되기 때문이다. 신채호는 '중국'이란 단어에 대해 일종의 어떤 거부감을 느꼈던 것일까?

사실 '중국'이란 용어를 역사적으로 살펴보면, 그 용어는 고대 중국의 '화이관(華夷觀)' [39]에 의해 형성된 것임을 알 수 있다. 정확히 이해하고 보면, 고대 중국의 중심으로부터 동쪽 혹은 동북쪽으로 멀리 떨어진 주변에 있었으며, 그 고대 중국과 경쟁하거나 전쟁을 치르며 혹은 침략 또는 지배를 경험했던 우리가 편하게 사용할 수 없는 용어가 바로 '중국'일 수 있는 것이다. '중국'이란 용어의 형성에 대해서는 다음과 같이 설명할 수 있다.

---

39 현재의 황하(黃河) 중류 지역에서 하(夏), 상(商), 주(周) 등의 국가를 세우며 중원을 차지했던 고대 중국인들은 자신들이 속한 국가를 화하(華夏) 혹은 중화(中華)라 하여 지리적으로는 세계의 중심에 위치하고 있으며, 문화적으로도 가장 우수하다고 인식했다. 그와 상대적으로 중원의 사방 주변에 있는 다른 민족들을 이(夷)·만(蠻)·융(戎)·적(狄)으로 부르며 열등한 종족으로 인식했다. 그러한 상상(想像) 속의 문화적 우월성에 근거하여, 주위의 마치 짐승과도 같은 이·만·융·적을 자신들의 질서 속으로 편입시켜 문화의 은혜를 베풀어야 한다는 생각을 갖고 있었다. 이러한 관점을 고대 중국인의 '화이관(華夷觀)'이라 표현한다.

고대 중국의 '화이(華夷)' 관념은 늦어도 전국시대(戰國時代)에는 이미 형성되었다. 전국시대 아마도 그보다 더 이른 시기에 중국인들은 자신들의 경험과 상상(想像) 속에서 하나의 '천하(天下)'를 만들어냈다. 고대의 중국인들은 자기들이 위치하고 있는 지역은 세계의 중심이며 또한 문명의 중심이라고 상상했다. 고대의 중국인들은 대지(大地)가 마치 하나의 바둑판처럼 생겼으며, 혹은 하나의 '회(回)' 자와도 같은 모양이라고 인식했다. 그리고 중심으로부터 사방의 변두리는 밖으로 끊임없이 확장되어졌다. 중심은 왕이 있는 경성(京城)이고, 중심의 밖은 화하(華夏) 혹은 제하(諸夏)라고 했다. 제하(諸夏)의 밖은 이적(夷狄)이라고 인식했다. 대략 춘추전국시대에 이미 남이(南夷) 및 북적(北狄)과 서로 대응하는 '중국'이란 관념이 이미 형성된 것으로 볼 수 있다. … 고대 중국인의 '중국'이란 보통 문명에 관한 하나의 관념이었으며, 명확한 국계(國界)를 지닌 정치지리 관념이 아니었다.[40]

이러한 '화이관(華夷觀)'이란 독특한 세계관 혹은 문명관(文明觀)은, 고대 중국인의 대내외적인 의식과 행동을 전반적으로 지배하고 있었다. '중국'이라는 말 자체도 이러한 '화이관'에 따른 용어로서 만들어졌다. '화(華)' 또 '중화(中華)'를 상징하는 '중국'은 그 주변의 '이(夷)'를 문명이 낮은 야만으로 보고, 그 '이(夷)'를 침략하고 지배하는 것을 정당화시키는 용어였다. 당연히 고대의 중국인들은 '이(夷)'를 침략하여 지배하는 것을 정당화시키기 위한 체계적인 논리도 만들어 냈는데, 바로 '책봉(冊封)-조공(朝貢)' 및 '사대(事大)-자소(字小)'의 관계이다.

40 葛兆光,『古代中國的歷史思想与宗教』, 北京師范大學出版社, 2006, 137~138쪽.

'책봉-조공'의 관계는 고대 '중국'으로서의 주(周)가 주변의 소국들을 통치하는 방식으로서 형성되었다. 주(周)가 주변의 소국에 대해 공(公), 후(侯), 백(伯), 자(子), 남(男) 등의 작위(爵位)를 주고 때로 빼거나 혹은 올리거나 내리는 조작 행위를 통해 차등적(差等的) 국제 질서를 주도하는 방식이 책봉이었다. 책봉을 받은 소국은 반대급부로서 정기적으로 조공함으로써 주(周)의 '중국' 즉 종주국(宗主國)으로서의 지위를 인정해야만 했으며, 책봉-조공을 교환함은 '군신(君臣)'의 명분을 가진 국가 간의 관계를 맺는 것을 의미했다.

이와 비교하여, 춘추전국시대를 거치며 형성된 '사대(事大)-자소(字小)'의 관계는 소국이 대국을 섬기고 대국은 소국을 보살피는 관계이다. 작고 약한 것을 보살피는 것을 '자소(字小)'라 하는 것이다.

고대의 중국은 이러한 관계들을 통해서 소위 '중국'이 지배하는 하나의 질서를 만들려 했는데, 이들 관계의 작용과 그 의미는 다음과 같이 설명할 수 있다.

> …춘추전국 시대에 발생하여 전개된 '사대-자소(字小)'의 국제 관계는 상(商), 주(周) 시대의 '책봉-조공' 관계와는 본질적 성격이 같지 않았다. '책봉-조공' 관계는 실질적으로는 독자적 주권을 보유한 독립 국가 상호 간의 관계였다 하더라도, 적어도 명분상으로는 책봉하는 주체와 조공하는 주체가 '군(君)'과 '신(臣)'의 입장에서 맺은 관계였다. 그러나 '사대-자소' 관계는 "힘이 많으면 다른 나라가 조(朝)하고, 힘이 적으면 다른 나라에 조(朝)해야 하는" (『韓非子』「顯學」) 특수한 상황에서 강대한 국가와 약소한 국가 사이에 맺은 교린 관계였으니, 이는 '사대-자소' 관계에서는 '책봉'의 절차나 '칭신(稱臣)'의 예(禮)가 결여되어 있음을 보아도 알 수 있는 일이다. '책

봉-조공' 관계와 '사대-자소' 관계는 성읍 국가의 정치공동체 형성과 영토 국가의 발생과 전개라는 서로 다른 특수한 역사적 조건 하에서 출현한 국제 관계의 양식으로 그 본질적 성격을 달리했지만, 이후 중국의 통일과 제국의 건립이라는 새로운 상황이 전개되면 양자가 결합하여 독특한 세계 질서를 구축하게 된다.[41]

고대의 중국인들은 또한 '화이관(華夷觀)'에 의해 그들의 독특한 역사관을 형성시켰다. 책봉을 주거나 소국을 보살핀다는 대국, 혹은 '천하'를 지배한다는 '중국'의 입장에서 고대의 중국인들은 그들과 주변의 역사를 이해하고 또 그렇게 역사를 서술하려 했던 것이다. 예를 들면, 그들의 '화이관'에 따른 역사관은 다음과 같이 이해될 수도 있다.

중국인들은 주위의 국가들이 '중국'에 비교하여 문명 등급이 낮다고 믿었고, 마땅히 '중국'에서 배우고 '중국'에게 조공을 바치며 또 배알(拜謁)해야 한다고 믿었다. 고대의 『직공도(職貢圖)』에 그려진 것은 각 변두리 민족의 대표가 중앙왕조에 조공을 바치는 것인데, 항상 중국인의 황제는 특별히 크게 그렸고 외족(外族)의 사절(使節)은 매우 왜소하게 그렸다.[42]

그러므로 고대 중국인들은 주변의 국가들 모두가 역대로 '중국'에 종속되어 온 것으로 고대사를 서술하는 경향을 가질 수밖에 없었다. 현실적으로 '조공' 관계를 맺지 않으면, 침략하여 그러한 관계를 만들고자 했으며, 이런 침략을 그들의 '화이관'으로 정당화시켰다. 또한 실제적으로 책봉-조공 관계가 형성

---

41 김한규, 『天下國家-전통시대 동아시아 세계질서』, 소나무, 2005, 62~70쪽.

42 葛兆光, 『古代中國的歷史思想与宗教』, 北京師范大學出版社, 2006, 138쪽.

되지 않았을지라도, 후대의 사서들에는 마치 그러한 관계가 실제 이루어졌던 것처럼 서술했다. 중국의 25사에서 이런 서술 경향들이 확인되는데, 주변의 민족과 국가는 모두 '중국'보다 문화가 낮으며 역대로 '책봉-조공'과 함께 사대(事大) 관계를 유지해 왔다고 서술한 것이다. 당연히 크고 작은 역사의 왜곡은 피할 수 없는 것이었다.

그러나 더욱 심각한 역사의 왜곡은 '중국'보다 그 주변의 국가들에서 일어날 가능성이 있었다. '중국'이 중화(中華)적인 관점으로 왜곡시켜 놓은 역사에 대해 주변의 국가들이 대응하는 몇 가지 방식 중에, 중국이 왜곡해 놓은 역사의 틀로 주변국이 자신의 역사를 재구성하는 경우가 있을 수 있었다.

예를 들면 중국의 25사는 고대 중국의 여러 왕조들이 '중국'의 관점에서 '책봉-조공' 및 '사대-자소' 관계를 정당화시키는 논리의 역사를 서술한 것이고, 이 25사 안에 주변의 여러 나라들에 대한 '중국'의 왜곡된 관점들이 담겨 있는데, 중국이 왜곡시켜 놓은 주변국들에 대한 관점으로 어느 주변국이 자신의 역사를 재구성하는 경우가 있다는 것이다. 그렇게 역사를 왜곡한 대표적인 '중국' 주변국의 하나가 바로 고려와 조선이다.

그런데 고대의 중국인들이 '중국'이란 관점으로 왜곡시킨 역사를 틀로 하여 주변국이 자신의 역사를 서술하는 경우에, '사대-자소' 관계에서보다도 더한 사대적 성격을 지니는 경향이 나타나고 있음이 확인된다. 예를 들면, 우리가 『삼국사기』를 사대적 관점으로 서술된 사서라고 비판하는 경우에,[43] 그 사대성(事大性)이 형성된 근본적인 이유는 바로 위에서 설명한 것과 같은데, 다시 정리하면 다음처럼 표현할 수 있다.

43 물론 『삼국사기』의 사대성에 대해서는 다양한 해석이 가능하다. 그러나 이 책에서의 주요 서술대상인 독립운동역사가들 다수가 『삼국사기』에 대해 그 사대성을 비판하는 경향이 강함으로, 이 책의 서술에서 『삼국사기』의 사대성만 부각시키고 그와 반대되는 측면에 대한 언급은 생략하였다.

『삼국사기』는 그 어느 경우보다도 현저한 사대적 관점을 가진 사서인 까닭이다. 사대성은 자기 존재의 연원과 처지를 주체적으로 파악하지 못함을 가리키는 개념이다. 대세로서 보편사관을 적극 수용할 필요가 제기되었다고 하더라도 이를 자기의 역사에 적용하려는 근거나 기준이 스스로 처한 현실에서 출발한 것이 아니라면, 그것은 결국 사대적 관점으로 흐르기 마련이다. 말하자면 역사인식의 사대성이란, 그 사관 자체가 외래의 것인가 아닌가에 의해서가 아니라, 그것을 자기의 역사에 적용하는 논리의 방향이 외래적인가 아닌가에 의해서 결정되는 것이다. 역사 사실을 이해함에 있어서 '합리'와 '객관'의 기준으로 내세운 것이 자기의 역사 경험과 문화 능력을 부인하는 방향에서 밖으로부터 도입된 것이라면, 그것이 아무리 당대의 보편이고 대세라 할지라도 사대적이라는 비난을 면키 어렵다.[44]

고려와 조선에서 그렇게 저술된 고대의 사서로서 현재까지 전해지는 대표적인 것으로서, 신채호 등 독립운동역사가들은 김부식 등에 의해 작성된『삼국사기』를 거론하고 있다.

그러나『삼국사기』의 저술과 비슷한 시기에 그보다 더한 사대적 역사 인식이 생겨났는데, 바로 기자조선이란 개념 혹은 관점이 그것이다. 특히 기자조선은 우리 역사가 그 출발점에서부터 식민지로서 철저한 사대성(事大性)을 띠었다고 왜곡하는 의미를 지닌 것이었다. 문제는 기자조선이란 개념 혹은 관념을 만들어내고, 또 그것을 우리 역사의 출발점으로 삼는 시도가 물론 '중국'에 의해 이루어진 측면도 있겠지만, 한편으로는 고려 시기의 소수 유학자 및 지배계급에서 비롯되었다고 볼 수 있다는 점이다.

44 徐毅植,「『三國史記』의 事實 認識과 歷史硏究者의 姿勢」『역사교육』92, 2004, 234~235쪽.

기자조선이란 개념 혹은 관념의 사대성은 고려를 거쳐 조선시대에 이르면, 그 극치에 이른다. 예를 들면, 단종(端宗)1년(1453년) 10월 8일의 『조선왕조실록』 기사에서 조선을 스스로 지칭하는 의미로서 '기봉(箕封)'이란 용어를 사용한다. 즉 '기자(箕子)의 봉지(封地)'라는 뜻이다.

이 용어를 보면, 조선의 유학자들에게 기자(箕子)는 단순히 역사적 인물이 아닌 그를 통해 비로소 '소중화(小中華)'로 편입되고 나아가 그를 통해 '중화'를 더욱 '사대'하게 만드는 매개체이다. 기자(箕子)를 조선의 단군 이후 시조로 모시게 된 이유가 '소중화'로 편입되는 사대의 매개체로서 그가 필요했기 때문이었던 것이다.

기자조선이란 용어는 "자기 존재의 연원"으로 생각하는 고대 조선의 "처지를 주체적으로 파악하지 못함을 가리키는" 개념이다. 또한 기자조선이란 용어는 "역사 사실을 이해함에 있어서 '합리'와 '객관'의 기준으로 내세운 것이 자기의 역사 경험과 문화 능력을 부인하는 방향에서 밖으로부터 도입된 것"이 분명하므로, 지극히 사대적일 수밖에 없는 용어이다. 특히 기자조선은 자기 민족의 정체성을 '기자(箕子)'라는 인물에서 찾아 '사대'와 함께 '중화'에 '소중화'로 편입되려는 의도에서 형성시킨 개념이다.

고려의 사대적 기자(箕子) 인식 형성

중국 길림성 집안시(集安市)의, 남쪽으로 압록강을 내려다보는 얕으막한 언덕에 높이 6.39m의 거대한 비석이 우뚝 서있다. 서기414년 고구려의 장수왕(長壽王)이 부친인 광개토태왕을 위해 세운 「호태왕비(好太王碑)」이다. 우리가 흔히 광개토태왕으로 줄여서 부르는 그 시호는 국강상광개토경평안호태왕(國罡上廣開土境平安好太王)이었다. 그 시호에는 "그 강역을 넓히고 또한 그 강역을 평안하게 한(廣開土境平安)" 업적을 기리는 의미가 담겨있다.

[자료 8] 중국 집안시에 서있는 「호태왕비」(1913년 촬영 사진)[45]

「호태왕비」의 첫 부분에는 고구려의 정체성, 즉 출자(出自)와 함께 그 국가의 강대함을 분명히 확인시켜주는 다음과 같은 글이 새겨져 있다.

> 옛적 시조(始祖) 추모왕(鄒牟王)이 나라를 세웠는데, 북부여에서 태어났으며, 천제(天帝)의 아들이었고 어머니는 하백(河伯)의 딸이었다. …17세손(世孫)에 이르러 국강상광개토경평안호태왕(國罡上廣開土境平安好太王)이 18세로 왕위에 올라 칭호를 영락대왕(永

45 국립중앙박물관 소장 사진 인용. 이용현 등, 『문자, 그 이후 -한국고대문자전』, 국립중앙박물관, 2011.10.1., 114쪽.

樂大王)이라 하였다. 왕의 은택이 하늘까지 미쳤고, 위무(威武)는 사해(四海)에 떨쳤다. 나쁜 무리를 쓸어 없애니, 백성이 각기 그 생업에 힘쓰고 편안히 살게 되었다. 나라는 부강하고 백성은 유족해졌으며, 오곡이 풍성하게 익었다.[46]

고구려 장수왕이 414년에 직접 작성하여 현재까지 전해오는 「호태왕비」에는 부여를 계승하여 강대국을 이룬 고구려의 주체성, 독자성이 특별히 강조되고 있었다. 그러한 고구려 사람들의 정신세계에 대해, 『북사(北史)』는 다음과 같이 기록하고 있다.

불교를 믿고 귀신을 공경하여 음사(淫祠)가 많다. 조묘(祖廟, *필자주 : 조상의 신주를 모신 사당을 말함)가 두 군데 있는데 하나는 부여신(扶餘神)으로 나무를 조각하여 부인상을 만들었고, 하나는 고등신(高登神)으로 고구려의 시조이신 부여신의 아들이라고 한다. 두 조묘(祖廟)에 모두 관사(官司)를 설치해놓고 사람을 파견하여 수호하였다. (그 두 신은) 대개 주몽(朱蒙)의 어머니인 하백(河伯)의 딸과 주몽이라고 한다.[47]

저자인 당(唐)의 이연수(李延壽)가 위의 인용문에서 '음사(淫祠)' 즉 "내력이 바르지 못한 귀신을 모셔놓은 집"이 많다고 기록했는데, 고구려의 토속 신앙과 습속 등에 대해 생소한 이연수가 그런 표현을 사용한 것으로 볼 수 있다. 위의 『북사』 기록에서 볼 수 있듯, 고구려는 조상신으로서의 하백과 주몽을 모

46 「好太王碑」 "惟昔始祖鄒牟王之創基也出自北夫餘天帝之子母河伯女郎 …至十七世孫國上廣開土境平安好太王二九登祚號爲永樂大王恩澤洽于皇天武威振被四海掃除ㅁㅁ庶寧其業國富民殷五穀豊熟昊".

47 『北史』卷94 「列傳」第82 高句麗 "信佛法, 敬鬼神, 多淫祠. 有神廟二所: 一曰夫餘神, 刻木作婦人像, 一曰高登神, 云是其始祖夫餘神之子. 並置官司, 遣人守護, 蓋河伯女 朱蒙云."

시고 북부여로부터 계승된 것과 고구려의 토착적인 것을 중심으로 그들의 정체성을 유지 및 강화하고 있었음을 알 수 있다.

『북사』는 627년에서 659년 사이에 작성되었는데, 이 사서에 기록될 시기까지의 고구려는 강한 주체성을 기반으로 한 뚜렷한 정체성에 의해 사대주의가 내부에 발붙이거나 외부로부터 침투할 여지가 없었던 것으로 보인다. 그러나 고구려가 668년에 정치적으로 해체되고도 한참이나 지난 945년에 완성된 『구당서(舊唐書)』에 의하면, 고구려의 강한 주체성 및 독자성과 어울리지 않는 '기자신(箕子神)'이란 사대적 요소가 침투하고 있음을 다음과 같이 전하고 있다.

> (고구려의) 풍속은 음사(淫祀)가 많아서 영성신(靈星神), 일신(日神), 가한신(可汗神), 기자신(箕子神)을 섬긴다. 국성(國城) 동쪽에 신수(神隧)라는 큰 동굴이 있는데, 해마다 10월이면 왕이 친히 제사를 지낸다.[48]

그런데 위의 기록을 단편적으로 이해하면, 고구려 시기에 이미 일종의 기자(箕子) 숭배사상 즉 '기자신(箕子神)'이 존재했다고 판단할 수도 있다.[49] 그러나 『구당서』의 편찬 시기 및 그 사서에서의 자료 수집 과정 그리고 그 사서의 삼국 관련 내용 등을 종합적으로 검토하면, 그 사서에 의해 "고구려 시기에 이미 일종의 기자(箕子) 숭배사상이 존재했다"고 판단할 수는 없다.[50]

48 『舊唐書』卷199上 列傳 第149上 東夷「高麗」"其俗多淫祀, 事靈星神日神可汗神箕子神, 國城東有大穴名神隧, 皆以十月王自祭之."

49 韓永愚,「高麗 朝鮮前期의 箕子認識」『韓國文化』3, 1982, 21~22쪽.

50 중국의 사학계에서는 위에 소개한 『구당서』 등의 기록을 근거로 고구려를 기자(箕子)는 물론 중국 고대 국가의 영향 속에서 건국되고 성장한 고대중국 소수민족 지방정권이라는 논리를 주장하고 있다. 고구려 도읍 중의 하나로 알려진 중국 길림성 집안시에 세워진 집안박물관(集安博物館)에는 위의 『구당서』 기록을 게재하며, 고구려 문화가 중원의 영향을 받았음을 설명하고 있다. 그러나 『구당서』의 기자신(箕子神) 관련 기록이 형성되는 과정을 엄격하게 분석하면, 기자(箕子)와 고구려를 연결시키는 논리는 성립될 수 없음을 분명하게 이해할 수 있다.

『구당서』는 유후(劉昫, 887~946년)의 주관 아래 940년에 편찬을 시작하여 945년에 완성하였는데, 특이한 점으로, 삼국 중 신라와 관련해서는 신라 문성왕(文聖王)3년(841년)까지의 사실을 기록하고 있다.[51] 즉 『구당서』는 945년에 완성되면서, 그 작성 시점까지 수집될 수 있는 여러 자료들이 삼국과 관련된 서술에 반영되었다고 볼 수 있는 것이다.

당시 유후는 후진(後晋, 936~947)의 동중서문하평장사(同中書門下平章事)란 직책으로서 『구당서』의 편찬을 주관했는데, 그 사서의 편찬 기간에 후진(後晋)은 고려와 정치적·문화적인 교류관계를 유지하고 있었다. 『해동역사(海東繹史)』에는 941년 후진(後晋)이 고려의 왕건을 고려국왕에 봉하고, 또 사신들을 고려로 파견하여 책명(冊名)했다는 『책부원구(冊府元龜)』의 기사를 인용하고 있다. 또한 『해동역사』에는 왕건이 고려에 와 머물던 서역(西域)의 승려 말라(襪囉)를 다시 후진(後晋)으로 보내어, 후진(後晋)에게 함께 거란을 공격하자는 제의를 했다는 『속통전(續通典)』의 기록을 인용하며, 고려가 후진(後晋)과 교류한 사실들을 전하고 있다.[52] 이러한 교류의 시기에 『구당서』의 편찬이 이루어지는데, 적지 않은 교류 과정에 파악되어 후진(後晋) 사회에 전해진 고려의 민간 습속 중 기자신(箕子神)의 존재 사실이 『구당서』의 저자들로 하여금 고구려 시기에 이미 그러한 습속이 있었던 것처럼 사서에 기록되도록 영향을 미친 것으로 볼 수 있다.[53]

기자숭배의 일종인 고려의 '기자신(箕子神)'은 『구당서』의 편찬자들인 후진(後晋)의 유학자들에게 특별히 관심을 끌었기 때문에, 그 사서에 기록되었을

51 國史編纂委員會, 『국역 中國正史朝鮮傳』, 國史編纂委員會, 1986, 160쪽.

52 韓致奫, 『海東繹史』 第12卷 世紀12 「高麗」1.

53 후진(後晋)이나 그 전후에 성립된 중원의 여러 국가들은 고려가 고구려를 계승한 나라로 분명하게 인식하고 있었으며, 고구려와 고려의 관련 사실들을 혼동하는 경향도 있었다. 고려도 국가 차원에서 고구려를 계승한 국가로 스스로 인식하고 있었으며, 문화적 정체성을 고구려에서 찾으려 했다. 고려가 고구려를 계승했다는 인식에서 벗어나, 삼한과 신라를 계승했다는 의식을 갖게 된 것은 김부식의 『삼국사기』가 작성되는 무렵을 전후한 시점부터이다.

것으로 보인다. 그러나 아래에서 다시 살펴보겠지만, 정작 고려의 일반 백성들에게 기자(箕子)란 인물은 거의 알려지지 않았고, 사대주의적 인식에 의해 기자(箕子)를 숭배하려는 일부 극소수의 유학자들 혹은 지배계급에게만 의미 있는 대상에 불과했다. 어쨌든 고려의 건국 이후 지배계급으로 성장하게 된 유학자들에 의해 기자(箕子)를 한국사에 끼워넣는 상황이 만들어지기 시작했다고 볼 수 있다.

기존의 역사학계에서 단군조선이나 기자조선이란 개념, 그러한 역사관념이 마치 고려 이전에도 존재했던 것처럼 오해되기도 한다. 그러나 이러한 오해로부터는 자칫 심각한 역사해석의 오류가 빚어질 수 있다. 예를 들면, 위에서 이미 비판적으로 검토한 『구당서』의 "풍속은 음사(淫祀)가 많아서 영성신, 일신, 가한신, 기자신(箕子神)을 섬긴다. 국성 동쪽에 신수라는 큰 동굴이 있는데, 해마다 10월이면 왕이 친히 제사를 지낸다."에 기록된 기자신(箕子神)은 물론 가한신(可汗神) 및 수신(隧神) 등을 고구려 시기에 이미 존재했었다고 추정하는 단군조선 및 기자조선의 관념과 연결시켜서, 다음과 같이 해석하는 경우도 찾아볼 수 있는 것이다.

> …중국측 문헌에 보이는 가한신(可汗神)이나 수신(隧神)이 단군이나 주몽과 관련된 귀신일 것이라는 심증이 굳어진다. 만약 이러한 추정이 옳은 것이라면, 고구려의 제천동맹(祭天東盟)에서는 별이나 태양과 같은 자연신 이외에 단군조선·부여·고구려의 시조신에 대한 제사가 아울러 거행되었고 그러한 시조신 가운데 기자신(箕子神)이 들어있었다는 사실을 알 수 있다. 이때 기자신(箕子神)은 물론 기자조선의 시조신의 의미를 가졌을 것이다.

이와 같이 고구려의 국가신앙인 제천대회에서 단군조선, 기자조선, 부여 그리고 고구려의 시조신들이 광범하게 연결되어 국왕과 국인(國人)의 제사를 받았다는 것은, 현실적으로 고구려 지배층이 혈통상으로 단군·기자(箕子)·부여의 족속과 연결되어 있다는 것을 암시하는 동시에, 이념상으로도 조선·부여의 계승자임을 표방하는 것이라고 믿어진다.

여기서 우리가 주목하고자 하는 것은 기자신(箕子神)의 문제이며, 기자(箕子)가 주몽이나 단군·해모수(解慕漱) 등과 더불어 시조신의 한 자리를 차지하고 있었다는 사실이다. 아마 고구려가 평양에 천도한 이후, 그곳에 잔류하고 있던 기자족속을 포섭하면서 기자신(箕子神)을 국가신앙의 하나로 흡수하게 된 것이 아닌가 추측해 본다.[54]

과연 위의 인용문에서처럼, 고구려 시기에 단군조선과 기자조선의 시조신들이 당시 사람들의 제사 대상이 될 수 있었을까? 그러한 제사를 통해서 고구려의 지배층이 혈통상으로 단군·기자(箕子)·부여의 족속과 연결되어 있다는 인식을 가질 수 있었을까? 과연 427년에 장수왕의 고구려가 평양으로 천도하면서 그곳에 잔류하고 있었던 기자(箕子)의 족속을 포섭하면서 기자신(箕子神)을 국가신앙의 하나로 흡수할 수 있었을까?

만약 위의 인용문의 고구려 관련 서술 내용에 일종의 오류가 있다면, 그 오류는 고구려 시기에 단군조선이나 기자조선이란 개념 혹은 그러한 역사관념이 이미 존재했던 것처럼 오해한 것에서 비롯되었다고 분명하게 말할 수 있다. 사실은, 엄밀하게 역사적인 분석을 시도하면, 단군조선이나 기자조선이란 개념 혹은 그러한 역사관념은 고려 중기 이후에나 형성된 것으로 파악될 것이

54 韓永愚, 「高麗 朝鮮前期의 箕子認識」『韓國文化』3, 1982, 21~22쪽.

다. 앞에서 「호태왕비」가 작성되던 414년은 물론 『북사』가 작성되던 627년에서 659년 사이의 고구려에 기자신(箕子神)이 존재할 수 있는 여지는 전혀 없었다고 분명하게 확인하지 않았는가?

우리가 확인할 수 있는 문헌에 의하면, 김부식이 주도하여 1145년에 완성한 『삼국사기』에서도 기자(箕子)와 관련된 기록은 자세하지 않다.

> 해동(海東)에 국가가 있은 지 오래되었다. 기자(箕子)가 주(周)의 왕실로부터 봉해짐으로부터 위만(衛滿)이 분수에 맞지 않게 왕이란 칭호를 사용하는 한(漢)의 초기까지는 연대가 아득히 멀고 기록이 적어서 실로 자세히 알 수 없다. 삼국이 정립(鼎立)한 시기에 이르러서야, 전해지는 세대가 더욱 뚜렷해졌다.[55]

위의 간단한 『삼국사기』 기록에 따르면, 김부식은 기자(箕子)가 주(周)의 왕실로부터 봉해진 시기로부터 위만을 거쳐, 그 다음의 삼국으로 이어졌을지도 모른다고 추측할 수는 있었을지 모른다. 그러나 김부식은 분명하게 기자(箕子)에 대해 "연대가 아득히 멀고 기록이 적어서 실로 자세히 알 수 없다"고 했다. 김부식이 기자조선이란 용어를 사용한 것도 아니며, 먼 과거의 일로서 자세히 알 수 없다 즉 잘 모른다고 언급한 것이다. 김부식은 삼국의 역사를 중점으로 서술하면서, 현재 자신이 소속되었고 또 당시 고려의 정권을 장악했던 일군의 정치집단의 정체성과 연결되는 신라를 고려가 계승한 정통(正統)으로 내세우려는 목적의 역사로서 『삼국사기』를 집필했기 때문에, 그 사서에서 삼국 이전의 사실은 다룰 수 없었다.

55 『三國史記』卷 第29 「年表」上 "海東有國家久矣, 自箕子受封於周室衛滿僭號於漢初, 年代綿邈, 文字疎略, 固莫得而詳焉. 至於三國鼎峙 則傳世尤多".

이에 뒤이어 일연(一然)이 1289년의 사망 이전에 완성한 『삼국유사』에서는 단군을 시조로 하는 민족사의 체계를 구성했던 것만큼은 확실하다. 그렇지만 『삼국유사』는 초기의 판본이 전해지지 않고, 후대의 가필(加筆)이 많아 현재 전해지는 내용으로 판단하기 어렵지만, 그럼에도 그 사서를 통해 일연이 기자(箕子)를 단군을 이은 하나의 국가로서 서술했다고 보기는 어렵다. 특히 주목할 점은, 『삼국유사』의 「왕력(王歷)」에서 일연이 고구려의 주몽을 "단군의 아들"이라고 서술한 것이다. 즉 고대왕조의 정통 계승 관념에 따라, 일연은 『삼국유사』의 「왕력」에서 삼국 중 고구려가 단군을 계승하는 적자(嫡子)의 국가로 분명하게 표기한 것이다.[56] 일연은 여기에서 단군에서 고구려를 거쳐 고려로 계승된다는 정통 관념을 분명하게 강조한 것이다. 그러므로 『삼국유사』에서 기자(箕子)를 간략히 언급하긴 했지만, 그 서술의 중심은 단군-고구려로 계승되는 역사였다.

'기자조선'이라는 개념이 처음 나타난 우리 문헌은 1287년에 작성된 『제왕운기(帝王韻紀)』이다. 『제왕운기』는 전조선(前朝鮮)인 단군조선이 1028년 동안 내려오고, 164년의 공백을 거친 후 후조선(後朝鮮)인 기자조선 928년이 이어졌다고 기록했다. '단군조선(1028년)—기자조선(928년)—위만조선(86년)'으로 이어지는 역사 관념이 생겨난 것이다. 조선시대에 들어오면서 이러한 '후조선=기자조선'의 인식은 확고한 학설로 자리 잡는데 『삼국사절요(三國史節要)』 이후의 사서들은 『삼국유사』의 체계가 아니라 『제왕운기』의 '단군조선(전조선)—기자조선(후조선)—위만조선' 체계를 따르게 된다. 조선 후기에는 주자의 정통론

56 『三國遺事』卷 第1「王歷」第一東明王 "甲申立, 理十八. 姓高名朱蒙. 一作鄒蒙. 壇君之子."

[57]에 영향을 받아 기자조선이 더욱 강조되어 기자조선을 한국역사상 정통국가의 출발점으로 설정하는 새로운 역사서술 체제가 수립되었다.[58]

초기 기자(箕子) 수용의 명분과 그 사대적 속성

『고려사』를 보면, 숙종(肅宗)7년(1102년)에 기자(箕子)의 무덤을 찾고, 또 사당을 세워 기자(箕子)를 제사하자는 예부(禮部)의 건의가 있었음을 다음과 같이 기록하고 있다.

> (숙종7년) 10월 임자(壬子) 초하루 예부가 "우리나라의 예의로 인한 교화는 기자(箕子)로부터 시작되었음에도, 사전(祀典)에 실리지도 아니하였으니, 그 무덤을 찾고 사당을 세워 제사하자"는 상소를 올려, 그에 따랐다.[59]

물론 당시 고려의 예부에서 찾자고 상소한 기자(箕子)의 무덤은 전혀 근거가 없는 황당무계한 민간의 속설(俗說)에 불과한 것이었다.[60] 『사기』권38 「송미자세가(宋微子世家)」제8에는 "기자(箕子)라는 자는 주(紂, *필자 주 : 주(周)의

57 역사서술 방식으로서의 '정통론'이란 조선시대 중후기의 학자들이 역사를 구성하는 일정한 틀로서의 서술논리를 말한다. 이러한 정통론에서의 조선역사는 기자(箕子)로부터 시작되어, 기자(箕子)를 중심에 세워, 그 정통을 계승하는 역사를 서술하는 것으로서 근본적으로 사대적이다. 정약용 『아방강역고』의 첫 부분인 「조선고(朝鮮考)」도 "조선이란 이름은 평양에서 생겼는데, 실은 기자(箕子)가 도읍한 본지(本地)를 말한다."며 기자(箕子)로부터 우리역사 서술을 시작한다. 『동사강목』은 단군조선-기자조선-마한을 정통으로 세웠는데, 실제로 『동사강목』 본문의 역사서술은 기자(箕子) 원년(元年)으로부터 시작한다. 분명하게 지적해야 할 점은 정통론은 중화(中華) 혹은 소중화(小中華) 혹은 사대(事大)를 포괄하는 개념으로서 근본적으로 사대주의(事大主義) 입장에 선 것이란 점이다. 정통론이란 실제로 '중화계승의식'의 역사학적 표현에 다름 아니다(許太榕, 「17세기 말~18세기 초 中華繼承意識의 형성과 正統論의 강화」『震檀學報』103, 2007, 75쪽).

58 조원진, 「기자조선 연구의 성과와 과제」『고조선단군학』20, 2009, 402~403쪽.

59 『高麗史』志 卷57 禮5「雜祀」 "十月壬子朔禮部奏我國敎化禮義自箕子始而不載祀典乞求其墳塋立祠以祭從之."

60 金庠基, 『高麗時代史』, 1985, 서울대학교출판부, 177쪽.

[자료 9] 중국 산동성 하택시 조현에 있는 기자의 무덤[63]

무왕(武王)에 의해 멸망한 상(商)의 마지막 왕)의 친척이다."라는 서술 아래에, 두예(杜預, 222~285년)가 "양국(梁國)의 몽현((蒙縣)에 기자총이 있다."고 말했다고 덧붙이고 있다.[61] 두예가 말한, 몽현에 있다는 기자총의 위치를 역사적으로 고증해보면, 현재의 중국 산동성 하택시(菏澤市) 조현(曹縣) 정장향(鄭庄鄕) 왕승보촌(王勝普村)의 서남쪽에서 기자의 무덤을 찾을 수 있다. 아래의 사진처럼, 지금도 그곳에는 기자의 무덤과 함께 비석 몇 기가 서있다.

고려에서 그 나라에 실제로 존재하지도 않는 기자(箕子)의 무덤을 찾고 또 제사를 지내려 했다는 위의 『고려사』 기록은 『고려사』 57권 잡지(禮志)5의 「잡사(雜祀)」에 실려 있다. 고려시대의 '잡사(雜祀)'란 하늘에 제사를 올리는 원구(圓丘)와 종묘사직 이외의 각종 제사를 말하는 것이었다. '잡사(雜祀)'의 대상은 명산대천(名山大川), 개국 시조를 모시는 개념의 예조묘(藝祖廟), 도가(道家)의 별을 보는 풍습에서 유래한 노인성(老人星), 성황신(城隍神) 등과 함께 고구려 시조인 동명성왕 등 다양하다.[62] 기자(箕子)도 '잡사(雜祀)'의 대상에 포

61 『史記』卷38「宋微子世家」第8 "箕子者紂親戚也(杜預云梁國蒙縣有箕子冢)".

62 金澈雄, 「고려 國家祭祀의 體制와 그 특징」『한국사연구』118, 2002, 137쪽.

63 이 사진은 필자가 2009년 4월 중국 산동성 하택시(菏澤市) 조현(曹縣) 정장향(鄭庄鄕) 왕승보촌(王勝普村)의 기자총을 직접 답사하면서 확보한 사진이다.

함되어 있었는데, 숙종7년(1102년)에 기자(箕子)의 사당을 건립하자는 상소가 있었다는 위의 기록에 의해 판단하면, 그 당시까지 기자(箕子)에 대한 일종의 숭배사상이 민간에 있긴 했지만, 사당도 없었고 또 체계화되지 못했음을 분명하게 알 수 있다.

특히 위의 『고려사』 기록에서 기자(箕子)가 "사전(祀典)에 실리지도 아니하였다는" 점에 주목할 필요가 있다. '사전(祀典)'이란 고려 및 조선시대에 국가에서 공식적으로 행하는 각종 제사에 관한 규범이나 규정을 말하는데, 이에 실리지 않았다는 기록은 숙종7년(1102년)까지만 해도 고려에서 기자(箕子)가 국가 차원에서 전혀 중시되지 않았음을 증명해주는 것이다.

그럼에도 위의 『고려사』 기록에서 중요한 사실, 당시 기자(箕子)를 국가적 차원의 제사 대상으로 설정하자고 주장하는 일부 유학자들 혹은 일부 지배계급의 그 명분을 확인할 수는 있다. 그들이 내세우는 명분은 "우리나라의 예의로 인한 교화는 기자(箕子)로부터 시작되었다."는 사대적 인식에 근거하여, 고려사회의 역사적 및 문화적 정당성 혹은 우월성을 드러내려 했다는 것이다. 더 나아가 고려가 기자(箕子)를 계승하는 국가란 점을 대내외적으로 강조하려 했을 수도 있다.

그러나 숙종 이후에도 고려사회의 기자(箕子)에 대한 관심은 크게 확산되지 않았고, 오히려 외국에서 온 관찰자가 보기에 눈에 뜨이지 않을 정도로 침체되었던 것으로 추정된다. 1123년(인종1년) 서긍(徐兢, 1091~1153년)이 송(宋)의 사절로 고려에 와서 머물면서 직접 수집한 자료를 토대로 작성된 『선화봉사고려도경(宣和奉使高麗圖經)』에서 그러한 상황을 간접적으로 이해할 수 있다. 고려사회를 관찰하여, 이모저모를 상세히 기록하려한 『선화봉사고려도경』에는 고려의 종교 및 사당에 대한 기록도 당연히 들어있는데, 그 기록은 다음과 같다.

전대(前代)의 역사에 이르기를 "그 풍속이 음란해서 저녁이 되면 으레 남녀가 떼지어 노래하고 즐기며 귀신·사직·영성(靈星)을 제사하고, 10월에는 하늘을 제사하기 위해 큰 모임을 갖는데 그것을 동맹이라 부른다. 그 나라 동쪽에 굴이 있는데 수신(襚神)이라 부르고, 역시 10월에 맞아다가 제사한다." 하였다. 왕씨(王氏)가 나라를 차지한 이후 산에 의지하여 나라 남쪽에 성을 쌓고 건자월(建子月, 즉 북두성의 자루 끝이 '자(子)'의 방향을 가리키는 달)에 관속들을 거느리고 의장물(儀仗物)을 갖추고 하늘에 제사한다. …그들이 10월에 동맹하는 모임은, 지금은 그 달 보름날 소찬(素饌, 즉 육류나 생선이 들어 있지 않은 음식)을 차려놓고 그것을 팔관재(八關齋)라 하는데 의식이 극히 성대하다. 그 조상의 종묘는 나라의 동문 밖에 있는데, 왕이 처음 습봉(襲封, 즉 왕위의 계승을 말함)할 때와 3년에 한 번씩 하는 큰 제사 때에만 거복(車服)과 면규(冕圭)를 갖추고 친히 제사하고 그 나머지는 관속들을 나누어 파견한다. 원단(元旦)과 매달 초하루와 춘추와 단오에 다 조상의 신주에 제향을 드리는데, 부중(府中)에 그 화상을 그려 놓고 중들을 거느리고 범패(梵唄)를 하며 밤낮을 계속한다. 또 일반이 부처를 좋아하여 2월 보름에는 모든 불사(佛寺)에서 촛불을 켜는데 극히 번화하고 사치스럽다.[64]

그런데 위의 기록에 의하면, 서긍도 직접적인 견문을 통해서 고려에서 기자(箕子)와 관련된 사당이나 제사 등의 흔적을 찾아 서술하지 못했었다. 물론 그런 사당이나 기타의 기자(箕子) 관련 흔적이 고려에 있을 수 있지만, 미약하

64 徐兢,『宣和奉使高麗圖經』卷第十七「祠宇」

여 서긍에게 목격되지 않았을 수도 있다. 어쨌든 위의 기록을 통해서, 고려의 일부 유학자들 혹은 지배계급이 기자(箕子)를 내세우는 명분은 서긍이 고려에 왔던 1123년 당시까지도 국가 차원 혹은 민간 차원에서 폭넓은 관심과 지지를 얻어내지 못한 사실을 추정할 수 있다.

그러나 고려 후기에 이르면, 유학자 및 일부 지배계급들에게 기자(箕子)를 찾는 명분이 조금 더 확산된 분위기가 존재했던 듯하다. 다음의 『고려사』 기록에서 그 점을 이해할 수 있다.

> 충숙왕12년 10월 평양부(平壤府)에 명령을 내려 기자(箕子)의 사당을 세워 제사하게 하였다.[65]

고려 말기인 충숙왕12년 즉 1325년의 사실을 전하는 위의 기록은, 고려사회에서의 기자(箕子)의 위상과 그 의미의 변화 과정을 짐작하게 해준다. 위에서 이미 살펴보았듯, 분명히 숙종7년인 1102년에 기자(箕子)의 사당을 세우자는 국가 차원의 논의가 이루어졌었다. 그러나 그 이후의 사실을 기록한 『고려사』에서 기자(箕子) 관련 제사가 행해졌다는 기록이 전혀 보이지 않는다. 즉 1102년의 그러한 논의에도 불구하고, 그 논의 이후에도 기자(箕子)에 대한 제사는 제대로 유지되지 못한 것이다. 심지어 기자(箕子)의 사당조차 제대로 건립되지 못한 것으로 추정된다. 그러므로 충숙왕은 1235년에 현재의 평양 일대

65 『高麗史』志 卷57 禮5「雜祀」"忠肅王十二年十月令平壤府立箕子祠以祭之."

였던 당시 서경(西京)의 관할 행정기구인 서경유수(西京留守)[66]에 명령하여, 기자(箕子)의 사당을 세우고 제사하도록 시켰던 것이다.[67]

그런데 충숙왕 이후 공민왕 시기에 이르면 상황은 상당히 변화하였다. 공민왕5년(1356년) 5월 기자(箕子)의 사당을 고치고 때때로 제사하게 했으며, 공민왕20년(1371년) 2월 다시 기자(箕子) 사당을 수리하고 제사하게 했다는 기록이 보인다.[68]

이러한 기록으로 판단하면, 공민왕 시기에는 특별히 기자(箕子)를 내세울 명분이 더 필요했던 것으로 보인다. 즉 당시 몰락해가는 원(元)으로부터 국권을 회수하려는 공민왕이 그 자신의 정치적 명분을 얻으려는 의도가 기자(箕子)에 대한 제사로 나타났다고 볼 수 있는 것이다. 특히 1356년 5월을 전후하여 공민왕은 원(元)에 의해 설치되어 고려의 내정을 간섭하던 정동행성리문소(征東行省理問所)를 철폐하면서 쌍성(雙城) 등지를 수복하였고, 또한 공민왕은 1369년 원(元)의 연호를 폐지하고 명(明)에 대하여 '사대의 예'로서 정식 국교를 수립하였으며, 1370년에는 명(明)이 책봉사(冊封使)를 보내어 공민왕을 고려국왕에 봉하고 모든 의제(儀制)와 복용(服用)은 본속(本俗)에 좇을 것을 허락하였다.[69]

이러한 국내외적 정치변동의 과정에서 공민왕의 기자(箕子) 관련 제사도, 그런 정치변동과 맞물려 의미를 지닌다고 볼 수 있겠다. 물론 공민왕의 그러한 정치적 행동으로서의 기자(箕子) 제사나 기자(箕子) 인식도 결국에는, 몰락해

66 엄밀하게 따지면, 위의 『고려사』지(志) 권57 예(禮)5「잡사」 기사에 일부 오류가 있다. 충숙왕12년인 1235년에는 평양부란 지명이 존재하지 않았다. 『신증동국여지승람』제51권 평안도 평양부에 의하면 "(현재의 평양 일대는) 충렬왕16년(1290년)에 원(元)이 도로 우리나라에 돌려주어 드디어 다시 서경유수(西京留守)가 되었고, 공민왕18년(1369년)에 만호부(萬戶府)를 설치하였다가 뒤에 고쳐 평양부로 삼았다." 고 한다. 그러므로 충숙왕이 기자(箕子)의 사당을 설치하도록 명령한 지방 행정관청은 평양부가 아닌 서경유수라고 보아야 하며, 이에 따라 위의 본문을 바로잡아 서술했다.

67 이강한, 「1325년 箕子祠 祭祀 再開의 배경 및 의미」『한국문화』50, 2010, 6쪽.

68 『高麗史』志 卷57 禮5「雜祀」"忠肅王十二年十月令平壤府立箕子祠以祭之."

69 金庠基, 『高麗時代史』, 1985, 서울대학교출판부, 589~605쪽.

가는 원(元)으로부터 벗어나 새로 일어서는 명(明, 1368~1644년)을 상대로 고려의 명분을 보여주기 위한 사대적인 것임은 분명한 것이다.

4. 독립운동역사가의 기자조선 극복과 단군

고려 중후기 및 조선시대를 거치면서 강화된 단군조선-기자조선-위만조선으로 연결된다는, 사대적 역사서술 체제는 근대로 들어서면서도 좀처럼 극복되지 못했다. 심지어 1894년 7월부터 추진되기 시작한 갑오개혁 이후 근대 공교육 제도가 도입되면서, 국사는 '국민' 형성을 위한 주요교과로 자리를 잡았으며, 이에 따라 국사 교과서도 서술되었는데, 그 교과서들에도 '기자조선'이란 사대적 논리는 그대로 오래도록 남아 있었다.

근대에 들어서도 극복되기 어려웠던 기자조선이란 사대주의

예를 들면 당시 교육을 담당한 학부(學部)에서는 1895년에 초등·중등·고등용 교재로서 『조선략사(朝鮮略史)』, 『조선역사』, 『조선역대사략(朝鮮歷代史略)』을 제작하였다. 이 중 『조선역대사략』에서는 '동방에 군장(君長)이 없었는데, 신인(神人)이 태백산에 내려오니, 국인(國人)이 이를 군(君)으로 세웠다.'로 시작하여, 단군을 '수출지신군(首出之神君, *필자 주 : 처음으로 세워진 신군(神君))'으로 역사의 첫머리에 놓고 있다. 이어 기자(箕子)를 '입교지성후(立教之聖后, *필자 주 : 교화를 세운 성군(聖君))'로 단군의 뒤를 이어 서술하고 있다. 이는 종족적 정체성을 단군에서 찾고, 문화적 정체성을 기자(箕子)에서 찾는 이중적 의식구조라고 설명할 수 있겠다. 『조선역대사략』은 '단군조선-기자조선-삼한(마한)-신라(통일 이후)'라는 소위 조선시대 '정통론(正統論)'의 역사서술 체계를 그대로 따르고 있었다.

1897년의 광무개혁과 1905년의 을사늑약을 거친 이후인 1906년에 당시의 대표적 교과서로 편찬된 원영의(元泳義)·유근(柳瑾)의 『신정동국역사(新訂東國歷史)』와 유근이 1908년에 편찬한 『초등본국역사(初等本國歷史)』와 1910년에 펴낸 『신찬초등역사(新撰初等歷史)』에 이르러서도, 역시 '단군조선-기자조선'이란 역사체계를 극복하지 못하고 있다. 이들 교과서에서는 단군조선은 후에 백악(白岳)으로 천도하였다가 후손이 북부여로 천거(遷居)하고, 조선은 기자(箕子)가 잇게 되었다고 파악하고 있었다.[70]

위에서 살펴본 것처럼, 일제의 식민지로 전락하는 위기에 처한 대한제국의 국사 교과서에서조차 아직도 기자조선이란 사대적인 역사논리를 그대로 유지하고 있었는데, 이러한 사대적인 역사논리는 일제에 의해 조선침략 논리로 이용되었다. 예를 들면 하야시 다이스케(林泰輔)가 1892년에 출간한 『조선사』와 같은 책 등이 그것이다.

하야시 다이스케는 『조선사』에서, 조선은 지나(支那)와 가까워서 항상 그의 견제를 받았고, 지나(支那) 사람이 와서 왕이 되거나 그 지역을 군현으로 삼았으며, 그 나라의 왕은 대체로 지나(支那)의 봉작을 받고 조공으로써 사대의 예를 갖추었으며, 그러므로 조선은 지나(支那)의 속국에서 벗어난 적이 없다고 말하면서, 조선 역사의 시작을 기자(箕子)가 동쪽으로 피해 와서 조선의 왕이 된 때로부터 설명하고 있다.[71] 이렇듯 한편으로 기자조선은 일제의 침략논리로 이용되면서, 한반도의 역사가 출발점에서부터 외세의 식민지로서 현재까지 유지되고 있다고 설명하는 논리의 근거가 되었던 것이다.

기자조선 극복의 첫 움직임

70 양정현, 「국사 교과서 고대사 서술에서 민족·국가 인식의 변천」『한국고대사연구』52, 2008, 120~128쪽.

71 林泰輔, 『朝鮮史』, 1892, 31쪽.

이러한 봉건적 잔재 및 사대주의 산물로서의 기자조선 논리를 정면으로 깨뜨리는 작업은 1908년 신채호에 의해 처음 시도되었다. 신채호는 우선 당시까지도 사대적이고 봉건적인 논리를 극복하지 못하여, 기자조선을 거론하곤 하는 한국의 역사가들을 다음과 같이 비판하였다.

> 단군이 처음 나신 성인으로 조선국을 창건하실 때 만주를 중시하여 그의 아들 부루(扶婁)로 만주를 개척하시고 후세 자손의 무용(武勇)을 쓸 땅을 남기시더니, 그 후예가 약하여 고토를 많이 잃고, 수백년 역사상에 영광이 나타나지 않았으나, 여전히 만주 일대를 차지할 이유가 있는 까닭으로 동명왕 주몽이 이를 핑계로 하여 채찍으로 동쪽을 가리킴에 위씨(衛氏)·한씨(漢氏, 漢代의 四郡貳府 따위) 등 지나족의 수백년 축적한 세력을 한 번에 정복하였다.
> 기자(記者)가 생각하기에, 단군왕조가 북쪽으로 옮긴 뒤에 그 자손이 집안싸움에 종사하여 갈사국(曷思國)·부여국(扶餘國)·고구려국 등이 서로 죽이거나 멸망시키고, 밖과 다툴 겨를이 없었으나, 그 건국연대가 고기(古記)와 총목에 대체적으로 실려 있거늘, 한국 역사가가 기씨왕조(箕氏王朝)는 말하고, 부여왕조는 누락시켜 주권상 주족(主族)·객족(客族)의 구별이 없으니 안타까울 따름이다.[72]

위의 글은 민족적 정체성과 관련하여 단군과 함께 기자(箕子)를 언급하던 기존의 양상을 극복하려는 의도가 돋보이는 글이다. 신채호의 위의 글이 발표되는 시기에 이르면, 점차 동양문명 일반과도 다른 한반도 문명에 대한 인식이 확고하게 자리잡음으로써, 민족적 정체성과 관련하여 '기자(箕子)'를 분리시키

72 申采浩, 「韓國과 滿洲」『大韓每日申報』(1908. 7. 25).

는 경향이 나타나고 있었다. 즉 이와 같은 시기에, '단군'으로 상징되는 한국민족은 종족적으로 뿐만 아니라 문화적으로도 독자성을 지닌 '민족'으로 개념이 정립되고 있었던 것이다.[73]

이와 같이 1908년 8월 『독사신론』이 발표되기 이전에, 이미 신채호는 기자조선으로부터 민족적 및 문화적 정체성을 언급하던 기존의 사대적 역사인식을 완전히 극복해가고 있었다. 이러한 극복은 오히려 '단군'을 통한 정체성 강화로 나타났는데, 그해 7월 31일자에 발표한 글에서 신채호는 다음과 같이 말하고 있다.

> 시조(始祖) 단군이 태백산에 내려오시어 이 나라를 여시고, 후세 자손에 남기시니, 삼천리 강토는 그 산업이며, 사천년 역사는 족보이며, 역대제왕은 종통(宗統)이며, 둘러싼 산하는 그 담장이라. 오로지 이천만 자손이 여기에서 살며, 여기에서 자라며, 여기에서 노래하며, 여기에서 곡(哭)하여, 거주를 여기에서 함께하며, 의식을 여기에서 함께하며, 기쁨과 근심을 여기에서 함께하나니, 가(家)와 국(國)이 어찌 다르겠는가.[74]

신채호의 이러한 확고한 민족 및 국가개념 속에 기자조선이란 사대적 논리가 끼어들 틈이 없었다.

신채호 기자조선 인식의 역사적 의미

신채호는 마침내 1908년의 『독사신론』에서 기자조선이란 기존의 논리를 철저하게 부정하면서, 그와 관련된 새로운 이론을 제시하였다.

---

73 백동현, 「러·일전쟁 전후 '民族' 용어의 등장과 민족인식」『한국사학보』10, 2001, 175쪽

74 申采浩, 「國家는 卽 一家族」『大韓每日申報』(1908. 7. 31).

> 우리나라 사가(史家)의 무식함이여, 우리나라 문헌의 불완전함이 비록 심하나, 단군 적통(嫡統)이 전하여져 부여왕조가 실재(實在)하니, 설혹 당시 우리나라에 10국이 있다할지라도 주족(主族)은 부여가 그것이며, 100국이 있다할지라도 주족(主族)은 부여가 그것이며, 천 개 혹은 억 개의 국가가 있다할지라도 주족(主族)은 부여가 그것이니, 부여는 당당히 단군의 정통을 받은 자이거늘, 부여는 한 자 한 구의 언급도 하지 않고, 기자(箕子)만 찬양하니, 오호라, 그 무식함이 어찌 이에 이르렀느뇨.[75]

우선 신채호는 『독사신론』「제2장 부여왕조와 기자」에서도 기자조선의 문제를 전문적으로 언급하면서, 먼저 단군에서 부여로 이어지는 민족의 정통을 무시하고, 기자(箕子)만 찬양해대는 우리나라 역사가들의 무지를 다시 한 번 신랄하게 비판하고 있다. 신채호는 여기에서 "고기(古記)에 말하기를, 단군의 자손 해부루(解夫婁)가 기자(箕子)를 피하여 부여에 나라를 세웠다 하였는데, 후세의 사가가 이 기록을 맹신하여, 단군이 과연 평양에 도읍을 세웠다하며 또한 그 후손이 과연 북쪽으로 옮겼다 하니, 이 설을 깨지 않으면 우리나라 역사의 의문점을 걷어낼 날이 없을 것이다."라며, 기자(箕子)가 동쪽으로 피난하여 정착하는 당시의 상황을 상세히 분석한 뒤에, "단군 후예가 기자(箕子)를 피하여 북부여로 옮겨가므로, 국인이 기자(箕子)를 받들어 왕을 삼았다."는 기자조선의 논리는 '불성설(不成說)의 화(話)' 즉 말도 안되는 얘기라고 강하게 비판하였다.

그리고 신채호는 『독사신론』에서 기자조선에 대하여, 당시 그 누구도 생각할 수 없었던 '기자(箕子)일읍수위설(一邑守尉說)' 즉 "기자(箕子)는 단군조(檀

75 申采浩, 『讀史新論』「第二章 扶餘王朝와 箕子」(『大韓每日申報』(1908. 9. 8).

君朝) 변방의 일개 읍(邑)의 수위(守衛)에 불과했다."는 주장을 다음과 같이 제시하고 있다.

> 기자(箕子)가 단군 후예를 대신함도 아니며, 기자(箕子)가 국인(國人)에 의해 세워진 것도 아니며, 기자(箕子)가 주 무왕(武王)의 힘을 빌린 것도 아니라 하면, 기자(箕子) 동래(東來)의 문제는 어떻게 결론지으려 하느뇨. 나는 생각하기를, 기자(箕子)가 동래하던 때는 부여왕조의 영광이 오히려 조선 각 지역에 빛을 발하던 때이라. 기자(箕子)가 와서 그 봉작을 받고 조선(平壤의 옛 명칭)에 거주하여 정교(政教)를 베푸니, 부여왕은 임금이며 기자(箕子)는 신하이고, 부여 본부(本部)는 왕도(王都)이며 평양은 속읍(屬邑)이라. 기자(箕子)가 처음에 온 봉지(封地)는 백리에 불과하며 직위는 일개 수위(守尉)에 불과하니, 기씨보(奇氏譜)에서 간행한 '태조(太祖) 문성왕(文聖王)' 다섯자는 후인의 두찬(杜撰)이며, 『동사강목』에 실린 「요(遼) 땅의 대다수는 모두 기자(箕子)가 봉해진 곳(遼地太半 皆箕子提封)」이라는 아홉자는 글을 짓는 자의 말도 안되는 추정이니라.[76]

신채호는 1915년 무렵에 작성했다고 추정되는 『조선상고문화사』에서도, 다시 한 번 기자(箕子)가 동쪽으로 와서 작은 제후 즉 평양이라는 지역의 군수(郡守)가 되었던 것이라며, 다음과 같이 설명하고 있다.

> 후인(後人)이 매양 기자(箕子)가 제왕이 되어 조선 전국을 가진 줄로 앎은 너무 지나친 생각이다. 기자(箕子)가 비록 성인이라 하나,

76 申采浩, 『讀史新論』「第二章 扶餘王朝와 箕子」(『大韓每日申報』(1908. 9. 13).

어찌 외국의 나그네로 들어오는 길에 곧 제왕이 되리오. 강토를 넓히어 제왕의 권력을 갖게 됨은 후세 자손의 일이요, 기자(箕子)는 오직 하나의 작은 제후에 불과하였다. 당시의 제후는 곧 인민의 선거로 하는 자도 있으며, 세습으로 하는 자도 있으나, 그 결과는 매양 왕조의 책봉을 받아야 된다.

이때에 단씨왕조는 부여로 옮겨 명령이 온 곳에 시행되지 못한 즉, 기자(箕子)의 봉작은 왕조에서 받은 것이 아니며, 평양은 지금의 평양이 아니라 오덕지(五德地) 곧 북평양의 부근 광녕현(廣寧縣)이며, 광녕은 당시 변한의 관경(管境)이니, 기자(箕子)가 왕이 될 때에 반드시 변한과 관계가 있을 것이다. 만일 기자(箕子)가 제왕이 되었다 하면 이도 기자(箕子)를 거짓말로 욕되게 함이니, 기자(箕子)가 이미 희발(姬發, 즉 周의 武王의 성명이다)과 깊은 원한이 있는데, 조선의 제왕이 되고도 희발에게 죄를 묻지 못하였다 하면, 어찌 기자(箕子)라 할 수 있으리오. 그러면 기자(箕子)가 제후가 되어 희발에게 죄를 묻지 못함은 가능할까? 그렇다. 그 때의 제후는 한 고을의 군수니, 기자(箕子)는 곧 평양의 군수라. 아무리 복수할 생각이 간절한들 평양군수가 어찌 지나에 대하여 선전(宣戰)할 권리가 있으리오.[77]

『조선상고문화사』에서 주목할 점은 기자(箕子)가 와서 군수(郡守)로 있었다는 평양은 지금의 평양이 아니라, 북평양의 부근인 신채호 생존 당시의 지명으로는 광녕현이었다고 서술한 것이다. 신채호의 기자조선과 관련한 인식은 시기가 지남에 따라 일부 변화하면서, 『조선상고문화사』에 이르면 기자(箕子)가 와서 정착했다는 지역을 한반도 밖에서 찾았던 것이다. 이러한 서술은 뒤의

77 申采浩, 『朝鮮上古文化史』「第二章 箕子東渡와 支那의 宗教變局」(『朝鮮日報』, 1931. 11. 7).

[자료 10] 『조선상고문화사』에 설정된 기자의 정착지, 북평양의 부근 광녕현(○ 표시 부분)

위만의 동래(東來)와 그 뒤의 한사군 설치 등에 관련된 지역이 모두 현재의 한반도가 아니라는 해석이 가능하도록 만들어 주는 것이었다.

뒤이어 1921년 이전에 작성되었다고 추정되는 『조선사』에서는 신채호가 기자조선을 연구한 최종적 결론이 다음처럼 서술되어 있다.

> 전사(前史)에는, 단군왕검 1220년 뒤에 기자(箕子)의 왕조선(王朝鮮)을 기재하였으나, 기자(箕子)는 기자(箕子) 자신이 왕됨이 아니요, 기원전323년 무렵에 이르러 그 자손이 비로소 불조선의 왕이 되었나니, 이는 제2편 제2장에 기술하려니와 이제 사실을 따라 기자조선을 삭제하노라.

또 전사에 단군이 처음 평양에 도읍하였다가 뒤에 구월산으로 옮기고 그 자손에 이르러서는 기자(箕子)를 피하여 북부여로 갔다 하나, 이도 또한 터무니없는 망설이다. …이제 그 자손이 기자(箕子)를 피하여 비로소 북부여에 갔다 함이 어대에 단소리냐? 그러므로 이를 채용치 않음이오. 또 전사에는 단군의 원년 무진(戊辰)을 당요(唐堯)25년이라 하였으나 지나(支那)도 주소(周召) 공화(共和, 즉 기원전841년) 이후에야 년대를 기(紀)함이어늘, 어찌 당요25년이 어떤 해인지를 알 수 있으랴. 그러므로 단군 원년을 밝히지 않노라.[78]

『독사신론』, 『조선상고문화사』, 『조선사』를 거치면서 신채호의 기자조선 인식은 일종의 논리적 발전을 거치며 변화하고 있다. 『조선사』에서는 기자(箕子)가 처음 동래(東來)하여 왕이 된 것도 아니고, 그 자손이 서기전323년에 불조선의 왕이 되었으므로, 우리의 고대사 체계에서 기자조선이란 개념을 완전하게 삭제하겠다는 입장을 밝힌 것이다. 또한 단군의 자손이 기자(箕子)의 동래를 피하여 북부여로 옮겼다는 기록들도 "터무니없는 망설"이라며 철저히 부정하였다.

그러므로 홍기문(洪起文)은 아래에 소개한 글에서처럼 "소중화인의 자랑거리이던 기자조선은 신단재(申丹齋)의 인증 아래 말살"되었다고 밝히고 있다. 또한 기자조선을 말살함으로써, 당시에도 일제 식민사관의 사학자나 국내의 일부 매국세력에 의해 "거부되는 단군조선을 삼경오부의 거대한 판도를 가진 대국으로" 서술했음을 지적하고 있다.

78 申采浩, 『朝鮮史』「第二章 大壇君王儉의 建國」(『朝鮮日報』, 1931. 6. 30).

> 소중화인의 자랑거리이던 기자조선은 신단재(申丹齋)의 인증 아래 말살되고(『朝鮮史』中 上古文化史 第三篇 第二章 參照) 현재 일파의 학자로부터 거부되는 단군조선은 신단재의 인증 아래 삼경오부의 거대한 판도를 가진 대국으로 건설되었다(上記 第一篇 第一章 參照).[79]

이와 같이 신채호의 기자조선 인식은 한국사의 사대성을 극복하고, 민족이라는 근대적 개념으로 민족사를 체계화했으며, 나아가 기자조선 부정을 바로 단군조선의 확장으로 연결시켜, 이를 독립운동에 활용하게 하는, 당시로서는 진보적인 성격을 띠고 있었음을 알 수 있다.

박은식의 기자조선 인식

박은식의 기자조선 인식이 잘 드러나 있는 저술은 1911년에 작성된『대동고대사론』이다. 이 글에서 '대동(大東)'은 "만주(滿洲)와 대한(大韓)의 통칭"으로 쓰였는데, 그러므로 이 글의 제목은 "만주와 대한의 고대사를 사료로써 분석한 논고" 정도로 해석된다.

『대동고대사론』의 '기자조선'이란 별도의 장에서 상세히 언급하지만, 기타의 부분에서도 박은식은 기자(箕子)에 대해서 여러 가지 설명을 하고 있다. 우선 서문에서는 단군조선과 기자조선의 관계에 대해 다음과 같이 서술하고 있다.

박은식은 우리민족의 유래에는 두 개의 분파가 있는데, 하나는 단군이 백두산에 내려와 대동(大東)민족을 살린 것을 시원(始原)으로 삼는 것이고, 다른 하나는 기자(箕子)가 중토(中土)에서 동래(東來)함으로써 중화인(中華人)을 귀화시킨 것을 시원으로 삼는 것이니, 우리의 시조를 따진다면 마땅히 단군을

79 洪起文,「朝鮮歷史學의 先驅者인 申丹齋學說의 批判(三)」『朝鮮日報』(1936. 3. 3).

[자료 11] 『대동고대사론』에 설정된 기자의 정착지, 영평부 조선성 위치(○ 표시 부분)

시조로 삼는 것이 옳고, 우리 대동(大東)민족사도 단군이 인간세상에 내려온 해를 기원으로 삼는 것이 옳다고 주장하였다.

『대동고대사론』의 본문에서 박은식은 기자조선이 처음에 영평부(永平府) 경내에 있었음을 『위서(魏書)』, 『당서(唐書)』, 『요사(遼史)』, 『명일통지』 등의 사서 기록을 통해 입증하고 있다. 이와 같은 여러 문헌에 의하면, "기자조선은 유주(幽州)에 있었다는 것"이다. 그런데 어떻게 기자(箕子)가 평양에 도읍한 것처럼 잘못 알려졌는지에 대해서 박은식은 조선 역사가의 안목에 문제가 있었다고 다음과 같이 비판하고 있다.

> 우리나라가 예로부터 "기자(箕子)가 낙랑 평양에 도읍을 정했다."는 사실을 오랜 세월 동안 둘도 아닌 하나의 설로 널리 인정해왔는

> 데, 어찌된 영문일까? 이는 우리나라 사람이 오랫동안 반 토막 조선 내에 있어서 역사가의 안목도 고대의 전체 조선에 미치지 못했기 때문이다.[80]

박은식은 기자(箕子)의 처음 거처는 영평부 경내의 '조선성'이었으며, 그 후대에 이르러 나라 형편이 점점 개척되어 평양에 도읍을 설치했으며, 기자릉이 평양의 토산(兔山)에 있는 것도 그 후손이 여기에 옮겨 받든 것이라고 하였다. 소위 기자(箕子)의 정전(井田)이 평양의 외성에 있는 것은『평양지(平壤志)』에 의하면 "지금으로부터 4백 년 전 감사(監司) 이정제(李廷濟)가 정전(井田)의 유제(遺制)를 모방하여 그 논두렁과 밭골 이랑을 그려서 이르기를 '정전구역'이라"한 이후 마치 그 정전(井田)이 기자(箕子)가 구획한 것처럼 잘못 알려졌을 뿐이라는 것이다.

박은식은 결론 부분에서 우리역사의 근간으로서의 단군을 찾아 역사정신을 바로 세워야 함을 강조하고 있다. 또한 단군조선과 기자조선의 역사로써 만주와 대한이 원래 한 나라인 대동(大東)이었음을 강조하고 있다.

> 무릇 단군조선과 기자조선의 역사로써 이를 증명하면, 곧 만주와 대한이 원래 한 나라였고, 그 백성이 원래 한 겨레였음을 확실히 고증할 수 있다. 그렇다면 우리 대동(大東)민족은 신성한 조상이 있었고, 신성한 문화가 있었고, 신성한 무풍(武風)이 있었는데, 유독 신성한 정신만 없었겠는가?
>
> 신성한 정신은 어디에 있는가? '역사'가 바로 그것이다. 역사가 없으면 바로 야만족이라 이르고 노예백성이라 이르니, 우리 신성한 민족에게 역사정신이 없어서야 옳겠는가? 진실로 우리의 역사정신

80 朴殷植,『大東古代史論』(1911).

을 발휘하고자 하면 곧 우리 동족 형제를 이끌고 우리를 낳아 살리신 시조에게 돌아가는 것뿐이다.[81]

이러한 결론은 박은식의 대종교 수용과 깊은 관련이 있다. 박은식은 서간도로 망명한 직후인 1911년에 대종교에 입교하고 이후 8개월 동안 『대동고대사론』 등 7종의 고대사 관련 저술을 완성하게 되었다. 당시 박은식은 대종교 지도자인 윤세복(尹世復)의 집에서 기거했으며, 그의 저술도 모두 윤세복이 교열한 것으로 되어있다. 따라서 박은식 『대동고대사론』의 결론이 위에서처럼 대종교적 성향을 지니는 것은 자연스런 일이다. 이런 대종교적 성향에 따라 박은식은 단군을 개국의 수군(首君)으로 내세우고, 배달족 단군 혈통을 대동민족이란 개념으로 설정하여, 만주와 한반도를 모두 민족사의 무대로 넓히는 대동사관(大東史觀)·만한사관(滿韓史觀)을 정립하게 된 것이었다.[82]

위에서 살펴보았듯, 신채호와 마찬가지로 박은식도 기자(箕子)를 부정하거나 혹은 역사적 위상을 낮추고 단군을 우리민족의 시조로서 정립(定立)시키려 하였는데, 그 목적은 위에 언급한 박은식의 표현을 인용하여 말하면, "실로 우리의 역사정신을 발휘하고자 하면, 곧 우리 동족 형제를 이끌고 우리를 낳아 살리신 시조에게 돌아가는 것뿐"이란 역사인식에 근거한 것이며, 그 시조가 바로 단군이었기 때문이었다.

81 朴殷植, 『大東古代史論』(1911).

82 박걸순, 「李源台의 生涯와 歷史認識」『한국근현대사연구』26, 2003, 109쪽.

2부

대종교, 독립운동가 역사연구의 산실

1. 단군, 독립운동, 대종교의 관계
2. 대종교 설립에 따른 국학의 부흥과 역사연구의 발전
3. 대종교의 역사관
4. 독립운동가 역사연구 산실로서의 대종교

1. 단군, 독립운동, 대종교의 관계

한국근대사에서 단군, 독립운동, 대종교(大倧教)[83]는 서로 밀접하게 연관되어 있었다. 근대사 연구에서 독립운동을 다루면서 단군을 얘기하지 않을 수 없고, 마찬가지로 근대사 속에서 단군을 연구하려면 그를 통해 전개되었던 독립운동을 얘기하지 않을 수 없다. 또한 독립운동가 다수가 대종교와 연관을 맺고 있었기 때문에,[84] 독립운동을 연구하려면 단군 및 대종교에 대한 언급이 빠질 수 없다.[85]

83 1909년 음력 1월 15일에 설립된 대종교는 이 책을 집필하는 2018년 당시 서울시 서대문구 홍은동 13-78번지에 총본사를 두고 있었다. 그 교세는 몰락할 대로 몰락하여 유명무실(有名無實)하였고, 그 종교의 최고 지도자인 총전교(總典教)와 그 종교의 재산 관련 기구인 대종교유지재단을 둘러싼 소송으로 각종 내분에 휩싸여 있었으며, 종교단체로서의 사회적 기능은 전혀 하지 못하고 있는 것으로 파악되었다. 이러한 현황과는 무관하게, 이 책에서는 대종교가 설립 이후 1945년 해방 이전에 활동했던 역사를 사실 그대로 파악하여 서술하고자 할 뿐이다. 특히 이 책에서는 대종교의 독립운동 및 역사연구 관련 부분에 집중하여 서술하였다.

84 대종교와 독립운동의 관계에 대한 연구 중 대표적인 것은 다음과 같다. 김용국, 「대종교와 독립운동」『민족문화논총: 노산 이은상박사 고희기념논문집』, 1973. 박영석, 「대종교의 독립운동에 관한 연구」『사총』21-22合輯, 1977. 박영석, 「대종교의 민족의식과 항일민족독립운동(상)」『한국학보』9-2, 1983. 박영석, 「대종교의 민족의식과 항일민족독립운동(하)」『한국학보』9-3, 1983. 金東煥, 「大倧教 抗日運動의 精神的 背景」『國學研究』6輯, 2001. 박명진, 「『大倧教獨立運動史』」『國學研究』第8輯, 2003. 김동환, 「대종교와 민족운동」『종교계의 독립운동』(한국독립운동의 역사38), 한국독립운동사편찬위원회, 2008. 김동환, 「단군을 배경으로 한 독립운동가」『仙道文化』제11권, 2011. 신운용, 「대종교세력의 형성과 그 의미」『한국민족운동사연구』84, 2015.

85 단군 신앙을 중심으로 설립된 대종교가 전개한 독립운동의 실상에 대해서는 독립운동가 이현익(李顯翼, 1896~1970년)의 「『대종교인과 독립운동연원』」(『올소리』 통권 제10호, 2011)을 참고할 수 있다. 대종

대종교와 독립운동

1909년 음력 1월 15일 「단군교포명서(檀君敎佈明書)」를 공포하면서 대종교가 설립 즉 '중광(重光)'되었다.[86] 대종교는 '중광' 당시부터 당대 지식인들에게 큰 호응을 불러 일으켰다. 「단군교포명서」에 의한 단군신앙의 '중광'은, 망국의 원인에 대한 깊은 반성과 더불어 위기에 처한 민족이 재생할 수 있는 길이 무엇인가를 확인시켜준 중대한 선언이었다.[87]

대종교는 국내의 기반뿐만 아니라, 1910년 북간도에 교당을 마련하여 독립운동의 국외 거점을 확보하고, 1911년에는 나철에 의해 파견된 신규식에 의해 중국 상해에도 독립운동의 발판을 마련하였다. 나철은 1911년 5월 백두산 기슭인 화룡현 청파호의 총본사를 중심으로 동도교구(동만주 일대와 노령·연해주 지방 관할), 서도교구(남만주로부터 중국 산해관까지 관할), 남도교구(한반도 전체 관할), 북도교구(북만주 일대 관할), 해외교구(중국·일본 및 구미지역 관할) 등의 교구를 설치함으로써, 국내외를 망라한 항일독립운동 본산으로서의 위상을 확립하기에 이른다.

만주의 무장독립운동에서는 이동녕, 현천묵, 계화, 윤정현, 황학수, 김승학, 홍범도, 김혁, 김좌진, 윤복영, 이범석, 여준, 이홍래, 정신, 이동하, 한기욱 등 실

교인으로서 독립운동에 참여한 자신의 경험을 토대로 1962년에 작성한 이 문서에서 대종교가 전개한 치열한 독립운동의 일면(一面)을 분명하게 이해할 수 있다.

86 대종교에서는 1909년의 설립을 창교(創敎)가 아닌 '중광(重光)'이라 한다. '중광'이란 어둠에 잠겨있던 단군교(대종교)를 다시 밝혔다는(일으켰다는) "대종교 거듭 빛난 날"이란 의미이다. 대종교에서는 단군으로부터 비롯된 우리민족 고유의 종교인 신교(神敎)가 고려 원종(元宗, 1219~1274년) 때 몽고의 침입으로 인하여 그 뒤 700년 동안 교문(敎門)이 닫히어 막혀있었다고 본다. 1909년 음력 1월 15일 나철(羅喆) 등에 의해 고유의 신교(神敎)가 단군교(대종교)란 이름으로 다시 설립되면서, '중광'이란 개념을 사용하였다. 대종교에서는 이 날을 '중광절(重光節)'이라 한다(金東煥, 「己酉重光의 民族史的 意義」『國學硏究』第1輯, 1988, 92쪽의 주44).

87 독립운동에서의 대종교와 그 관련 인물들의 역할에 대한 아래의 서술은, 많은 부분에서 김동환의 논문인 「일제의 종교정책과 대종교」(『한국종교』제38집, 2015, 7~67쪽)를 참고 및 인용하였다.

로 헤아릴 수 없을 정도로 많은 대종교인들이 무장독립운동의 지도자로 활동했다. 특히 나철의 제자 서일(徐一, 1881~1921년)을 총재로 대종교도들이 중심이 되어 뭉친 북로군정서의 '청산리 독립전쟁'[88] 승리는 한국독립운동사에 기념비적 사건으로 기록되었다.

[자료 12] 북로군정서 총재 서일

대한민국임시정부의 수립에 중심적 역할을 담당한 신규식(申圭植, 1880~1922년)도 대종교의 시교사(施敎師, *필자 주 : 대종교 성직자 칭호 중의 하나) 자격으로 중국으로 건너간 인물이다. 그는 "한국민족의 부흥은 반드시 대종교가 발전하는 데 있다."는 신념 아래 박찬익, 조성환, 유동열, 조완구, 이상설 등 대종교의 중심인물들과 활발한 외교활동 및 독립운동 지원활동을 전개했다. 대한민국임시정부의 국무위원급 이상으로 참여했던 대종교 인물들도 역시 다수다. 임시정부 설립 초기인 1대·2대를 제외하고라도 이시영, 박은식, 이동녕, 신규식, 이상룡, 조완구, 박찬익, 조성환 등을 망라하여 37명이나 된다.[89]

단군을 앞세운 민족종교인 대종교가 한민족독립운동사에 기여한 이러한 역사적 사실들이 반영되어, 최근의 고등학교 국정 국사교과서에 단군 및 독립운동 그리고 대종교의 관계에 대한 다음과 같은 서술이 남겨질 수 있었다.

88 '청산리 독립전쟁'은 1920년 10월 21일 아침부터 10월 26일 새벽까지 6일간 백두산 북쪽에 있는 화룡현(和龍縣) 이도구(二道溝)와 삼도구(三道溝) 일대에서 벌어진 전투들을 모두 포함하는 개념이다. 이 전쟁은 일제강점기의 항일무장투쟁사에서 가장 규모가 크고, 한국민족이 가장 큰 승리를 쟁취한 독립전쟁의 하나로 기념되고 있다(愼鏞廈, 「獨立軍의 靑山里獨立戰爭의 戰鬪들의 구성」『史學硏究』第38號, 1984, 참조).

89 김용국, 「대종교 부문」『독립운동사(문화투쟁사)』제8권, 독립운동사편찬위원회. 1976, 786~788쪽 참조.

나철, 오기호 등은 우리 민족의 단군 신앙을 발전시켜 대종교(大倧教)를 창립하였다(1909). 대종교는 보수적인 성격이 없지 않았으나, 민족적 입장을 강조하는 종교 활동을 벌여 항일 민족 운동과 깊은 관련을 가지면서 성장하였다.[90]

대종교가 "항일 민족운동과 깊은 관련을 가졌"음을 강조하는 짧은 문장이지만, 국사 교과서에 적혀있는 위의 문장은 단군과 독립운동 그리고 대종교의 관계에 대한 더없이 함축적인 표현일 수 있다. 당연히 대종교의 단군 신앙을 통한 항일운동은 일제의 탄압에 직면할 수밖에 없었는데, 국사 교과서에는 이에 대해 다음과 같이 서술되어 있다.

일제는 식민 통치를 합리화하고 지배를 원활하게 하기 위해 황국(皇國) 신민화(臣民化) 정책에 따른 우민화(愚民化) 교육을 실시하였다. 일제의 숨은 뜻은 우리의 고유(固有) 문화를 말살하여 일본에 동화시키는 데에 있었다. … 종교 활동 역시 총독부의 철저한 탄압을 받았다. 독립운동가들이 민족정신을 강조하는 종교단체에 가입하여 독립운동을 전개하는 경우가 많았기 때문이다.[91]

그러나 대종교는 일제의 탄압에 굴복하지 않았다. 국내에서 일제의 탄압이 심해지자, 대종교는 해외에 그 활동 근거지를 만들어 더욱 적극적인 무장투쟁에 나섰다. 교과서에는 이러한 대종교의 무장투쟁을 다음과 같이 서술하였다.

90 국사편찬위원회, 『고등학교 국사』(하), 문교부, 1982, 120쪽.

91 국사편찬위원회, 『고등학교 국사』, 교육인적자원부, 2002, 322~323쪽.

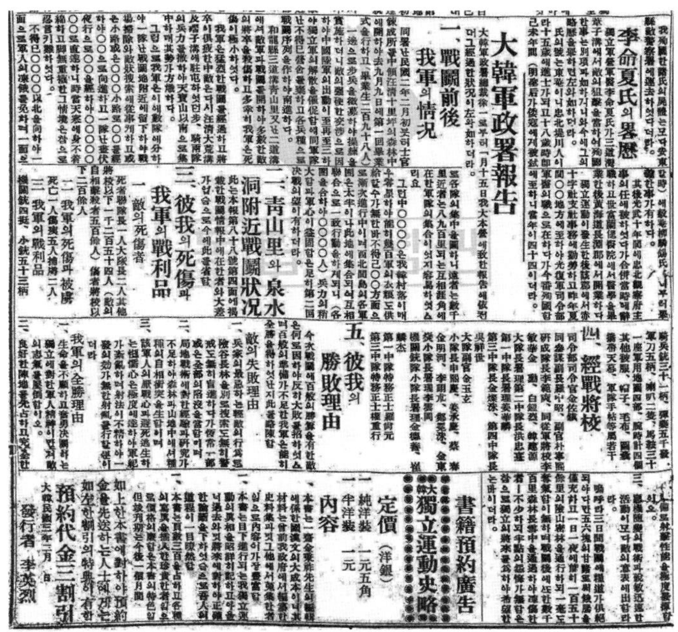

大韓軍政署報告

李命夏氏의畧歷

一、戰鬪前後我軍의情况

二、靑山里와泉水洞附近戰鬪狀況

三、彼我의死傷과戰利品

四、經戰將校

五、彼我의勝敗理由

書籍預約廣告

大韓獨立運動史略

定價

內容

預約代金三割引

[자료 13] '청산리 독립전쟁'에 대한 북로(대한)군정서 총재 서일의 보고서[93]

민족주의 성격이 강한 대종교는 일제의 심한 탄압을 피해 근거지를 만주로 이동하여 민족교육운동을 전개하였을 뿐만 아니라, 중광단과 북로군정서군을 결성하여 항일무장투쟁을 벌였다.[92]

대종교, 독립운동가의 집단적 단군 인식 표출

조선이 일제의 식민지로 전락하는 위기를 맞았을 때, 독립운동가들은 민중을 역사 즉 민족사로서 일깨우려 했는데, 그 민족사의 출발점으로 단군을 설정했고, 또 독립운동에 민중을 결집시키는 동력 및 구심점으로 단군을 설정

92 국사편찬위원회, 『고등학교 국사』, 교육인적자원부, 2002, 326쪽.

93 『獨立新聞』(1921. 2. 25).

했었다. 독립운동가들에게 단군은 독립운동의 구심점으로서 일종의 '(민족의) 집단적 인식'으로 받아들여지고 있었다.

단군에 대한 독립운동가들의 '집단적 인식'은 1909년 1월 15일 단군교(檀君敎)를 설립함으로써 극적으로 표출되었다(1910년 음력 8월 5일에 단군교란 명칭을 대종교로 바꾸는데, 그러므로 아래에서 모두 대종교란 명칭으로 서술한다). 여기서 대종교의 설립을 "독립운동가들의 집단적 단군 인식 표출"이라고 표현한 이유는 다음과 같다.

첫째, 대종교는 단군을 숭배하는 '집단적 인식'을 기반으로 설립된 종교이기 때문이다. 둘째는 대종교는 종교로서 설립되었지만, 그 설립의 목적 자체가 실제적으로는 민족의 독립운동이었으며, 설립의 주도자인 나철을 비롯한 다수가 독립운동가였기 때문이다. 셋째는 설립 이후 당시 독립운동가 다수가 이곳을 중심으로 결집하여 1910년대의 항일운동에 큰 영향을 미쳤기 때문이다. 즉 대종교는 단군을 통한 민족독립운동을 실행하려는 독립운동가들의 집단적 인식의 결과로 설립된 종교이자 독립운동의 주도 기구였던 것이다.

대종교는 1909년 설립 초기부터 1942년 대종교 지도부에 대한 일제의 대대적인 탄압사건인 '임오교변(壬午敎變)' [94]이 발생할 때까지 일제의 지속적인 탄압을 받으면서도, 강렬한 민족운동과 무장독립투쟁을 전개했던 민족종교단

---

94 임오교변(壬午敎變) : 1920년 10월의 '청산리 독립전쟁' 이후 일제의 대종교에 대한 탑압이 극심하였다. 대종교는 이런 상황을 수습하며, 1934년 총본사를 현재의 흑룡강성 영안현(寧安縣) 동경성(東京城)으로 옮겼고, 항일정신의 전파와 함께 포교(布敎)에 주력하여, 교세(敎勢)가 크게 확장되었다. 1942년 10월 국내에서 〈조선어학회사건(朝鮮語學會事件)〉을 일으킨 일제는 그 사건과 연관시켜 11월 19일 영안현에 있던 윤세복 교주 이하 대종교 간부 21명을 검거하였다. 이때 투옥된 감옥에서 고문을 받은 10명이 옥사하였다. 이 대종교 박해사건을 임오교변이라 부른다. 이 사건으로 2만3천여 권의 서적과 중요문서 6백여 점을 압수당했고, 주요 간부들이 사망하였으며, 사실상 교리(敎理)와 교사(敎史)의 대부분 자료를 잃게 되었다. 해방 이후 국내로 돌아온 대종교가 불모지를 내딛는 시련을 겪게 되고, 현재 교세가 크게 기울어진 원인도 여기에 있다(김동환, 「일제의 종교정책과 대종교 : 탄압과 쇠망의 연관성을 중심으로」『한국종교』38, 2015, 참조).

체이다. 대종교의 반일사상과 독립투쟁의 업적으로 인하여, 독립운동사에서는 독립운동단체로 규정하기도 한다.[95]

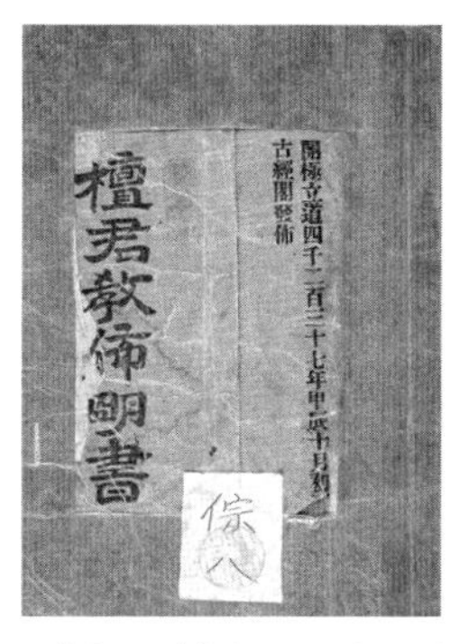

[자료 14] 「단군교포명서」의 표지(독립기념관 소장 자료)

대종교의 단군 인식은 「단군교포명서(檀君敎佈明書)」에 잘 나타나 있다. 「단군교포명서」는 대종교 설립의 과정과 취지는 물론 대종교의 역사가 서술되어 있는 문서로서, 나철 등은 이 문서를 공포하는 것으로서 대종교의 설립을 선포하면서 공식적인 포교활동을 시작했던 것이다.

「단군교포명서」는 한국사상사 속에서 획기적인 의의를 지니고 있다. 우선 「단군교포명서」는 한국사 속에 오랫동안 존재해오면서 '민족'의 방향으로 역사를 견인해온 단군 중심의 민족주의가 대한제국 말기에 이르러서 대중화하는 양상을 반영하고 있다.

특히 「단군교포명서」에서는 모화사대사상(慕華事大思想)과 소중화의식(小中華意識) 같은 중세기적 집단정체성을 전면적으로 거부하고 4천년 역사를 지닌 단군자손으로서의 민족정체성을 받아들이고 또 바로세울 것을 제시한다. 또한 단군은 천신(天神)이자 국조(國祖)이고 민족수호신이자, 단군교의 창시자로 부각시킨다. 또한 「단군교포명서」에서는 단군에서 시작되어 부여를 거쳐 고구려 및 발해로 이어지는 대륙중심의 역사관도 제시한다. 나아가서 단군을 모시는 민족의 고유종교가 계승되어야만 민족적 존속과 발전이 가능하다

95 이숙화, 「대종교 설립초기 일제의 탄압과 대응 양상」『仙道文化』제18권, 2015, 143쪽. 대종교가 독립운동을 목적으로 성립된 단체라는 평가는 박영석의 논문에 "대종교가 순수한 종교면 보다는 대일항쟁에서 방략 상 단군교를 창립(중광)했다고 해도 지나친 말은 아니며, 이 사실은 그 후 항일독립운동의 업적을 통하여 그대로 입증된다."고 서술되어 있다(朴永錫, 「大倧教의 民族意識과 民族獨立運動」『日帝下 獨立運動史研究-滿洲露領地域을 중심으로』, 일조각, 1984). 대종교를 독립운동단체로 규정하는 이러한 경향은 대종교의 만주 독립운동을 중점적으로 연구한 경우들에서 확인된다(千敬化, 「大倧教의 民族教育運動에 관한 研究: 中國 東北北方 (滿洲)을 中心으로」『白山學報』27, 1983).

는 논리를 바탕으로, 단군을 통한 민족운동 차원의 독립운동과 국가건설이란 민족적 활로에 대한 새로운 관점을 전개하고 있다는 것 등이다.[96]

단군을 중심으로 종교운동 및 독립운동을 전개하려던 독립운동가들이 「단군교포명서」에서 단군을 우리 민족의 시조로 세워 그에 따른 민족사를 구성하려 한 의도는, 오랜 병폐로 망국의 원인으로 작용하는 사대주의를 근본적으로 극복하려면 무엇보다도 그 극복 주체로서의 민족 정체성에 대한 자각이 우선시되었기 때문이다. 「단군교포명서」에는 이러한 의도를 다음과 같이 드러내고 있다.

> 슬프다. 넓고 큰 바다와 같은 천파만류(千派萬流)의 물도 그 근원을 막으면 마르고, 울창하게 많은 가지와 잎을 지닌 나무도 그 뿌리를 끊으면 야위어 부러지는데, 하물며 오래도록 이어져온 인족(人族)이 그 조상을 잊어버리고 어찌 번창하기를 바라며 무사태평하기를 기대하리오.[97]

대종교의 성격과 독립운동 : "대체로 동학과 유사하다"

황현(黃玹)의 『매천야록(梅泉野錄)』에는 1909년 양력 7월에 "나인영(羅寅永, 1863~1916년), 오기호(吳基鎬) 등이 서울에서 단군교를 창설하였다."라고 기록하고 있다.[98] 황현은 뒤이어 그 해 양력 10월에 "단군교 교인들은 백두산 석실(石室)에서 단군 사적을 발견했다고 하면서 고경각(古經閣)을 신축하고 백봉(白峯)이란 사람을 대종사(大宗師)로 모셨다. 무릇 입회(入會)한 사람은 반드시 백봉의 인장을 날인하여 신표(信標)로 삼았다. 대저(大抵) 동학(東學)과 유

96 정영훈, 「「단군교포명서」와 그 사상사적 의의」『국학연구』13집, 2009, 67~68쪽.

97 「檀君敎佈明書」(1909). 본 논문에서 인용한 「檀君敎佈明書」의 원문 및 번역문 모두는 『올소리』통권제5호(국학연구소, 한뿌리, 2007년 7월)에 실린 것을 원뜻을 살리며 일부 편집하여 사용하였다.

98 黃玹, 『梅泉野錄』卷之六(隆熙三年己酉).

사하다."라고 기록하였다.[99] 당시의 사실을 보고 들은 대로 편년체로 기록한 황현의 시각으로 대종교의 '중광(重光)'과 활동 모습을 기록한 것인데 백봉, 백두산 석실에서의 단군사적 발견, 고경각 등의 용어 사용에서 황현도 『단군교포명서』를 접할 수 있었던 것임을 알 수 있다.[100]

당시 황현은 동학에 대해 극히 부정적인 시각을 갖고 있었는데, 이러한 시각은 1900년대 초의 대한제국에 존재하던 유학자 대다수의 보편적 역사인식이었다. 민족주의를 기반으로 한 애민(愛民)보다는, 아직도 윤리와 정치를 일체화하고 그 모든 정점에 국가와 동일시되는 '왕자(王者)'를 놓아 유교적 애국을 중시하는 유학자로서의 황현에게 대종교는 "유교적 가치관과 질서에 도전하는" 동학과 다르지 않게 보여 그 스스로 "대저 동학과 유사하다"는 평가를 할 수 있었던 것이다.[101]

황현은 『매천야록』에서 1864년에서 1910년까지의 사실들을 비판적으로 기록하고 있는데,[102] 바로 이 시기에 황현과 같은 조선의 유학자들이 지녔던 오랜 관념을 뛰어넘는 새로운 가치체계가 나타났다. 그 새로운 가치체계가 조직

99 黃玹, 『梅泉野錄』卷之六(隆熙三年己酉).

100 황현은 『매천야록』卷之四(光武九年乙巳)에서 나인영, 이기(李沂), 오기호 등이 일본에서 일왕(日王)에게 서신을 보낸 내용을 자세히 기록하였다. 또한 『매천야록』卷之五(光武十一年丁未)에는 나인영, 오기호, 김인식(金寅植) 등이 을사오적(乙巳五賊)을 살해하려던 사건을 자세히 기록하였다. 황현, 이기, 나인영은 모두 왕석보(王錫輔, 1816~1868년)의 문하에서 수학했으며 황현과 이기는 특별한 친분도 있었다. 이런 사실로 미루어 황현은 단군교의 '중광'을 관심을 갖고 지켜보고 있었다고 볼 수 있다. 물론 황현은 1910년 8월 절명시(絶命詩)를 남기고 자결하였으므로, 단군교의 발전 및 단군교가 이루어낸 중요한 시대적 역할은 보지 못하고 말았다.

101 황현의 동학에 대한 부정적 인식의 계기와 그 구체적 내용에 대해서는 유지연·차남희의 「황현(1855~1910)의 동학에 대한 인식과 비판 :『오하기문』을 중심으로」(『社會科學硏究論叢』제15집, 梨花女子大學校 社會科學大學 社會科學硏究所, 2006.6) 등을 참고할 수 있다.

102 황현의 당시 사회에 대한 비판적 시각은 철저히 유교적 가치관에 기반하고 있다. 그는 유학자들의 탁상공론(卓上空論)과 부도덕한 행위를 비판했지만, 유학만이 정통(正統)이라는 입장을 벗어나지는 않았다. 황현은 당시에 드러난 현실적인 문제의 원인이 기존의 유교가치관이나 조선왕조체제 자체의 결함이라고는 생각하지 않았다. 항상 중국의 선례(先例)에 견주어 조선의 일을 판단했던 황현은 동학도들의 반란으로 조선이 위험해질 것으로 생각했다. 따라서 황현은 동학의 지도자와 교도(敎徒)들에 대한 철저한 처벌을 주장했다(유지연·차남희, 앞의 논문, 63~83쪽).

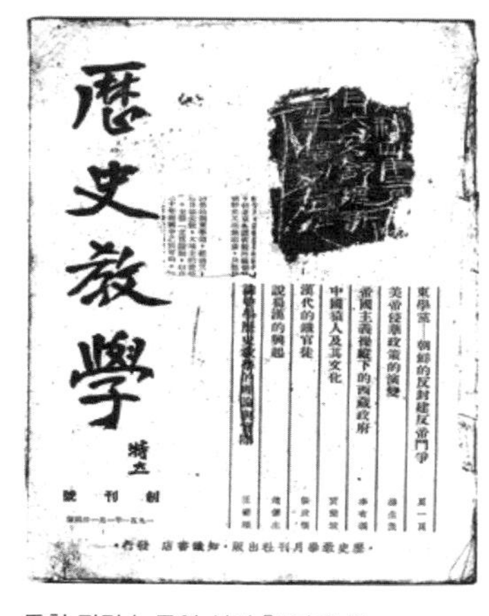
歷史教學

創刊號

동학 관련 논문이 실린 『歷史教學』 創刊號

화되고 또 대중적 사회운동으로 드러난 것 중 대표적인 것이 바로 동학과 대종교이다.[103]

동학의 창시자인 최제우(崔濟愚)는 "경신년(1860년) 음력 4월에 천하는 분란(紛亂)되고 민심은 어지럽고 박하여 지향하는 곳을 모르게 되었다."라고 탄식하며,[104] "유도(儒道) 불도(佛道) 누천년에 운(運)이 역시 다했던가?"라며 주자학(朱子學)은 물론 불교로서도 세상을 구할 수 없음을 밝혔고,[105] "아서라 이 세상은 요순지치(堯舜之治)라도 부족시(不足施)요 공맹지덕(孔孟之德)이라도 부족언(不足言)이라!"며,[106] 당시 조선왕조를 지배하는 유교적 가치체계의 핵심인 요순(堯舜)과 공맹(孔孟)조차 근본적으로 부정하였다. 최제우는 이러한 기존 가치체계를 대체하여 보국안민(輔國安民)을 이룰 새로운 가치체계로서 "나는 동방에서 나고, 동방에서 받았으니, 도(道)는 비록 천도(天道)이나, 학(學)인즉 동학이다."며 동학을 선포하였다.[107]

이러한 동학은 그 반봉건(反封建)·반제적(反帝的) 입장으로부터 농민, 천민, 일부 유생에 이르기까지 광범위한 계층의 공감을 불러일으킬 수 있는 논거

103 사회운동은 일반적으로 다음과 같은 속성을 갖는다. 첫째, 뚜렷한 이념과 목표를 갖는다. 둘째, 조직을 통해 이루어진다. 셋째, 상당 기간 지속된다. 넷째, 사회운동은 기존의 사회제도 밖에서 사회제도를 변화시키려고 한다(한국산업사회학회 엮음, 『사회학』, 한울, 1998, 295~296쪽). 동학에 대해서는 그 사회운동으로서의 성격이 이미 사회적으로 인정되고 있다. 필자는 단군교가 기본적으로 민족종교로서의 본성을 갖고 있지만, 그의 성립과 조직 및 활동을 고찰할 때 성립 당시부터 사회운동으로의 지향을 갖고 있었으며, 실제로 일종의 구국운동으로서 당대 사회운동을 주도하였다고 파악하고 있다.

104 『東經大全』「論學問」.

105 『龍潭遺詞』「敎訓歌」.

106 『龍潭遺詞』「夢中老少問答歌」

107 『東經大全』「論學問」.

를 갖고 있었다. 그러므로 동학은 사회구성원 다수를 참여시켜 당시 조선이 처한 대내외적 위기를 극복할 수 있는 사회적 동력을 만들어낼 가치체계로서 작용할 수도 있었다. 그러나 내부의 모순에 의해 몰락해가면서 한편으로 외세의 침략에 의해 곧 짓밟힐 운명에 처한 당시 조선왕조의 봉건세력은 동학이 지닌 개혁적이고 반제적(反帝的)인 사회적 동력으로서의 가치를 전혀 이해하지 못하였다.[108]

오히려 조선왕조는 자생적으로 발생한 내부개혁과 반제(反帝) 세력의 성장을 철저하게 탄압하였고, 심지어 이 탄압에 청(淸)을 끌어들여 일본의 무력 침략 기회도 만들어주었으며, 대외적 위기를 극복할 수 있는 대중적 기반을 와해시켰고, 그 결과로서 조선은 식민지로 전락하게 되었다. 또한 동학을 진압하는 과정은 일본이 이후 50년 동안 조선뿐만 아니라 중국은 물론 아시아를 침략하는 발판을 마련하는 획기적 계기가 되었다. 그러므로 조선 및 중국을 넘어 아시아의 근대사에서 동학의 투쟁운동은 중요한 위치를 차지하고 있다.[109]

당시의 여러 상황을 종합해보면 황현이 『매천야록』에서 대종교를 "대저 동학과 유사하다"고 평가한 것은 대종교가 동학 그 이상으로 반봉건 및 반제적 지향을 갖고 있었음을 간파했기 때문인 것으로 보인다. 대종교의 반제적 지향은 황현이 『매천야록』에 자세히 기록한, 뒷날 대종교 중광의 주도자가 된 나인영 등이 주도한 일왕(日王) 및 이토 히로부미(伊藤博文)를 상대로 한 서신 항의와 을사오적(乙巳五賊) 주살 시도에서 이미 명백히 드러난다. 단군교 혹은 대

108 姜在彦, 「동학(천도교)의 사상적 성격」『근대한국사상사연구』, 한울, 1983, 119쪽.

109 周一良, 「東學黨 - 朝鮮的反封建反帝鬪爭」『歷史教學』創刊號, 1951年1月, 1쪽. 1951년부터 중국에서 발행된 『역사교학』창간호의 첫 논문은 동학에 대한 중국 사학계의 잘못된 관점을 수정하는 논문인데, 이는 당시 항미원조(抗美援朝)에 참여한 중국이 근대사에서 동학을 새롭게 인식하는 것이 중요했기 때문이다. 이 논문에서 동학의 반봉건 및 반제(反帝) 투쟁으로서의 성격을 부각시키면서, 만청(滿淸) 정부가 조선의 봉건통치계급을 위해 군대를 파견하여 조선인민의 투쟁을 진압함으로써 간접적으로 제국주의자를 돕는 역할을 했고, 그 과정에서 중국 및 아시아에서의 일제 침략이 첫 걸음을 내딛게 되었다고 규정한다. 동학은 한국 및 중국을 넘어 아시아의 근대사에서 중요한 사건이라고 보고 있다.

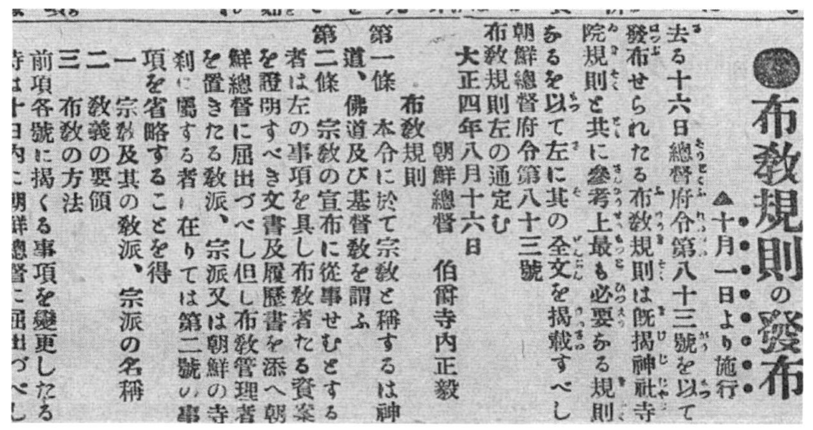

布教規則の發布

▲十月一日より施行

去る十六日總督府令第八十三號を以て發布せられたる布教規則は既掲神社寺院規則と共に參考上最も必要なる規則なるを以て左に其の全文を掲載すべし

朝鮮總督府令第八十三號

布教規則左の通定む

大正四年八月十六日

朝鮮總督 伯爵寺內正毅

布教規則

第一條 本令に於て宗教と稱するは神道、佛道及び基督教を謂ふ

第二條 宗教の宣布に從事せむとする者は左の事項を具し布教者たる資案を證明すべき文書及履歷書を添へ朝鮮總督に屆出づべし但し布教管理者を置きたる教派、宗派又は朝鮮の寺刹に屬する者に在りては第二號の事項を省略することを得

一 宗教及其の教派、宗派の名稱

二 教義の要領

三 布教の方法

前項各號に掲ぐる事項を變更したる時は十日內に朝鮮總督に屆出づべし

[자료 15] 대종교 등 민족종교 탄압을 위한 일제의 「포교규칙」 발포 기사(일부)[110]

종교란 명칭 자체가 반제적 지향은 물론 반봉건적 지향을 선명하게 드러내고 있기도 하다. 유교의 교리 자체를 반대하지 않더라도 그 교리의 해석을 주자(朱子)의 방법에 따르지 않으면 사문난적(斯文亂賊)으로 몰려 배척당하던 폐쇄사회에서 공맹을 부정하는 것과 함께 단군을 공개적으로 내세우는 행위는 용납할 수 없는 일이었다. 더욱이 '단군교의 큰 뜻을 널리 펴는 글'이란 『단군교포명서』의 곳곳에서 '기자(箕子)'와 관련된 부분을 유학자들과 달리 서술하고 또 '공맹정주(孔孟程朱)'를 부정하고 있는데, 이 또한 유교적 봉건 가치체계를 부정하는 용납 못할 일이었던 것이다.

단군교의 이러한 반봉건 및 반제적 성격으로 인해 대종교는 중광 이후 즉시 봉건 지배층 및 현실적으로 당시의 대한제국을 통제하던 일제에 의해 탄압의 대상으로 될 수 있었다. 하지만 동학을 그 뿌리조차 철저히 말살하려고 제1대 교조(敎祖) 최제우와 제2대 교조 최시형을 처형했고 그 조직을 와해시켰던

110 『釜山日報』(1915. 8. 23)에서 '제1조' 부분을 중심으로 인용. 1915년 10월 1일부터 시행한 이 「포교규칙(布敎規則)」의 제1조는 "이 영(令)에서 종교라고 칭하는 것은 신도(神道) 및 불교와 기독교를 말한다." 고 규정했다. 일제는 그 이외의 나머지 종교를 '유사종교(類似宗敎)'로 분류하여 탄압하였다.

봉건 지배층은 동학에 대응하려고 스스로 끌어들인 외세에 의해 오히려 괴뢰 형태의 명목적인 지배층으로 남았기 때문에, 실제로 대종교에 대한 탄압은 일제가 직접 실행하게 되었다. 이로서 대종교는 중광과 동시에 반봉건의 과제는 물론 침략자 일제와 직접적으로 맞서는 반제 투쟁의 과제를 안고 치열하게 싸우는 독립운동의 주역이 되고 말았다.

2. 대종교 설립에 따른 국학의 부흥과 역사연구의 발전

1909년의 대종교 설립 즉 '중광(重光)'으로, 단군을 중심으로 민족역량을 결집할 수 있는 민족종교적 기구가 형성되었다. 그런데 중광 이후 대종교는 단지 종교적 기구로서의 성격을 넘어서서 독립운동은 물론 민족문화운동의 구심체로서 작용할 수 있는 명분(名分)과 역량(力量)을 빠르게 키워갔다. 그로써 대종교는 우리민족이 일제의 침략에 의한 민족적 위기 상황을 적극적으로 극복하기 위한 독립운동을 촉진시킬 수 있었다. 다른 한편으로, 중광된 대종교는 국학(國學)을 부흥(復興)시키는 계기로도 작용하였다.

조선의 사대주의와 국학의 침체

국학의 개념을 우리민족의 정체성 혹은 고유(固有)의 것과 연관된 학문으로 설정하면,[111] 국학의 부흥은 근대 초기를 전후하여 민족의식이 발생하면서

111 신채호의 저서 중 국학(國學)이란 용어는 1910년대 후반에 작성되어 1931년에 『조선일보』에 연재된 『조선상고문화사』에서 "부여·마한 등 10여 나라의 이름을 그 연혁(沿革)을 찾으면 다 단군 때부터 있던 칭호라. 후세에 국학(國學)이 끊어져 그 근원을 찾지 않고, 다만 그 자취를 따라 이 이름은 이때에 나고, 저 이름은 저때에 났다고 하여 왔다."(申采浩, 「第1編 檀君時代」『朝鮮上古文化史』(『朝鮮日報』, 1931. 10. 15)라는 용례(用例)를 찾을 수 있다. 관련 자료의 부족으로 신채호가 사용한 국학의 의미를 정확하게 해석하기는 어렵지만, 앞뒤 문맥을 통해 신채호가 말한 국학은 "단군시대의 정신(혹은 학문)"으로 해석할 수도 있다(김동환, 「국학의 관점에서 본 새검인정한국사교과서의 문제점」『仙道文化』 제17권, 2014, 97쪽). 현재 학계에서, 국학의 개념에 대해서는 다양한 정의들이 존재한다. 이만열은 그의 논문에서 "국학이란 우리나라에 관련된 학문을 총체적으로 이르는 말"로 규정하고, 조선조 초기

비로소 가능한 것으로 이해할 수 있다. 민족의식이 확실하지 않았고, 또 봉건성과 함께 사대적 학문인 유학에 지나치게 종속되었던 고려 중후기로부터 조선시대의 말기까지는 엄밀한 의미에서의 국학이 존재하기 어려웠던 것이다. 특히 고려 중후기에서 조선시대의 모든 시기를 통해서 사회를 강력하게 지배한 사대주의적 요소에 의해, 한반도에서의 국학은 더욱 그 모습을 드러낼 수 없었다.

예를 들면 조선의 건국세력들은 그 국가의 정통성을 내부가 아닌 외부 즉 명(明)에서 구했다. 명(明)에 대한 사대(事大)가 건국의 명분이었던 것이다. 그 사대성(事大性)은 조선이란 국호의 사용에서부터 분명하게 드러났다.

> 해동(海東)은 그 국호가 일정하지 않았다. 조선이라고 일컬은 이가 셋이 있었으니, 단군·기자(箕子)·위만(衛滿)이 바로 그들이다. 박씨·석씨·김씨가 서로 이어 신라라고 일컬었으며, 온조(溫祚)는 앞서 백제라고 일컫고, 진훤(甄萱)은 뒤에 후백제라고 일컬었다. 또 고주몽(高朱蒙)은 고구려라고 일컫고, 궁예(弓裔)는 후고구려라고 일컬었으며, 왕씨(王氏)는 궁예를 대신하여 고려라는 국호를 그대로 사용하였다. 이들은 모두 한 지역을 몰래 차지하여 중국의 명령을 받지 않고서 스스로 명호(名號)를 세우고 서로를 침탈하였으니 비록 호칭한 것이 있다손 치더라도 무슨 취할 게 있겠는가? 단 기자(箕子)만은 주무왕(周武王)의 명령을 받아 조선후(朝鮮侯)에 봉해졌다. 지금 천자(*필자 주 : 명(明)의 태조를 가리킴)가, "오직 조선이란 칭호가 아름다울 뿐 아니라, 그 유래가 멀고 오래다. 이 이

에 나타난 새로운 문화를 국학의 출발로 이해한다는 입장을 보이고 있다(이만열, 「국학의 성립 발전과 그 과제」『동방학지』100輯. 1998, 참조). 김동환은 "국학이란 우리 민족의 정체성을 줄기로 하여 우리 민족사에 연면히 이어온 인문학적 사상(事象)을 연구하는 학문"으로 정의하였다(김동환, 「우리 國學, 어떻게 할 것인가」『올소리』통권 제1호, 2006, 73~78쪽).

> 름을 그대로 사용하고 하늘을 체받아 백성을 다스리면, 후손이 길이 창성하리라."고 명하였는데, 아마 주무왕(周武王)이 기자(箕子)에게 명하던 것으로 전하(*필자 주 : 태조 이성계를 말함)에게 명한 것이리니, 이름이 이미 바르고 말이 이미 순조롭게 된 것이다. 기자(箕子)는 무왕(武王)에게 홍범(洪範)을 설명하고 홍범의 뜻을 부연하여 8조(條)의 교(敎)를 지어서 국중(國中)에 실시하니, 정치와 교화가 성하게 행해지고 풍속이 지극히 아름다웠다. 그러므로 조선이란 이름이 천하 후세에 이처럼 알려지게 된 것이다. 이제 조선이라는 아름다운 국호를 그대로 사용하게 되었으니, 기자(箕子)의 선정(善政) 또한 당연히 강구해야 할 것이다.[112]

조선의 개국(開國)과 통치기반 확립을 주도했던 정도전(鄭道傳, 1342~1398년)이 작성한 위의 「조선경국전(朝鮮經國典)」은 그 뒤 조선왕조를 움직이는 통치이데올로기로 작용하였다. 그 통치이데올로기의 핵심에는 기자(箕子)가 있었다. 즉 기자(箕子)가 쓰던 국호를 가진 조선은 "기자(箕子)의 선정(善政) 또한 당연히 강구해야" 하는 것이었다. 나아가 정도전은 기자(箕子)가 주무왕(周武王)의 책봉을 받아 고조선의 임금이 되었듯, 이성계가 명(明)의 책봉을 받아 조선의 왕이 되는 현실을 서로 연결시켜, 조선 건국의 대내외적 정당성을 드러내

112 『三峰集』第13卷「朝鮮經國典」上 國號 "海東之國.不一其號.爲朝鮮者三.曰檀君曰箕子曰衛滿.若朴氏昔氏金氏相繼稱新羅.溫祚稱百濟於前.甄萱稱百濟於後.又高朱蒙稱高句麗.弓裔稱後高麗.王氏代弓裔.仍襲高麗之號.皆竊據一隅.不受中國之命.自立名號.互相侵奪.雖有所稱.何足取哉.惟箕子受周武之命.封朝鮮侯.今天子命曰惟朝鮮之稱美.且其來遠矣.可以本其名而祖之.體天牧民.永昌後嗣.蓋以武王之命箕子者.命殿下.名旣正矣.言旣順矣.箕子陳武王以洪範.推衍其義.作八條之敎.施之國中.政化盛行.風俗至美.朝鮮之名.聞於天下後世者如此.今旣襲朝鮮之美號.則箕子之善政亦在所當講焉.嗚呼.天子之德無愧於周武.殿下之德亦豈有愧於箕子哉.將見洪範之學.八條之敎.".

려 하였다.[113] 물론 그 결과는 사대(事大), 소중화(小中華), 화이관(華夷觀)의 함정에 더욱 깊이 빠져드는 것이었다.

위의 인용문에서 확인할 수 있듯 특히 조선의 건국세력들은 그 이전 자신의 선조(先朝)들임이 분명한 고구려, 백제, 신라, 고려 등을 자긍(自矜)의 역사로 계승하지 않겠다는 뜻을 분명하게 밝혔다. 또한 그들은 "모두 한 지역을 몰래 차지하여 중국의 명령을 받지 않고서 스스로 명호(名號)를 세우고 서로를 침탈한" 하찮은 것들에 불과하다며, 그들 선조(先朝) 국가들의 역사적 정당성조차 부정하였다. 그 뒤에 기자조선을 계승하여 '조선'이란 국호를 사용하겠다는 것인데, 그 명분은 유독 "기자(箕子)만이 주무왕(周武王)의 명령을 받아 조선후(朝鮮侯)에 봉해졌었기" 때문이었다. 그럼으로써 이성계가 세운 조선은 단군조선, 고구려, 백제, 신라, 고려 등과는 차별화되면서 기자조선을 계승하는 중화(中華)의 속국임을 자처했던 것이다.

위와 같이, 조선시대 초기에 확정된 사대주의는 점점 더 강화될 뿐 아니라, 또 그 사대주의를 철저하게 유지시키는 사회적 기제들도 갖고 있었다. 그 기제 중 대표적인 것이 오늘날의 초중 교과서에 해당하는 『동몽선습(童蒙先習)』이다.

『동몽선습』은 16세기 조선의 대표적인 아동용 교과서인데, 전체적 구성은 유학적 이론 도덕을 담고 있는 '경(經)'과, 중국과 우리나라의 역사를 서술해 놓은 '사(史)'로 나뉘어져 있다. 그 중 역사 부분은 장황한 중국 역사를 서술한 뒤에, 단군-기자-위만(한사군)-마한(삼한)-신라(삼국)-고려-조선으로 이어지는 역사를 간략하게 서술하고 있다. 그 중 우리나라 역사 부분은 모두 "궁벽한 반도(半島)" 그중에서도 '평양'을 중심으로 서술되고 있는데, 그 내용이 사대적인 '소중화(小中華)' 의식에 근거하고 있으며, 또한 목적도 사대적인 '소중화'의 교육

113 유성선, 「栗谷의 華夷論 研究」『인문과학연구』34, 2012, 380쪽.

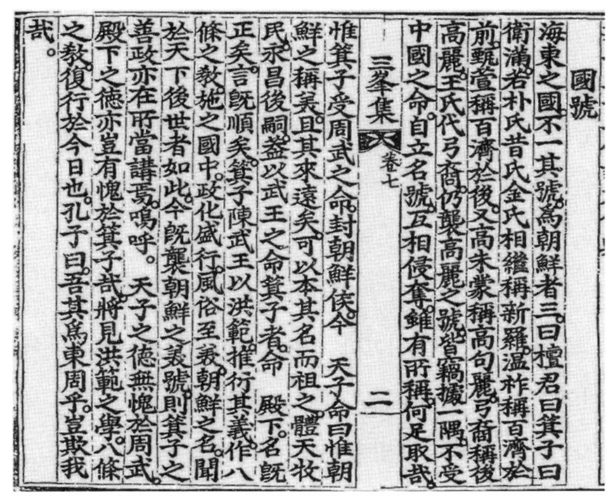
國號
海東之國不一其號爲朝鮮者三曰檀君曰箕子曰衛滿若朴氏昔氏金氏相繼稱新羅溫祚稱百濟於前甄萱稱百濟於後又高朱蒙稱高句麗弓裔稱後高麗王氏代弓裔仍襲高麗之號皆竊據一隅不受中國之命自立名號互相侵奪雖有所稱何足取哉

三峯集 卷七 二

惟箕子受周武之命封朝鮮侯今 天子之命曰惟朝鮮之稱美且其來遠矣可以本其名而祖之體天牧民永昌後嗣蓋以武王之命箕子者命 殿下名旣正矣言旣順矣箕子陳武王以洪範推衍其義作八條之敎施之國中政化盛行風俗至美朝鮮之名聞於天下後世者如此今旣襲朝鮮之美號則箕子之善政亦在所當講焉嗚呼 天子之德無愧於周武 殿下之德亦豈有愧於箕子哉將見洪範之學八條之敎復行於今日也孔子曰吾其爲東周乎豈欺我哉

[자료 16] 기자(箕子)로부터 국호 조선의 정체성을 설명한 「조선경국전」 관련 부분

과 확대에 있었다. 그 목적을 상징적으로 서술한 『동몽선습』의 끝 부분은 다음과 같다.

> 명(明) 태조 고황제(高皇帝)가 국호를 조선이라고 고쳐 내리자 한양에 도읍을 정하여 성스럽고 신령스러운 자손들이 끊임없이 계승하여 거듭 빛내고 여러 차례 스며들어서 지금에 이르니 실로 만세토록 끝없을 아름다움이로다. 아! 우리나라가 비록 궁벽하게 바다 모퉁이에 자리 잡고 있어 영토가 좁지만 예악법도와 의관문물을 모두 중화(中華)의 제도를 따라 인륜이 위에서 밝혀지고 교화가 아래에서 시행되어 풍속의 아름다움이 중화를 방불하였기 때문에 중화인들이 우리를 소중화(小中華)라고 일컬으니 이 어찌 기자(箕子)가 끼쳐준 교화 때문이 아니겠는가. 아! 너희 소자(小子)들은 의당 보고 느껴서 홍기(興起)할지어다.[114]

114 『童蒙先習』

『동몽선습』에 기록된 우리나라 역사는 혈통과 문화의 독자성을 가진 민족사가 아니라, 고대로부터 당대(當代)까지 중국으로부터 정치적 영향을 받고, 중국과 같은 문화를 가진 소중화의 국가사(國家史)인 것이다. 따라서 『동몽선습』의 바탕에 흐르는 역사의식은 한 마디로 철저한 존화(尊華)의식이요, 엄격한 숭유(崇儒)관념일 뿐이었다.[115] 이러한 역사의식을 초등교육을 통해 주입함으로써, 조선사회 지식계급의 사대성(事大性)을 강화시켰으며, 자연히 조선시대의 유학자들에게 우리민족 고유(固有)의 것에 대해 가치를 부여하는 자존(自尊)의식은 희박할 수밖에 없었다.

대종교 중광과 국학의 부흥

당연히 한·중·일 삼국 중 한국이 국학의 성립과 발전에서 가장 뒤처지는 결과가 뒤따랐다. 이미 18세기에 국학운동을 시작했던 일본은 1867년에 시작된 명치유신(明治維新) 이후에 내부적으로 성장한 자존(自存)의식을 바탕으로, 특유의 정체성과 고유의 문화적 성과들을 체계화한 국학을 더욱 발전시키고 있었다. 또한 국학의 형성은 민족자존의식을 높이고, 또한 일본의 지배계급은 자신들의 고유종교인 신도(神道)와 함께 소위 '천황(天皇)'을 내세우며 민족주의를 강화하고, 그 동력으로서 사회 구성원들을 동원하여, 근대화에 뒤처진 주변의 중국과 한국을 침략하기 시작하였다. 비록 뒤늦긴 했지만, 중국도 아편전쟁(阿片戰爭, 1839~1842년 및 1856~1860년) 이후 외세에 굴욕적으로 짓밟히면서 중화(中華)란 자존심에 상처를 입은 이후, 전체 중국인들을 민족적으로 각성시키고 또 단결시킬 소재로서 고대사 속의 전설적 인물인 황제(黃帝)를 내세워 "황제의 자손이란 논리로" 중화주의를 강화하면서, 그들 나름대로의 국학을 재정비하고 있었다.

115 韓永愚, 『朝鮮前期史學史硏究』, 서울大學校出版部, 1981, 256쪽.

일본과 중국의 상황에 비교하면, 조선이란 봉건왕조는 그 사회 내부에서 자체적으로 국학을 형성할 수 없는 참담한 상황에 처해 있었다. 조선시대의 지배계급을 형성한 유학자들이 지닌 사대성의 핵심인 화이관(華夷觀)이 시기에 따라 일정 정도로 변화되긴 했지만, 일본에서 국학파(國學派)가 나타난 것과는 달리 조선에서는 우리민족 고대의 '고유문화(固有文化)'를 그 자체로서 긍정하는 태도가 나타나지 못했다. 한국에서 우리 고유문화 자체를 내세우는 태도는 한말 이후 일제 침략시기를 거치면서 비로소 형성되었다.[116] 이와 같은 사정으로 인하여 한반도에서는 일제의 식민지화가 본격화되는 시점에서야 뒤늦게, 우리민족 고대의 고유문화와 정체성을 바탕으로 하는 국학이 나타날 수 있었는데, 국학의 형성과 발전에 중요한 역할을 해준 곳이 바로 대종교라고 말할 수 있다.

1909년에 중광된 대종교는 단군을 중심에 둔 종교이자 일종의 문화운동 및 독립운동의 성격을 지니고 있었기 때문에, 민족 정체성과 고대의 고유문화를 담은 인문학으로서의 국학을 형성하는 역할을 할 수 있었다. 특히 대종교를 중광(重光)한 제1대 종교지도자인 나철(羅喆)이 대종교를 중광한 목적 자체가 국학의 형성 및 발전과 다르지 않았다. 나철이 대종교를 중광한 이유는 다음과 같았다.

> (1908년 12월 9일) 이날 밤 천사만려(千思萬慮)로 조국의 앞날과 민족의 장래를 걱정하신 대종사(大倧師, *필자 주 : 나철을 말함)는 드디어 국운의 회복은 어느 애국정객 몇 사람의 힘으로 되는 것이 아니오 전민족이 거족적(擧族的)으로 일치단합하여 생명의 근본체인 단군대황조(檀君大皇祖)를 지성(至誠) 숭봉(崇奉)하고 그 교화의 대은(大恩) 아래에서 신화의 대력(大力)이 없는 한 성취될 수 없

116 趙誠乙, 「洪大容의 역사 인식」『震檀學報』79, 1995, 230~231쪽.

음을 절실히 깨달으시고 또한 대종사께서는 "국파민멸(國破民滅)의 근본 원인이 오로지 장구한 세월에 걸쳐 모화(慕華), 사대(事大)의 왜곡된 교육을 받아온 민족이었으므로, 의당 있어야 할 그 민족의식이 가리워졌던 까닭"이라고 절실히 느끼게 되시어 "이미 나라는 망하였으나 민족에게만은 진실한 의식을 배양시켜 민족부흥과 국가재건의 원동력을 만들어야 한다."고 앞으로의 갈 길을 고쳐 잡으시고, 그날부터 정치에 단념할 것을 굳게 맹서하신 다음 익일(翌日)로 동행(同行)과 함께 귀국하시었다. …4366년 기유(1909년) 음력 정월15일 자시(子時)를 기하여 동지 오기호(吳基鎬), 강우(姜虞), 최전(崔顓), 류근(柳槿), 정훈모(鄭薰模), 이기(李沂), 김인식(金寅植), 김춘식(金春植), 김윤식(金允植) 등 수십 인과 함께 한성(漢城) 북부(北部) 제동(齋洞) 취운정(翠雲亭) 아래 8통 10호 육간(六間) 초옥 북벽(北壁)에 단군대황조 신위(神位)를 모시고 제천(祭天)의 대례(大禮)를 행하시며 단군교포명서를 공포하시니 고려 원종(元宗) 때 몽고의 침입으로부터 700년간 폐색(閉塞)되었던 신교(神教)의 교문(校門)이 다시 열리어 한말의 암흑(暗黑)풍운(風雲) 속에도 일맥(一脈)의 서광(瑞光)이 민족의 앞날을 밝게 비치었으니 이날이 곧 우리 겨레의 새 역사를 창조한 거룩한 날이오 우리 대교(大教)의 중광절(重光節)인 것이다.[117]

나철이 '중광'을 결심하게 된 계기는 나라가 망하고 백성이 흩어지는 근본 원인이 "오로지 장구한 세월에 걸쳐 모화(慕華), 사대(事大)의 왜곡된 교육을 받아온 민족이었으므로" "의당 있어야 할 그 민족의식이 가리워졌던 까닭"이란 깨달음이었고, 그 해결책으로서의 '중광'의 목적은 나라는 비록 망하였지만

117 大倧教總本司 編, 『大倧教重光六十年史』, 大倧教總本司, 1971, 79~80쪽.

"민족에게만은 진실한 의식을 배양시켜 민족부흥과 국가재건의 원동력을 만들어야 한다."는 것이었다. 나철이 국학이란 용어를 직접 언급하지는 않았지만, 나철이 언급한 '중광'의 목적은 바로 국학을 통해 실현될 수 있는 것이었다.

중광 이후 대종교는 국학 연구에 큰 관심을 기울였으며, 그로써 국학운동의 발전에 크게 기여하였다. 실제로 일제침략기로부터 비롯된 국학운동의 국어학, 국문학, 국사학 등 각 분야에서 활약한 주요 연구자들의 대다수는 대종교 계열의 인물들이었음을 알 수 있다. 특히 대종교에서는 민족의식과 관련된 역사를 중시하여, 민족사를 재구성하는 것에 노력하였는데, 그 과정에 단군으로부터 비롯된 민족의 역사를 서술하는 민족사학자 다수를 배출했으며, 또한 많은 역사저술을 남길 수 있었다.

근대 민족주의역사학의 성립과 발전에서 대종교의 역할

사대적이고 봉건적인 조선이 해체되며 근대로 넘어가는 시기에, 근대적 방법으로 우리 역사를 해석하고 또 복원하려는 역사가들이 본 당시 우리 역사의 현실은 실로 참담한 것이었다. 신채호가 "조선에 조선사라 할 조선사가 있었던가 하면 수긍하기 어렵다."고 하던가, "내가 보건데, 조선사는 내란(內亂)이나 외구(外寇)의 병화(兵火)에서보다 곧 조선사를 저작하던 그 사람들의 손에서 더 탕잔(蕩殘)되었다 하노라."라고 하던가, "예전 조선의 역사가들은 …도깨비도 뜨지 못한다는 땅 뜨는 재주를 부려 졸본을 떠다가 성천 혹은 영변에 놓으며, 안시성을 떠다가 용강(龍崗) 혹 안주(安州)에 놓으며"라고 비판했듯,[118] 기존 조선 역사의 서술이나 방법은 물론 그 서술 주체 등 모두가 전반적으로 혁신되어야 할 필요가 절실했다.

118 申采浩, 「二. 史의 三大元素와 朝鮮舊史의 缺點」『朝鮮日報』(1931. 6. 11). 위의 인용문 중 "도깨비도 뜨지 못한다는 땅 뜨는 재주를 부려 졸본을 떠다가 성천 혹은 영변에 놓으며, 안시성을 떠다가 용강 혹 안주에 놓으며"라는 부분은 고구려의 첫 도읍이나 중요한 요새인 안시성을 한반도 안에 위치시키려던 근대 이전 사학계의 사대적인 풍토를 비판한 것이다.

[자료 17] 고구려 첫 도읍 졸본(卒本)의 위치에 대한 인식의 변화 : 조선의 사대사관과 일제의 식민사관에서는 졸본을 압록강 중류 일대에 위치시켰다(K). 심지어 조선의 일부 학자들은 졸본을 성천 혹은 영변에 위치시켰는데(B), 신채호는 이를 비판했다. 고려시대 『삼국사기』의 저자들은 졸본이 의무려산과 대릉하 일대에 있었다고 인식했는데(A), 이 위치가 역사적 사실에 가장 부합한 것으로 판단된다.[119]

그러나 1910년 신채호 등의 역사가들이 이 땅에서 우리역사를 새롭게 쓸 시도조차 할 수 없는 식민지 상황으로 전락하면서, 우리역사를 새롭게 쓰고자 했던 다수 주체들은 국외로 망명하여 그곳에서 독립운동과 함께 역사서술에 나섰다. 그들 중 대표적인 망명 독립운동역사가들로는 이상룡, 박은식, 류인식, 김교헌, 이시영, 계봉우, 신채호, 김정규, 김승학, 이원태 등을 들 수 있다.

이들 독립운동가들의 역사연구 경향에서 일련의 공통점이 발견되는데, 그것은 바로 그들 대다수의 역사 연구 및 서술이 대종교를 그 기반으로 한다는 점이다. 그러므로 1910년대의 민족주의사학계에서 주목하여야 할 것은 만주에서 독립운동을 주도한 대종교였다.[120]

대종교는 독립운동을 목적으로 '중광'된 민족종교인 만큼, 만주로 이전한 다음, 만주로 망명한 독립운동가들은 대부분 대종교와 관련을 맺고 있었다. 특

119 임찬경, 「고구려 첫 도읍 위치 비정에 관한 검토」『仙道文化』제20권, 2016, 참조,

120 박걸순, 「국학운동」『한국독립운동의역사』34, 2009, 168쪽.

히 신민회(新民會)가 해산된 다음 급진파 회원들은 대부분 대종교에 가입하였다. 1910년을 전후하여 대종교에 가입한 입교자 명단을 보면, 그들은 대부분 만주 중심의 독립운동가였고 혁신유림(革新儒林)[121]이 많았다. 그들은 만주를 고토(故土)로 인식하고 있었으며, 단군과 백두산을 민족의 시조요 발상지로 인식하고 있었다. 곧 대종교적 사고를 지니고 있었던 것이다. 따라서 그들이 대종교에 입교하는 것은 독립운동을 위한 과정이었고 당연한 수순이었다.

1910년대의 혁신유림으로서 만주에 있던 독립운동가는 대부분 대종교에 입교하였으나, 입교하지 않았다 하더라도 '대종교적'이라 할 수 있다. 왜냐하면 그들이 지니고 있었던 민족주의는 곧 대종교적 민족주의라 할 수 있기 때문이다. 서간도의 독립운동을 주도한 인물 중 이상룡과 류인식은 대종교 입교자 명단에서는 확인되지 않으나, 그 누구보다도 대종교적이었다. 그들은 나라가 망한 뒤에 우리가 돌아갈 땅은 만주뿐이라고 생각하였고, 혈연적 동질성을 느끼고 있었다. 그들이 저술한 역사서에서도 대종교적 인식은 강렬하다.

예를 들면, 이상룡은 1911년에 서간도로 망명하여 신민회에 참여했고, 1910년대의 만주지역 무장투쟁에 참여하였는데, 만주지역의 고대사에 비상한 관심을 갖고 사론(史論)을 발표하였다. 이상룡은 만주를 부여 이래 우리 역사의 중심무대로 설정하고 있었다. 이상룡의 고대사 인식은 신채호에게도 일부 계승되고 있는데, 이상룡의 역사 인식도 결국 대종교의 영향을 받고 있음을 부정할 수는 없다.[122]

---

121 혁신유림을 다른 말로 표현하면 시대의 흐름에 개방적이고 개혁적인 성향을 가진 새로운 유가(儒家)의 형태라고 할 수 있다. 즉 여전히 유가라는 점에서 보면 보수적이지만, 시대의 흐름에 적극적으로 변화한다는 점에서 보면 혁신적이고 진보적이라는 것이다. 이들 혁신유림은 결코 척사적(斥邪的)인 보수 유림들을 비판하고 새롭게 출현한 유림 세력이 아니다. 그들은 바로 구시대의 보수 논리에서 시작하였던 의병유림이 스스로의 자각을 통하여 계몽운동이라는 또 다른 방식의 구국(救國) 전선에 뛰어든 경우이다(정병석, 「일제강점기 경북 유림(儒林)의 만주 망명일기(亡命日記)에 보이는 현실 인식과 대응」『民族文化論叢』第58輯, 2014, 92쪽).

122 李道學, 「大倧敎와 近代民族主義史學」『國學硏究』第1輯, 1988, 63~64쪽.

대종교의 김교헌에 의해 체계화된 단군을 중심으로 하는 대종교의 민족주의사학은 박은식·신채호 등 초기의 민족주의사학자들에게 큰 영향을 미쳤다. 1910년대에 대종교와의 관련 아래 역사연구를 진행한 가장 대표적인 인물은 박은식과 신채호였다.

대종교와 먼저 접촉한 것은 박은식이었다. 그는 1911년 4월, 부인 차씨의 장례를 마치고 압록강을 건너 서간도 회인현 홍도천(興道川)으로 망명하였고, 장래에 대종교 3세 교주가 되는 윤세복의 집에서 기거하였다. 그는 망명 이전부터 대종교적 인식을 지니고 있었으며, 1913년 대종교 참교(參教)의 교질(教秩)에 있었음으로 미루어 볼 때,[123] 1911년경 대종교에 입교한 것으로 보인다. 그는 이곳에서 1년 동안 윤세복의 지원을 받으며 고대사와 관련된 유적지를 답사하는 한편 다수의 고대사 저술을 남겼다.

신채호는 망명 이전부터 대종교에 관심을 지니고 있었으나, 망명 후 1911년 블라디보스토크에서 광복회 부회장을 맡으며 대종교도와 직접 접촉하였고, 이해부터 대종교도인 이상설이 주도하는 권업회 기관지 『권업신문(勸業新聞)』의 주필로 참여하였다. 그는 1914년 윤세복 형제의 초청으로 서간도 봉천성 회인현으로 가서, 그들이 경영하는 동창학교에 참여하고, 교재로서 『조선사』를 집필하였다고 한다. 신채호는 비록 박은식보다 3년 늦었으나, 윤세복과 관련을 맺으며 본격적으로 대종교와 연결된 것은 동일하다. 신채호는 윤세복과의 교류 과정에서 대종교 관련 서적을 접할 기회가 있었을 것이며, 그 영향은 초기 그의 저술에서 확인된다. 그는 1915년에는 신규식·이상설·박은식·조성환 등 대종교도들이 중심이 되어 조직한 신한혁명단(新韓革命團)에 참가하였고, 1918년에는 대종교도가 중심이 된 재만(在滿) 독립운동가들과 함께 「대

123 대종교의 교인들은 신앙의 정도에 따라, 다섯 가지 등급으로 나누어지는데 이런 등급을 교질(教秩)이라 한다. 교질(教秩)은 참교(參教), 지교(知教), 상교(尙教), 정교(正教), 사교(司教) 등의 등급이 있다.

한독립선언서(大韓獨立宣言書)」에 참여하는 등 대종교도와의 관계를 지속하였다.

1910년대는 물론 1920년대 대부분의 민족주의사학자들은 대종교의 신도이거나, 신도가 아니라 하더라도 그 영향 아래에서 역사연구를 진행하였다. 국내에 있던 안확·최남선·안재홍·정인보·문일평 등도 대종교와 직간접적인 연관 속에서 역사연구를 진행하였다. 특히 최남선은 김교헌을 스승으로 여기며 그 가르침을 받았고, 김교헌이 만주로 망명하고 난 후 그 서적을 인계받기도 하였다.[124]

근대민족주의사학의 형성과 발전에서 대종교가 한 작용에 대해서는 이미 다수의 연구가 이루어졌다. 근대민족주의사학이 1910년에 그 기초가 형성되어, 1920년대에 그 구체적인 체제와 내용이 형성되고, 그 이후의 민족주의사학에 큰 영향을 미쳤는데, 그 형성과 발전에 대종교가 결정적인 작용을 했다는 것이다. 관련 연구자인 한영우는 이에 대해 다음과 같이 지적하고 있다.

> 1910년대에 국한해서 볼 때, 한국사 서술을 주도한 것은 만주 또는 중국에서 독립운동을 전개하던 대종교도(大倧敎徒)였다. 대종교도가 아닌 국사가(國史家)라 하더라도 직접적이든 간접적이든 대종교단(大倧敎團)이나 대종교의 영향을 받지 않은 경우는 극히 드물었다. 물론 대종교도의 역사서술은 1910년대에 국한된 것이 아니고, 그 이후에도 계속되어 왔지만, 그 학적(學的) 수준이 점차 낙후되어 사학계의 주류(主流)에서 밀려나게 되었기 때문에 별로 논의할 대상이 되지 못한다. 그러나 적어도 1910년대에 있어서는 대종교도의 역사 서술이 양적으로나 질적으로 결코 무시될만한 것이 아니었다. 따라서 1910년대의 대종교도의 역사 서술은 1910년

124 박걸순, 「국학운동」『한국독립운동의역사』34, 2009, 177~179쪽.

대의 사학(史學)의 전반적인 동력(動力)을 이해하기 위해서나, 신채호 사학의 배경을 이해하기 위해서도 반드시 검토하고 넘어가야 할 대상이라고 믿는다.[125]

대종교가 '중광'한 시기인 1910년대에 대종교와 관련되어 역사연구를 하던 인물들을 한국사학사(韓國史學史)에서 일반적으로 민족주의사학자(民族主義史學者)라고 부른다. 이들 민족주의사학자들 대부분이 대종교의 영향 아래에서 그들의 사학이론(史學理論)을 형성하고 발전시켰다고 해도 지나친 말이 아니다. 그러므로 대종교의 사학정신(史學精神)과 민족주의사학은 그 시대의 상황 속에서 거의 일맥상통(一脈相通)하는 역사인식을 형성하고 있다.

3. 대종교의 역사관

대종교가 반봉건(反封建) 및 반제(反帝)의 구국운동(救國運動)으로 취한 방법의 하나는 민족을 "가르치고 이끌어서 올바른 방향으로 나아가게 한다는" 의미의 민족주의적 교화(教化)운동이었다.[126] 대종교를 통해, 단군신앙을 구심점으로 하여 대일투쟁에 참여할 수 있는 저변 인구를 확대하고, 비록 국가는 망했지만 민족의 정신을 살림으로서 지속적인 독립운동을 벌이는 강력한 동력을 되살려내는 것이 대종교 '중광'의 목적이었다.[127]

125 韓永愚, 「1910年代의 民族主義的 歷史敍述」『韓國文化』1, 1980, 93쪽.

126 정영훈은 구국운동으로서의 단군교운동을 종교민족주의라는 개념으로 정리하고 있다. 그는 이 개념을 민족의 자주독립과 발전 같은 민족주의적 목표를 달성하기 위하여, 종교를 통하여 달성하려 한 생각 혹은 노선이라는 의미로 규정하였다. 또한 이와 같은 개념규정에 근거하여 근대종교사를 정리할 필요가 있다고 보았다. 그는 나철의 종교민족주의는 고유의 종교를 망실(忘失)한 민족은 멸망할 수밖에 없다는 문제의식에 토대하고 있었고, 스스로의 단군교를 민족고유의 종교라고 자처하면서, 민족이 이 고유종교를 잊고 외래종교에 빠진 것으로부터 민족의 위기가 시작되었다고 파악한다(鄭榮薰, 「홍암 나철의 종교민족주의」, 『정신문화연구』제25권 3호(통권 88호), 2002, 230쪽).

127 金東煥, 「己酉重光의 民族史的 意義」, 『國學硏究』第1輯, 國學硏究所, 1988, 90~91쪽.

대종교와 그 역사관

그러므로 대종교를 '중광'하면서 선포한 『단군교포명서』에도 민족을 의식적으로 자각하게 하고 또한 민족정신을 강화시켜야 한다는 내용이 담겨있다. 그렇다면, 민족 고유의 신앙인 신교(神教) 즉 대종교를 통해서 어떻게 민족을 각성시키고 또 민족정신을 강화시킬 수 있는가?

구체적으로 『단군교포명서』에서는 우선 유교·불교·도교의 오랜 사상적 침식(侵蝕)과 사대주의적 정치세력의 억압에 의해 자신의 정체성을 상실했을 민족구성원들에게 민족을 자각시키기 위해, 무엇보다도 시급하게 새로운 시각의 역사관을 심어주려 했다. 새로운, 자주적이고 자존적인 역사인식을 형성시켜주려 했던 것이다. 이전에 우리민족의 정체성과 고유문화를 상실하게 만들었던 근본적 원인으로서의 기존 역사관 즉 사대적이고 식민적인 역사관을 떨쳐버리고, 그 대신에 우리민족의 정체성과 역사를 올바로 자각하고, 또 그럼으로써 그 역사 인식을 통해 민족의 독립과 자존을 추구할 수 있도록 만들어주는 '대종교의 역사관'을 심어주려 했던 것이다.

대종교의 '중광'으로 인해, 한국사회에 제시된 새로운 대종교의 역사관은 기존의 유교·불교·도교의 역사관과는 뚜렷이 구별되는 것이었다.[128] 대종교의 역사관은 무엇보다도 대종교의 교리(教理)나 교사(教史)의 특성상, 정신사관(精神史觀)적인 요소의 강조와 대륙사관(大陸史觀)적인 측면의 부각, 그리고 문화사관(文化史觀)적인 방향이 중시될 수밖에 없었다.

대종교의 역사관은 과거의 유교사학과 불교사학 즉 유교와 불교 중심으로 흘러내려오는 역사인식을 극복하고, 도가(道家) 또는 신교(神教) 즉 단군

---

128 유교, 불교의 역사관으로 쓰여진 역사책을 예로 들면 고려시대의 『삼국사기』는 유교사관에 의해 쓰여진 것이고, 『삼국유사』는 불교사관을 중심으로 일부 유교사관이 작용하여 쓰여진 것으로 볼 수 있다.

중심으로 바로잡는 것이다. 또한 대종교의 역사관은 대륙사관적인 방향에서 살펴볼 때, 과거의 반도중심적 즉 신라·고려·조선으로 이어지는 역사인식 체계를 고조선·부여·고구려·발해·요·금·청 등의 대륙중심의 인식 체계로 확대시키는 것이다. 그리고 대종교의 역사관은 문화사관적인 입장에서 본다면, 외래사조에 침체되고 와해된 우리민족 고유문화로서의 '신교문화(神教文化)'를 복원하고 그것에 정체성(正體性)을 부여하는 특성을 갖고 있다.[129] 그리고 그 대종교의 역사관 중심 즉 핵심에는 단군이 있었다.

대종교의 역사관인 신교사관

단군을 그 중심에 세운 대종교의 역사관을 신교사관(神教史觀)이라 한다. 위에서 이미 신교문화(神教文化)라는 용어도 사용했는데, 신교사관과 신교문화는 신교(神教)를 기반으로 한 사관(史觀)과 문화(文化)인 것이다. 대종교의 주요 문헌인 「단군교오대종지포명서(檀君教五大宗旨佈明書)」에 '신교(神教)'는 다음과 같이 설명되어 있다.

> 대황조(大皇祖)의 지극한 도(道)를 틀로 하여 일어난 본교(本教)의 종지(宗旨)가. 신교(神教)라는 행위로 분명하게 드러난 것은 흘나사한(訖那沙翰) 철인(哲人)으로부터 비롯되었다. 뒷날에 역사가가 본교를 선교(仙教)라 칭하는 것이 간혹 있지만, 그 연원은 오직 신교(神教)이다.[130]

위의 「단군교오대종지포명서」에 의하면, 서기전2333년에 대황조 즉 단군이 나라를 세우셨다. 단군의 도(道)를 기본으로 하여, 그 종교의 중심이 되는

---

129 김동환, 「국학의 관점에서 본 새검인정한국사교과서의 문제점」『仙道文化』제17권, 2014, 75쪽.

130 사단법인 국학연구소 편, 「단군교오대종지서」『올소리』통권 제7호, 2008, 115쪽.

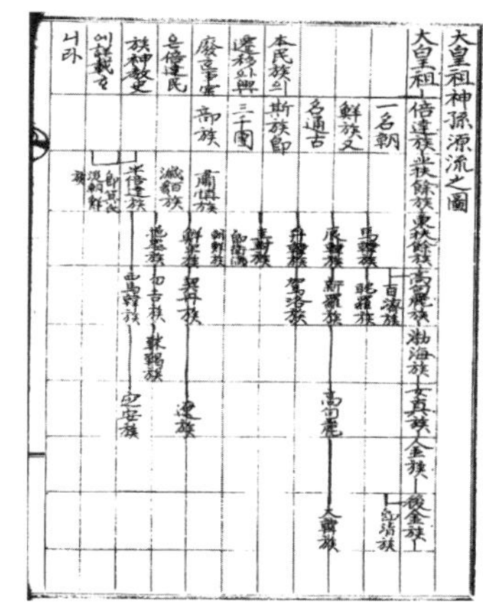

[자료 18] 「단군교오대종지포명서」(1909)의 '대황조신손원류지도'

가르침인 '종지(宗旨)'가 형성되었는데, 그 '종지(宗旨)'를 지키는 종교가 바로 신교(神敎)인 것이다. 오랜 세월 무너지고 잊혀진 이 신교(神敎)를 다시 일으켜 세워 1909년에 단군교로 '중광'하였고, 1910년에 대종교로 명칭을 바꾼 것이다.

그러므로 신교문화라는 용어는 신교를 기반으로 한 우리 고유의 문화를 말하며, 신교사관은 신교(神敎)의 역사를 중심으로 우리 민족사를 서술하거나 해석하는 관점을 말한다. 신교(神敎)의 역사 즉 신교사(神敎史)는 「단군교오대종지포명서」에 잘 나타나 있다.

1909년 10월 3일에 발표한 것으로 알려진 「단군교오대종지포명서」는. 그 작성 목적이 단군교의 중심적 가르침인 '오대종지(五大宗旨)'를 널리 알려서 두루 밝히기 위한 즉 포명(佈明)하기 위한 것이다. 「단군교오대종지포명서」는 그 내용에 따라 두 개의 부분으로 나뉘어 구성되어 있다. 앞부분은 단군으로부터 비롯된 민족의 역사를 서술한 부분이다. 「단군교오대종지포명서」에 첨부된 '대황조신손원류지도(大皇祖神孫源流之圖)' 맨 위의 왼쪽 부분에 "우리 민족이 옮겨 다니고 또 흥(興)하고 망(亡)한 여러 사실들은 배달민족신교사(倍達民族神敎史)에 자세히 적겠다(本民族의 遷移와 興廢事實은 倍達民族神敎史에 詳載ᄒᆞ니라)."는 글을 덧붙여 놓았는데(위의 [자료 18] 참조), 두 부분으로 나뉘어 서술된 「단군교오대종지포명서」의 앞부분이 바로 배달족의 역사 즉 '배달민족신교사(倍達民族神敎史)'에 해당한다.[131]

131 임찬경, 「대한민국임시정부 출간 『배달족역사(倍達族歷史)』의 대종교적 역사관」『국학연구』제23집. 2019, 57~60쪽). 「단군교오대종지포명서」의 뒷부분은 바로 '오대종지'를 포명하는 부분으로, 「단군교

「단군교오대종지포명서」에 서술된 '배달민족신교사'는 단군 대황조가 서기전2333년에 내려와 나라를 열은 이후 조선시대까지의 역사를 서술하고 있다. 물론 그 내용은 '신교(神敎)'가 발전하고 결국에 쇠퇴하는 과정에 중점을 두고 있다. 이 '배달민족신교사'에서 '배달(倍達)'이란 개념도 처음 구체적으로 언급되었다. '배달민족신교사'에서 배달민족의 신교(神敎)가 배달국 시기에 가장 번성했다가 조선시대까지 점차 몰락된 상황을 전하면서, 그런 역사를 되돌아보고 반성하며 교훈으로 삼아, 앞으로 신교(神敎)의 복원과 번성을 위해 꼭 지켜야할 다음과 같은 '오대종지'를 포명하는 것이다.

첫째, 경봉조신(敬奉祖神)
우리를 낳아주시고 모든 동작을 보살펴주시며 복선화악(福善禍惡, *필자 주 : 착하게 살면 복(福)을 받고 악행을 저지르면 화(禍)를 입는다는 의미)을 베풀어주시는 대황조님을 경봉(敬奉)하자, 오직 우리들의 믿음의 의지처가 되게 하라.
둘째, 감통영성(感通靈誠)
선(善)한 것은 함께 권하고 악(惡)한 것은 함께 물리치며, 한 번 착한 마음은 만복을 불러오고 한 번 악(惡)한 생각에 모든 재앙이 생기니, 한마음으로 성정(性情)을 다스려, 성품을 통하여 신령(神靈)이 감응케 하라.

오대종지포명서」 전체에서 글자의 수로는 상대적으로 적은 부분이다. 그러나 뒷부분이 바로 「단군교오대종지포명서」의 핵심 부분이다. 즉 '오대종지'를 포명하기 위해, 배달족의 '배달민족신교사'를 앞에 서술한 것이다. '배달민족신교사'에서 배달민족의 신교(神敎)가 배달국 시기에 가장 번성했다가 지금처럼 점차 몰락된 상황을 전하면서, 그를 교훈으로 앞으로 신교(神敎)의 복원과 번성을 위한 방편으로서의 '오대종지'를 포명하는 것이다. 1904년에 처음 작성되어 1909년 1월 15일 대종교의 '중광'과 함께 처음 발표된 「단군교포명서」에서 대종교의 '중광'을 포명하게 한 뒤에, 1909년 음력 10월 3일에 발표된 「단군교오대종지포명서」에서 그 '중광' 이후 신교(神敎)를 복원 및 번성시키기 위한 가장 핵심적인 방편으로서 '오대종지'를 포명한 것이다.

셋째, 애합족우(愛合族友)

온 세상 동족(同族)의 형제자매여, 진심으로 서로를 사랑하고 진정으로 서로 화합하고 의지하고 도와주어 마치 한 몸의 손발과 같이 하여라. 생사고락을 함께하여라.

넷째, 안고기토(安固基土)

대황조께서 물려주신 터전을 잘 다스려 편안하게 하고 옮기는데 신중하여라. 범위를 잘 정돈하고 근본을 단단하게 뿌리박아 오래고 멀더라도 움직이지 않게 하여라.

다섯째, 근무산업(勤務産業)

대황조께서 주신 의식품물(衣食品物)이 부족함에 이르지 않도록 부지런히 힘써라. 우리 겨레의 공급과 수요를 스스로 갖추기 위해 상인과 장인(匠人)들이 널리 펴고 깊고 자세히 알도록 하라.

「단군교오대종지포명서」에서는 위의 '오대종지'를 잘 지켜서 "나를 낳아주신 대황조를 공경하며, 내게 있는 영성을 깨달으며, 나의 형제를 사랑하여 함께하며, 배달 성역(聖域)에서 편안히 살며, 내가 맡은 산업을 열심히 하여" 우리 겨레가 영원하도록 노력하자고 주장한다. 앞부분의 '배달민족신교사'에서 밝힌 우리 민족의 역사를 교훈으로, 이 '오대종지'를 실천하면, 배달민족을 영원히 발전시켜 나갈 수 있다는 것이다.

신교사관 즉 대종교적 역사관의 등장 및 수용 배경

「단군교오대종지포명서」에서는 우리 민족을 '배달민족'이라고 지칭하였고, 그 배달민족의 역사를 신교(神教)를 중심으로 서술하였다. '배달'이라는 민족의 개념도 「단군교포명서」에서 처음 사용되었고, 「단군교오대종지포명서」에서 구체적으로 언급된 것이다. 「단군교오대종지포명서」의 '신교(神教)'를 계승한 것이 바로 단군교 즉 대종교이다. 이러한 대종교의 역사관이 바로 '신교사관(神教史觀)'이다.

그런데 어떻게 대종교의 역사관인 신교사관이 그 당시 사회에서 그처럼 폭넓게 받아들여질 수 있었을까? 사실 이 문제는 대종교가 폭넓게 받아들여지던 당시의 사회상황과 깊이 관련되어 있다.

1910년 전후 이 땅의 많은 지식인들이 대종교를 받아들였다. 이는 1905년 이후 근대적 민족의식과 국가의식을 수용한 결과인 동시에 '국망(國亡)'이라는 엄청난 충격을 사상적·종교적으로 극복하려는 의지의 소산이었다. 당시 그들은 대종교를 통하여 우리민족의 민족의식을 드높이는 것만이 국권회복(國權回復)의 지름길이라는 신념에서 대종교를 받아들였다.[132] 대종교는 단군의 시기에 우리민족이 형성되고 그 이후 끊임없이 발전하여 왔다는 역사관으로부터 하나의 종교로서 그 실체가 구성되었고, 당연히 우리민족은 우수한 '천손(天孫)'이라는 민족의식을 갖고 있었다. 이렇게 대종교에 참여한 다수의 지식인들의 영향 아래 우리민족은 단군을 이은 민족이란 인식이 확산된 것이다. 그러한 민족의식이 당시 사회에 널리 확산되면서, 단군을 중심으로 한 대종교의 역사관 또한 널리 확산되었고, 그 당시 사회에 널리 수용될 수 있었던 것이다.

또한 대종교가 '중광'된 이후 우리민족의 특성을 부각시키는 용어로 '배달(倍達)'이란 용어가 점차 널리 사용되기 시작했다. 물론 배달이란 용어도 전적으로 대종교에 의해 처음 형성되었고,[133] 또 대종교에 의해 우리민족사회에 널리 확산된 것이다. 대종교란 종교적 색채가 짙은 이 '배달'이란 용어는 1910년

132 오영섭, 「朝鮮光文會 硏究」『韓國史學史學報』3, 2001, 110쪽.

133 배달이란 용어의 출현을 『계림유사(鷄林類事)』, 『규원사화(揆園史話)』 등의 책과 관련지어 설명하는 연구들도 있다. 그러나 엄밀히 고증해보면, 배달이란 용어는 대종교의 초기 문건인 「단군교포명서」에서 처음 나타남이 분명하다. 이 글에서 『계림유사』, 『규원사화』 등의 책과 관련된 배달 논의는 생략한다.

대 초부터 우리민족 사이에 널리 퍼졌으며, 1910년대 말 이후에는 그 종교적 색채를 넘어서서 우리민족 구성원 전체가 우리민족을 지칭하는 용어로서 보편적으로 사용하게 되었다. 그 용어가 대종교에서 출발했지만, 우리민족 구성원 다수에게 그 종교적 함의(含意)와는 관계없이 우리민족의 보편적 이름으로 사용하게 되었던 것이다.

> 지난 음력 3월 15일 어천절(御天節) 기념식 석상(席上)에서 낭독한 이(李) 대통령의 찬송사(讚頌詞)가 좌(左)와 여(如)하더라.
> "온 셰상이 캄캄할 때에 우리에게 낫하내시사 빗과 터와 글을 주시니
> 알음과 직힘과 행함이 넉넉하엿도다
> 그 힘을 보이시고 도로 가시샤
> 녯 자최를 머무시니 정신과 살음과 즐김이 영광과 평안과 행복을 엇어
> 문채롭게 건젼하게 널이 사랑하며 꿋꿋하게 이어 왓도다
> 우리 황조는 거륵하시샤 크시며
> 지혜로 오시며 힘지시샤 이를 좃차 베푸시니
> 인류의 한배시며 임검이시며 스승이샤다.
> 허물며 그 핏줄을 이으며 그 가라침을 바다온 우리 배달민족이리오
> 오날을 맛나 깃겁고 고마운 즁에 두렵고 죄 만흠을 더욱 늣기도다
> 나아가라신 본 뜻이며 고로어라신 깁흔 사랑을 엇디 니즐손가 불초한 승만은
> 이를 본밧아 큰 짐을 메이고 연약하나마 모으며

大韓民國三年四月三十日 獨立新聞 (土曜日) 第一百四號 (一)

讚頌詞

지난陰三月十五日御天節紀念式席上에서朗讀한李大統領의讚頌詞가左와如하더라。

온 세상이 캄캄할때에 우리에게 낫하내서사 빗과 터와글을 주시니 알음과 직힘과행합이 넉넉하엿도다

그 힘을 보이시고 도로 가시샤 넷 자최를 머무시니 정신과 살음과 즐김이 영광과 평안과 행복을엇어 문채롭게 건젼하게 널아 사랑하며 쏫쏫하게 이어 왓도다 우리

황조 는 거룩하시샤 크시며 지혜로오시며 힘지시샤 이를맛차베푸시니 인류의 한배 시며 임검이시며 스승이샷다

허물며 그 픠ㅅ줄을 이으며 그 가라침을 바다온 우리배달민족이리오

오날을 맛나깃겁고 마음에 두렵고 죄만흠을 더욱 늣기도다

나아가라신 본뜻이며 고로어라신 깁흔사랑을 엇디 니즐손가 불초한 승만은 이를본밧아 큰짐을 메이고 연약하나마 모으며 나아가 한배의 끼치심을 빗내고 질기과져 하나이다

祝詞

지난御天節紀念式席上에셔朗讀한申法務總長의祝詞가左와如하더라

오날은 한배검의 어텬 하옵신 사쳔일뵉륙십일회 되는 날이라 저의무리들이 공경하고 사모하며 한갈갓흔 마음을모아 한배검의 넷 갈으치심을 생각하며 노래합으로 오날을지내옵나이다 모든 은총을 한량업시 쥬시옵셔 뎡의지경과 셰상일에 빠짐업시 갈으쳐 쥬시고 인도하시며

第八回臨時議會議第三日

(四月二十六日)

午後二時四十分에議長孫貞道氏昇壇하야開會를宣하고一同이起하야愛國歌를合唱하다

(本日出席議員二十六人)

新到議員審査

[자료 19] 1921년 어천절에 이승만이 발표한 축사를 실은 『독립신문』(1921. 4. 30)의 기사

나아가 한배의 끼치심을 빗내고 질기과져 하나이다" 134

위의 인용문은 1921년의 어천절(御天節) 기념식에서 당시 대한민국임시정부 대통령이던 이승만이 발표한 축사이다. 독실한 기독교 신자이던 이승만도 단군이 하늘로 다시 오르신 것을 기념한다는 어천절을 맞아, "인류의 한배시며 임검이시며 스승"이신 "황조(皇祖)"의 "그 핏줄을 이으며 그 가라침을 바다온 우리 배달민족"을 얘기하고 있다.

근대의 한국이 일제의 식민지로 전락하였을 때, 한국의 독립운동가들은 제국주의에 맞서는 방법으로 '저항적 민족주의'를 발견하였다. 또한 독립운동가들은 독립운동의 정신적 구심점으로서의 단군을 발견하였다. 독립운동에 민족 구성원 다수를 참여시키기 위해, 단군이란 민족적 동원력이 강한 역사적 소재를 찾았던 것이다.[135] 이러한 시대적 상황에 의해, 1910년 일제의 식민지로

134 리승만, 「讚頌詞」『獨立新聞』(1921. 4, 30)

135 임찬경, 「근대 독립운동과 역사연구 출발점으로서의 단군인식 검토」『仙道文化』제23권, 2017, 참조.

전락한 이후의 우리민족에게 그 민족정신과 역사의 구심점으로서의 단군에 대한 존숭(尊崇)은 종교 등 그 어떤 이념도 초월하는 것이었다.

> 한뫼가 우뚝코 은택이 호대한 한배검의 깃치신 이 터에
> 그 씨와 크신 뜻 넓히고 기르는 나의 명동
> 웅장한 조상피 이속에 흐르니 아무런 일 겁낼것 없구나
> 정신은 자유요 의기가 용감한 나의 명동[136]

위의 인용문은 간도 용정에 있던 명동학교의 교가(校歌)이다. 명동학교 역시 기독교의 교육이념을 실천하는 학교였는데, 그 교가에서는 한배검 즉 단군의 자손으로서의 긍지와 그로 인한 미래의 희망과 역할을 노래하고 있다. 그 교가를 부르는 순간, 어린 학생들의 가슴에 용솟음쳤을 그 무엇…그것은 바로 희망과 그를 이룰 수 있다는 자신감과 용기였고, 이것은 단군의 자손이라는 민족의식으로부터 나오는 것이었다. 이처럼, 폐쇄적이고 또 배타적일 수 있는 종교와 그 어떤 이념을 넘어서서, 우리민족은 단군의 자손인 배달민족이라는 민족의식은 1910년 이후의 망국(亡國) 상황 속에서도 좌절하지 않고 독립과 자주국가 건설의 꿈을 배태(胚胎)하고 또 실천할 수 있는 강력한 민족적 역량을 형성시키는 원동력(原動力)이 되었다.

136 안병삼,「중국 조선족학교 교가의 歌詞 연구」『한국학연구』39, 2011, 308쪽에서 재인용. 필자가 1990년대에 중국에서 역사학박사 과정으로 유학할 때 답사한 중국 길림성 연변조선족자치주 용정의 명동학교 옛터에 있었던 기념관 안에는 1910년대 혹은 1920년대 어느 한 해의 명동학교 졸업식 광경을 담은 사진도 전시되어 있었다. 그 사진 속에는 졸업생들과 교사들이 나란히 모여 앉고선 뒤 배경에 큰 태극기와 단군영정이 양쪽으로 나란히 걸려 있었다. 기독교 교육이념을 내걸었던 명동학교의 이 졸업식 광경은, 종교적 입장을 뛰어넘어 우리민족 구성원 모두는 단군을 시조로 그를 이은 배달자손이라는 당시의 시대적 민족인식이 반영된 것이었다. 그러나 2000년대에 다시 찾은 그 명동학교 기념관에서 그 사진은 치워져 다시 볼 수 없게 되었는데, 이는 2000년대 한국사회 기독교계의 종교관이 영향을 미친 결과로 판단된다. 과거의 상황을 역사로 그대로 남겨 기록하며 또 역사적으로 재평가하려는 연구자의 입장에서는 참으로 두고두고 아쉬움을 금할 수 없는 사건이다.

대한민국임시정부의 성립과 그 활동 역시 당시의 그러한 민족의식과 무관하지 않다. 대한민국임시정부가 1919년 4월 11일에 선포한 첫 헌법인 <대한민국임시헌장(大韓民國臨時憲章)>의 제7조는 "대한민국(大韓民國)은 신(神)의 의사(意思)에 의(依)하야 건국(建國)한 정신(精神)을 세계(世界)에 발휘(發揮)하며 진(進)하야 인류(人類)의 문화(文化) 및[及] 평화(平和)에 공헌(貢獻)하기 위(爲)하야 국제연맹(國際聯盟)에 가입(加入)함"이다.[137] 여기서 "신(神)의 의사(意思)에 의(依)하야 건국(建國)한" 대한민국의 '건국정신'이 무엇인지는 1941년 11월 28일 조소앙(趙素昂)이 작성하여 공포된 <대한민국건국강령(大韓民國建國綱領)>의 다음과 같은 문구에서 확인할 수 있다.

> 우리나라의 건국정신(建國精神)은 삼균제도(三均制度)의 역사적(歷史的) 근거(根據)를 두었으니 선민(先民)이 명명(明命)한 바 「수미균평위(首尾均平位)하면 흥방보태평(興邦保泰平)」하리라 하였다. 이는 사회각층(社會各層) 각급(各級)이 지력(智力)과 권력(權力)과 부력(富力)의 향유(享有)를 균평(均平)하게 하여 국가(國家)를 진흥(振興)하며 태평(太平)을 보유(保維)하리라 함이니 홍익인간(弘益人間)과 이화세계(理化世界)하자는 우리 민족(民族)이 지킬 바 최고공리(最高公理)임[138]

사실 1919년 4월의 <대한민국임시헌장>은 조소앙과 관련이 깊다. 조소앙은 1904년 황실유학생(皇室留學生)으로 선발되어 일본에 유학하였고, 1912년 메이지대학(明治大學) 법학과를 졸업하였다. 일본유학을 마친 뒤 조소앙은 1913년 상해로 망명하였고, 상해와 만주를 오가며 독립운동에 투신하였다.

137 大韓民國臨時政府, <大韓民國臨時憲章>, 1919. 4. 11.

138 大韓民國臨時政府, <大韓民國建國綱領>, 1941. 11. 28.

1917년 조소앙은 만주로 가서, 독립운동가들의 단결을 도모(圖謀)하는 일련의 시도를 하고 있었다. 조소앙은 3·1운동 직후 이동녕(李東寧) 및 이시영(李始榮)과 만주지역 대표로 상해에 도착하였고 곧바로 대한민국임시정부 수립 작업에 참여하였다. 당시 조소앙은 대한민국임시정부의 조직은 물론 〈대한민국임시의정원법(大韓民國臨時議政院法)〉과 〈대한민국임시헌장〉의 기초를 작성했었다.[139]

조소앙은 일본유학 중인 1910년 기독교에 입교하기도 했지만, 1912년 무렵에는 완전한 '단군민족주의자'로 변해 있었다. 이후 조소앙은 한국전쟁 중에 납북되기까지 '단군민족주의자'로 살았다고 볼 수 있다. 그는 단군을 '국조(國祖)'로, 우리민족을 '배달겨레'로 지칭하였으며, 망명 시절에 개천절을 기리는 논설을 여러 건 발표하기도 하였다. 그는 "우리 배달겨레는 단군께서 개천 건국하신 이래 동방에 있어서 가장 유구한 역사와 찬란한 문화를 가졌던" 민족이라고 역설하였다.[140]

이러한 조소앙이 1919년 4월에 그 초안을 작성한 〈대한민국임시헌장〉 제7조에서 "신(神)의 의사(意思)에 의(依)하야 건국(建國)한" 대한민국의 '건국정신'은 그 당시 그가 지녔던 민족의식을 반영한 것으로 볼 수 있다. 또한 위에 인용한 1941년의 〈대한민국건국강령〉에서 조소앙은 "우리나라의 건국정신(建國精神)은 …홍익인간(弘益人間)과 이화세계(理化世界)하자는 우리 민족(民族)이 지킬 바 최고공리(最高公理)"임을 명백히 밝혔다. 즉 조소앙이 1919년 4월에 초안을 마련한 대한민국임시정부의 첫 헌법에 명시된 "신(神)의 의사(意思)에 의(依)하야 건국(建國)한" 대한민국의 '건국정신'은 바로 배달민족의 건국시조인 단군의 건국이념이었던 것이다.

139 韓詩俊, 「趙素昂의 三均主義」『한국사 시민강좌』10, 1992, 99~100쪽.

140 정영훈, 「조소앙의 단군민족주의와 삼균사상」『단군학연구』38, 2018, 229~230쪽,

1919년 4월 11일 출범한 대한민국임시정부의 첫 대한민국임시의정원 의장이 되었고 이후 국무총리와 주석 등의 요직(要職)을 역임한 이동녕은 "우리민족의 뿌리는 단군이다. 단군왕검의 이 나라 개국이 우리의 정신적 지주가 되는데, 왜 우리가 종교가 다르다고 단군을 배타적으로 보겠는가. 단군은 우상의 대상이 아니다. 우리는 이 단군왕검의 개국과 이어지는 전통을 이어 독립운동의 맥으로 삼아 지켜나가야 승산이 있다고 생각합니다."라면서 대종교 출신인 신규식(申圭植), 조완구, 박찬익(朴贊翊) 등과 같은 대한민국임시정부 요인들과 함께 대종교 포교와 그 선양(宣揚)에 크게 기여하였다. 대한민국임시정부의 거의 모든 요인들이 대종교에 대해, 그 종교적 성격보다는 그 민족적 성격과 그가 미치는 독립운동에서의 역할에 동의해 주었다고 볼 수 있다. 그러므로 대한민국임시정부는 공식적으로 개천절과 어천절 행사를 주관하였고, 각종의 정부 관련 문헌에서 단군을 그 뿌리로 하는 민족주의를 분명하게 천명할 수 있었다.[141]

신교사관의 역사 서술 체계

대종교의 역사관인 신교사관은 1909년 1월 15일의 '중광'과 함께 발표된 문서인 「단군교포명서」와 그 해 음력 10월 3일에 발표된 「단군교오대종지포명서」에 잘 나타나 있다. 이들 대종교 문서에 나타난 역사관은 단군에서 시작하여 단군을 계승한 민족으로 부여, 고구려, 발해를 거쳐 여진(女眞)은 물론 고려, 조선으로 이어지는 민족계보를 분명하게 밝히고 있다.

「단군교포명서」와 「단군교오대종지포명서」에 나타난 민족계보를 도표로 작성하면 다음과 같다.

[자료 20]에서 보듯, 대종교는 국가사(國家史)보다는 민족사(民族史)를 복원(復元)하려 했음을 알 수 있다. 또한 대종교가 설정한 민족이란 개념에는 배

141 이현희, 「제2장 단군인식의 통사적 해석과 향후 과제」『민족사상』1(1), 2007, 63~69쪽.

<table>
<tr><td colspan="9">大皇祖(서기전2333년 三千團部 설립)</td></tr>
<tr><td colspan="9">倍達族(서기전1594년 三千團部를 합쳐 '倍達'이라 함)</td></tr>
<tr><td colspan="6">北扶餘族</td><td>肅愼族</td><td>濊貊族</td><td>半倍達族(西紀前1203年)</td></tr>
<tr><td colspan="2">東扶餘族</td><td>馬韓族</td><td>辰韓族</td><td>弁韓族</td><td>圭封族</td><td>鮮卑族</td><td>挹婁族</td><td></td></tr>
<tr><td>高句麗族(西紀前37年)</td><td>百濟族(西紀前18年)</td><td>耽羅族</td><td>新羅族(西紀前57年)</td><td>駕洛族</td><td></td><td>契丹族</td><td>勿吉族</td><td>西馬韓族</td></tr>
<tr><td colspan="2">渤海族(西紀698年)</td><td></td><td></td><td></td><td></td><td></td><td>靺鞨族</td><td></td></tr>
<tr><td colspan="2">女眞族</td><td></td><td>高麗(西紀918年)</td><td></td><td></td><td>遼族(西紀907年)</td><td></td><td>定安族</td></tr>
<tr><td colspan="2">金族(西紀1115年)</td><td></td><td></td><td></td><td></td><td></td><td></td><td></td></tr>
<tr><td colspan="2">後金族</td><td></td><td>大韓族(西紀1393年)</td><td></td><td></td><td></td><td></td><td></td></tr>
</table>

[자료 20] 「단군교오대종지포명서」에 타나난 민족계보와 편년

달족(倍達族)에서 갈라져 나온 북부여, 숙신(肅愼), 예맥, 기자(箕子)의 반배달(半倍達) 등을 모두 포괄하였으며 그럼으로써 이후에 중국 동북지역 일대에 건립되는 모든 국가들이 배달족의 후예라는 민족사를 구성하고자 하였다. 즉 대륙국가로서의 고대사 체계를 복원하려 했던 것이다. 물론 그 출발이자 중심은 단군이었다.

대종교가 이러한 민족사 체계를 구성하려 한 것은 오랜 병폐로 망국의 원인으로 작용하는 사대주의를 근본적으로 극복하려면 무엇보다도 그 극복 주체로서의 민족 정체성에 대한 뚜렷한 자각이 우선시되었기 때문이다. 「단군교포명서」에는 이에 대해 "오호라! 물을 마심에 그 근원을 생각하고(飮水而思源), 나무를 심음에 그 뿌리를 북돋우니(栽木而倍根), 본교(本敎)는 당연한 이치며,

마땅히 행할 일이요, 알기 쉬운 일이다."라며, 대종교를 통해 주체로서의 민족적 정체성을 다시 찾고 그로서 오늘의 난국을 극복하자고 호소하고 있다.

이러한 대종교의 민족사 체계 설정은 근대민족주의사학의 성립에 결정적 역할을 하였다고 평가할 수 있다.[142]

4. 대종교, 역사연구의 산실

대종교의 민족주의적 및 독립운동 지향적 성격으로 인하여, 당연히 독립운동역사가들 다수가 대종교의 직접적·간접적 영향을 받으며 그들의 연구 및 저술 활동을 할 수 있었다. 독립운동을 목적으로 역사연구를 진행한 대다수가 대종교와 관계를 맺고 있었던 것이다.

대종교 역사연구의 산실인 회인현 동창학교

대종교 시교사인 윤세복은 1911년 음력 5월, 압록강 북쪽의 회인현(懷仁縣, *필자 주 : 1914년에 환인현(桓仁縣)으로 지명을 바꾸었다)에서 동쪽으로 20km 정도 떨어진 횡도천(橫道川)에 망명하여 동창학교(東昌學校)를 설립하였다. 그해 12월에는 학교를 회인현의 동문 근처로 옮겼다. 학교 설립의 목적은 항일무장투쟁을 위한 인재를 배양하기 위해서였다. 이 학교는 회인현에 세워진 첫 번째 조선족학교였다.[143]

이 학교의 운영에 대해, 1912년 5월에 일제가 작성한 정보보고서는 다음과 같이 기록하였다.

142 대종교에서 시작되어 발전한 민족주의사학에 대해서는 이도학(李道學)의 논문(李道學, 「大倧教와 近代民族主義史學」, 『國學硏究』第1輯, 國學硏究所, 1988)을 참고할 수 있다.

143 桓仁縣民族事務委員會朝鮮族志編纂小組編, 『桓仁縣朝鮮族志』, 桓仁縣朝鮮族志編纂小組, 1988, 78쪽.

윤세복(32세, 회인현 동문 밖 거주)은 조선인 수괴(首魁)로서 알려지기에 앞서, 횡도천(橫道川)에 학교를 설립하여 아동을 교육하고 또 작년 12월 중 위에 기재된 곳으로 옮겨, 학교를 설립하였는데 휘하에 40-50명의 학생이 있다. …그는 자산 14~15만원을 지니고 있었고, 일반 이주 조선인에 대해 자금을 융통하는데…[144]

망명하면서 자신의 가산(家産)을 모두 정리하여 지니고 온 윤세복은 그 재산을 바탕으로 학생들의 기숙비, 피복비 등은 물론 심지어 학생 가족의 생계비까지 보조해주며 교육을 장려하기도 했다.[145] 학교 설립을 위해 사들인 가옥들이 있었고, 당시 14~15만원(대략 2008년의 화폐가치로 환산하면 23~24억으로 추정되는)의 자산을 가진 윤세복이 현금을 희사하여, 학교운영은 매우 안정적인 재무구조를 유지하고 있었다.[146] 바로 이 학교에서 여러 중요한 역사 저술들이 이루어졌다.

회인현에서 이루어진 박은식의 고대사 서술

박은식도 1911년 음력 4월에 망명하여 회인현 항도천(恒道川)으로 왔다.[147] 박은식은 이듬해인 1912년 봄에 그곳을 떠날 때까지 윤세복이 설립한 대종교 시교당과 동창학교 등에서 활동하며, 다른 한편으로 역사저술에 몰두했다. 당시 그의 저술활동에 대해 박은식은 뒷날 안창호에게 보낸 편지에서 다음과 같이 회고했다.

144 朝鮮駐剳憲兵隊司令部, 「不逞團關係雜件-朝鮮人ノ部-在滿洲ノ部(1)」『鴨綠江對岸狀況(朝憲機 第698號)』, 1912.5.24.

145 大倧敎總本司 編, 『大倧敎重光六十年史』, 大倧敎總本司, 1971.

146 조준희, 「단애 윤세복의 민족학교 설립 일고찰」『仙道文化』제8권, 2010, 102쪽.

147 항도천(恒道川)은 여러 기록들에 흥도천(興道川)이나 횡도천으로도 기록되었다. 모두 같은 지역을 가리키는 지명이다.

…5월에 강을 건너 서간도에 8개월 머물며 6~7종의 책자를 저술했습니다. 이를 등사판으로 인쇄하여 교육의 보조로 활용해왔지요.[148]

안창호에게 1911년 양력 5월에 횡도천으로 망명하여 역사저술에 몰두한 상황을 전한 것이다. 여기서 6 ~7종의 책이란 『대동고대사론』·『동명성왕실기』·『명림답부전』·『천개소문전』·『발해태조건국지』·『몽배금태조』의 6권과 함께 『단조사고(檀祖事攷)』를 포함한 7권을 말한다. 박은식은 자신이 직접 저술한 6권과 함께, 공동으로 저술한 『단조사고』 1권을 포함하여 정확하게 7권을 저술했다고 말한 것이다.[149]

위에 언급한 박은식의 저서 6권 중 『명림답부전』·『천개소문전』·『발해태조건국지』·『몽배금태조』의 4권은 그 서문 등에 집필의 날짜가 기록되어 있다. 그러나 『대동고대사론』은 그 집필 시기를 적지 않았으며, 『동명성왕실기』는 유실되어 그 실체를 알 수 없다. 그러나 6권 저서의 집필 시점에 따른 순서를 판단하기는 어렵지 않다.

우선 한문(漢文)으로만 작성된 『대동고대사론』은 국한문(國漢文)을 섞어 쓴 다른 저서들에 비해 가장 먼저 완성되었음이 분명하다. 다음에 『동명성왕

148 朴殷植, 「與島山安昌浩書」『島山安昌浩全集』2, 島山安昌浩先生記念事業會, 107쪽(조준희, 「박은식의 서간도 망명기 저술 소고」『仙道文化』제14권, 2013, 320쪽에서 재인용).

149 위에 박은식의 저서로 언급된 7권 중 『단조사고』가 1911년에 출간된 것인지, 박은식의 저서인지에 대해서는 약간의 논란이 있었다. 그러나 그 책의 등사필체가 1911년 회인현에서 등사된 박은식의 『대동고대사론』 등 다른 6권과 동일하고, 또한 그 밖의 다른 여러 집필 관련 상황을 참조할 때 『단조사고』는 1911년 9월에서 11월 사이에 회인현에서 출간된 것으로 분명하게 확인되었다. 『단조사고』의 저자에 대해서도, 그 책이 박은식의 단독 저서가 아님이 확인되었다. 『단조사고』는 김교헌·박은식·유근 등 1910년대 대종교 남도본사 계열과 『황성신문(皇城新聞)』 계열의 대종교도들이 자료수집·검토·편집에 참여하여 완성하였으며, 최종적으로 회인현에서 1911년에 대종교 차원의 저술로서 출간된 것으로 확인되었다(김동환, 「해제·단조사고에 대하여」『단조사고』, 훈뿌리, 2006, 참조).

실기』가 작성되었다. 그렇게 판단하는 이유는 1911년 10월에 완성한 『발해태조건국지』에서 "『동명성왕실기』를 찬술하고 이어서 『발해태조건국지』를 기술하여"라고 적고 있기 때문이다. 그런데 9월에 『명림답부전』과 『천개소문전』이 작성되었음을 서문 등에 남겨진 기록으로 분명히 알 수 있기 때문에, 『동명성왕실기』는 9월보다 앞서는 8월 이전에 서술작업을 하였을 것이 확실하며, 또 그 이전에 『대동고대사론』이 작성된 것이다. 이를 통해 박은식은 『대동고대사론』 → 『동명성왕실기』 → 『명림답부전』 → 『천개소문전』 → 『발해태조건국지』 → 『몽배금태조』의 순서대로 저술했던 것이다. 이는 책의 내용으로 살펴볼 때, 박은식이 단군 → 부여 → 고구려 → 발해 → 금(金)으로 이어지는 역사의 흐름에 따라 저술을 의도적으로 기획하여 완성한 것으로 파악된다. 책의 분량으로 볼 때, 전해지지 않는 『동명성왕실기』 이외의 5권은 총 306쪽에 10만3천6백여 자이다. 박은식은 거의 한 달에 한 권의 책을 완성하고, 또 등사해낸 실로 놀라운 저술작업을 몸소 해냈던 것이다.[150]

위와 같이 박은식이 1911년 음력 4월 회인현에 망명한 이후 8개월 남짓의 짧은 기간에 6권의 역사 관련 저서를 완성한 것은 우선은 "국혼(國魂)을 유지시키기 위한 역사편찬을 위해" 스스로 망명을 결심한 그의 불타는 의지와 노력의 결실일 것이다.[151] 다음으로는 망명한 박은식의 역사저술을 가능하도록 조건을 만들어준, 대종교와 윤세복이 있었기 때문에 가능했다. 만약 대종교가 없었다면, 박은식의 『대동고대사론』·『동명성왕실기』·『명림답부전』·『천개소문전』·『발해태조건국지』·『몽배금태조』와 같은 저술들이 그렇게 짧은 시간에 완

150 조준희, 「해제 박은식, 서간도 6개월의 신화」『백암 박은식의 우리역사 우리영웅』, 흔뿌리, 2008, 42~44쪽.

151 박은식은 나라가 망함과 동시에 여러 언론기관이 문을 닫고, 또 모든 국사책을 압수하자 "나라는 비록 망하였으나 국혼(國魂)이 소멸되지 않으면 부활(復活)이 가능한데 지금 국혼인 국사책마저 태워 없애니 통탄하지 않을 수 없다, 한마디 말과 글자 하나의 자유가 없으니 오로지 해외로 나가서 4천년 문헌을 모아서 편찬하는 것이 우리민족의 국혼을 유지하는 유일한 방법이라."고 한탄하면서 망명을 결심했다고 전해진다(李萬烈 編, 「白巖 朴殷植 연보」『朴殷植』, 한길사, 1980, 359쪽).

성될 수 있었을까? 또한 윤세복이 없었다면, 그런 저술이 가능했을까? 이런 까닭에, 대종교는 박은식 역사연구의 산실(産室)이었다고 말해도 그리 지나치지 않을 것이다.

1910년 이전에 박은식이 지녔던 역사인식은 기본적으로 유교적인 애국사상(愛國思想)에 바탕을 둔 것으로서, 당시의 교과서 등에 나타나는 일반적 역사인식과 크게 다르지 않았다. 1908년에 신채호가 이미 『독사신론』을 발표하며 그의 역사인식의 방향이 새롭게 설정된 것과 비교할 때, 박은식의 '사안(史眼)'은 도리어 한 걸음 뒤진 것이 분명하였다. 그런데 1910년 국망(國亡) 이후 박은식의 역사인식은 급속도로 변화했으며, 1911년에는 위에 소개한 7권의 고대사 관련 저서를 발표하는 경지에 이르렀으며, 1915년에는 『한국통사』를 간행하여 일제 침략자들에게 큰 충격을 줄 수 있었다. 1910년 이후 박은식이 이렇듯 새로운 사관(史觀)을 정립하고, 고대사에 관한 다수의 명저(名著)를 써낼 수 있었던 배경은, 물론 국망에 대한 발분(發憤)으로 역사서술에 혼신의 노력을 기울인 측면도 있지만, 그보다도 더 직접적인 것은 대종교의 영향을 크게 받으면서 만주 및 중국 본토에서 독립운동을 전개했던 새로운 역사경험과 관련이 깊다.[152]

특히 1911년 회인현으로의 망명 이후 대종교 및 윤세복과 만나면서 박은식의 역사인식은 새롭게 변화되어, 위에 언급된 7권의 고대사 관련 저술을 남기게 되었다. 이 저술들의 공통적인 특징은 그 이전의 박은식이 발표하지 못했던 고대사에 관한 내용들이 다수라는 것이다. 또한 망명 이전에 발표된 박은식의 글들에 나타난 강역인식의 범위는 한반도를 벗어나지 못하였는데, 위의 6권 저서에서는 만주를 중심으로 한 대륙사관이 구체적으로 드러나고 있다는 점이다. 물론 이러한 변화는 박은식이 회인현의 대종교 시교당에서 생활하였고, 또한 윤세복의 적극적인 지원으로 당시 대종교가 소장하고 있던 신교사관

152 韓永愚, 「1910年代의 民族主義的 歷史敍述」『韓國文化』1, 1980, 101~102쪽.

[자료 21] 집안의 고구려 성곽(1930년대 사진)

관련 사서(史書)들을 접하면서, 그 영향을 받은 결과였다. 박은식은 망명 이후 1925년 11월 1일 67세로 임종할 때까지 민족사를 올바로 세우는 작업과 함께 독립운동에 자신의 모든 것을 다바쳤다. 박은식에게, 그러한 민족사 연구 및 서술의 정신적 토대는 바로 대종교였던 것이다. 박은식의 경우 대부분의 고대사 관련 서술이 대종교와의 관계 속에서 이루어진 것으로 볼 수 있다.

신채호, 환인현에서의 역사적 체험과 발견

신채호는 1914년에 윤세용·윤세복 형제의 초청으로 만주 회인현(懷仁縣)에 도착하여 동창학교 국사 교사로서 활동하면서 교재로서『조선사』를 집필하였다. 또한 이 시기에 북만주 일대의 고대사 관련 유적을 답사할 수 있었다. 박은식이나 신채호가 회인현에 머물면서 역사 연구 및 저술 작업을 할 수 있었던 바탕은 대종교의 간부였던 윤세복 등이 만든 것이었다. 당연히 이들의 역사 저술에는 대종교의 관점이 반영되고 있는데, 신채호가 1918년에서 1921년 사이에 저술한 것으로 판단되는 『조선상고문화사』의 종교적 색채는 바로 대종교와의 관계 속에서 나타난 것이다.

특히 신채호는 대종교와 관련을 맺으며 회인현에 머물 때, 집안(輯安, *필자 주 : 1965년 3월 8일에 집안(集安)으로 지명을 바꾸어 오늘에 이르고 있다) 일대의 고구려 유적을 답사하였다. 이 답사는 신채호의 고대사 체계 서술에 큰 영향을 미쳤는데, 그 답사 체험에 대해 신채호는 스스로 다음과 같이 평가하고 있다.

> 하루 사이[一日之間] 그 외부(外部)에 대(對)한 조천(粗淺, *필자 주 : 거칠고 수준이 낮은)한 관찰(觀察)만이지만, 고구려(高句麗)의 종교(宗教)·예술(藝術)·경제력(經濟力) 등(等)의 어떠했는가[如何]가 눈앞[眼前]에 실제와 같이 생생하게 떠올라[活現하여], 당지(當地)에 「집안현(輯安縣)의 한번 돌아봄[一覽]이 김부식(金富軾)의 『고구려사(高句麗史)』를 만번 읽는 것[萬讀함]보다 낫다」는 단안(斷案, *필자 주 : 어떤 일에 대한 생각을 분명히 결정함)을 내리었다.[153]

비록 길지 않은 시간의 답사지만, 그 답사는 역사연구자로서의 신채호를 크게 변화시킨 것으로 보인다. 신채호는 이미 1908년에 『독사신론(讀史新論)』을 썼고, 그 전후로 역사 특히 고대사에 관한 많은 연구를 진행해왔었다. 그러나 망명 이후 회인현에서 대종교 인사들을 만나고, 또 대종교 관련 인물들이 소장하고 있던 역사 관련 서적들을 탐독하며, 또 대종교의 신교사관도 접한 이후에 신채호의 역사관은 크게 변화하였다. 대표적인 예를 들면, 위만조선(衛滿朝鮮)과 한사군(漢四郡)을 보는 관점이 완전하게 달라진 것 등이다.

153 申采浩, 『朝鮮史(六)』「第一編 總論 四.史料의 蒐集과 選擇에 對한 商榷(一)」(『朝鮮日報』1931.6.16).

위만(衛滿)이 기씨(箕氏)를 쫓아내고[逐하고] 기씨(箕氏)는 남한(南韓)에 들어오더니[走入하더니] 한무제(漢武帝) 유철(劉徹)이 또[又] 위씨(衛氏)를 쫓아내어[逐하여] 북한일대(北韓壹帶)에 사군(四郡)을 세웠으니[建하였으니] 이[此]는 지나족(支那族) 난만분포(爛만分布)의 제3기(第三期)라.[154]

위에 인용한 기사는 『대한매일신보(大韓每日申報)』의 1908년 11월 17일에 실린 『독사신론』의 일부이다. 『독사신론』의 이 부분을 썼던 1908년 11월 무렵의 신채호는, 위의 기사처럼 위만조선이 현재의 북한 평양 일대에 있었다고 인식하고 있었다. 당연히 서기전108년 한(漢)의 무제(武帝)가 그 위만조선을 멸망시키고 세운 한사군(漢四郡)도 역시 지금의 북한 평양 일대를 중심으로 그 주위에 분포하고 있었다고 인식할 수밖에 없었다.

그러나 1910년 중국으로 망명하고, 윤세복 등의 대종교 관련 인사들과 접촉하고, 또 1914년 회인현에 와서 머물며 역사책을 저술한 이후 신채호의 역사관은 크게 달라졌다. 다음의 기사처럼, 신채호는 위만의 무리가 연(燕)에서 망명해와 결국 도읍을 한 왕검성은 지금의 북한 평양이 아니라 중국의 개평(蓋平) 동북으로 그 관점을 변화시킨 것이다. 위만이 도읍한 왕검성이 개평(蓋平) 동북에 설정됨으로써, 서기전108년 한(漢)의 무제(武帝)가 설치했다는 한사군에 대한 관점도 1908년의 『독사신론』과는 완전히 다르게 설정되어야 했던 것이다.

왕검성(王儉城)은 대단군(大壇君) 제1세(第一世)의 이름{名}으로 이름[名]한 자(者)니, 대단군(大壇君)의 삼경(三京)이 지금의[今] 하얼빈[哈爾濱]과 지금의[今] 평양(平壤)과 전술(前述)한 불한(변한) 고

154 申采浩, 『讀史新論』「第壹編 上世 第七章 鮮卑族 支那族과 高句麗」『大韓每日申報』(1908.11.17).

도(故都) - 지금의[今] 개평(蓋平) 동(東)의 세 곳[三處]인즉 세 곳이[三處가] 다 왕검성(王儉城)의 이름[名]을 가졌을 것인 바, 위만(衛滿)이 도읍[都]한 왕검성(王儉城)은 곧 개평(蓋平) 동북(東北)이니, 『한서(漢書)』「지리지(地理志)」 요동군(遼東郡) 험독현(險瀆縣)(註曰「朝鮮王滿都也」)이 그것이요,[155]

물론 신채호는 대종교를 종교로서 신봉하지는 않았던 것으로 보인다. 그러나 신채호의 역사저술 속에서 대종교와 관련된, 혹은 대종교로부터 영향을 받은 부분들은 쉽게 또 여러 곳에서 찾아낼 수 있다.

김교헌과 대종교의 민족주의사학

민족주의사학의 정립에서, 대종교를 바탕으로 큰 토대를 형성시킨 가장 대표적인 인물로 김교헌을 들 수 있다. 김교헌은 1910년 1월부터 대종교에 가입하여 1911년에는 지교(知敎, *필자 주 : 대종교 품계의 하나)가 되었고, 1916년에는 제1대 교주 나철의 뒤를 이어 제2대 교주가 되었다. 그가 교주로 있던 1916년부터 1923년까지는 대종교가 가장 왕성한 발전을 이룬 시기로서, 1910년대에 국내외의 대종교 신도는 40만 정도였다. 당시 김교헌은 대종교의 경전을 정리하거나 국역(國譯)하면서 교리(敎理)를 정리하는데 크게 기여하였으며, 대종교의 사관(史觀)에 따른 역사서도 저술하였다.[156]

대종교 사관을 구체화시킨 김교헌의 대표적인 역사저술로 『신단실기(神檀實記)』와 『신단민사(神檀民史)』가 있다. 이 두 책은 민족주의사학의 형성에 큰 영향을 미쳤다.

---

155 申采浩, 『朝鮮史(20)』「第三編 三朝鮮分立時代(三) 第三章 三朝鮮 分立 後의 불朝鮮」(『朝鮮日報』1931.7.4).

156 韓永愚, 「1910年代의 民族主義的 歷史敍述」『韓國文化』1, 1980, 115~116쪽.

1914년에 발행된 『신단실기』는 그 이름 그대로 신단(神檀) 즉 신성한 단군과 관련된 사실을 적은 실기(實記)로서, 단군을 중심에 세운 민족종교의 교리와 함께 단군의 역사를 체계화시킨 저술이다. 이는 일제에게 나라는 빼앗겼지만, 그럼에도 우리민족에게는 유구한 민족의 시조(始祖)와 민족사가 여전히 강하게 남아있고, 또한 우리의 민족종교가 있음을 밝히고자한 종교서적인 동시에 국사책이다.[157]

『신단실기』는 단군에 관한 사적과 옛 신교(神教)의 자취를 국내외의 문헌에서 뽑아, 민족의 뿌리사상과 대종교의 역사적 연원을 밝힌 대종교 역사의 기본경전이다. 토를 단 한문체의 단행본으로 1914년 2월에 처음 발행되었고, 1923년 6월에 재판되었다. 본문은 20개 조항, 103면으로 되어 있고, 특히 한인(桓因)·한웅(桓雄)·한검(桓儉: 檀君)의 삼신일체(三神一體) 사상에 바탕을 두고 있으며, 각 조항마다 인용하거나 고증한 책의 이름을 밝혔고, 저자의 견해를 따로 서술한 것이 특징이다. 주요한 내용은 우리민족의 역사적 계보, 삼신(三神)의 교화(敎化), 신교사상(神教思想)의 자취, 고대 우리민족 강역의 모습, 고대사에 관한 귀중한 사료들이 망실(亡失)된 연유 등 다섯 가지 내용으로 구분된다. 책의 첫 부분인 「단군세기(檀君世紀)」에서는 단국(檀國)·부여·고구려·백제·신라·발해·예맥·동옥저·비류·숙신·삼한·정안·요·금 등 여러 나라의 흥망을 단군과의 계보를 중심으로 관련지어 논술하였다. 다음으로 「삼신상제(三神上帝)」·「교화원류(敎化源流)」·「신이징험(神異徵驗)」이라는 항목에서는 삼신의 정의(定義)와 권능(權能), 신교(神教)의 내용, 그리고 여기에 얽혀서 전하여지는 여러 가지 불가사의한 신이성(神異性)에 관하여 적고 있다. 그 다음의 「단사전묘(檀祠殿廟)」·「역대제천(歷代祭天)」·「족통원류(族統源流)」·「시사악장(詩詞樂章)」·「고속습유(古俗拾遺)」·「단군향수변(檀君享壽辨)」·「단군변(檀君辨)」·「강동릉변(江東陵辨)」·「부루변(扶婁辨)」·「태백산변(太白山辨)」 등의 조항에서는 단

157 金東煥, 「己酉重光의 民族史的 意義」『國學研究』第1輯, 國學研究所, 1988, 103~104쪽.

군을 모시는 사묘(祠廟)가 어디며, 신교(神敎)에 따르는 제천행사의 절차가 각지에서 어떻게 행하여졌으며, 또한 이렇게 신교(神敎)를 받든 족속(族屬)은 어떻게 이루어져 있었는가를 밝혔다. 한편 이러한 신교(神敎)를 받드는 생활 속에서 지금까지 전하여지는 여러 가지 관련된 습속을 예시한 다음, 구체적인 여러 사항을 들어서 설명하고 있다. 그 다음으로 「평양급패수변(平壤及浿水辨)」·「단군강역고(檀君疆域考)」·「백두산고(白頭山考)」·「백악고(白岳考)」 등의 항목에서는 단군 이래 우리 겨레가 지배하던 강역의 실상을 말하고, 이것이 오늘날 잘못 알려지고 있는 까닭을 설명하고 있는데, 이 점을 뒷받침하기 위하여 평양·패수·백두산·구월산 등에 관하여 설명하고 있다. 끝으로 「경사재액(經史災厄)」이라는 항목에서는 단군 이래 고사(古史)와 경전(經傳: 聖賢이 지은 책)이 전하여져 부여나 고구려 때에 번역 및 간행된 것이 많았으나 병화(兵禍)로 소실되고, 비록 일부나마 남은 것들이 조선시대에도 전하여졌으나 그러나 이것마저 세조·예종·성종 때에 왕명으로 팔도관찰사에게 명하여 대궐로 거두어들였다가 뒤에 병화로 소실되었다는 사연을 적었다. 또한 그 때까지 전해진 책이 『고조선비사(古朝鮮祕秘詞)』·『대변설(大辨說)』·『조대기(朝代記)』·『지공기(誌公記)』·『표훈천사(表訓天詞)』·『삼성밀기(三聖密記)』·『안함로원동중삼성기(安含老元董仲三聖記)』·『도증기(道證記)』·『동천록(動天錄)』·『통천록(通天錄)』·『지화록(地華錄)』 등이었음을 밝혀, 필자로서 후학들에게 올바른 민족사를 가지도록 당부하고자 하는 의도를 나타내고 있다. 이 책은 비단 대종교 교단의 중요한 책일 뿐 아니라, 금세기 초에 민족사학을 일으키는 데 중요한 이정표의 구실을 하였다.[158]

『신단실기』에 서술된 내용의 대표적인 특징은 국사를 단군족(배달족)의 단일민족사로 체계화하고 요(遼)·금(金)과 같은 북방민족의 역사까지도 국사에

158 한국민족문화대백과사전 편찬실, 「신단실기」『한국민족문화대백과사전』13, 한국학중앙연구원, 1991, 695쪽.

포함시켰으며, 더욱이 만주에서 건립되어 발전했던 국가들을 국사의 주류(主流)로 부각시켰다는 것이다. 이러한 특징은 대종교에서 내세우고 있는 단군족(배달족)에서 부여와 고구려 및 발해를 거쳐 요(遼)와 금(金)으로 이어지는 역사를 포함한 단군민족주의적 국사를 체계화하려 한 결과이다. 한편 『신단실기』가 우리민족의 상고사(上古史) 체계에 관련된 문헌을 수록하는 데 중점을 두었다면, 1923년에 간행된 『신단민사』는 우리민족의 통사(通史)를 정리하여 완성한 국사 교과서로 볼 수 있다.[159]

『신단민사』는 저자가 범례(凡例)에서 "이 책은 나라 마다의 편년(編年)을 따져서 쓰지 않고, 민족을 기준으로 하여 단군민족 전체를 망라하여 썼기 때문에 책 이름을 신단민사라 한다."고 밝혔듯이, 신단 즉 신성한 단군의 민사(民史) 즉 민족 전체의 역사에 관한 책이다. 한인(桓因)이 강림한 상원 갑자년(上元甲子年)부터 신시시대(神市時代)의 역사를 포함하면서 개천 4351년, 즉 1894년 갑오개혁까지의 내용을 담고 있다. 상고·중고·근고(近古)·근세의 시대에 따라 편(編)을 나눈 다음 각 편마다 시대·종교·제도·학예·풍속 등으로 장(章)을 나누었다. 또 이를 각각의 사항에 따라 절(節)로 나누고 있는데, 민족의 고유한 정신과 미풍양속에 중점을 두어 민족적 긍지를 높이는 데 힘쓰고 있음이 특징이다. 이 책은 김교헌의 또 다른 책인 『신단실기』와 더불어 1910년대와 1920년대에 걸쳐서 만주 등지에 사는 동포들의 민족정기를 북돋웠으며, 항일독립투쟁을 수행하는 데 있어 이념적 지주가 되었다는 점에서 의의를 찾을 수 있다.[160]

대한민국임시정부의 역사교과서 『배달족역사』의 발간과 대종교

159 金東煥, 「己酉重光의 民族史的 意義」『國學硏究』第1輯, 國學硏究所, 1988, 104쪽.

160 한국민족문화대백과사전 편찬실, 「신단실기」『한국민족문화대백과사전』13, 한국학중앙연구원, 1991, 694쪽.

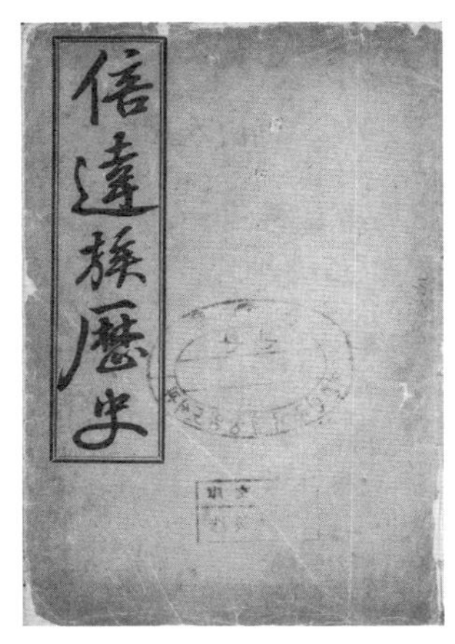

[자료 22] 『배달족역사』

1926년 7월 8일 간도(間島) 총영사(總領事)가 발송한 기밀문서에는, 화룡현(和龍縣) 이도구(二道溝)에 있는 용흥학교(龍興學校)에서 역사교과서로 사용되던 『배달족역사(倍達族歷史)』를 일제가 압수한 상황이 보인다. 이 문서에 의하면, 『배달족역사』는 상해(上海)에서 발행되었으며, 독립을 고취하는 내용이라고 기록되어 있다.[161]

이 『배달족역사』가 바로 대한민국4년 즉 1922년 1월 15일 상해에서 인쇄된 대한민국임시정부의 역사교과서이다. 『배달족역사』는 대한민국임시정부의 기관지인 독립신문사에 설치된 교과서편찬위원회에 의해 작성되었다. 당시 편집위원으로 박은식, 조완구, 윤기섭, 김두봉, 정신, 차리석, 백기준 등과 함께 김승학이 책임을 분담하여 역사교과서를 편찬하고 또 발행한 것이다.

『배달족역사』는 그 내용이 대종교의 「단군교오대종지포명서」에 서술된 배달민족의 '신교사(神教史)'를 따른 것이다. 즉 배달민족이 형성되어, 발전하고 또 때로는 쇠락하면서 유구한 역사를 이어오다가, '이씨(李氏)의 조선(朝鮮)'이 일제의 식민지로 전락하는 1910년 그리고 신해혁명(辛亥革命)으로 청(淸)이 국가로서의 자격을 상실하고 중화민국(中華民國)이 성립되는 1911년까지를 서술하고 있다. 『배달족역사』는 조선과 청(淸)의 멸망을 "배달민족이 세운 국가의 국호(國號)와 군호(君號)가 이때 남북의 강역 모두에서 동시에 끊어져 사라졌

161 間島總領事 鈴木要太郎, 「大正十五年六月中間島及接壤地方治安情況」, 1926. 7. 8. 여기에서 『배달족역사』 관련 서술은 임찬경의 논문 「대한민국임시정부 출간 『배달족역사(倍達族歷史)』의 대종교적 역사관」(『국학연구』제23집, 2019)을 대부분 인용하였다.

는데, 이런 일은 단군 이래 처음 있는 일이라"고 평가하며, 그 책을 끝맺고 있다.

대한민국임시정부의 역사교과서인 『배달족역사』 또한 대종교를 산실(產室)로 하여 태어난 역사책이었던 것이다. 위와 같이 대종교는 1910년대를 거쳐 1920년대 초기까지 우리민족의 역사를 연구하고 서술하는 '산실(產室)'로서 작용했다고 평가할 수 있는 것이다.

3부

독립운동가의 한사군 인식

1. 한사군, 한국고대사 왜곡 및 시정의 출발점
2. 신채호 및 박은식 역사연구 초기의 위만조선과 한사군 인식
3. 낙랑군 인식
4. 현토군 인식

1. 한사군, 한국고대사 왜곡 및 시정의 출발점

부정할 수 없는 분명한 사실은, 과거는 물론 현재에도 한사군 문제가 한국고대사 관련 최고의 쟁점이란 점이다. 한사군의 설치 및 위치와 관련된 문제는 한국사뿐만 아니라 중국사는 물론 일본사의 서술에도 깊이 관련되어 있다.

그러므로 한사군의 설치 및 초기 위치에 대한 사실(史實)이 올바로 밝혀지면, 그에 따라 한·중·일 3국의 고대사 서술은 크게 바뀔 수밖에 없을 것이다. 그런 의미에서 한사군은 한·중·일 3국의 고대사를 왜곡 및 시정(是正)하는 출발점이 될 수 있다. 즉 한사군을 의도적으로 왜곡하면, 3국의 고대사가 크게 왜곡되는 것이다. 반대로 한사군을 역사적 사실에 맞게 바로 서술하면, 3국의 고대사가 사실에 맞게 바로 정립(正立)되는 것이다.

그런데 지금까지 한·중·일 3국의 역사학계는 줄곧 한사군을 왜곡하는 방향으로 서술해오고 있었다. 중국은 중화주의(中華主義) 및 화이관(華夷觀)에 따른 논리로 중국 고대의 강역을 한반도까지 확장시키려는 입장에서,[162] 한사군의 초기 위치를 현재의 평양 일대 및 한강 이북 압록강 중류 이남 지역에 설정하려는 의도에서 왜곡했다. 일본은 한반도의 한민족이 그 역사적 출발로부터 외세의 식민지였다는 논리를 만들어,[163] 한국 침략 및 지배의 당위성을 억

162 화이관에 따른 중국 고대의 침략적 역사관에 대해서는 이 책의 제1부에서 간략하게 설명하였다.

163 한민족의 역사가 그 출발에서부터 철저하게 외세의 식민지였다는 일제 식민사관의 한국사 인식은

지로 만들어 내려는 식민사관의 입장에서 한사군을 왜곡했다. 또한 한국은 사대사관과 식민사관의 영향을 완전히 극복하지 못한 상태로 그 스스로도 왜곡된 한사군 서술을 그대로 유지해오고 있었다.[164]

당연히 독립운동역사가들은 한사군 왜곡을 바로 잡으려고 시도했으며, 그들의 고대사 서술에서 한사군 문제는 기존의 왜곡된 역사를 바로 잡는 출발점으로서 가장 중시되는 부분이었다. 예를 들면, 신채호는 "위씨(衛氏. *필자 주 :

1892년에 출간된 하야시 다이스케(林泰輔)의 『조선사』에서 분명하게 확인할 수 있다. 그는 『조선사』에서 "옛날 은(殷)이 망함에 기자(箕子)가 도망하여 와서 조선의 왕이 되었다. 9백년이 지난 준왕(準王) 때 연(燕)의 위만(衛滿)에게 쫓겨나고, 위씨(衛氏)가 대신 통치한 지 대략 80년 만에 한(漢)의 무제(武帝)에게 멸망되었다. 무제(武帝)가 그 땅을 나누어 사군(四郡)으로 삼고, 소제(昭帝) 때 이를 합하여 이부(二府)로 하였다. 결국 기자(箕子)로부터 이에 이르기까지 1천여 년 동안 모두 중국인이 통치한 셈이 된다."라고 조선고대사를 요약하여(하야시 다이스케(林泰輔) 著/편무진·김현욱·이태훈 역, 『조선사』, 인문사, 2013, 51~52쪽), 한국고대사가 중국의 식민지 역사로서 출발하였음을 강조하고 있다.

164 한국사학계의 한사군에 대한 소위 통설(通說)의 형성과 그 유지 기제(機制)에 대해서는 임찬경의 논문인 「이병도 한사군 인식의 형성과정에 대한 비판적 검토」(『국학연구』제18집, 2014)를 참고할 수 있다. 한국사회 일각에 의해 한국 국내 식민사학의 태두(泰斗)로도 비판받는 이병도(李丙燾, 1896~1989년)와 그의 후학 및 동류집단(同類集團)과 아류(亞流)들은 한국고대사를 서술하면서, 이병도의 한사군 인식이 통설 혹은 정설(定說)로 존재하는 것처럼 만들어 놓았다. 문제는 이병도의 한사군 인식을 통설 혹은 정설로 만든 이병도의 후학 그 누구도 이병도의 한사군 인식에 대해 학술적인 심층적 검증을 제대로 해보지 않았다는 데에 있다. 이병도와 그의 동류집단들이 서술해온 한국고대사에 일부 오류가 존재한다면, 그 오류들의 대부분은 이병도로부터 시작되어 그의 후학들에게 인습(因習)처럼 전해진 고질적 학술 행태로부터 비롯되었다고 볼 수 있다. 이병도로부터 비롯되어 그의 후학들에게 거의 비판없이 이어지는 한국사학계의 고대사에 대한 오류들은 한사군 문제를 비롯하여 고조선의 위치, 위만(衛滿)의 족계(族系) 문제, 부여와 고구려의 초기 위치 및 강역 문제, 삼한(三韓)과 예(濊) 및 옥저(沃沮)의 위치 문제, 삼국과 왜(倭)의 관계 등 고대사 거의 전반에 널려있다. 이병도에서 시작되어 그의 후학들이 비판없이 계승하여 현재 한국사학계의 소위 통설로 만들어 놓은 고대사의 오류들에 대해서는 최근 학계의 깊이있는 학술적 비판이 연이어지고 있다. 최근 이도학은 이병도의 한국고대사 연구 성과 대부분에 대해 '실증성(實證性)'을 학술적으로 상세하게 검토하였는데, 결론은 이병도의 여러 고대사 관련 서술은 '실증'이 없고 '미검증(未檢證)' 상태라는 것이다(李道學, 「李丙燾 韓國古代史 硏究의 '實證性' 檢證」『白山學報』第98號, 2014). 특히 이도학은 그의 논문에서 이병도의 한사군 서술이 한국사회의 통설로서 아직까지 그 위치를 유지하고 있는 한국역사학계의 현실에 대해 "두계사학(斗溪史學, *필자 주 : '두계'는 이병도의 호(號)로서 즉 이병도에 의해 형성된 역사적 서술을 의미함)은 '견고'해 보이지만 의외로 허술한 면이 적지 않았다. 그럼에도 두계의 한사군 비정만은 적어도 한국의 강단사학(講壇史學)에서는 통설로 자리잡고 있다. 이 점 기이(奇異)하게 느껴질 정도이다. 해방 이전은 물론이고 해방 이후에도 적어도 남한 사학계에서는 한사군의 위치에 대한 새로운 비정은 거의 시도되지 못하였다."고 비판하고 있다(이도학, 위의 논문, 159~160쪽).

위만이 세웠던 나라인 위만조선을 말함)가 망함에 그 땅을 나누어 진번, 임둔, 현토, 낙랑 등의 사군(四郡)을 설치하였다고 하였다. 그런데 사군의 문제는 삼한(三韓) 연혁(沿革)의 논쟁에 못지않은 조선사상 논쟁의 문제가 되어왔다."라며, 조선사 서술에서 한사군 문제의 중요성을 강조하였다.[165] 그러므로 신채호 등의 독립운동가들은 고대 위만조선의 중심지가 한반도에 있지 않았음을 먼저 밝혀냈고, 따라서 한사군이 한반도 안에 있을 수 없다고 서술했으며, 나아가 한국고대사의 중심을 중국의 기자조선 및 위만조선 그리고 한사군과 연결시켜 서술하는 사대사관과 식민사관을 동시에 극복하려 시도했다.

한사군 설치와 관련된 조선의 위치 및 실체

아직도『사기』「조선열전」은 위만(衛滿)과 조선의 실체에 관한, 가장 기본적이면서도 주요한 자료이다.『사기』를 쓰면서, 그 작자인 사마천(司馬遷, 서기전 135~서기전90년)은 어떤 사건에 얽혀있는 과거의 어떠한 작은 사실관계도 가능한 빠뜨리지 않고 철저하게 기록하려 노력했었다.

『사기』를 저술한 사마천의 글쓰기 방식에 대해 그 스스로가「태사공자서(太史公自序)」에서 다음과 같이 기록하고 있다.

> 소자(小子)가 불민(不敏)하나, 선인(先人)의 목차대로 구문(舊聞)을 모두 논(論)함에 감히 빠짐이 없도록 하겠습니다.[166]

위의 말은 그의 부친인 사마담(史馬談)이 죽음 직전에 사마천에게 앞으로 꼭 태사(太史)가 되어서 자신이 이루지 못한 논저 즉 사서(史書)를 반드시 완성

165 申采浩,『朝鮮史』「第四編 列强爭雄時代(上) 第二章 列國의 分立」(『朝鮮日報』, 1931. 7. 15).

166 『史記』卷130「太史公自序」第70 "小子不敏, 請悉論先人所次舊聞, 弗敢闕.".

[자료 23] 섬서성 한성의 사마천 무덤과 사당인 '사마사(司馬祠)'

하라고 간곡하게 유언하자,[167] 사마천이 눈물을 흘리며 그의 부친에게 답한 말이다. 위에 인용한 말처럼, 실제로 사마천은 자신의 시대에 수집 가능한 거의 모든 문헌과 직간접적인 체험을 그의 『사기』에 꼼꼼하게 담아내고 있다. 이런 사마천의 저술 태도에 비추어보면, 「조선열전」에도 역시 사마천이 열정을 들여 수집한 당시의 조선에 관한 거의 모든 자료들이 담겨 있다고 볼 수 있다. 그러므로 「조선열전」을 역사가의 객관(客觀)으로써 잘 검토하면, 사마천이 서술하려 했던 당대 조선의 모습을 대체로 이해할 수 있을 것이다.

「조선열전」의 첫 부분은 아래와 같다.

> 조선의 왕인 만(滿)은 옛 연(燕)의 사람이다. 처음 연(燕)의 전성기로부터 일찍이 진번과 조선을 침략하여 복속시키고, 관리를 두어 국경에 성과 요새를 쌓았다. 진(秦)이 연(燕)을 멸망시켜, 요동 밖의

167 『史記』卷130 「太史公自序」第70 "余死, 汝必爲太史.爲太史, 無忘吾所欲論著矣.",

> 변경으로 삼았다. 한(漢)이 일어나서는 그곳이 멀어 지키기 어려우므로, 다시 요동의 옛 요새를 수리하고 패수(浿水)에 이르는 곳을 경계로 하여 연(燕)에 복속시켰다.[168]

위에 인용한 것처럼, 「조선열전」의 첫 문장은 위만의 국적을 연(燕)이라 하였다. 위만이 망명하기 전에 있었던 연(燕)의 동쪽 국경은 요동에 있는 패수(浿水)였다. 주목할 점은, 여기서의 요동은 현재의 요하(遼河) 동쪽을 의미하는 '요동'이 절대로 아니라는 점이다. 『사기』라는 책의 전체에서 요수(遼水) 혹은 요하(遼河)라는 표현조차 사용된 사례가 없다. 즉 『사기』를 쓸 당시에는 요하라고 부르는 강이 존재하지 않았으며, 요동을 현재의 요하와 연결시킬 수 없는 것이다.[169]

위의 인용문에서 사마천이 밝히려 했던 점은, 한(漢)의 초기에 연왕(燕王)이 봉해진 지역과 소위 위만조선이 형성된 지역이 패수를 경계로 나뉘어져 있었다는 것이다. 즉, 서기전210년 진시황이 죽고 그 아들인 호해(胡亥)가 즉위하자 중원(中原)의 정국은 금방 혼란해져, 서기전209년부터 전국적인 반란이 시

168 『史記』卷115 「朝鮮列傳」第55 "朝鮮王滿者, 故燕人也.自始全燕時嘗略屬眞番,朝鮮, 爲置吏, 筑鄣塞.秦滅燕, 屬遼東外徼.漢興, 爲其遠難守, 復修遼東故塞, 至浿水爲界, 屬燕.燕王盧綰反, 入匈奴, 滿亡命, 聚黨千餘人, 魋結蠻夷服而東走出塞, 渡浿水, 居秦故空地上下鄣, 稍役屬眞番,朝鮮蠻夷及故燕,齊亡命者王之, 都王險.".

169 요동이란 명칭의 형성 유래와 그 의미에 대해서는 권오중(權五重)의 논문을 참고할 수 있다. 권오중은 그의 논문에서 "허신(許愼)의 『설문해자(說文解字)』에 의하면 '요(遼)'의 본래 의미는 '원야(遠也)'로 설명되고 있다. 이 설명에 따르면 '요동'의 명칭은 '요원(遼遠)한 동쪽' 즉 '머나 먼 동쪽'이라는 의미로 해석될 수 있다. 실제로도 요동은 고대 중국인들에게 중국의 남단(南端)인 회계(會稽)와 병칭하여 중국의 '동단(東端)', '동북단(東北端)'으로 인식되었다(權五重, 「前漢時代의 遼東郡」『人文硏究』17(1), 1995, 271쪽)"고 해석하였다. 또한 그의 논문에서 "우리가 유념할 것은 요동이라는 지명이 '요수(遼水)', '요산(遼山)'에 대한 지식이 전제된 명칭이 아니라는 점이다. …'요수', '요산' 등의 지명은 세인(世人)에게 알려졌던 '요동'의 명칭에 근거하여 작명(作命)되었다고 판단된다."며(권오중, 앞의 논문, 272쪽), 요동이란 지명이 먼저 형성되고 그 지명에 근거하여 뒤에 요수 혹은 요산이란 명칭이 형성되었다고 지적하였다. 권오중은 그의 논문에서 한(漢) 초기까지의 요동 혹은 요동군의 중심이 현재의 북경 동쪽 계현(薊縣)이었다고 설명하였다(권오중, 앞의 논문, 276쪽).

[지도 24] 연왕의 치소인 계성(薊城) 위치(○표시 부분)

작되었다. 이런 혼란기를 극복해가며 한(漢)이 들어선 이후 서기전202년부터 옛 연(燕) 지역의 일부를 연왕(燕王) 노관(盧綰, 서기전256~서기전194년)이 통치하게 되었는데, 그 연왕(燕王)의 치소(治所)인 계성(薊城)을 중심으로 한 연왕(燕王)의 지역은 패수의 서쪽에 있었다는 것이다.[170]

170 진승(陳勝)이 진(秦)을 멸망시키려는 반란을 일으킨 서기전209년에 한광(韓廣)은 옛 연(燕)의 지역을 차지해 연왕(燕王)이 되었다. 서기전206년 서초패왕(西楚霸王)으로 팽성(彭城)에 도읍한 항우(項羽)는 연왕(燕王) 한광(韓廣)을 요동왕에 봉하고, 연왕(燕王)에는 장도(臧荼)를 새로 봉했는데, 한광이 이에 따르지 않자, 장도가 무종(無終)에서 한광을 죽이고 그 봉지를 차지했다고 전한다(『사기』「항우본기」). 여기서 한광이 요동왕으로 봉해진 요동의 중심지는 무종(無終) 즉 현재 북경 동쪽인 지금의 계현(薊縣) 일대인 것이다. 이후 서기전202년 장도가 반란을 일으키자, 고조(高祖)가 이를 진압하고 노관(盧綰)을 연왕에 봉했다(『사기』「고조본기」). 노관은 서기전195년에 흉노로 망명했고, 이때에 위만이 동쪽으로 패수를 건너 망명한다. 서기전209년에서 서기전195년 사이에 일어난 이와 같은 사건들을 연결시켜 검토하면, 당시 연왕(燕王)은 현재의 북경 서남쪽에 근거를 둔 자그마한 정치집단으로 추정될 뿐이다. 이 연(燕)의 동쪽 변경에 패수가 있고, 그 패수 건너에 망명한 위만이 정착한 것이다. 위만이 정착한 그 지역에 옛 연(燕)의 지역이나 옛 제(齊)의 지역으로부터 망명한 다수의 유민이 존재했던 것이며, 위만은 그 유민들과 원래 그 지역에 있던 조선 유민들을 바탕으로 왕험(王險)에 도읍할 수 있었

연왕(燕王) 노관(盧綰)이 치소(治所)로 삼았던 계성(薊城)의 위치는, 지금 중국 북경의 중심인 자금성(紫禁城)에서 서쪽으로 20km 정도 떨어진 석경산(石景山)과 그 동쪽의 노산(老山) 일대였다.[171]

과거에 한중일 3국의 다수 학자들은 서기전202년 당시 연왕(燕王) 노관의 통치 범위를, 동쪽으로 요하를 넘어서서 요동반도를 거의 차지했거나 심지어 압록강 서쪽 이남까지 차지했던 것처럼 서술하는 경향이 있었다. 이는 사대적이고 식민적인 역사 해석의 결과일 뿐, 사실(史實)과는 완전히 다른 것이다. 서기전222년 진시황(秦始皇)에 의해 멸망되기 이전의 연(燕)도 실제로는 지금의 하북성 이현(易縣)과 그 북쪽의 현재 북경시 일대와 그 주변 일부를 차지했던 국가였을 뿐이다.[172]

서기전222년 진시황의 군대가 연(燕)을 멸망시키는 과정에서, 당시 연(燕)의 강역을 살펴보면 다음과 같다.

> (진시황 21년 서기전226년) 군사를 더 모아 왕전(王翦)의 군대에 보내니, 마침내 연(燕) 태자(太子)의 군대를 격파하고, 연(燕)의 계성

던 것이다. 『사기』「조선열전」에 나타난 위만조선의 실체는 이와 같이 패수 동쪽에 서기전194년 위만에 의해 세워진 국가이다.

171 중국의 역사학계에서 연왕(燕王)의 치소(治所)였던 계성(薊城)의 정확한 위치에 대해서는 아직도 논쟁 중이다. 북경성(즉 자금성)의 서남쪽인 광안문(廣安門) 일대에 계성(薊城)이 있었다는 관점도 있고, 그보다 더 서쪽의 영정하(永定河)와 접하는 석경산(石景山)과 노산한묘(老山漢墓)가 발굴된 지역 일대에 계성이 위치했었다는 주장도 있다. 필자는 여러 자료를 검토하여, 석경산과 노산(老山) 일대에 계성이 있었을 것으로 판단하였다.

172 중국의 『춘추좌씨전(春秋左氏傳)』은 노(魯)의 은공(隱公) 원년인 서기전722년부터 애공(哀公) 27년인 서기전468년까지 254년 동안 중원에서 일어났던 역사를 기록하고 있다. 이 책에는 연(燕) 및 북연(北燕)과 관련된 기록들이 있는데, 그 기록들 중 북연(北燕)은 노(魯) 양공(襄公) 29년 즉 서기전544년에 처음 기록되었다. 이때부터 북연(北燕)은 제(齊)와 이웃한 국가로 기록되었는데, 그 국력이 강대한 국가로 표현되지는 않았다. 진시황(秦始皇)이 서기전226년에서 서기전222년까지 연(燕)을 멸망시키는 그 전투의 전장(戰場)을 분석하면, 그 무렵의 연(燕)은 현재의 이현(易縣)과 북경 일대 및 그 동쪽 현재의 하북성 계현(薊縣)까지 그 세력이 미쳤던 것으로 볼 수 있다. 고대로부터 연(燕)이 난하(灤河) 혹은 현재의 요하(遼河) 동쪽까지 진출했었다는 관점은 명백한 오류이다.

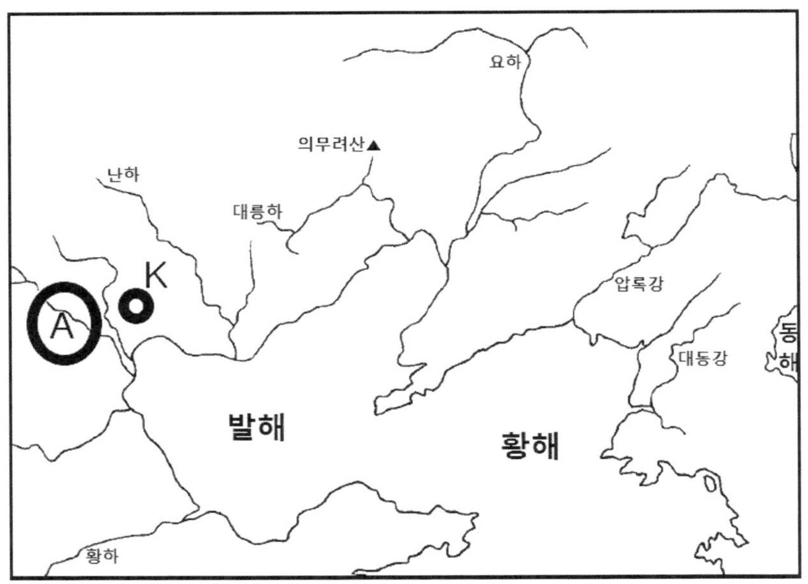

[자료 25] 진시황이 서기전224년에 설치한 광양군(A)과 연왕 희가 점령한 요동(K)의 위치

(薊城)을 빼앗았으며, 태자 단(丹)의 목을 얻었다. 연왕(燕王)은 동쪽으로 요동을 점령하고 그곳의 왕이 되었다. 왕전(王翦)은 늙고 병든 것을 사유로 사임하고 귀향하였다.

(중략)

(진시황 25년 서기전222년) 크게 군사를 일으켜, 왕분(王賁)을 장수로 하여, 연(燕)의 요동을 공격하였고, 연왕(燕王) 희(喜)를 사로 잡았다.[173]

서기전226년 진시황의 군대는 연(燕)의 계성(薊城)을 빼앗았고, 서기전224년에 계성(薊城) 일대에 광양군(廣陽郡)을 설치했다. 광양군의 치소(治所)는 계

173 『史記』卷六 「秦始皇本紀」第六 "二十一年, …乃益發卒詣王翦軍, 遂破燕太子軍, 取燕薊城, 得太子丹之首.燕王東收遼東而王之.王翦謝病老歸.(중략) 十五年, 大興兵, 使王賁將, 攻燕遼東, 得燕王喜.".

현(薊縣)인데, 바로 옛 연(燕)의 계성(薊城)이었다. 광양군은 계현(薊縣)을 치소로 하여 이현(易縣). 양향(良鄕), 범양(范陽), 성현(成縣), 용성(容城), 탁현(涿縣), 방성(方城), 천주(泉州) 등 현재의 북경 일대를 거느렸다.[174]

물론 옛 연(燕)의 중심지역에 진시황이 서기전224년 광양군을 설치했지만, 그 인접한 바로 동쪽의 요동은 연왕(燕王) 희(喜)가 점령하여 아직도 왕을 자칭(自稱)하고 있었다. 여기서 주목할 점은 연왕(燕王) 희(喜)가 점령하고 있던 요동이, 요하 동쪽의 요동이 결코 아니라는 것이다. 연왕(燕王) 희(喜)의 요동은 현재의 북경 서쪽에 있는 하북성 계현(薊縣) 일대였다. 진시황은 서기전222년에 이 요동을 쳐서 연왕(燕王) 희(喜)를 사로잡음으로써 연(燕)은 완전히 멸망하였다.

진시황이 서기전224년에 옛 연(燕)의 중심지역에 설치한 광양군은 서기전209년까지 존재했는데, 서기전209년에 광양군의 지역에 연왕(燕王)이 지배하는 연국(燕國)이 새로 세워졌다. 서기전210년에 진시황이 죽고 그의 아들 호해(胡亥)가 그 왕위를 계승한 이듬해인 서기전209년에 진승(陳勝)이 진(秦)을 멸망시키려는 반란을 일으켰다. 이 반란이 전국 각지로 확산되는 중에 옛 연(燕)의 지역인 광양군 일대를 먼저 평정하게 된 한광(韓廣)은, 서기전209년 현지 귀족들의 추대로 연왕(燕王)이 되면서 연국(燕國)이 새로 형성되었던 것이다. 그 연국(燕國)의 치소(治所)는 현재 북경시의 서남쪽에 있던 계성(薊城)이었다.

그 뒤인 서기전208년 진(秦)이 조국(趙國)을 공격했을 때, 연왕(燕王) 한광은 그의 부장(部長)인 장도(臧荼)를 파견했고, 장도는 그 전쟁에서 항우(項羽)를 도왔고, 또 항우를 따라 관중(關中)으로 들어갔다. 서기전206년에 항우는 서초패왕(西楚霸王)이 되어 팽성(彭城)에 도읍했고, 전국을 18개 왕국(王國)으로 나누어, 자신의 군사활동에 공을 세운 여러 제후와 장수들을 왕으로 임명했다. 이때 임명된 18명의 왕 중에 한광과 장도도 포함되었는데, 항우는 장도

174 后曉榮,「秦广陽郡置縣考」『首都師范大學學報 : 社會科學版』2009年 第4期.

를 연왕(燕王)에 봉하고, 옛 연(燕)의 동쪽을 나누어 한광을 요동왕으로 봉했다. 물론 여기서의 요동도 현재의 요하 동쪽이란 의미의 요동이 아니다. 위에서 살펴보았듯, 진시황이 서기전226년에 연(燕)의 중심지인 계성(薊城)을 빼앗자 당시의 연왕(燕王) 희(喜)가 요동으로 옮겨갔었는데, 그 요동이 현재의 북경 동쪽 하북성 계현(薊縣)이었다. 마찬가지로 서기전206년 연왕(燕王)에서 요동왕으로 옮겨가게 된 한광이 갈 요동도 바로 지금의 하북성 계현(薊縣)이었던 것이다. 현재 하북성 계현의 그 당시 지명은 무종(無終)이었다.

무종(無終)에 성급하게 만들어진 요동국으로 쫓겨가야만 했던 한광은 당연히 저항했다. 이에 장도는 한광을 죽여버렸다. 요동왕인 한광이 죽은 서기전206년 이후 급조(急造)되었던 요동국은 역사 속에서 사라졌고, 그 당시 요동국의 중심지로 설정되었던 무종(無終) 즉 현재의 하북성 계현 일대는 더 이상 연국(燕國)이 지키기 어려운 상황이 되어갔던 것으로 보인다. 서기전202년 한(漢)이 건국하는 시기까지의 중원은 내란에 휩싸여 있었고, 연왕(燕王)이 그 동쪽 변경을 제대로 관리할 수 있는 상황이 되지 못했던 것이다. 이런 상황은, 위에 인용한 「조선열전」의 "한(漢)이 일어나서는 그곳이 멀어 지키기 어려우므로"란 서술을 통해 이해할 수 있다.

이후 서기전202년 연왕(燕王) 장도가 반란을 일으키자, 고조(高祖)가 이를 진압하고 노관(盧綰)을 연왕(燕王)에 임명했다. 노관은 서기전195년에 흉노로 망명했고, 이때에 위만이 동쪽으로 패수를 건너 망명하여, 서기전194년에 조선 즉 위만조선을 세우게 되는 것이다. 이와 같은 사건들을 연결시켜 검토하면, 당시 연왕(燕王)은 현재의 북경 일대를 차지한 정치집단 정도로 이해할 수 있다.

위와 같이, 진시황이 옛 연(燕)의 중심지인 계성(薊城) 일대를 빼앗은 서기전226년, 그 옛 연(燕)의 중심지인 현재의 북경 서남쪽 일대에 광양군을 설치한 서기전224년, 진승(陳勝)의 반란 이후 한광이 광양군 일대를 평정하고 현지인들의 추대로(혹은 자신이 왕을 자처했다고도 알려짐) 연왕(燕王)이 되어 연국(燕國)이 형성된 서기전209년, 초패왕(楚霸王) 항우가 자신을 따라 전투에 공을 세운 장도(臧荼)를 연왕(燕王)으로 임명하고 동시에 연국(燕國)의 동쪽에 요동국을 만들어 한광을 요동왕에 임명하고 또 그에 저항하던 한광을 죽여버린 서기전206년의 상황 등을 검토하면 연왕(燕王)의 통치 범위와 당시 요동의 위치를 대체로 이해할 수 있다.

위에서 인용한 「조선열전」의 그 다음 부분은 아래와 같다.

> 연(燕)의 왕인 노관(盧綰)이 (漢을) 배반하고 흉노로 들어가자 만(滿)도 망명하였다. 무리 천여 명을 모아 추결(魋結, *필자 주 : 고대의 상투를 트는 방법의 일종으로, 상투의 모양이 추(椎)와 같다고 하며 추계(椎髻)라고도 함)과 만이(蠻夷)의 복장을 하고서, 동쪽으로 도망하여, 요새를 나와, 패수를 건너, 진(秦)의 옛 공지인 상하장(上下鄣)에 살았다. 점차 진번과 조선의 만이(蠻夷) 및 연(燕)·제(齊)의 망명자들을 복속시켜 거느리고 왕이 되었으며, 왕험(王險)에 도읍하였다.[175]

서기전195년에 연왕(燕王) 노관이 흉노로 투항하자, 노관의 아래에 있던 위만이 동쪽으로 망명하였다고 한다. 망명한 지역은 동쪽으로 패수를 건넌, 진(秦)의 옛 공지로서 상하장(上下障)이라 불리는 지역이었다.

---

175 『史記』卷115 「朝鮮列傳」第55 “燕王盧綰反, 入匈奴, 滿亡命, 聚黨千餘人, 魋結蠻夷服而東走出塞, 渡浿水, 居秦故空地上下鄣, 稍役屬眞番,朝鮮蠻夷及故燕,齊亡命者王之, 都王險.”

위의 인용문에서 주목할 점은, 연(燕)이나 제(齊)로부터의 망명자들을 끌어 모았다는 것인데,[176] 그러므로 위만이 정착한 지역은 연(燕)이나 제(齊)로부터의 망명이 비교적 손쉬운 지역임이 확실하다. 그러므로 위만이 초기에 정착한 지역이 한반도의 평양 일대일 가능성은 거의 없는 것이다. 위만의 정착지는 연(燕)이나 제(齊)로부터의 망명자가 많이 모여드는 발해만(渤海灣) 연안과 그 북쪽의 자연적 장벽인 연산(燕山)으로 둘러싸인 지역으로 추정되는 것이다.

위만이 건국하며 도읍한 왕험에 대해서는, 사마천이 다른 설명을 하지 않았는데, 후대의 학자들은 다음과 같은 주석을 덧붙여 그 지역을 설명하고 있다.

> 『집해(集解)』는 "서광(徐廣, 352~425년)이 창려(昌黎)에 험독현(險瀆縣)이 있다고 말하였다."고 기록했다. 『색은(索隱)』은 "위소(韋昭, 204~273년)가 옛 읍(邑)의 이름이라고 말했다. 서광은 창려에 험독현이 있다고 말하였다. 응소(應劭)가 「지리지」에서 요동에 험독현이 있는데 조선의 왕이 옛날에 도읍한 곳이라는 주석을 달았고, 신찬(臣瓚)은 왕험성은 낙랑군 패수의 동쪽에 있다고 말했다."고 기록하였다.[177]

176 국가로서의 연(燕)은 서기전222년에 멸망했고, 국가로서의 제(齊)는 서기전221년에 멸망했다. 위의 문장에서 연(燕)과 제(齊)로부터의 망명자란 그 국가들이 있던 지역으로부터의 망명자들을 말한다.

177 『史記』(金陵書局本)卷115「朝鮮列傳」第集55의 王險에 대한 註釋 "集解徐廣曰昌黎有險瀆縣也. 索隱韋昭云古邑名. 徐廣曰昌黎有險瀆縣.應劭注地理志云遼東有險瀆縣朝鮮王舊都. 臣瓚云王險城在樂浪郡浿水之東也.".

[자료 26] 「조선열전」의 '왕험' 주석에 의한 창려 및 왕험의 위치 가능 지역범위(○ 표시 부분)

물론 위의 주석으로도 왕험의 정확한 위치는 파악하기 어렵다. 그러나 "창려에 험독현이 있다"거나, "요동군에 험독현이 있는데" 등의 내용으로 보면, 왕험이 현재의 한반도 평양 일대는 아니었음이 더더욱 분명하다.[178]

위만이 망명할 때, "동쪽으로 도망하여 요새를 나와 패수를 건너"라고 기록했고, 위의 주석에서 "왕험성은 낙랑군 패수의 동쪽에 있다."고 신찬(臣瓚)이 말한 점으로 미루어, 대체로 패수란 북서 방향에서 동남쪽으로 흐르다 바다로 흘러드는 강을 가리키기 때문에 "패수의 동쪽"이란 표현이 가능할 것이므

178 서광(徐廣, 352~425년)이 "창려(昌黎)에 험독현이 있다."는 주석을 붙일 시기에, 창려가 어디에 위치해 있었는지에 대해서는 지금도 논쟁 중이다. 중국에서는 창려의 위치에 대해 흔히 "처음에 현재의 요령성 의현(義縣)에 나타났는데, 그 뒤 군(郡)의 명칭으로 현재의 요령성 조양(朝陽)에 나타났고, 당(唐) 초기에는 현재의 내몽고자치구 객라심기(喀喇沁旗)에 다시 설치되었으며, 1189년부터 현재의 하북성 창려로 정해졌다(董宝瑞, 「"昌黎"之謎」『周口師范高等專科學校學報』2002年第3期, 8쪽)."고 비정하는 경향도 있다. 비록 이러한 창려의 위치 비정도 문제가 많아 인정하기 어렵지만, 설령 이러한 중국의 연구 결과를 반영하더라도, 왕험성이 지금의 대동강 일대 평양에 있었을 가능성은 전혀 없는 것이다.

로,[179] 패수를 건너 위만이 정착한 지역이 압록강 이남의 한반도일 가능성은 전혀 없는 것이다. 즉 압록강에서 남쪽으로 현재의 평양 일대에 이르는 지역의 강들은 모두 서쪽으로 흐르기 때문에, 낙랑군 패수의 동쪽에 위치했다는 왕험성이 압록강 이남에 위치했을 가능성은 전혀 없는 것이다.

오히려 "동쪽으로 도망하여 요새를 나와 패수를 건너"라는 「조선열전」 기록과 "창려에 험독현이 있다."는 주석을 연관시켜 보면, 당시 위만이 건넌 패수는 난하(灤河)일 가능성도 있다. 위에 인용한 주석들이 비록 후대(後代) 학자들의 후대의 지리적 관념이 반영된 것이긴 하지만,[180] 그 주석들을 참고하면, 위만의 초기 정착지는 난하의 서쪽에 있으며, 그러므로 패수는 북경 일대를 북서에서 동남 방향으로 흐르는 조백하(潮白河)일 가능성도 배제할 수 없는 것이다.

물론 이러한 지명 고증은 앞으로 더 연구가 필요하지만, 「조선열전」의 기록을 통해 분명하게 파악할 수 있는 사실은 위만이 도읍으로 정한 왕험이 한반도의 평양 일대일 가능성은 전혀 없다는 것이다. 이와 관련하여, 이만열은 그의 연구에서, 기자 및 위만이 현재의 북한 평양 일대에 있던 조선으로 이주했다는 기록은 지리적으로 설명이 도저히 불가능하지만, 조선의 유교주의 사학과 식민주의 사학에 의해 그렇게 해석되었다고 분석했다. 즉 "사실 일제 관학자들에 의한 식민주의 사학의 한국 상고사 이해체계의 일단은 전통적인 유교사학에다 근대적이라는 소위 그들의 합리성을 가미하여 단군 신화를 제거하는 데서 출발했던 것이며, 그 대신 중국으로부터의 이주자로 세전(世傳)되었던 기자·위만의 조선에로의 이주는 당시의 지리적 여건으로 보아 합리적으로 도저히 납득되지 않음에도 불구하고 아무런 비판없이 그대로 인정해버려, 사학

179 『수경(水經)』에도 "패수가 누방현에서 나와 동남쪽으로 임패현을 지나 동쪽으로 바다로 들어간다(浿水出樂浪鏤方縣, 東南過臨浿縣, 東入于海."고 기록되어 있다.

180 위의 왕험에 대한 주석은 서광(서기352~425년), 위소(204~273년), 응소(대략 153~196년)와 서진(西晉, 266~316년) 시기에 생존했다고 알려진 신찬 등의 지리적 관점을 전하는 것이다.

연구에 있어서 소위 합리적 사고니 근대적 방법론이니 하는 그들의 학문적 방법론의 이중적 적용 혹은 편파성을 드러낸 것이다."라고 설명하였다[181]

필자도 최근에 문헌자료와 현지 답사자료를 분석하여, 위만조선은 한반도에 있지 않았고, 현재 북경의 동남쪽 발해 연안에 있었던 국가임을 분명하게 밝혀냈었다. 너무도 분명한 점은 서기전194년에 건국된 위만조선은 절대로 한반도의 어느 지점에 있지 않았다는 것이다.

필자는 위만조선의 위치를 찾기 위해, 『사기』 이전의 문헌인 『여씨춘추(呂氏春秋)』와 『회남자(淮南子)』를 분석했다. 『여씨춘추』와 『회남자』의 기록을 분석하면, 위만조선과 예(濊)의 관련성이 더욱 분명하게 파악되며, 특히 먼저 형성되었던 예(濊)에서 조선으로 변화해간 상황도 파악된다. 즉 서기전241년 무렵에 작성된 『여씨춘추』에서는 예(穢) 즉 예(濊)만 나타나고 조선은 전혀 보이지 않지만, 서기전139년 무렵에 편찬된 『회남자(淮南子)』에서는 예(濊)는 전혀 보이지 않고 조선만 나타난다. 그런데 두 문헌에서 예(濊)와 조선은 발해를 끼고 있는 지역 일대에 있었던 것으로 파악되어, 예(濊)와 조선의 관련성 및 그 위치가 분명히 파악될 수 있는 것이다.[182]

신채호 역시 「조선열전」을 엄밀하게 분석하여, 다음과 같이 위만이 점령하여 도읍한 왕검이 현재의 평양 일대에 위치하지 않았었음을 분명하게 밝혔다.

> 위씨(衛氏, *필자 주 : 위만을 말함)의 강역은 『사기』에 말한 바 패수와 왕검의 위치로 가릴 뿐인데, 당시의 패수를 대동강이라 하며 왕검을 평양이라 하는 이 있지마는, 이는 매우 심한 망발(妄發)이라.[183]

181 李萬烈, 『丹齋 申采浩의 歷史學 硏究』, 文學과知性社, 1990, 233쪽.

182 임찬경, 「조선 즉 위만조선과 창해군의 위치에 관현 연구」『국학연구』제22집, 2018. 임찬경, 『고구려와 위만조선의 경계 : 위만조선, 졸본, 평양의 위치 연구』, 한국학술정보, 2019.

183 申采浩, 『朝鮮上古文化史』「第六章 衛氏의 滅亡과 疆域의 略論」(『朝鮮日報』, 1932. 5. 27).

위의 인용문에서처럼, 신채호는 위만조선이란 표현을 사용하지 않고 위씨국(衛氏國)으로 불렀다. 『조선상고문화사』를 쓸 당시의 신채호는 "삼조선(三朝鮮)은 부여조선·진변조선·낙랑조선인데 정인지(鄭麟趾)가 비로소 단군조선·기자조선·위만조선이라 하여, 세상을 어지럽힌 도적인 위만이 문득 조선 역대(歷代)의 한 자리를 차지하게 되었다."고 비판하며, 위만조선이란 표현대신 위씨국으로 낮추어 불렀던 것이다.[184] 또한 "위만이 처음에 기준(箕準)의 봉작(封爵)을 받아 서압록(西鴨綠) 즉 요하 이서(以西)에서 여러 나라의 망명 죄인들을 거두어 수령이 되었다가, 마침내 기준(箕準)을 속이고 공격하여 서압록과 동압록 두 압록 사이를 차지하였거늘"이라며, 위씨국의 강역을 한반도에 설정하는 여러 논의들을 비판하였다.[185] 신채호는 『조선상고문화사』에서 위씨국이 요동반도 일대에 있었으며, 당연히 한사군은 한반도가 아닌 요동반도 일대에 있었다고 서술하였던 것이다.

2. 신채호 및 박은식 역사연구 초기의 위만조선과 한사군 인식

사실 1908년 『독사신론(讀史新論)』을 완성한 시점까지도, 신채호는 한사군의 문제에 깊은 주의를 기울이지 못한 것으로 보인다. 『독사신론』에서의 신채호는 다음과 같은 정도의 위만조선에 대한 인식을 바탕으로, 한사군을 한반도에 위치시킨 기존의 관점들에 대해 별도의 비판을 하지 않았던 것이다.

184 신채호는 『조선상고문화사』에서 기자조선이란 용어도 사용하지 않았다. 대신 기조(箕朝)로 불렀다. 신채호는 "기조는 다만 조선(*필자 주 : 만주 일대의 조선을 말함)의 서남부 즉 단군의 양도(良都)로 뒤에 낙랑이라 불린 것으로서 즉 기조의 칭호는 다만 낙랑이니, 어찌 또 조선이란 이름을 가질 수 있겠는가?"라고 서술하였다(申采浩, 『朝鮮上古文化史』「第二章 箕朝의 勃興과 辰卞의 聯合」(『朝鮮日報』, 1931. 11. 19)).

185 申采浩, 『朝鮮上古文化史』「第四章 衛滿의 亂과 列王國의 遷動」(『朝鮮日報』, 1931. 12. 2).

> 내가 다른 것에 앞서서 순서대로 지나족(支那族, *필자 주 : 신채호는 중국이란 표현 대신 지나(支那)를 사용했다)이 우리나라에서 번식한 역사를 말하는데, 세 시기로 나누어 살펴보면, 단군왕조 중엽에 기자(箕子)가 그 무리 오천 인을 이끌고 동쪽으로 와서 우리의 봉작(封爵)을 받아 평양 일부를 다스리니, 이것이 지나족 동천(東遷)의 제1기요.
> 그 후예가 성장하여 요동을 점령하고 각 족(族) 사이를 위협하며 그 위세가 우리 부여왕조를 능가하였으니, 이것이 지나족 강성의 제2기요.
> 위만이 기씨(箕氏)를 몰아내자, 기씨는 남한(南韓)으로 도망하여 들어갔다. 한(漢)의 무제인 유철(劉徹)이 또한 위씨(衛氏)를 몰아내고, 북한 일대에 사군(四郡)을 세웠으니, 이는 지나족 화려한 분포의 제3기이다.[186]

위의 인용문에서 보듯, 신채호는 기자(箕子)가 다스리던 지역이 평양 일대이며, 위만이 기씨(箕氏, *필자 주 : 소위 기준(箕準)을 말한다)를 몰아내자, 기씨(箕氏)는 남한으로 도망하였으며, 위만이 기씨(箕氏)가 다스리던 평양에 자리잡았다고 서술했었다. 그 평양은 바로 현재의 평양을 말한다. 따라서 신채호는 그의 역사연구 초기에 위만 및 한사군의 위치를 평양을 중심한 북한 일대로 규정했었음을 부정할 수 없다. 1908년『독사신론』을 집필할 때까지만 해도 신채호 역시 한사군의 위치 문제가 지닌 역사적 중요성을 인식하지 못했거나,

186 申采浩,『讀史新論』「第七章 鮮卑族 支那族과 高句麗」『大韓每日申報』(1908. 11. 17).

한사군의 위치에 관해서 기존 조선시대 유학자들과 같은 관점을 답습하고 있었다고 생각된다.[187]

박은식 역시 1906년까지만 해도 당시 유학자들의 일반적 생각과 마찬가지로 고대 조선의 도읍을 현재의 평양 정도로 생각하고 있었다. 그러나 1909년 광개토태왕비가 발견되었다는 소식이 전해지고, 그 비석의 탁본을 읽은 이후부터 고대의 조선과 부여 및 고구려의 무대를 요하(遼河) 이북 수천리의 만주 일대로 넓혀서 생각한 것으로 보인다.[188] 그러므로 박은식은 그의 『대동고대사론(大東古代史論)』에서 『위서(魏書)』와 『당서(唐書)』 및 『요사(遼史)』와 『명일통지(明一統志)』 등의 사서 기록을 통해 기자조선이 처음에 난하 유역인 영평부(永平府) 경내에 있었음을 입증하면서, 기자조선은 유주(幽州)에 있었다고 주장할 수 있었다. 그러나 박은식도 당시까지는 위만조선은 현재의 평양 일대에 있었던 것으로 인식했는데, 그의 다음과 같은 서술에서 위만과 조선에 대한 인식을 엿볼 수 있다.

> 기자(箕子)는 초기에 영평부(永平府)의 지경 안쪽인 조선성(朝鮮城)에서 살고 있다가, 그 자손 대에 이르러 점차로 국경을 개척해서 남쪽으로 평양까지 와서 도읍을 설치했다. 또 남쪽의 열수(洌水)까지 개척하여 모두 기자(箕子)의 소유가 된 것이며, 그때 단군조선은 미약해져서 쇠퇴하던 상황이었다. …그러므로 기자(箕子)의 초기 거주지는 영평부의 지경 안쪽인 조선성이었으며, 그 후대에 이르러 나라 형편이 점점 개척되어 평양에 도읍을 설치했음이 논리적으로 합당한 것이다.[189]

187 李萬烈, 『丹齋 申采浩의 歷史學 硏究』, 문학과지성사, 1990, 287~288쪽.

188 愼鏞廈, 「朴殷植의 歷史觀(上)」『歷史學報』第90輯, 1981, 159쪽.

189 朴殷植, 『大東古代史論』(1911).

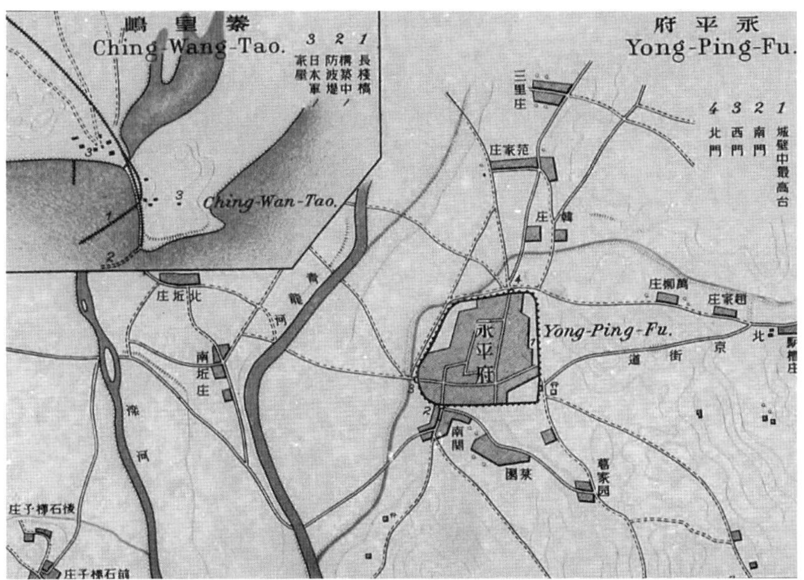

[자료 27] 『대동고대사론』에 기자조선의 정착지로 서술된 영평부(永平府) 고성 지도. 서쪽으로 청룡하와 난하가 북쪽에서 남쪽으로 흘러내리고, 북쪽에는 연산이 험난하며, 남쪽은 발해와 멀지 않다. 고대에 현재의 북경 일대에서 현재의 요하 하류 쪽으로 가려면 반드시 거쳐야 하는 천혜 요새의 관문이었다.

박은식도 역사연구 초기에 위만조선 및 그를 뒤이은 한사군의 문제에 대해 깊이있는 문제의식을 지니지 못했던 것으로 보인다. 박은식의 위만과 조선 및 한사군에 대한 인식은 그의 또 다른 저서에 다음과 같이 나타나고 있다.

> 기자조선은 연(燕)과 국경을 마주하고 있었는데, 연(燕)은 점차 강성해졌고, 주(周)의 말기에 연(燕)에게 우리의 땅 2천여 리를 빼앗기고, 요하에서 대동강으로 도읍을 옮겼다. 진(秦) 말기와 한(漢) 초에 연(燕) 및 제(齊)의 사람들로서 피난하여 오는 자가 많아졌으며, 그 중 연(燕)의 위만이 무리를 이끌고 도망쳐 오니 무동왕(武東

王) 기준(箕準)이 가엾이 여겨 서쪽 변경에 땅을 정해주고 머물게 했다. 뒷날 위만이 점차 강성해지더니 오히려 기왕(箕王)을 습격했고, 기준은 배를 타고 남쪽으로 도망하여 마한의 왕이 되니 기씨 조선은 900년간 나라를 다스렸다.

위만의 손자 우거는 자국의 강함을 토대로 동방의 여러 나라를 정복하고 한(漢)의 조공로를 막았다. 이에 한무제(漢武帝)가 사신을 보내 타일렀으나 듣지 않자, 무제는 양복(楊僕)·순체(荀彘) 등을 보내 공격하여 위씨를 마침내 멸망하니, 3대 87년이다. 한(漢)은 그 땅에 낙랑·임둔·현토·진번의 사군(四郡)을 설치했다. 이때 열수(洌水) 이남에는 여러 소국들이 각기 자치(自治)하는 부(部)를 형성하고 있었고, 그 중에 마한·진한·변한이 가장 강대한 국가로서 삼한이라 불렀다.[190]

그러나 박은식의 이러한 고대사 인식은 문헌 및 고고학 자료로써 입증 근거를 제시할 수 있는 내용이 아니었다. 다소 성급하게 작성된 듯 보이는 위의 내용이 꼭 『한국통사』에 포함되어야 했는지도 의문이다. 내용이 주체적인 역사 해석과 거리가 있는, 즉 조선시대 사대적 유학자의 관점으로 작성된 것과 전혀 다르지 않기 때문이다.

1910년대 이상룡과 김교헌의 위만조선 인식

경상북도 안동 출신의 독립운동가 이상룡(李相龍)은 1911년 독립운동 터전으로서의 만주로 망명하였는데, 그는 망명 당시부터 당시로서는 다소 남다르게 만주에 대한 애착을 갖고 있었다. 만주를 우리 민족 고대사의 역사무대로 보았으며, 바로 우리의 민족정체성 자체가 만주와 밀접하게 연관되어 있다

190 太白狂奴 原輯, 『韓國痛史』, 大同編譯局, 1915, 14~15쪽.

고 인식했던 것이다. 그는 망명의 동기 자체도 만주와 연관시켜 다음과 같이 밝히고 있다.

> 예로부터 뜻을 지닌 사람이 뜻을 이루지 못하면, 온 가족이 은둔하는 것이 또한 하나의 길이다. 하물며 만주는 우리 단성(檀聖, *필자 주 : 단군성제(檀君聖帝) 즉 단군을 성스러운 임금으로 높여 부르는 표현)의 옛 강역이며, 항도천(恒道川, *필자 주 : 지금의 요령성 환인만족자치현 횡도천 일대에 있던 지명으로 독립운동가들의 만주 망명에서 하나의 활동 거점이었음)은 고구려의 국내성에서 가까운 땅이며, 요동은 또한 기씨(箕氏)가 봉해졌던 곳으로서 사군이부(四郡二府)의 역사가 뚜렷하다. 그곳에 사는 사람들은 비록 옷차림이 같지 않고 언어가 서로 다르지만 그 선조는 같은 종족이다. 강 하나를 사이에 두고 서로 왕래하고 거리낌이 없었으니 어찌 남의 나라 땅으로 여길 수 있겠는가? 이에 이곳으로 옮기기로 결의하였다.[191]

이상룡은 만주 지역이 고대에 우리민족의 활동 영역이었다는 인식을 갖고, 그 지역을 토대로서 독립운동을 벌이고 또 그곳에서 우리 민족사를 재구성하고자 하였다. 만주 현지에서 이상룡은 고대의 여러 사서들을 분석하며 역사와 관련된 사색을 진행하여, 기자(箕子)가 도읍했던 곳은 현재의 평양 일대가 아니라 요동 지역이었으며, 고등왕(高登王)이 기자(箕子)를 피하여 부여로 옮겨갔다는 사서의 기록도 그 시기가 서로 맞지 않는다고 보아 기자(箕子)의 한반도 동래설(東來說)을 부정하는 내용의 서술을 남겼다. 또한 한사군은 압

191 李相龍, 「西徙錄」『石洲遺稿』卷之六 雜著, 高麗大學校 影印叢書 第一輯, 269쪽.

록강 북서쪽 즉 요동 지역에 위치하였던 것이었음을, 다음과 같이 입증하려 하였다.

> 기자(箕子)가 도읍했던 곳은 상세히 알 수 없지만, 한사군의 지역을 고찰한 이후에야 그로써 그 실상을 알 수 있다. …이에 근거한 즉 사군(四郡)의 지역은 모두 요동에 있음을 알 수 있다.[192]

이상룡은 위의 인용문에서 『만주지지(滿洲地誌)』, 『북사(北史)』, 『요사(遼史)』, 『삼국유사』, 『해동역사(海東繹史)』, 『명일통지(明一統志)』 등의 자료를 근거로 한사군의 위치를 고증하여 사군이 모두 요동에 위치하고 있었다고 주장하고 있다. 당연히 위만이나 그와 관련된 조선도 요동에 위치했다고 보았던 것이다.

대종교의 역사관을 체계화시킨 김교헌(金敎獻)은 1914년 2월에 『신단실기(神檀實記)』를 출간하였다. 이 저작은 이후 대종교의 역사관이 우리 민족사학을 일으키는 이정표의 구실을 하도록 크나큰 영향을 주었다. 김교헌은 이 저술에서 위만이 도읍했던 지역은 현재의 평양이 결코 아니었다는 내용의 서술을 남기고 있다.

> 우리나라 사람들은 다만 지금의 평양만 알아서, 기자(箕子)가 평양에 도읍했다면 믿고, 평양에 정전(井田)이 있다면 믿고, 평양에 기자(箕子)의 묘가 있다면 믿지만, 만일 봉황성(鳳凰城)이 평양이라고 하면 크게 놀란다. 만일 요동에 또 평양이 있다고 하면, 해괴한 말이라고 꾸짖는다. 이것은 요동이 조선의 옛 땅이라는 것을 알지 못하고, 숙신·예맥·동이의 여러 종족들이 모두 조선에 소속되

192 李相龍, 「遼東平壤」『石洲遺稿』卷之三 書, 高麗大學校 影印叢書 第一輯, 109~110쪽.

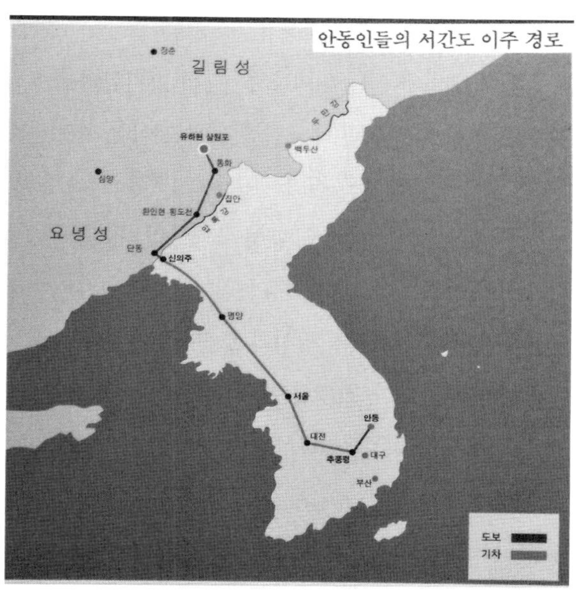

[자료 28] 이상룡 등 안동 출신 독립운동가들의 만주 망명 경로[193]

었던 것을 알지 못하기 때문이다. …후세에 와서는 땅의 경계를 자세히 알지 못하여 망령되이 한사군의 땅을 모두 압록강 안으로 국한했다. 또 억지로 이것을 사실이라 하여 구구하게 분배하고, 다시 패수(浿水)를 그 속에서 찾아, 혹은 압록강을 가리켜 패수라 하고, 혹은 청천강을 가리켜 패수라 하고, 혹은 대동강을 가리켜 패수라 하니, 이는 조선의 옛 국토가 싸우지 않고서도 저절로 오그라진 것이다. 그 까닭은 무엇인가? 평양을 한 곳에 정해 놓고, 패수 위치의 앞으로 나감과 뒤로 물리는 것은 그때그때의 사정에 따르는 까닭이다.[194]

193 2015년 5월 경상북도 안동시 임하면에 있는 안동독립운동기념관을 방문하여 촬영한 전시물을 편집한 사진임.

194 김교헌 지음/이민수 옮김, 『神檀實記』, 훈뿌리, 1986, 113~114쪽.

『신단실기』에 실린 위의 글은 사실 박지원(朴趾源, 1737~1805년) 의『열하일기(熱河日記)』에 실린 내용을 인용한 것이다. 1780년 연행(燕行)을 위해 용만(龍灣)[195]에서 압록강을 건너 책문(柵門)[196]을 지나 음력 6월 28일에 봉황성 일대를 지나면서, 박지원이 봉황성의 역사적 지리위치에 대한 자신의 견해를 밝히는 부분인 것이다. 위의 인용문을 보면, 박지원은 여러 문헌을 비교검토하고 또 지리지식을 결합시켜 당시의 조선사회에 잘못 알려진 한사군의 위치 등에 대해 비판하고 있다. 박지원은 이어지는 글에서 한사군의 위치를 한반도 밖에서 다음과 같이 찾고 있었다.

> "나는 일찍이 생각하기를, 한사군의 땅이 비단 요동이 아니고, 마땅히 여진(女眞)에 들어가야 할 것이라는 것이다. … 한사군이 절반은 요동에 있고, 절반은 여진에 있어서 서로 걸쳐끼고 있어 본래 우리 땅이었다는 것을 알 수가 있다. … 한(漢)의 낙랑군은 요동에 있었던 것이니, 지금의 평양이 아니고 곧 요양(遼陽)의 평양인 것이다. …후세의 옹졸한 선비들이 부질없이 평양의 옛 이름을 그리워하며 한갓 중국의 전해지는 역사만을 믿고서 수(隋)와 당(唐)의 옛 자취를 가지고 이것이 패수요 이것이 평양이라고 하니, 이미 그 큰 잘못임을 어쩔 수가 없다." [197]

---

195 용만(龍彎)은 평안북도 의주 일대의 지명으로 압록강 남쪽에 있다. 청(淸)으로 가는 조선의 사신들이 압록강을 건널 때 용만의 통군정(統軍亭) 인근 나루를 이용하였다. 각종 연행(燕行) 일기에 자주 나타나는 지명이다.

196 책문(柵門)은 지금 중국 요녕성 봉성시(鳳城市)의 변문진(邊門鎭)에 있었다. 청(淸)으로 가는 사신들이 입국 수속을 하던 변경의 관문이었다. 사신들의 왕래와 함께 이루어지던 일종의 무역이 활발했던 곳이다.

197 김교헌 지음/이민수 옮김,『神檀實記』, 훈뿌리, 1986, 114~119쪽.

김교헌이 『신단실기』에서 박지원의 글을 「평양 및 패수변[平壤及浿水辨]」이란 제목으로 옮겨실은 이유는 '변(辨)' 자라는 글자 그대로 "평양과 패수에 얽힌 여러 지명에 대해 옳고 그름을 밝히기 위한" 목적 때문이었다. 김교헌은 평양과 패수는 물론 한사군에 관한 박지원의 비판적인 관점을 높이 평가했으며, 그러한 관점으로 한사군을 재해석하려 했었을 것이다. 그러므로 이후 김교헌은 『신단민사(神檀民史)』(1923)에서 한사군을 한반도 밖의 지역에 위치시키는 다음과 같은 기록을 남길 수 있었다.

[자료 29] 김교헌과 『신단실기』(1914)

> 한(漢)이 기씨(箕氏)를 멸하고 그 땅에 낙랑·임둔·현토·진번의 사군(四郡)을 두었다. 사군의 땅이 한(漢)과 너무 멀어 통제하기 어려움으로 진번을 현토에 합하여 평주도위부(平州都尉府)로 삼고, 임둔을 낙랑에 합하여 동부도위부(東部都尉府)로 삼았다. 또 이 두 부(部)의 읍치(邑治)를 요수 서쪽으로 옮기고 거기에 속한 현(縣)의 이름과 현치(縣治)까지 두니, 본 땅이 비기 때문에 무수한 부락들이 제각기 나라를 세웠다.[198]

1910년대 초에 이상룡과 김교헌 등이 한사군의 위치가 현재의 평양 일대가 아닌 요동 등 한반도 밖에 있었다는 새로운 관점을 분명하게 제기한 것은, 한국의 사학계에 크나큰 의미를 지닌 것이었다. 그러한 새로운 관점은 오래전부터 사대(事大)와 봉건(封建)의 틀 안에서 형성되어 왔으며, 오래도록 쉽게 그

198 金敎獻 저/高東永 역, 『신단민사』, 훈뿌리, 1986, 41쪽.

틀을 깨지 못하던 당시까지의 조선사학(朝鮮史學)의 왜곡된 기반을 뿌리째 흔들어 뒤집는 논리였다. 또한 1910년을 전후하여, 당시 조선의 역사 자체를 시작부터 식민지의 역사로 왜곡시켜가는 일제 식민사관에서의 핵심 논리인 한사군에 대한 기존관념을 전적으로 극복할 수 있는 파괴력을 지닌 것이었다.

위만과 한사군의 실체에 대한 신채호의 혁명적 인식 변화

1908년의 『독사신론』에서 신채호는 기자(箕子)나 위만이 현재의 평양 일대를 다스렸었고, 이후 한(漢)의 무제(武帝)가 그곳을 침략하고 정복하여 한사군을 설치했다고 서술했었다. 그러나 신채호는 1910년 만주로의 망명 이후 대종교의 역사관 등과 만나게 되고, 또 중국 현지에서의 유적답사나 새로운 서적을 접하게 되면서, 점차 한사군의 위치 문제가 한국 고대사의 주체성의 문제와 깊은 관련을 가졌음을 새롭게 깨닫게 된 것으로 보인다.

특히 신채호는 한사군의 위치를 밝히기 위해, 먼저 위만이 세웠다는 위만조선의 문제를 올바로 해석해야 한다고 느꼈던 것으로 보인다. 그러므로 신채호가 1915년 무렵에 저술한 것으로 보이는 『조선상고문화사』에서부터는 위만과 그가 세운 위만조선을 부정하는 새로운 관점을, 다음과 같이 제시하고 있다.

> 이전의 역사서술들에서 위만에 대한 기록은 그 의례(義例)와 사실이 거의 다 잘못되어 개정할 것이 한 두 가지뿐 아니로다. (1) 삼조선은 부여조선·변진조선(辰弁朝鮮)·낙랑조선이어늘, 정인지(鄭麟趾)가 비로소 단군조선·기자조선·위만조선이라 하여 난적(亂賊) 위만이 문득 조선 역대의 한 자리를 차지하였으며, (2) 위만이 처음에 기준(箕準)의 봉작을 받아 서압록(西鴨綠) 곧 요하의 서쪽에

서 열국의 망명 죄인들을 모아서 수령이 되었다가, 마침내 기준(箕準)을 몰래 습격하고 서압록·동압록 곧 두 압록 사이를 차지하였거늘, 매양 그 강역의 위치를 고조선 중부까지 잡았으며, (3) 위만은 노관(盧綰)과 같은 무리로써 흉노의 원조를 얻어 노관은 조선의 동도(東屠)를 차지하고 위만은 조선의 낙랑을 차지함이거늘, 이제 위만의 혼자 힘으로 기조(箕朝)를 쫓고 지방을 개척한 줄로 알았으며, 모돈(冒頓)·위만 등의 난리에 봉천(奉天) 등지에 있는 조선 열국이 많이 옮겨갔거늘, 이제 이런 관계를 말한 이가 없도다.[199]

위의 인용문에서 알 수 있듯, 우선 신채호는 위만을 우리 역사의 한 부분으로 넣은 것은 부끄러운 일이라고 지적했다. 기존에 유지되던 우리사회의 단군조선·기자조선·위만조선으로 이어지는 역사 인식체계가 결정적으로 잘못되었음을 다시 한 번 강하게 비판한 것이다. 또한 위만이 차지했던 지역에 대해서도, "위씨(衛氏)의 강역은『사기』에 말한 바의 패수와 왕검(王儉)의 위치로 가릴 뿐인데, 당시의 패수를 대동강이라 하며 왕검을 평양이라 하는 이 있지마는, 이는 지나친 망발(妄發)이라"며,[200] 위만이 도읍했던 곳이 현재의 평양이란 기존의 관점들을 강력히 비판하였다. 신채호는『조선상고문화사』에서 "무릇 위씨(衛氏)는 떼를 지어 여러 곳을 떠돌며 노략질하는 도적 집단의 하나로서 잠시 조선 삼경(三京)의 하나인 왕검성(王儉城) 즉 지금의 해성(海城)을 몰락시켰음에 지나지 않거늘"이라며,[201] 위만이 조선 삼경(三京)의 하나인 해성(海城) 지역을 차지한 외적(外賊)에 불과하다고 보았다.

199 申采浩,『朝鮮上古文化史』「第四章 衛滿의 亂과 列王國의 遷動」(『朝鮮日報』, 1931. 12. 2).

200 申采浩,『朝鮮上古文化史』「第六章 衛氏의 亡과 그 疆域의 略論」(『朝鮮日報』, 1931. 12. 3).

201 申采浩,『朝鮮上古文化史』「第七章 衛氏 滅亡과 漢四郡의 建置」(『朝鮮日報』, 1932. 5. 28).

심지어 신채호는 중국의 사서들이 위만을 조선과 연관시켜 '조선왕'으로 기록한 사실도 잘못이라고 비판하였다. 신채호의 비판에 의하면, "위씨(衛氏)는 예(濊)도 아니요 조선도 아니다"라는 것이다. 신채호는 한(漢)의 무제(武帝)가 위만을 정벌한 것은 흉노와 같은 무리인 위만의 나라를 멸망시켜, 오히려 조선 열국과 관계를 맺으려 했던 것이라고 해석했다. 그러나 한(漢)의 사관(史官)들이 남의 나라의 사실을 기록함에 너무도 무책임하여 위만을 '조선왕'으로 잘못 기록하였고, 동시에 '위씨정벌(衛氏征伐)'을 '조선정벌(朝鮮征伐)'로 잘못 기록하였다고 비판했다.[202] 신채호의 이와 같은 새로운 관점들은, 사실(史實)과의 합치 여부를 떠나, 고대 조선사의 새로운 해석을 위해 상당히 유용한 시도였음이 분명하다.

이러한 관점에서의 연구를 통해 신채호는 위만이 나라를 세운 위씨국(衛氏國)의 위치를 요동반도 일대로 보았고, 그 위씨국을 멸망시키고 그곳에 조선의 열국 명칭을 가져다 소위 사군을 설치한 것이라고 다음과 같이 설명했다.

> 위씨(衛氏)가 드디어 망하니, 한무제(漢武帝)가 그 땅을 나누어 진번·임둔·현토·낙랑의 사군(四郡)을 설치하였다. 사군의 위치와 범위에 관하여 역사학자들의 쟁론이 심하게 분분한 것이다. 옳고 그름은 별도로 논하려니와, 이제 그 개략을 말하자면 한무제(漢武帝)의 사군 군현이 원래 흥경(興京) 이동이나 압록강 이남의 조선 열국(列國)을 점령하여 설치한 것이 아니요, 다만 요동반도에 있는 위씨(衛氏)를 멸망시키고 그 땅에 조선 열국 이름을 가져다가 군현

202 申采浩, 『朝鮮上古文化史』「第七章 衛氏 滅亡과 漢四郡의 建置」(『朝鮮日報』, 1932. 5. 28). "『漢書』「韋玄成傳」에 「東伐濊貊朝鮮 以斷匈奴右臂」라 하였으나, 衛氏는 濊도 아니요 朝鮮도 아닐뿐더러, 이때의 漢武帝의 衛氏征伐은 匈奴黨 衛氏王國을 쳐서 朝鮮 列國을 援함이어늘, 漢代의 史官들이 남의 나라의 事實을 記함에는 너무도 無責任하여 衛滿을 朝鮮王으로 記하는 同時에 衛氏征伐을 朝鮮征伐로 記한 것이다."

> 의 이름으로 지어 나누어 설치한 것이니, 이를테면 사군 안에 고구려 개마현(蓋馬縣) 등이 있지만 홍경 이동의 고구려국·개마국 등이 그대로 존재하며, 사군 안에 화려현·불내현·낙랑군이 있지만 압록강 이남에 화려국·불내국·낙랑국이 옛 모양 그대로 있는 것이 이를 증명함이다.[203]

신채호는 요동반도에 있던 위씨국(衛氏國, *필자 주 : 위만조선을 말함)을 멸망시킨 한(漢)이 그 땅을 조선에 돌려주지 않고, 조선의 열국 명칭으로 한사군을 세웠는데, 그 열국의 명칭을 한사군의 명칭으로 사용한 것은 조선의 각 열국들을 '모욕(侮辱)'하기 위해서였다고 설명했다. 특히 고구려를 모멸하기 위해 한(漢)이 고구려란 국명으로 고구려현을 한사군 안에 설치했으며, 또 자주 한(漢)이 고구려현을 통해 고구려의 변경을 침략하자, 마침내 고구려가 현재의 홍경(興京) 일대에 위치한 고구려현을 공격하여 쫓아냈다고 설명하였다. 신채호는 이 사건이 『한서』에 서기전82년에 진번군을 폐지하고, 또 서기전75년에 현토군의 위치를 요동으로 옮긴 것으로 기록되었다고 설명했다. 신채호는 이때 옮겨간 현토군은 당대의 봉천성(奉天省) 성도(城都)인 지금의 심양 일대였다고 서술했다.[204]

1908년 8월 중순부터 그 해 12월 중순까지 신채호가 『대한매일신보』에 연재한 『독사신론』은 그 자체가 종래 전통적으로 고수해오던 한국사 인식에 혁명적인 변화를 초래하는 것이었다. 『독사신론』에 보인 신채호의 한국사 인식은 그 이후 상당한 수정과 보완을 거쳐 『조선상고사』로 발전하였다.

---

203 申采浩, 『朝鮮上古文化史』「第七章 衛氏 滅亡과 漢四郡의 建置」(『朝鮮日報』, 1932. 5. 28).

204 申采浩, 『朝鮮上古文化史』「第七章 衛氏 滅亡과 漢四郡의 建置」(『朝鮮日報』, 1932. 5. 29) 및 申采浩, 「第八章 高句麗의 鮮卑征服과 漢族攘下高句麗匈奴鮮卑의 三角關係」『朝鮮上古文化史』(『朝鮮日報』, 1932. 5. 31)..

[자료 30] 『조선상고문화사』에 의한 위만의 중심지 위치 가능 범위(○표시 부분)

1910년 4월 국외로 망명한 신채호는 1914년 대종교 지도자인 윤세복에 의해 만주 회인현 홍도천(興道川)에 초청되어 그곳에서 1년간 체류하며 역사서적을 집필하고, 또 인근인 집안(輯安) 등지에 남아있는 고구려 유적을 답사하면서 그의 역사인식을 한층 드높였다. 1915년에 북경으로 옮긴 신채호는 그 이후 사적답사와 조선사 연구에 노력했는데, 그러한 연구의 결과로서 『조선상고사』는 1921년 이전에 완성된 것으로 판단된다. 단지 『조선상고사』의 「총론」에서 1922년 간행된 양계초(梁啓超)의 『중국역사연구법』의 영향을 받은 부분이 보이며, 「총론」에서 직접 "16년 전에 … 『독사신론』을 지어"라고 언급한 데 따라 이 「총론」 부분만은 1924년에 쓰여진 것으로 보인다.[205]

205 이만열, 「朝鮮上古史 해제」『단재신채호전집 제1권 역사 朝鮮上古史』, 독립기념관 한국독립운동사연구소, 2007.

1920년대의 『조선상고사』에서 신채호는 한사군과 관련하여, 그 이전의 저술에서보다 더욱 진보한 관점을 제출하였다. 이러한 변화는 『조선상고사』에서 위씨국(衛氏國)의 위치를 더욱 분명하게 서술한 것으로부터 비롯되었으며, 또한 그의 조선사 연구에서 한사군이란 쟁점이 차지하는 비중이 더욱 높아졌기 때문이었다. 이에 따라, 『조선상고사』에서 신채호의 한사군에 대한 기본 인식은 다음과 같이 변화되었다.

> 위씨(衛氏)가 망하매 한(漢)이 그 땅을 나누어 진번·임둔·현토·낙랑의 사군(四郡)을 설치하였다 한 바, 사군 위치의 문제는 삼한 연혁(沿革)의 쟁론(爭論)에 뒤지지 않는 조선사상 쟁론의 문제가 되어왔다. 만반한(滿潘汗)·패수·왕검성 등 위씨의 근거지가 지금의 해성(海城)·개평(蓋平) 등지(이는 제2편 제2장에 상술한 것)일뿐더러 당시에 지금의 개원(開原) 이북은 북부여국이요, 지금의 흥경(興京) 이동은 고구려국이요, 지금의 압록강 이남은 낙랑국이요, 지금의 함경도 내지 강원도는 동부여국이니, 이 네 나라의 밖에서 한사군을 찾을 것인즉, 사군의 위치는 지금의 요동반도 이내에서 찾을 뿐이다.[206]

『조선상고사』에서 한사군에 대해 내린 위와 같은 결론 자체도 당시까지 한·중·일 3국의 역사서술에서는 획기적인 것이었다.

일찍이 조선시대의 권람(權擥, 1416~1465년)이 『응제시주(應製詩註)』에서 한사군의 대부분이 만주 땅에 있었으며, 요동은 요하의 동쪽과 서쪽을 모두 의미한다는 것 등 종전에 볼 수 없던 파격적인 주장을 한 적이 있었다.[207] 조선

206 申采浩, 『朝鮮史』「第四編 列强爭雄時代(上)」(『朝鮮日報』, 1931. 7. 15).

207 한영우, 「조선시대의 역사편찬과 역사의식」『한국의 역사가와 역사학』상, 창작과비평사, 1994, 102~103

후기의 이익(李瀷, 1681~1764년)도 『성호사설(星湖僿說)』에서 낙랑은 초기에는 요동에 있었는데, 사군이 이부(二府)로 되었을 때 평안도와 강원도를 포괄하는 지역으로 바뀌었다고 설명했고, 현토군은 요동과 함경도의 옥저 땅 2곳에 있었다고 했으며, 임둔은 강원도로, 진번군은 압록강 이북에 있었는데 그 치소인 삽현(霅縣)은 "요하 서쪽의 중토(中土)에 가장 가까운 곳"으로 비정한 적이 있었다.[208] 이와 비슷한 관점을 지닌 이종휘(李種徽, 1731~1797년)도 『동사(東史)』에서 "옛날 한(漢)의 무제가 조선을 멸망시키고 4군을 두었는데 현토, 진번, 임둔은 모두 요좌(遼左, 즉 요동)에 있었다. 낙랑만은 압록강 남쪽 패수의 서쪽에 있었다."고 언급한 정도이다.[209] 이런 언급 이외에 대다수 조선 유학자들은 한사군을 현재의 평양을 중심으로 한 한반도에 위치시키고 있었던 것이다. 바로 신채호는 이러한 조선시대의 전통적 인식을 전면적으로 바로 잡으려고 시도했던 것이다.

이후 신채호가 한국과 중국의 다양한 서적을 두루 검토하고 역사연구를 심화시킨 결과로서 1921년 무렵에 완성한 『조선상고사』에서는 위만이 도읍했던 지역에 대해 "위만이 도읍했다는 왕검성은 곧 개평 동북이니, 『한서』「지리지」의 '요동군험독현(遼東郡險瀆縣)(註曰「朝鮮王滿都也」)'이 그것이요"라고 서술하고 있다.[210] 이러한 위만의 도읍 위치 비정에 근거하여, 신채호의 한사군 위치 비정의 내용이 다음과 같이 변화되었다.

쪽.

208 韓永愚, 「18세기 전반 南人 李瀷의 史論과 韓國史 理解」『朝鮮後期史學史研究』, 一志社, 1989, 215~217쪽.

209 『修山集』卷之十二 「東史表」 "昔漢武帝滅朝鮮.置四郡.玄菟, 眞番, 臨芚俱在遼左.而獨樂浪在鴨江之南浿水之右.".

210 申采浩, 『朝鮮史』「第四章 三朝鮮 分立 後의 말朝鮮」(『朝鮮日報』, 1931. 7. 4).

위만이 동쪽으로 건넌 패수가 『위략(魏略)』의 만반한(滿潘汗) 즉 『한서』「지리지」 요동군의 문번한(汶番汗)으로 현재의 해성(海城)·개평(蓋平) 등지인즉, 지금의 한우락(蓒芋濼)임이 분명하며, 한무제(漢武帝)가 점령한 조선이 패수 부근 위만의 옛 지역인즉, 그가 세운 사군(四郡)만 삼조선의 국명(國名)·지명을 가져다가 요동군 안에 가설(假說)한 것이거늘, 선대(先代)의 유학자들은 매양 사군의 위치를 지금의 평안·강원·함경 등 각 도(道)와 고구려의 도성(都城)인 지금의 환인(桓仁) 등지에서 찾았으며…[211]

위에서 언급한 바와 같이, 신채호 등은 역사연구를 거듭하는 과정에 여러 문헌들을 분석하면서 한사군은 한반도에 존재하지 않았다는 결론을 내렸던 것이다. 더 나아가, 『조선상고사』에 이르면, 신채호는 사군 위치에 대하여 여러 가지 견해가 나타나는 이유가 첫째는 "지명(地名)의 같고 다름을 잘 구별치 못한 까닭"이며 둘째는 "기록의 진위(眞僞)를 잘 변별하지 못한 까닭"이라고 비판하였다.

여기서 더 나아가, 신채호는 고대의 조선에 대한 그의 연구를 종합하여 한사군에 대한 그의 최종 결론을 내놓는다. 여러 차례 수정 및 보완되어온, 한사군에 대한 그의 최종 연구결론은 한사군은 실제로 설치된 것이 아니라 가상(假想)으로 지상(紙上)에 그려졌을 뿐이라는 것이었다. 또한 이 가상의 한사군을 요동군 안에 교설(僑設)한 것이 그 실체라는 것이다. 이렇게 혁명적인 전환을 이룬, 신채호의 관점은 다음과 같이 서술되었다.

사군(四郡)은 원래 땅 위에 그은 것이 아니요, 종이 위에 그린 일종의 가정(假定)이니, 말하자면 고구려를 멸망시키거든 진번군을 만

211 申采浩, 『朝鮮史』「第四編 列國 爭雄時代(對漢族 激戰時代) 第一章 列國의 總論」(『朝鮮日報』, 1931. 7. 4).

> 들리라, 북동부여-북옥저를 멸망시키거든 현토군을 만들리라, 남동부여-남옥저를 멸망시키거든 임둔군을 만들리라, 낙랑국을 멸망시키거든 낙랑군을 만들리라 하는 가정일 뿐이요 실현한 것이 아니다. …한(漢)이 패배하여 사군을 실제로 설치하려는 희망이 영원히 없어진 까닭으로, 진번·임둔 두 군은 그 명칭을 폐지하고, 현토·낙랑 두 군은 요동군 안에 교설(僑設)함에 이름이니, …북동부여로 현토를 만들려던 시도가 실패하였으므로 비로소 요동 즉 지금의 봉천성(奉天省) 지역에 현토군을 교설함이며, 낙랑군도 또한 동시에 교설하였을 것인바, 그 위치는 확언할 수 없으나 대개 지금의[今] 해성(海城) 등지인가 한다.[212]

신채호는 현재까지 전해지는 한사군의 명칭 중 현토군과 낙랑군이 요동군 안의 봉천성 지역(현재의 심양 일대)과 해성(海城) 일대에 교설(僑設)되었을 뿐이며, 진번과 임둔은 설치하려는 의도로 명칭만 존재했을 뿐 실제로 설치되지 못했다고 보았다. 여기서의 교설(僑設)이란 교치(僑置)와 같은 말로서, 다른 지방의 이름을 빌어 지명으로 사용하는 것을 말한다. 이 용어는 안정복의 『동사강목』에서 이미 사용된 사례가 있다.[213] 신채호는 이 용어로써 한(漢)의 무제가 자신이 원래 계획했던 한사군이 뜻대로 되지 않자, 요동군 안에 낙랑군과 현토군을 교설한 것으로 설명한 것이다.

3. 낙랑군 인식

---

212 申采浩, 『朝鮮史』「第四編 列國 爭雄時代(八) 第二章 列國의 分立」(『朝鮮日報』, 1931. 7. 16).

213 『東史綱目』附卷下 「浿水考」에 보인다.

흔히 한사군 중의 낙랑은 평양이란 옛 지명과 연관되어 해석되어 왔다. 그러나 1910년대 이후 독립운동역사가들은 고대의 평양이 곧 현재의 대동강 유역에 있는 평양과는 다른 것이라는 관점과 함께, 여러 사료와 지리적인 지식을 근거로 한사군의 낙랑에 대한 새로운 해석을 시도하였다.

신채호, 최리의 평양 낙랑국과 낙랑군의 구별

신채호는 평양에 있던 낙랑은 한(漢)의 무제(武帝)가 설치한 낙랑군이 아니라, 최리(崔理)가 통치하던 낙랑국이었다는 새로운 관점을 『조선상고문화사』에서 처음으로 제시하였다. 이 낙랑국은 한사군이 설치되기 이전에 이미 성립되었으며, 한의 군현인 낙랑군은 이 낙랑국의 명칭을 가져다 붙인 것에 불과하다고 신채호는 아래와 같이 설명하였다.

> 한(漢)의 사군의 하나인 낙랑군 말하자면 곧 요동의 낙랑은 낙랑국의 이름을 가져다가 이름하였음은 전술하였거니와, 낙랑은 대동강의 옛 이름인 '펴라'를 평양·백아강(百牙岡) 등과 같이 이두자(吏讀字)로 쓴 것이니, '펴라'는 원래 말조선의 서울이더니, 말조선이 지금의 익산(益山)으로 남천(南遷)한 뒤에 최씨가 새로운 국가로 세운 것이다. 최씨 건국의 해는 대체로 위만이 왕을 칭하던 전후로서 서기전200년 무렵이 될 것이요, 그 강역은 지금의 평안도 전부와 황해도 북반과 강원도 대부분을 가져 남감(誧邯)·점선(黏蟬)·대방·열수·함자(含資) 등 10여 국으로 조직된 연맹국으로 낙랑이 그 종주국이다.[214]

---

214 申采浩, 「高句麗의 樂浪征服과 漢의 關係」『朝鮮上古文化史』(『朝鮮日報』, 1932. 5. 31).

신채호는 『조선사』에서는 두 개의 낙랑을 구별하기 위하여 최리가 통치하던 낙랑국은 남낙랑이라 쓰며, 한(漢) 요동의 낙랑군은 북낙랑이라고 표기했으며, 『삼국사기』「고구려본기」에 보이는 낙랑왕과 「신라본기」에 보이는 낙랑국은 모두 이 남낙랑을 가리킨 것이라고 설명했다. 또한 역대의 학자들이 항상 "요동에 있는 북낙랑은 모르고 남낙랑을 낙랑군이라고 주장하는" 동시에, "『삼국사기』의 낙랑국 낙랑왕은 곧 한군(漢郡) 태수(太守)의 세력이 동방에 뚜렷이 나타나서 그 세력이 하나의 국왕과 같으므로 국(國) 혹은 왕(王)이라 칭하였다."고 단안(斷案)하였으나, 이도 사대적 역사가들의 잘못된 해석이라고 비판하였다.

즉 고구려와 경계를 맞대고 있던 요동태수를 요동국왕이라 칭하지 아니하였고, 현토태수를 현토국왕이라 칭하지 아니하였던 것처럼, 낙랑태수를 낙랑국왕이라 칭하지 아니하였을 것이라며, 낙랑왕을 칭함은 한(漢)의 군현이 아닌 그와는 다른 독자적인 국가였기에 가능했다고 주장했다. 신채호는 현재의 평양에 있던 낙랑은 낙랑국으로서 절대로 한사군과 관련이 없음을, 즉 낙랑국이 존재하던 한반도의 평양과 한사군은 절대로 관련되어 있지 않다는 관점을 다음과 같이 강조했던 것이다.

> 본서(本書)에 두 낙랑을 구별하기 위하여 낙랑국은 남낙랑이라 쓰며, 한(漢) 요동의 낙랑군은 북낙랑이라 쓰거니와, 『삼국사기』「고구려본기」에 보인 낙랑왕과 「신라본기」에 보인 낙랑국은 다 이 남낙랑을 가리킨 것이거늘, 예로부터 학자들이 매양 "요동에 있는 북낙랑은 모르고 남낙랑을 낙랑군이라 주장"하는 동시에, "『삼국사기』의 낙랑국 낙랑왕은 곧 한군(漢郡) 태수(太守)의 세력이 동방에 웅시(雄視)하여 세(勢)가 일국(一國)의 왕과 같으므로 국(國) 혹은 왕

(王)이라 칭하였다."고 단안(斷案)하였으나, 고구려와 국경을 맞댄 요동태수를 요동국왕이라 칭하지 아니하며, 현토태수를 현토국왕이라 칭하지 아니하였은즉, 어찌 홀로 낙랑태수를 낙랑국왕이라 칭하였으랴. 그 근거없는 말임이 너무도 분명하니라.[215]

그런데 『삼국사기』의 다음과 같은 기록에 의하면, 최리의 낙랑국은 대무신왕15년(서기32년)에 고구려에 의하여 멸망한다.

(大武神王) 15년(서기32년) 4월 왕자 호동(好童)이 옥저 지방을 유람하였는데, 마침 낙랑왕 최리(崔理)가 그곳을 순행하다가 호동을 보고 "군(君)의 얼굴을 보니 보통 사람이 아닌 듯하니 혹 북국신왕(北國神王)의 아들이 아니냐?"하며 드디어 그를 데리고 돌아와 사위로 삼았다. 그 후 호동이 귀국하여 몰래 사람을 보내 최리의 딸에게 "너의 나라 무고(武庫)에 들어가 고각(鼓角)을 부수면, 내가 예(禮)로써 맞이할 것이요, 그렇지 않으면 맞지 않겠다."고 하였다. 낙랑에는 고각이 있어 적병이 오면 저절로 울리기 때문에 부수게 한 것이다.

이에 최리의 딸은 잘 드는 칼을 가지고 무고에 들어가 북의 가죽과 취각(吹角)의 주둥아리를 부순 후 호동에게 알렸다.

호동은 대무신왕에게 낙랑을 습격하자고 하였다. 최리는 고각이 울리지 아니하므로 방어하지 않고 있다가 갑자기 군사가 성 아래에 몰려든 후에야 고각이 부숴진 것을 알았다. 마침내 그 딸을 죽이고 나와 항복하였다.[216]

215 申采浩, 『朝鮮史』「第四編 列國 爭雄時代(八) 第二章 列國의 分立」(『朝鮮日報』, 1931. 7. 16).

216 『三國史記』卷第14「高句麗本紀」第2 大武神王 15年.

신채호는 위의 『삼국사기』의 기록을 그대로 인정하여, 고구려의 대무신왕이 왕자 호동(好童)을 통하여 낙랑국을 멸망시킨 사실을 인정했지만, 그 시기는 앞당겨서 한(漢)의 무제(武帝) 시기에 있었던 사건으로 해석하였다. 그리고 이때 낙랑국의 멸망으로 주변국들이 한(漢)에 구원을 요청한 일이 생겼고, 그런 사건을 통하여 낙랑이란 이름과 그에 소속된 소국들의 이름 등이 세상에 알려지면서, 뒤의 한대(漢代) 역사가들이 낙랑의 지리 등을 사서에 기록하게 된 것이라고, 다음과 같이 서술하였다.

> …최리(崔理)가 그 딸을 죽이고 나와서 항복하더라. 낙랑이 이미 망하매 낙랑에 속한 여러 소국(小國)들이 고구려의 행위를 그르게 여겨 사자(使者)를 한(漢)에 보내 원병(援兵)을 청하므로, 한(漢)의 무제(武帝)가 군대를 보내 응원하니 낙랑국이 이에 고구려와 한(漢)이 서로 빼앗는 땅이 되었나니, 『한서』「지리지」에 보면 낙랑 18현은 곧 낙랑 18국의 국명(國名)이니, 한(漢)의 무제가 낙랑 사자의 청에 응하여 원병을 보내었으니, 그로 인하여 낙랑 여러 국가의 이름과 수효와 위치를 자세히 듣게 되었음으로 한대(漢代)의 역사가들이 능히 낙랑의 지리를 알아 낙랑에 관한 기록이 거의 틀림이 없고, 그 이외 열국은 관구검(毌丘儉)이 침입한 이후에는 그 위치는 고사하고 그 이름도 잘 듣지 못한 것이다. 「고구려본기」의 대무신왕27년에 "한(漢)의 광무제(光武帝)가 군대를 보내어 바다를 건너 낙랑을 정벌하고 그 땅을 빼앗아 군현을 삼았다."는 이러한 기록은 후인(後人)이 고구려의 년대를 삭감하여 왜곡되게 고친 것이니, (그 「고구려본기」의 기록에서) 한(漢)의 광무제는 한(漢)의 무제

로 고침이 옳은 것이며 "군현을 삼다."한 이하는 삭제함이 옳은 것이다.[217]

바로 위의 첫 부분인 "… 최리가 그 딸을 죽이고"의 앞에, 고구려 왕자인 호동으로부터 비롯되어 낙랑국이 멸망하는 고사(故事)를 덧붙이면, 위의 인용문은 매우 흥미있는 하나의 '소설(所說)'이 될 수 있다. 위에서 신채호가 설명한 낙랑국은 낙랑군이 설치되기 이전부터, 즉 늦어도 한(漢)의 무제가 조선 침략을 시작한 서기전109년 이전부터 이미 존재하던 평양 일대의 하나의 국가였던 것이다. 신채호는 예전의 낙랑국이란 존재가 이후 낙랑군이란 명칭의 형성 등에 영향을 미쳤음을 설명한 것이었다. 신채호의 이러한 '소설(所說)'은 역사적 사실과의 합치 여부를 떠나, 우리 역사 속의 고대 조선에 관련한 많은 검토를 하게 해주는 유용함이 크다고 할 수 있다.

한 무제의 낙랑군 설치에 관한 신채호의 관점

신채호는 서기전108년 한(漢)의 무제가 위만의 국가를 멸망시키고 소위 한사군을 실제로 설치하였다는 『사기』 등의 기록에 대해 부정적인 관점을 제시한 것으로 유명하다. 『조선사』에 그러한 그의 관점을 다음과 같이 밝혔던 것이다.

사군(四郡)은 원래 땅 위에 그은 것이 아니요, 지상(紙上)에 그린 일종 가정(假定)이니, 말하자면 "고구려를 멸망시키거든 진번군을 만들리라, 북동부여-북옥저를 멸망시키거든 현토군을 만들리라, 남동부여-남옥저를 멸망시키거든 임둔군을 만들리라, 낙랑국을

217 申采浩, 「高句麗의 樂浪征服과 漢의 關係」『朝鮮上古文化史』(『朝鮮日報』, 1932. 5. 31).

멸망시키거든 낙랑군을 만들리라" 하는 가정일 뿐이요, 실현한 것 이 아니다.[218]

신채호에 의하면, 한(漢)의 무제는 지금의 평양 일대에 존재하던 낙랑국을 멸망시키고 낙랑군을 설치할 의도를 가졌었다는 것이다. 그러나 한(漢)의 무제는 낙랑국의 지역을 군사적으로 점령하지 못하였고, 때문에 낙랑군 설치는 원래의 계획대로 이루어지지 못하였다고 해석하였다. 그렇지만 신채호는 위만이 서기전108년에 멸망함으로써, 일어난 변화 과정에 설치되었다는 사군의 위치 문제를 매우 중요하게 생각했다. "사군(四郡) 위치의 문제는 삼한 연혁(沿革)의 쟁론(爭論)에 못지않는 조선사상 쟁론의 문제가 되어왔다."는 인식을 가졌던 것이다.

그렇게 신채호는 한사군의 위치 문제를 중시하면서, 연구를 거쳐, 한사군은 모두 요동반도 안에 위치한 것일 수밖에 없다는 결론을 내렸다. 즉 신채호에 의하면, 만반한(滿潘汗)·패수·왕검성 등 위만의 근거지가 해성(海城)·개평(蓋平) 등지일뿐더러 고대에 현재의 개원(開原) 이북은 북부여국이요, 현재의 홍경(興京) 이동은 고구려국이요, 현재의 압록강 이남은 낙랑국이요, 현재의 함경도 내지 강원도는 동부여국이니, 이들 네 나라 밖의 지역에서 한사군을 찾을 수밖에 없을 것이므로, 사군의 위치는 현재의 요동반도 이내에서 찾을 수밖에 없다는 것이었다.

또한 신채호는 한사군이 모두 요동반도 안에 위치했던 것이 분명함에도 왜 오래도록 다른 견해들이 제기되고 또 논쟁이 계속되었는지에 대한 자신의 견해도 밝혔다. 신채호에 의하면, 한사군에 대한 그러한 여러 이견(異見)들이 쏟아져 나온 이유는, 첫째는 지명의 같음과 다름을 잘 구별하지 못한 까닭이

218 申采浩, 『朝鮮史』 「(四)漢四郡의 位置와 高句麗 對漢關係」(『朝鮮日報』, 1931. 7. 16).

라고 하였다. 둘째 이유로는 기록의 진위를 잘 가려내지 못한 까닭이라고 하였다.

독립운동역사가들의 낙랑 위치 비정

독립운동역사가 이상룡은 현재의 평양 일대에 기자(箕子)가 도읍했었다는 논리 즉 기자(箕子)의 한반도 동래설(東來說)을 강하게 부정했다. 요동이 위치한 지역 자체가 바로 "우리 단성(檀聖, *필자 주 : 단군성제(檀君聖帝) 즉 단군을 성스러운 임금으로 높여 부르는 표현)의 구강(舊疆)"이라고 인식했던 이상룡은 낙랑 또한 마땅히 요동에 위치했었다고 주장하였다. 이상룡에 의하면, 요동 지역에 사군이부(四郡二府)의 역사가 뚜렷하다는 것이었다.

이상룡은 그의 「요동평양(遼東平壤)」에서 고대의 여러 사서들을 분석하여, 낙랑 등의 위치에 대해서 다음과 같이 비정하고 있다.

> 『만주지지(滿洲地誌)』에 따르면, 현토(玄菟)는 지금의 개평(盖平)·해성(海城)·복주(復州) 등지이다. 『북사(北史)』에 의하면, 한(漢) 시기에 낙랑을 나누어 남쪽의 영역에 대방군을 설치했다고 했으니 지금의 개평·해성이 그곳이다. 임둔은 본래 예(濊)의 지역으로 지금의 개원(開原)이다. 서쪽으로 낙랑과 접한 진번은 요동의 동쪽에 있었다. 이런 사실에 근거하면, 사군의 지역은 모두 바로 요동에 있었음을 알 수 있다.[219]

김교헌은 『신단실기』에서 한사군의 위치에 관한 그의 견해를 다음과 같이 밝히고 있다.

---

219 李相龍, 「遼東平壤」『石洲遺稿』卷之三 書, 高麗大學校 影印叢書 第一輯, 109~110쪽.

나는 일찍이 생각하기를, 한사군의 땅이 비단 요동이 아니고, 마땅히 여진(女眞)에 들어가야 할 것이라는 것이다. …한(漢)의 사군이 절반은 요동에 있고, 절반은 여진에 있어서 서로 걸쳐끼고 있어 본래 우리 땅이었다는 것을 알 수가 있다. …한의 낙랑군은 요동에 있었던 것이니, 지금의 평양이 아니고, 곧 요양(遼陽)의 평양인 것이다.[220]

신채호는 한(漢)의 무제가 일으킨 고구려와의 전쟁이 끝날 무렵에 한사군 중의 낙랑군과 현토군만이 일정한 지역에 설치되었다고 보았다. 이때의 설치도 신채호는 '교설(僑設)'이라고 표현했는데, 이는 원래 설치하려던 지역에 설치되지 못하자, 다른 지역에 '임시로' 설치했다는 의미를 지닌 것으로 볼 수 있다. 낙랑의 '교설'에 대해서는 일찍이 안정복이 『동사강목』의 「패수고」에서 "낙랑이 뒤에 요동 땅에 교설되고 그때 또한 옛날 고을 이름을 설치하였는데, 후인들이 그릇 한(漢)이 설치한 것으로 알았던가?"라고 언급한 적이 있었다.[221] 신채호는 『동사강목』에 이미 언급된 낙랑의 교설(僑設)이란 개념을 사용하여, 낙랑은 물론 현토가 요동군 안에 교설되었던 것이었을 뿐임을 다음과 같이 분명하게 설명하였다.

(漢의 武帝와 고구려가 맞서 싸운) 그 전쟁이 대개 서기전108년 무렵 곧 위만 멸망의 해에 시작하여 서기전82년에 이르러 끝난 바, 한(漢)이 패하여 사군(四郡)의 실제적 설치라는 희망이 영원히 없어진 까닭에, 진번·임둔의 두 군(郡)은 그 명칭을 폐지하고, 현토·낙랑의 두 군은 요동군 안에 '교설(僑設)'함에 이름이니, 『한서』

220 김교헌 지음/이민수 옮김, 『神檀實記』, 훈뿌리, 1986, 113~119쪽.

221 『東史綱目』附卷下「浿水考」

「본기」에는 진번군을 없앴다고 할 뿐이요, 임둔군을 없앴다는 말은 없으나, 『후한서』「예전(濊傳)」에 "소제(昭帝) 때에 진번과 임둔을 없애고, 그를 낙랑과 현토에 합쳤다."라고 함을 보면, 임둔군도 진번군과 동시에 폐지함이며, 『후한서』「예전」에는 현토를 구려(漢의 高句麗縣을 가리킨 것)에 옮겼다 하며, 『삼국지』「옥저전(沃沮傳)」에는 처음에 옥저로써 현토성을 삼았다가, 뒤에 고구려의 서북에 옮겼다 하였으나, 「옥저전」의 불내예왕(不耐濊王)은 북동부여와 남동부여의 왕을 가리킨 것이요, 「예전」의 불내예왕은 낙랑을 가리킨 것인즉, 두 동부여와 낙랑국은 다 당시에 독립왕국이니, 그러면 현토군이 옥저 곧 북동부여에서 요동으로 옮겨간 것이 아니라, 다만 북동부여로 현토를 만들려던 기도가 실패하였으므로 비로소 요동 현재의 봉천성(奉天省) 일대에 현토군을 '교설'함이며, 낙랑군도 또한 동시에 '교설'하였을 것인바, 그 위치는 확언할 수 없으나 대개 현재의 해성(海城) 등지인가 한다.[222]

이렇듯 신채호는 낙랑이 서기전82년 이후에 당대의 해성(海城) 일대에 임시로 설치된 것 즉 '교설(僑設)'에 불과하다고 보았다. 그리고 신채호는 『조선사』에 한(漢)이 낙랑과 현토의 두 군(郡)을 임시로 설치한 즉 '교설'한 이유에 대해서도 해석하였다.

신채호에 의하면, 고구려의 대무신왕에 의해 서기전2세기 무렵에 정복을 당하여 멸망한 낙랑국과 역시 고구려의 침략을 받은 남동부여국이 고구려를 원망함이 심하여, 한(漢)이 패배하여 물러간 뒤에도 두 나라가 오히려 사자를 보내 밀통(密通)하며 상민(商民)이 왕래하여 문물을 서로 교역함으로써, 한(漢)이 요동에 현토·낙랑의 두 군(郡)을 '교설'하여 두 나라에 대한 교섭을 맡

222 申采浩, 『朝鮮史』「(四)漢四郡의 位置와 高句麗 對漢關係」(『朝鮮日報』, 1931. 7. 16).

게 하며, 혹은 고구려와 전쟁이 발생하는 경우에는 양국을 이용하였다는 것이다. 즉 위의 두 군(郡)과 두 나라의 교섭은 한의 정치적인 목적에 의해 운용된 관계라는 것이다. 그리고 고구려는 항상 이들 두 나라가 한(漢)과 통하는 흔적을 발각하면 반드시 죄를 물어 군대를 일으켜 공격하였는데, 이는 고구려의 두 나라에 대한 정치적 관계의 운용이라는 것이다. 신채호는 결론적으로, 현토·낙랑의 두 군을 '교설'함으로써 한(漢)이 한반도 및 그 주변에 정치 및 군사적으로 개입하려 한 상황은 고구려가 수백 년 동안 한(漢)을 상대로 한 진취적 관계를 형성하는 것에 장애로 작용하였다고 해석하였다.

일제의 낙랑 왜곡에 대한 신채호의 비판

신채호는 『조선사』에서, 낙랑을 포함한 한사군 관련 사실이 일제에 의해 심각하게 왜곡되는 현실에 대해 날카롭게 비판하였다. 일제는 1900년대 초부터 소위 낙랑 유적 발굴을 통해, 한반도가 한사군이란 한(漢)의 식민지에서 시작된 '그 뿌리부터 철저한 식민성'의 역사를 지녀왔음을 부각시키려 했었다. 일제의 이런 의도적인 낙랑 유물 발굴과 그 유물에 대한 왜곡에 대해 신채호는 과학적이고 논리적인 비판으로 대응한 것이다.

> 최근 일본인이 낙랑 고분에서 혹 한대(漢代) 연호를 새긴 기명(器皿)을 발견하고, 지금의 대동강 남안을 위만의 옛 도시 즉 뒤의 낙랑군 치소(治所)라고 주장하나, 이따위 기명은 혹 남낙랑이 한(漢)과 교류할 때 수입한 기명이거나, 그렇지 않으면 고구려가 한(漢)과 싸워 이길 때에 포획한 기명이 될 것이오. 이로써 지금의 대동강 연안이 낙랑군의 치소라고 단언함은 옳지 않은 것이다.[223]

223 申采浩, 『朝鮮史』「(四)漢四郡의 位置와 高句麗 對漢關係」(『朝鮮日報』, 1931. 7. 16).

이렇듯, 신채호는 일제가 한반도 안 특히 평양 일대에서 한사군의 흔적을 찾아내고, 또 그런 사실을 왜곡하여 식민지 침략논리를 만들어내려는 태도를 강하게 비판했던 것이다. 일제는 고고학 발견, 그에 의해 수집된 고고학 자료를 역사 왜곡에 이용해왔었다. 이러한 역사 왜곡에 대한 신채호의 비판은 이미 다른 곳에서도 이루어졌었다.

> 조선고적도본(朝鮮古蹟圖本)에 여러 차례 낙랑과 대방의 무덤들을 기재하였으나, 그러나 낙랑군 제8 대동(大同)·강서(江西)의 고분을 한(漢)의 무덤이라 함은 동경(銅鏡)이나 금구(金口) 등에 박힌「王」자를 제왕(帝王)의「王」으로 풀지 않고 한인(漢人) 왕씨(王氏)의「王」으로 풀며, 제6·제5 강동(江東)의 고릉(古陵)은 전설에 황제총이라 하고『여지승람(輿地勝覽)』에는 이를 동천왕릉(東川王陵)이라 하였거늘, 이제 한(漢)의 왕릉이란 전무(全無)의 별명을 주며, 점제비(黏蟬碑)는 그 초두(初頭)의 결면(缺面)에 문표(問標)를 질러 한(漢)의 광화(光和) 원년(元年)이라 하니, 우리 같은 고고학의 문외한이 어찌 그 시비를 경론(輕論)하리오마는, 그러나 그 도설(圖說)의 대개를 보건대 어떤 말은 학자의 견지에서 나왔다기보다 정치상 타종(他種)의 작용이 적지 않은 듯하다. 대방태수(帶方太守) 어양(漁陽) 장무이(張撫夷)의 묘는 그 비문의「어양(漁陽)」이자(二字)를 거(據)하여 중국 북경인(北京人)의 출사(出仕)한 자의 묘라 하였으나 백제 중엽부터 백제인이 중국을 모방하여 지은 지명이 많으니, 광양(廣陽)·성양(城陽) 등이 시(是)니 어양(漁陽)도 이와 같아 백제 내지의 지명이 아닌지 모르며, 개로왕(蓋鹵王) 때 대방태수 사마장무(司馬張茂)란 자가 있으니, 장씨(張氏)는 백제의 세

> 가(世家)로 대방태수의 직을 세습하던 성씨인지도 모르니, 거연(遽然)히 북경인이라 단언함은 너무 급조(急躁)한 일인가 한다.[224]

위에서 비판하는 자료인 '조선고적도본'은, 신채호가 북경에 망명하고 있을 때 한성(漢城)의 어떤 지인(知人)이 보낸 것인데, 세키노 다다시(關野貞)가 주도하여 편찬한 『조선고적도보(朝鮮古蹟圖譜)』(1915년 3월 간행)가 분명하다. 이러한 신채호의 비판을 고려하면, 신채호의 낙랑 등 한사군 연구와 비정이 당시에 수집할 수 있는 모든 자료를 검토한 결과로서 이루어진 것임을 새삼 확인할 수 있게 되는 것이다.

신채호의 낙랑에 대한 연구는 당시에 수집 가능한 모든 문헌은 물론 당시 일제가 침략의도를 지니고 작성한 고고학 자료까지 검토한 결과로서 얻어진 것임이 분명하지만, 한편으로는 신채호의 독특한 지명 연구 방법의 결과이기도 하다. 아쉽게도 문장 전체가 아닌 일부만이 남아 전해지는 「조선사 정리에 대한 사의(私議)」를 보면, 신채호는 우리 역사가 전혀 체계적으로 연구되지 못하는 현실을 심히 부끄러워하면서 그를 극복하기 위한 자신의 연구방법을 다음과 같이 제시하고 있다.

> 남들은 지층 아래 수만 년 전의 한 조각 앙상한 뼈를 얻어, 그 생물의 전체를 생각해내고, 그로 인하여 그 생물의 시대 상황을 추단하여 '프리히스토리' 즉 유사(有史) 이전의 역사를 성립시키는데, 이제 수백년 동안 저렇듯 지리가 문란하고 사실이 잘못되어 두둑을 찾을 수 없는 역사의 밭을 그대로 놓아두면 어찌 부끄럽지 아

224 申采浩, 「平壤浿水考」『朝鮮史硏究草』(『東亞日報』, 1925. 3. 16).

니하나? 그 연구의 방법은 각인 각자에 맡길지나 나의 의견은 대개 아래와 같으니라.[225]

물론 위의 문장 전체가 현재 전해지지 않기 때문에 신채호 역사연구 방법 전체를 알 수는 없다. 하지만, 그나마 일부가 남아 전해진 부분에서 낙랑에 대한 신채호의 독특한 해석을 이해할 수 있다.

신채호는 고대의 인명, 지명, 관명(官名) 등 각 명사는 혹은 한자의 발음으로 쓴 것도 있고 이두문(吏讀文)으로 쓴 것도 있어서 번거롭고 복잡해 보인다는 것이다. 하지만 이를 잘 살피면 심하게 문란해 보이는 것도 정리할 수 있고, 의외로 중요한 사실도 발견할 수 있다고 하였다. 특히 신채호는 고대의 각 명사에 대한 이러한 여러 검토를 통해 동양 역사학자들의 큰 쟁점인 평양, 낙랑, 패수 등의 위치 문제를 해결할 수 있다고 하였다. 신채호는 이에 대해 "내가 먼저 그 음의(音義)부터 '펴라'란 한 물줄기를 세 가지로 다르게 기록한 줄을 발견하였노라"고 표현하였다.

우선 신채호는 평양의 '壤'은 고음(古音)이 '랑'이므로, '平'과 '壤'을 그 음의 초중성만 읽으면 '펴라'가 된다고 설명하였다. 또한 낙랑의 '樂'의 뜻은 '풍류'이므로, '풍류'에서의 '풍'의 초성과 '浪' 음의 초중성을 합하면 또한 '펴라'가 된다고 지적하였다. 신채호는 더 나아가 옛날에 '大水'를 '라'라 하였으므로 패수의 '浿'는 '펴'의 음이요, '水'는 '라'의 뜻이니 패수 또한 '펴라'로 읽을 수 있다고 설명하였다. 이렇듯 평양, 낙랑, 패수의 세 지명이 한자로는 달리 쓰였지만 같은 발음으로 읽음 수 있다는 것이다.

여기서 평양, 낙랑, 패수가 모두 '펴라'로 읽힐 수 있지만, 그 실제적 쓰임은 물론 다른 것이라고 한다. 신채호는 공주(公州)의 '버드내'가 물의 이름이지

225 신채호, 「조선사 정리에 대한 사의(私議)」『룡과 룡의 대격전』, 조선 문학 예술 총동맹 출판사, 1966, 221쪽.

만 그 물가의 촌락도 '버드내'이며, 청주(淸州)의 '깡치내'가 물의 이름이지만 그 물가의 촌락 역시 '깡치내'라고 부르는 사례를 들어, 평양과 낙랑 및 패수의 쓰임이 서로 다름을 설명하고 있다. 즉 '펴라'의 도성은 곧 '펴라'의 물에 인접하여 있는 까닭에 그 명칭이 정해진 것으로서 한자로 쓸 때에 구별하기 쉽도록 '펴라'의 물은 '浿水'라 쓰게 되었고, '펴라'의 도성은 '平壤' 혹은 '平那'라 쓰게 되었고, 그 전체 속현(屬縣)을 포함하여 '樂浪'이라 쓰게 되었다는 것이다. 이렇게 평양, 낙랑, 패수는 그것이 각각 의미하는 도성(都城), 전체의 속현(屬縣), 물이 서로 분리하지 못할 관계를 가진 것으로 해석된다는 것이다.

평양, 낙랑, 패수를 '펴라'로 읽는 이러한 방법으로 신채호는 그 지리위치를 비정하면서 고대의 낙랑 즉 평양은 현재의 한반도에 있었던 것이 아님을 강조하고 있다. 특히 고대의 중국인들이 낙랑을 교설(僑設)한 일이 있었지만, 그 교설의 위치도 조선과는 전혀 관련이 없다고 다음처럼 주장하였다.

> 그러면 『고려사』에 황해도 저탄(猪灘)을 패수라 하였으나 저탄의 옆에 평양의 지명이 없으므로 즉 저탄이 패수가 될 수 없다. 『동사강목』에 위만의 평양을 지금의 한양이라 하였으나, 한수(漢水)가 패수라고 불린 일이 없으므로 즉 한양이 평양이 되지 못할 것이다. 근래에 일본의 학자 시라토리 구라키치(白鳥庫吉) 등이 압록강의 상하부를 갈라 상부는 마자수(馬訾水)요 하부는 위만이 건넌 패수라 하였으나, 압록강 가에 평양이 없으므로 즉 이도 또한 위증(僞證)이다.
>
> 평양은 오직 남북의 두 곳이다. 1은 개평현(蓋平縣)이니 한우락(蓒芋濼)의 옛 이름이 패수이고 이는 '북 펴라' 곧 북평양이다. 2는 현재의 평양이니 대동강의 옛 이름이 패수니 이는 '남 펴라' 곧 남평

양이다. 그 이외에는 중국인이 혹 펴라의 물도 없이 낙랑 즉 평양을 교설(僑設)한 일이 있지만 조선에는 없는 일이다.[226]

신채호는 당시 자신의 이러한 연구방식에 대해 "혹자는 말하기를, 최근 역사학계에 마한의 '마'가 머리의 뜻이라는 등, 고구려의 '구려'가 뱀의 뜻이라는 등, 석현산(錫赫山)이 동경산(東京山)의 뜻이라는 등 얼토당토 않은 괴설(怪說)이 많이 나오는데, 이제 그대의 말하는 것이 더욱 그것들의 폐습을 장려함이 아니냐?"는 비판이 나올 것을 염려하였고, 자신의 연구방법은 "무단(武斷)을 피하고 각 방면의 증거를 구하므로" 그러한 괴설(怪說)들과는 크게 다르다며, 여러 가지 짧지 않은 시일의 고려를 통해 이루어진 '펴라'의 발견 과정과 그 의미에 대한 설명을 덧붙이고 있다.[227]

사실 모든 독립운동역사가들에게 평양, 낙랑, 패수의 위치 비정 문제는 그들이 올바로 서술하고자 하는 민족고대사의 핵심적인 내용이었다. 특히 신채호는 평양으로부터 시작되는 이들 3개 지명의 이해가 조선사를 말하는데, 반드시 우선되어야 하는 점이라는 것을 다음과 같이 강조하였다.

평양은 『神誌秘詞』(『高麗史』「金謂磾傳」에 보임) 가운데 옛 三京의 하나인 百牙岡이요, 조선 문명이 발생한 7대강의 하나인 浿水가의 서울이라. 그러나 시대를 따라 지명이 옮겨졌음으로 만일 지금의 패수 대동강을 옛 패수로 알고, 지금의 평양·평안남도 首府

226 신채호, 「조선사 정리에 대한 사의(私議)」『룡과 룡의 대격전』, 조선 문학 예술 총동맹 출판사, 1966, 222쪽.

227 신채호는 '펴라'라는 용어의 발견이 '일조일석(一朝一夕)'이란 표현처럼 짧은 시일에 이루어진 일이 아니라면서, 평양립(平壤笠)을 '펴라이'라 하므로 평양의 본래 음이 '펴라'인가 하는 가정을 얻으면서 패수와 낙랑도 또한 '펴라'의 또 다른 말이 아닌가 하는 의문이 시작되었고, 그 의문의 해결 과정에서 평양 및 낙랑과 패수와 '펴라'의 관계에 대한 해석이 가능했다고 밝히고 있다(신채호, 「조선사 정리에 대한 사의(私議)」『룡과 룡의 대격전』, 조선 문학 예술 총동맹 출판사, 1966, 222~223쪽).

를 옛 평양으로 알면 평양의 역사를 잘못 알 뿐 아니라, 곧 조선의 역사를 잘못 앎이니, 그러므로 조선사를 말하려면 평양부터 알아야 할 것이다.[228]

신채호는 과거에 많은 학자들이 옛 평양의 위치를 찾으려 상당히 노력하였지만. 그 찾는 방법이 잘못되었기 때문에 제대로 된 답을 찾지 못했다고 보았다. 그 잘못된 접근방법의 첫째는 평양 패수의 음의(音義)를 해석하지 못한 것이고, 둘째는 평양과 패수를 기록한 고전에 관한 사책(史冊)의 본문을 올바로 해석하지 못함이며, 셋째는 고대 문헌의 위조된 부분을 이해하지 못한 것이며, 넷째는 고대 문헌을 읽으면서 앞뒤의 문례(文例)를 모르고 자구(字句)의 문의(文意)에 따라 잘못 해석하여, 위증(僞證)한 기록을 발견할 기회를 잃기 때문이라는 것이다.

신채호는 위에 거론한 4개의 잘못된 접근방법을 극복하여, 모든 서적의 위증(僞證)을 다 파악하여 파괴하고, 여러 학자들의 잘못된 고찰과 증명을 바로 잡으면, 현재 평안도의 대동강과 지금의 평양을 옛 평양이나 옛 패수로 지칭하던 '망설(妄說)'들은 자연히 그 근거를 잃을 것이라고 주장하였다. 또한 당대의 해성현(海城縣)과 한우락(蓒芋濼)이 옛 평양 옛 패수라는 확증을 확보하여, 조선 문명의 발원지이자 옛 삼경(三京)의 하나인 평양과 7대 강의 하나인 패수(浿水)를 제자리로 돌려놓을 것이라고 주장하였다.[229]

이러한 심도있는 연구 과정을 거쳐 신채호는 한사군 중의 낙랑군에 대한 그의 견해를 내놓았던 것이다. 신채호가 낙랑 연구를 얼마만큼 중요시 했는지는 그의 논문인 「평양패수고(平壤浿水考)」의 결론에서 "낙랑 위치의 진퇴(進退)

228 申采浩, 「平壤浿水考(上)」『朝鮮史硏究草(三)』(『東亞日報』 1925. 1. 30).

229 申采浩, 「平壤浿水考」『朝鮮史硏究草』(『東亞日報』 1925), 참조.

로 조선 세력의 소장(消長)을 복(卜)할 것이다."라고 강조한 것으로부터도 짐작할 수 있다.

4. 현토군 인식

오래전부터 현토(玄菟)를 '현도'로 읽자는 논의도 있었다. 조선 후기의 『전운옥편(全韻玉篇)』에 현토군(玄菟郡)의 '菟'의 발음을 '도'로 표시한 사례를 들어 "현도"로 읽어야 옳다는 주장도 있는 것이다.[230]

이 책에서 '현도' 아닌 '현토'로 표기한 이유

현토 중 '菟'의 발음에 대해 서길수는 그의 논문에서 "『자치통감』에서는 '同+都 반절음'으로 읽거나 '塗'와 같이 읽으라고 했고, 『신당서』에서는 '湯+故 반절음'으로 읽으라고 했다. 현재 한자(漢字) 소리로는 '현토'라고 하지만 모든 책과 사전에 '현도'라고 읽고 있다."고 서술했다.[231]

한어(漢語)에서 '同'은 '통(tóng 혹은 tòng)'으로 '塗'는 '투(tú)'로 발음된다. '湯'은 '탕(tāng)'으로 발음된다. 그러므로 서기1060년에 간행된 『신당서(新唐書)』와 역시 비슷한 시기에 간행된 『자치통감(資治通鑑)』에 의하면, 그 당시까지 현토 중 '菟'의 발음은 자음 'ㅌ'에 모음을 붙인 '투' 혹은 '토'로 볼 수 있다. 그런데 현토군은 한(漢)에 의해 고구려의 일부 지역에 명명된 한(漢)의 지명으로서, 한어(漢語) 발음의 음가(音價)를 따르는 것이 원칙적이겠고, 특히 현토군이란 지명이 당시 그 일대의 강과 산의 명칭에서 유래되었다고 추정되므로,[232] '현

230 李道學, 「얼이 깃든 나라와 사람 이름 제대로 불러야!」『대한문화재신문』제18호, 2004.8.15.

231 서길수, 「'高句麗'와 '高麗'의 소릿값(音價)에 관한 연구」『고구려발해연구』27, 2007, 93~94쪽.

232 현토군 지명 유래와 초기의 위치에 대한 문제는 이후 별도의 논고로 다룰 예정이다.

▲讀史新論 (續)

壹片丹生

第七章

鮮卑族支那族과高句麗

第(五)次慕容垂가崛起ᄒᆞ야苻秦을反滅ᄒᆞ며舊疆을盡復ᄒᆞ고眈々赫々의勢로遼東을睥睨ᄒᆞ미我扶餘族의命이一綫에懸ᄒᆞ얏더니幸我神武絕世ᄒᆞᆫ故國壤王이作ᄒᆞ야此를攘斥ᄒᆞ고遼東全土를恢復ᄒᆞ니此ᄂᆞᆫ我族再蘇의消息이며第(六)次廣開土王이繼作ᄒᆞ샤其先志를克述ᄒᆞ야燕平州를攻拔ᄒᆞ며玄•토•를收復ᄒᆞ야彼族의勢를大殺ᄒᆞ미是後로부터鮮卑의患이絕ᄒᆞᆫ지數百年이러니第(七)次其別部宇文氏가西魏를纂하며北齊를幷ᄒᆞ고支那江北數萬里를握ᄒᆞ야當時에鵰騷ᄒᆞ니彼所謂武帝(宇文覺)은亦蓋世英主라慕容氏의基業을復코ᄌᆞᄒᆞ야大兵을自將ᄒᆞ고我遼東을寇ᄒᆞ다가我大兄愚溫達의勇武를遭ᄒᆞ야竟退縮ᄒᆞ얏스며

[자료 31] 신채호가 '현토'로 표기한 사례(위의 사진 중간의 '●' 찍힌 부분)[233]

토'로 표기함이 적절하다는 판단에서, 이 책에서는 "현토"나 "현토군"으로 표기하려 한다.

특히 최근 신채호의 한사군 인식을 재조명하는 작업을 진행하고 있는 필자로서는, 신채호의 몇몇 발표문에서 일찍이 '현토'로 표기된 것을 따른다는 의미도 있다. 『대한매일신보』의 1908년 11월 15일에 발표된 신채호 『독사신론』의 원문을 보면 "玄토"로 표기하고 있다([자료 31] 참조). 『신한국보(新韓國報)』의 1910년 12월 27일에 연재된 『독사신론』에서도 역시 "현토"로 표기하고 있다. 그러므로 이 책의 전반에서는 신채호의 용례(用例)에 따라 '현토'로 표기한다.

김부식 등이 1145년에 편찬한 『삼국사기』에 현토란 지명이 20여회 이상 사용되지만, 그 지리위치를 어느 정도라도 설명해주는 기록은 찾을 수 없다. 단지 『삼국사기』에서 유일하게 현토군의 위치를 추정할 수 있게 해주는 유용한 하나의 기록이 「지리지」에 보이는데, 아래와 같다.

> 살펴보건대 『통전(通典)』에 "주몽이 한(漢) 건소(建昭)2년(서기전37년)에 북부여로부터 동남쪽으로 나아가 보술수(普述水)를 건너 흘승골성(紇升骨城)에 이르러 자리를 잡고 국호를 구려(句麗)라 하고

233 「讀史新論 (續)」『大韓每日申報』(1908.11.15.)

> '고(高)'로써 성씨를 삼았다."라 하였다. 고기(古記)에 이르기를 "주몽이 부여로부터 난을 피해 도망하여 졸본(卒本)에 이르렀다."라 하였으니, 곧 흘승골성과 졸본은 같은 하나의 지역이다. 『후한서』「군국지(郡國志)」에 "요동군은 낙양에서 3천6백리 떨어져 있다. 이에 속한 현으로서 무려현(無慮縣)이 있다."고 하였는데, 바로 「주례(周禮)」에서 말한 북진(北鎭)의 의무려산이다. 대요(大遼)가 그 아래쪽에 의주(醫州)를 설치하였다. 또한 "현토군은 낙양(洛陽)에서 동북쪽으로 4천리 떨어져 있었고, 이에 속한 현은 셋인데, 고구려가 그 중의 하나이다."라고 기록되어 있으니, 즉 주몽이 도읍을 정한 곳이라고 하는 흘승골성과 졸본이란 지방은 아마도 한(漢)의 현토군 경계이고, 대요국(大遼國) 동경(東京)의 서쪽인 듯하며, 『한서』「지리지」에서 말한 현토군의 속현(屬縣)인 고구려가 이것인가? 옛날 대요(大遼)가 아직 멸망하지 않았을 때, 요(遼)의 황제가 연경(燕京)에 있자, 뵈러가는 우리 사신들이 동경을 지나 요수(遼水)를 건너 하루 이틀 가면 의주에 이르러 연계(燕薊)로 향하게 되었으니, 때문에 그러함을 알 수 있다.[234]

위의 인용문은 고구려의 첫 도읍인 졸본(혹은 흘승골성)의 위치를 설명하는 내용이다. 위의 인용문에서 추정할 수 있는 현토군의 위치는, 대요(大遼) 즉 거란의 동경이었던 지금의 요양(遼陽)에서 서쪽으로 현재의 요하(遼河)를 건너 도달하는 의무려산 일대에 위치했었다. 즉 『삼국사기』는 의무려산 일대가

234 『三國史記』卷第37「雜志」地理 第4 高句麗 "按通典云, 朱蒙以漢建昭二年, 自北扶餘東南行, 渡普述水, 至紇升骨城居焉, 號曰句麗, 以高爲氏. 古記云, 朱蒙自扶餘逃難, 至卒本. 則紇升骨城 卒本似一處也. 漢書志云, 遼東郡, 距洛陽三千六百里, 屬縣有無慮. 則周禮北鎭醫巫閭山也, 大遼於其下置醫州. 玄菟郡, 距洛陽東北四千里, 所屬三縣, 高句麗是其一焉. 則所謂朱蒙所都紇升骨城 卒本者, 蓋漢玄菟郡之界, 大遼國東▩之西, 漢志所謂玄菟屬縣高句麗是歟. 昔大遼未亡時, 遼帝在燕景, 則吾人朝聘者, 過東京涉遼水, 一兩日行至醫州, 以向燕薊, 故知其然也.".

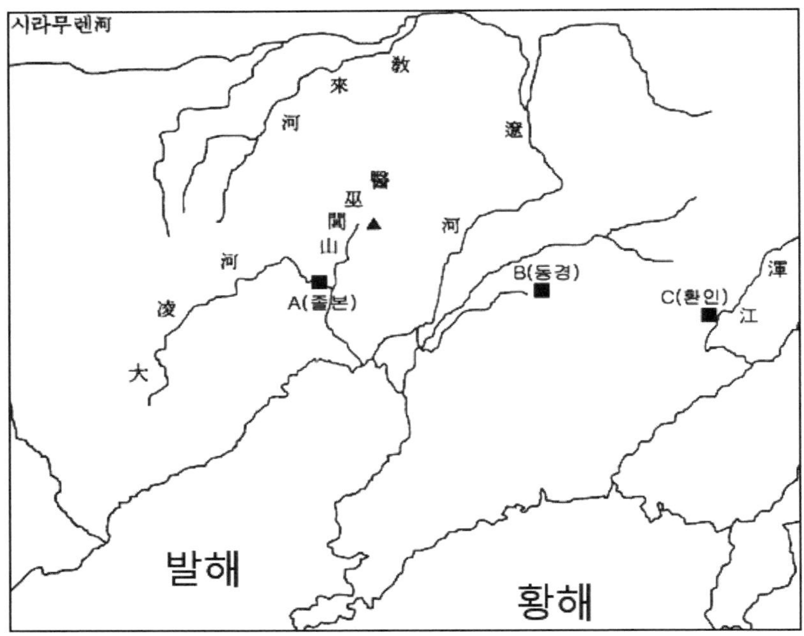

[지도 32] 『삼국사기』「지리지」에 의해 추정된 고구려 첫 도읍 졸본의 위치[235]

한(漢)의 요동군과 현토군이 만나는 지점인데, 그곳에 있는 현토군의 속현(屬縣)인 고구려현이 고구려의 첫 도읍인 졸본이라고 설명하는 것이다. 이러한 기재에 의하면, 고려시대에는 현토군이 현재의 요하 서쪽 의무려산 일대에 있었다고 인식하고 있었던 것이다.

고려시대의 현토군 인식

위의 인용문이 짧긴 하지만, 그 속에 고려시대의 현토군 인식에 대한 매우 소중하고 실질적인 정보가 들어 있다. 위의 인용문에 의하면, 『삼국사기』의 고구려 첫 도읍에 관한 위치 비정은 여러 문헌에 기록된 역사지리적 인식에 근거한 것이었다. 『삼국사기』의 편찬자들은 『후한서』와 『한서』 등에 기록된 한사군

235 임찬경, 「『고려도경』·『삼국사기』의 고구려 건국 연대와 첫 도읍 졸본」『국학연구』제19집, 2015, 132쪽.

중의 현토군 고구려현의 위치를 의무려산 인근으로 인식하고 있었던 것이다. 또한 주몽이 도읍한 흘승골성과 졸본이 한(漢)의 현토군 경계에 위치했었는데, 이 지역은 요(遼)의 동경(현재의 중국 요령성 요양시)에서 서쪽으로 요하를 건넌 지점의 의무려산 일대라고 분명하게 인식하고 있었다.

위의 인용문에 의하면, 『삼국사기』의 편찬자들은 그들의 고구려 첫 도읍 위치 비정에 현지를 직접 다녀온 견문에 의한 지리정보도 활용하였음을 밝히고 있다. 즉 1125년 요(遼)가 멸망하기 이전에 연경(燕京, 즉 지금의 북경 일대)에 왕래하는 고려의 사신들이 동경(현재의 요양)을 지나고 요수를 건너 서쪽으로 하루 이틀을 가면 의주에 이르러서 다시 연경 방향으로 향한다는 것이다. 이러한 왕래 과정에 고구려 초기 도읍이 그곳에 위치했음을 알게 되었기 때문에, 『삼국사기』의 편찬자들은 위의 인용문에서 "때문에 그러함을 알 수 있다."고 서술한 것이다. 요(遼)가 멸망한 1125년 이후 20년만인 1145년에 『삼국사기』가 완성되었는데, 그때의 편찬자들에게는 요(遼)의 동경이나 요수 및 그 서쪽의 의무려산 일대에 대한 여러 유형의 지리정보가 있었을 것이며, 이러한 지리정보를 활용하여 현토군 고구려현 및 고구려 첫 도읍인 흘승골성과 졸본의 위치를 비정했던 것이다. 그러므로 위의 인용문에 나타난 김부식 등의 현토군 위치 인식은 단순한 추정에 의한 것이 결코 아니었던 것이다.

조선시대 현토군 인식 오류의 형성 원인

1481년에 편찬된 『동국여지승람』은 여러 차례 수정되면서 1530년에 『신증동국여지승람』으로 편찬되었는데, 조선 전기 지리지(地理志)의 집성편(集成編)으로 조선 말기까지 큰 영향을 끼쳤던 지리서이다. 그럼에도 이 지리서에서 한사군 중의 현토군에 대한 매우 초보적인 고증이라도 시도한 흔적은 전혀 보이지 않는다. 『조선왕조실록』 전체에서도 현토는 낙랑과 함께 조선을 나타내는 용어로 쓰이는 정도로 언급되고 있다.

조선 후기로 넘어가며 개인은 물론 국가 차원에서 역사지리에 대한 연구가 활발하게 이루어졌다. 안정복(安鼎福, 1712~1791)이 그의 「지리고」에서 "상고하건대 역사를 읽는 자는 반드시 먼저 강역을 정해놓고 읽어야 한다. 그래야 점거(占據)한 상황을 알 수 있고, 전벌(戰伐)에서의 득실을 살필 수 있고, 분합(分合)의 연혁을 상고할 수가 있다. 그렇지 않으면 역사를 보는 데 어둡게 된다."고 말했듯,[236] 당시는 역사지리 및 강역 연구가 중시되었던 것이다.

당연히 역사지리 연구가 하나의 학문 분야로 정립되면서, 관련 저술도 다수 출간되었다. 조선 후기 역사지리학의 효시(嚆矢)가 된 저작으로 볼 수 있는 한백겸의 『동국지리지(東國地理志)』(1615)에 이어 대표적인 것들로 안정복의 『동사강목(東史綱目)』(1778), 정약용의 『아방강역고(我邦疆域考)』(1811), 한진서의 『해동역사(海東繹史)속(續)』(1823) 등이 있다. 아울러 국가에 의한 역사지리연구의 집대성도 이루어졌는데, 『동국문헌비고(東國文獻備考)』(1770) 「여지고(輿地考)」 및 『증정문헌비고(增訂文獻備考)』(1809)와 『증보문헌비고(增補文獻備考)』(1903~1908)의 「여지고」 등의 편찬이 이루어졌다.[237]

이들 지리 관련 저작들의 한사군 관련 기록은 대체로 진번을 제외한 나머지 군현들을 한반도 안에 위치시키고 있었다. 대체로 진번은 압록강 중류 이북에 비정하는 경향이 있었다.

18세기 영조(英祖) 대에 이르면, 명(明)에 대한 사대적 시각은 유지하면서도, 새로이 우리의 문화에 대한 일종의 반성과 자각이 일어났다. 그리고 숙종(肅宗) 때의 압록강과 두만강의 경계를 둘러싼 청(淸)과의 분쟁으로 생겨난 백두산정계비(白頭山定界碑) 사건 이후 자국 영토에 대한 의식이 강화되었으며,

236 『東史綱目』附 卷下 「地理考」.

237 이준성, 「조선후기 역사지리연구의 계승과 식민주의적 변용」『사학연구』117, 2015, 333~334쪽.

청(淸)·일(日)과의 영토문제를 제대로 대처하지 못한 것에 대한 지식인 사회의 비판여론도 높았다. 또한 『요사』나 『성경통지』와 같이 고조선과 한사군 및 고구려의 옛 강역을 만주 일대에 비정하는 일부 기록을 담은 역사서가 새로이 주목되면서, 이에 바탕한 여러 연구들이 이루어졌다. 이러한 점은 같은 시기에 활동한 이익(李瀷, 1579~1624년)이나 이종휘(李鍾徽, 1731~1797년)의 요동 지역에 대한 상고사의 지리비정이 『요사』 계통의 주장과 그리 차이가 나지 않거나, 『요사』를 적극적으로 인용하고 있다는 점에서도 찾아볼 수 있다.[238]

그러므로 조선시대 후기에 작성된 역사지리 관련 서적에서는 현토군에 대해 한반도 안으로 비정하는 견해와 요동 지역으로 비정하는 견해가 함께 존재하고 있었음을 알 수 있다. 물론 그 중의 다수는 한반도 안의 함흥 일대에 있던 옥저의 고지(故地)를 현토군의 초기 위치로 비정하고 있었다. 이에 반해 권람(權擥, 1416~1465년)의 『응제시주(應製詩註)』에서는 현토군이 현재의 심양(沈陽) 일대에 있었다고 했으며, 오운(吳澐, 1540~1617년)은 『동사찬요(東史纂要)』에서 현토군이 심양 혹은 무순(撫順) 일대에 있었다고 서술했고, 이익은 『성호사설』에서 현토군은 요동에도 있었고 또한 함경도의 옥저 땅에도 있었다며 현토가 한 곳이 아니라 두 곳에 있었다고 주장했고,[239] 이종휘는 『수산집(修山集)』에서 현토는 물론 진번과 임둔이 모두 요동에 있었다고 서술하였다.

그러나 조선시대 후기의 현토군에 대한 여러 서술들은 근본적인 논리적 한계를 안고 있었다. 비록 당대에 수집 가능한 여러 문헌과 직간접적인 지리정

238 송호정, 「실학자들의 역사지리관과 고조선 한사군 연구」『실학자들의 한국 고대사 인식』, 景仁文化社, 2012, 25쪽.

239 이익의 『성호사설』 중 현토를 요동에 비정하는 서술은 제3권 「천지문(天地門)」'조선사군'에 나오고, 현토를 한반도 안의 옥저(沃沮)에 비정하는 서술은 제2권 「천지문(天地門)」'발해황룡'의 "남옥저는 지금의 영동인 예맥 이외에는 다른 땅이 없으니, 한(漢)이 사군(四郡)을 설치할 때에, 옥저는 현토에 속하고 예맥은 임둔에 속했다고 했으나 기실은 남옥저였던 것이다."라는 것이다. 물론 두 가지 기록이 모두 간략하여, 고증이라 할 것도 없고, 현토가 왜 요동과 옥저의 고지(故地) 등 두 곳에 비정되는지에 대한 설명도 없다.

보들이 활용되고 있지만, 그 당시의 역사서술을 지배하는 정통론(正統論)과 사대(事大) 및 소중화(小中華) 의식은 필연적으로 그들의 현토군 인식을 왜곡하고 있었다. 예를 들면 그의 저서인『수산집』에서 현토는 물론 진번과 임둔이 모두 요동에 있었다고 서술한 이종휘도 사대와 소중화에 철저하여 동하(東夏)란 개념을 비판없이 사용하고 있을 정도였다.[240]

한편 조선 초기부터 사대적 역사인식과 서술이 강화되면서 역사지리에서 나타난 현상은 단군, 기자(箕子), 위만, 한사군의 낙랑 등이 모두 현재의 대동강 강변 북한 평양 일대로 설정되는 것이었다. 대표적인 예를 들면,『동국여지승람』의 다음과 같은 기록을 들 수 있다.

240 동하(東夏)는 중국의 동쪽에 있는 문명(文明)의 나라, 즉 조선을 스스로 높여서 부른 표현이다. 중국을 중화(中華), 화하(華夏), 제하(諸夏), 중원(中原) 등으로 표현하여 문명의 상징이면서 천하(天下)의 중심으로 설정하고 그 뒤에 상대적으로 동쪽에 있는 중국과 같은 문명국(文明國)이라는 의미로 동하(東夏)라고 표현했다. 그러나 동하(東夏)라는 표현은 조선의 자칭(自稱)이지 중국에서 조선을 동하(東夏)로 부르지는 않았다. 문헌에 동하(東夏)는『상서(尙書)』제4편「주서(周書)」제10장 '미자지명(微子之命)'에 처음 보이는데, "이에 그대를 상공(上公)으로 세워서, 동쪽 중화의 땅을 다스리게 한다(庸建爾於上公, 尹茲東夏.)"라는 표현 중에 쓰였다. 물론『상서(尙書)』에 기록된 동하(東夏)는 현재의 하남성(河南省) 상구(商丘) 일대를 말하며, 주(周)의 무왕(武王)이 상(商)을 정벌하고 미자(微子)를 그 지역에 제후로 봉(封)하면서 동하(東夏)로 지칭한 것이다. 동하(東夏)는 이후 사서(史書)에서 중국 내의 동쪽을 지칭하는 의미로 쓰이기도 했지만, 중국 강역 이외의 지역을 그렇게 표현하지는 않았다.『조선왕조실록(朝鮮王朝實錄)』에는 조선을 동하(東夏)로 기록한 사례가 3건이 보인다. 세조(世祖) 5년(1459년), 세조 6년(1460년), 선조 28년(1595년)에 보인다. 엄밀하게 따지면, 동하(東夏)라는 개념 자체가 중국을 천하의 중심에 세우는 사대적(事大的) 인식에 기반하고 있다. 중화(中華)에 상대하는 소중화(小中華)로서의 동하(東夏)를 내세우는 것이다. 조선시대 유학자의 보편적 인식인 극심한 사대주의(事大主義) 현상으로 볼 수도 있다.『조선왕조실록』에 조선(당시는 물론 고대를 포함하여)을 스스로 지칭하는 개념으로는 동하(東夏) 이외에 기봉(箕封), 해우(海隅) 등을 사용하고 있다. 단종(端宗) 1년(1453년) 10월 8일의『조선왕조실록』기사에서 조선을 스스로 지칭하는 의미로 쓰인 기봉(箕封)은 즉 '기자(箕子)의 봉지(封地)'라는 것이다. 조선의 유학자들에게 기자(箕子)는 단순히 역사적 인물이 아닌 그를 통해 비로소 소중화(小中華)로 편입되고 나아가 그를 통해 중화(中華)를 더욱 사대(事大)하게 만드는 매개체이다. 기자(箕子)를 조선의 단군 이후 시조로 모시게 된 이유가 소중화(小中華)로 편입되는 사대(事大)의 매개체로서 그가 필요했기 때문이다. 이렇게 철저한 사대적(事大的) 인식 속에서 동하(東夏)란 개념이 사용되게 된 것이며, 그런 의미에서 동하(東夏)란 우리를 스스로 높이는 자랑스런 개념이 절대 아니다.

[평양부] 본래 삼조선과 고구려의 옛 도읍으로 당요(唐堯) 무진년에 신인(神人)이 태백산 박달나무 아래에 내려왔으므로 나라 사람들이 그를 세워 임금을 삼아 평양에 도읍하고 단군이라 일컬었으니, 이것이 전조선이요, 주무왕(周武王)이 상(商)을 이기고 기자(箕子)를 여기에 봉하니, 이것이 후조선이요, 전하여 41대 손인 준(準)에 이르러 연인(燕人) 위만이 그 땅을 빼앗아 왕험성[험(險)은 검(儉)이라고도 쓰니, 바로 평양이다]에 도읍하니, 이것이 위만조선이다. 그 손자 우거가 한(漢)의 조명(詔命)을 받들려 하지 않으니 무제(武帝)가 원봉(元封) 2년에 장수를 보내어 토벌하여 사군(四郡)으로 만들고 왕험성으로 낙랑군을 삼았다. 고구려 장수왕 15년(427)에 국내성으로부터 옮겨와 도읍하였다.[242]

[자료 33] 이종휘의 『동사』 번역본[241]

241 이종휘의 『동사』는 번역되어 다음처럼 출판되었다. 이종휘 저/김영심·정재훈 역주, 『동사』, 소명출판, 2004, 그 책을 통해 조선시대 후기인 18세기 이종휘의 역사관을 잘 이해할 수 있다. 단지 필자가 한 번 읽어보니, 번역의 오류도 있었다. 그 책의 41쪽에 이종휘가 쓴 "辰卞二韓.事蹟無可考.不能自立世家.亦春秋黃隨紀虢之流也."이란 원문을 위 책의 번역자들이 "진한, 변한의 이한(二韓)은 사적(史蹟)으로 고찰할 만한 것이 없어서 따로 세가(世家)를 만들 수 없으니 『춘추』「황수기(黃隨紀)」의 괵(虢) 나라와 같은 부류이다."라고 번역하였다. 이 부분은 번역의 오류로 보인다. 사실 『춘추』「황수기」란 것은 없다. 『춘추』의 "黃隨紀虢"이란 기록은 네 나라의 이름을 말한 것이다. 그러므로 『동사』의 윗 부분은 다음과 같이 번역되어야 옳은 것이다. "진한과 변한, 이한(二韓)의 사적은 고찰할 수가 없으므로 독자적으로 세가(世家)를 세울 수 없다. 『춘추』에 기록된 황(黃), 수(隨), 기(紀), 괵(虢)과 같은 부류이다(辰卞二韓.事蹟無可考.不能自立世家.亦春秋黃隨紀虢之流也.)". 이를 보면 이종휘는 『춘추좌전(春秋左傳)』에 기록된 황(黃), 수(隨), 기(紀), 괵(虢)과 같은 소국(小國)에 대해서까지 깊이 이해하고 있었음을 알 수 있다

242 『新增東國輿地勝覽』第51卷 平安道 平壤府.

조선 후기에 들어서면, 기자(箕子)가 도읍하여 문명을 교화한 평양에서 시작하여, 우리민족의 전반 역사의 강역을 한반도에 한정하는 유형의 역사 서술이 지배적 관점으로 자리잡게 되었다. 대표적인 사례가 정약용(丁若鏞, 1762~1836년)인데, 그의 『아방강역고(我邦疆域考)』는 우리민족의 영역이 원래부터 대체로 한반도 지역 안에 있었음을 입증하려는 의도에서 작성되었다고 평가할 수 있다.[243]

이 무렵의 대표적 역사지리서라 할 수 있는 『동사강목』과 『아방강역고』는 조선시대 중후기의 학자들이 역사를 구성하는 일정한 틀로 작용한 소위 '정통론(正統論)'에 의해 우리역사를 서술한 것들이다. 이러한 '정통론'에서의 조선역사는 반드시 기자(箕子)로부터 시작되어, 기자(箕子)를 중심에 세워, 그 정통을 계승하는 역사를 서술하는 것으로서 근본적으로 사대적이다. 정약용 『아방강역고』의 첫 부분인 「조선고(朝鮮考)」도 "조선이란 이름은 평양에서 생겼는데, 실은 기자(箕子)가 도읍한 본지(本地)를 말한다."며 기자(箕子)로부터 우리역사 서술을 시작한다.[244] 『동사강목』은 단군조선-기자조선-마한을 정통으로 세웠는데, 실제로 『동사강목』 본문의 역사서술은 기자(箕子) 원년으로부터 시작한다.[245]

여기서 분명하게 지적해야 할 점은, 그들의 역사편찬 논리인 '정통론(正統論)'은 실은 중화(中華) 혹은 소중화(小中華) 혹은 사대(事大)를 포괄하는 개념으로서 근본적으로 사대주의(事大主義) 입장에 선 것이란 점이다. '정통론'이란 실제로 '중화계승의식'의 역사학적 표현에 다름 아니다.[246]

조선시대 중후기 이후의 '정통론'에 따른 고대사 서술의 출발점은 기자(箕子)가 현재의 평양 일대에서 조선이란 나라를 문명국으로 교화시키며 한반도

243 趙誠乙, 「《我邦疆域考》에 나타난 丁若鏞의 歷史認識」『奎章閣』15, 1992, 91~92쪽.

244 정약용 지음/이민수 옮김, 「朝鮮考」『我邦疆域考』, 범우사, 1995, 21쪽.

245 『東史綱目』第1 上 己卯年 朝鮮 箕子 元年.

246 許太榕, 「17세기 말~18세기 초 中華繼承意識의 형성과 正統論의 강화」『震檀學報』103, 2007, 75쪽.

에서의 역사가 시작되는 것이다. 그 다음이 서기전194년에 위만이 기자조선을 멸망시키고, 역시 평양을 중심으로 한 현재의 북한 일대에 위만조선을 세웠다는 것이다. 다시 뒤인 서기전108년에 한(漢)의 무제(武帝)가 위만조선을 멸망시키고, 현재의 평양에 낙랑군을 세웠으며, 현재의 북한과 압록강 중류 일대 및 남한의 강원도 북부지역에까지 낙랑군을 제외한 3개의 군(郡)을 세웠다는 것이다. 그러므로 조선시대 역사지리서의 대부분은 한사군 중의 현토군을 현재의 함경도 남부에 위치한 것으로 서술하였으며, 뒤에 고구려에게 쫓겨 압록강 북서쪽 홍경(興京) 일대로 이동했다고 서술하였다.

이러한 조선시대의 현토군 위치 인식은 위만조선의 도읍이 현재의 평양이었다는 전제에서 출발하는데, 그 위만조선의 중심지가 현재의 평양일대라는 전제는 상(商)의 기자(箕子)가 주(周)의 무왕(武王)을 피해 정착한 소위 기자조선의 중심지가 현재의 평양이라는 것이다. 그러므로 기자(箕子)가 현재의 평양 일대에 정착하며 기자조선을 다스렸다는 전제가 잘못된 것으로 드러나면, 위만조선 중심지의 위치 역시 모순된 것으로 드러나고, 이에 따른 한사군 특히 현토군의 위치 설정은 근거없는 억측(臆測)이 되는 것이다. 조선시대 현토군 위치 인식의 오류는 기자(箕子)와 위만조선의 중심지를 현재의 평양에 설정하는 것으로부터 비롯되는 것이다.

신채호의 현토군 인식

앞에서 언급했듯, 신채호의 1908년 저작인『독사신론』에서는 현토군을 포함한 한사군의 위치를 현재의 북한 일대에 위치한 것으로 서술하였다. 그러나 1910년 만주로 망명하여 중국과 러시아 연해주 등지에서 독립운동 관련 활동을 하고, 특히 1914년 현재의 중국 요령성 환인현에서 윤세복 등의 대종교 계열 인물들과 교류하며, 또 그곳의 동창학교(東昌學校)에서 교사로 근무하고 또 집안(輯安) 등지의 고구려 유적을 답사한 이후에는 그의 현토군에 대한 관점이 크게 바뀌었다. 그러므로 1910년대 후반에 저술된 것으로 평가되는 『조선상고문화사』에서 신채호는 현토군의 위치를 다음과 같이 서술할 수 있었다.

> 위씨(衛氏)가 드디어 망하니, 한무제(漢武帝)가 그 땅을 나누어 진번·임둔·현토·낙랑의 사군(四郡)을 설치하였다. 사군의 위치와 범위에 관하여 역사학자들의 쟁론이 심하게 분분한 것이다. 옳고 그름은 별도로 논하려니와, 이제 그 개략을 말하자면 한무제의 사군 군현이 원래 홍경(興京) 이동이나 압록강 이남의 조선 열국을 점령하여 설치한 것이 아니요, 다만 요동반도에 있는 위씨를 멸망시키고 그 땅에 조선 열국 이름을 가져다가 군현의 이름으로 지어 나누어 설치한 것이니, 이를테면 사군 안에 고구려 개마현(蓋馬縣) 등이 있지만 홍경 이동의 고구려국·개마국 등이 그대로 존재하며, 사군 안에 화려현·불내현·낙랑군이 있지만 압록강 이남에 화려국·불내국·낙랑국이 옛 모양 그대로 있는 것이 이를 증명함이다.[247]

신채호는 『조선상고문화사』에서 한사군은 요동반도에 있는 위씨(衛氏, *필자 주 : 신채호는 위만조선이란 용어를 사용하지 않음)를 멸망시키고, 그 땅에 조선 열국의 이름을 가져다가 붙인 것에 불과하다는 것 즉 현토군을 포함한 한사군의 위치는 요동의 어느 지역에 있었다는 것이다. 현토에 대해 신채호는 같은 책에서 "현토는 현부(玄部)로도 불리는데, 이곳은 당시의 봉천(奉天) 홍경(興京) 등지로서 진한(辰韓)의 서울이었음"을 다음과 같이 서술하였다.

---

247 申采浩, 『朝鮮上古文化史』「第七章 衛氏 滅亡과 漢四郡의 建置」(『朝鮮日報』, 1932. 5. 28).

현제(玄帝)는 곧 진한(辰韓) 진왕(辰王)에게 올린 존호(尊號)라. 진한의 북부가 그 이름이 현부(玄部) 혹(或) 현토(玄菟)니, 현토(玄菟)는 지금의(今) 봉천(奉天)·홍경(興京) 등지(等地)요, 당시 진한의 서울인 고로 현제(玄帝)라 함이며…[248]

신채호의 역사연구가 진전되어 『조선상고사』의 단계에 이르면, 위의 낙랑군과 함께 검토하였듯, 한사군은 한(漢)의 무제(武帝)가 실제로 설치했던 것이 아니라 어느 지역을 멸망시키고 그곳에 설치하겠다고 가정한 것에 불과하다는 것이다. 『조선상고사』에 따르면, 한(漢)의 무제(武帝)는 북동부여-북옥저를 멸망시키고 그 지역에 현토군을 설치하려 했는데, 실제로는 그곳을 멸망시키지 못했기 때문에 요동군 즉 당시의 봉천성 안에 현토군을 교설(僑設, *필자 주 : 다른 지역의 이름을 빌어 하나의 행정지역을 설치함)하였음을 다음과 같이 서술하였다.

그 전쟁이 대개 서기전108년 경 곧 위씨(衛氏) 멸망의 년(年)에 시(始)하여 서기전82년에 이르러 종국(終局)한 바, 한(漢)이 패하여 사군 실설(實設)의 희망이 영절(永絶)된 고로, 진번·임둔 양군(兩郡)은 그 명칭을 폐지하고 현토·낙랑 양군(兩郡)은 요동군 내에 교설(僑設)함에 이름이니, 『한서』「본기」에는 진번군을 파(罷)하였다 할 뿐이요, 임둔군을 파(罷)하였다는 말은 없으나, 『후한서』「예전(濊傳)」에 「昭帝罷眞番臨屯 以幷樂浪玄菟」라 함을 보면, 임둔군도 진번군과 동시에 폐함이며, 『후한서』「예전」에는 현토를 구려(句麗, 漢의 高句麗縣을 가리킨 것)에 사(徙)하다 하며, 『삼국지』「옥저전(沃沮傳)」에는 처음에 옥저로써 현토성을 삼았다가, 후(後)에 고

248 申采浩, 『朝鮮上古文化史』「第一章 辰韓의 勃興과 朝鮮支那 兩族의 大戰」(『朝鮮日報』, 1931. 11. 15).

구려 서북에 사(徙)하다 하였으나, 옥저전의 불내예왕(不耐濊王)은 북동부여와 남동부여의 왕을 가리킨 것이요, 예전(濊傳)의 불내예왕은 낙랑을 가리킨 것인즉, 양동부여(兩東夫餘)와 낙랑국은 다 당시에 독립왕국이니, 그러면 현토군이 옥저 - 곧 북동부여에서 요동으로 이사(移徙)한 것이 아니라, 다만 북동부여로 현토를 만들려던 기도가 실패하였으므로 비로소 요동 - 금(今) 봉천성성(奉天省城)에 현토군을 교설(僑設)함이며, 낙랑군도 또한 동시에 교설(僑設)하였을 것인바, 그 위치는 확언할 수 없으나 대개 금(今) 해성(海城) 등지인가 한다.

4부

부여-고구려-발해의 역사 계통과 대륙국가 인식

1. 독립운동가의 부여-고구려-발해 계승의식과 그 역사적 연원
2. 독립운동가의 대륙국가 인식
3. 대한민국임시정부의 역사교과서 『배달족역사』에 나타난 역사 인식
4. 고대사 인식을 통한 대륙국가 건설 논의 : 『배달족이상국건설방략』

1. 독립운동가의 부여-고구려-발해 계승의식과 그 역사적 연원

1925년 중국 흑룡강성 목릉(穆陵)에서 북만주(北滿洲)의 독립운동단체를 통일하기 위한 독립운동단체 대표자회의를 개최하였는데,[249] 그 회의의 명칭은 '부여족통일회의(扶餘族統一會議)'였다.[250] 이는 대한독립군단(大韓獨立軍團)과 대한독립군정서(大韓獨立軍政署)가 주도하고, 북만주 각 지역 한인(韓人) 사회에 설립된 단체들이 범민족적으로 참여하는 회의였다. 당시의 상황을 전하는 신문 기사는 아래와 같다.

기사에 의하면, 그 회의에서는 "부여족 전부를 규합하여 큰 세력 단체를 만든 뒤에 어느 중대사업을 실행하려고 신민부(新民府)를 조직하였다."고 한다. 여기서 부여족(扶餘族)이란 독립운동가들이 민족사의 중심에 세우려 했던 고대 부여를 계승하는 우리 민족을 말한다. 독립운동가들은 스스로 '부여 민

249 부여족통일회의는 1925년 1월에 목릉(穆陵)에서 개최되었다. 박환은 신민부에 참여했던 독립운동가 이강훈(李康勳, 1903~2003년)의 증언에 따라, 부여족통일회의의 결과로서 성립된 신민부는 1925년 3월 10일 영안현(寧安縣)에서 조직되었다고 설명했다(박환, 「「新民府」에 대한 一考察」『歷史學報』第108輯, 1985, 90쪽).

250 '부여족통일회의'라는 명칭은 대종교의 역사성과 배달민족 이념이 함축된 이름이다. 그 회의를 주도한 인물들이 대종교 계열이어서 그러한 명칭이 가능했다. 대종교의 역사관은 고조선에서 부여-고구려-발해 등으로 연결되는 부여 민족과 부여국 중심의 민족사를 기본으로 한다. 그런데 부여족통일회의를 신민부로 개칭한 것은 대종교 이념을 내면화하고 북만주 자치기관으로서 위치하게 된 것을 의미한다(이숙화, 「1920년대 大倧敎세력과 北滿洲지역 독립운동」『한국독립운동사연구』제62집, 2018, 148쪽).

北滿統一機關 新民府組織

『大韓獨立軍團』代表金佐鎭等 부여족통일회의를개최

세력단데로신민부조직 中央組織은委員制

[자료 34] 『동아일보』(음력 1925. 3. 16)의 부여족통일회의 관련 기사

족'이란 자긍심을 갖고 있었으며, 독립운동을 통해 고대의 부여를 잇는 자주독립국가를 세우고자 했었다. 그런 인식 속에는 당연히 고대 부여를 계승하는, 대륙국가를 복원하려는 의지가 담겨있었다.

한국과 중국 역사에서 부여의 위상

부여란 명칭이 처음 나타나는 중국 측의 정사(正史)는 『사기(史記)』이다. 『사기』는 사마천(司馬遷)이 서기전91년에 그 집필을 완성했는데,[251] 이 책의 「화식열전(貨殖列傳)」에 연(燕)의 북쪽에 위치하는 국가로서의 부여가 연(燕)과 교류하는 상황을 짧게 언급하고 있다.[252]

서기86년 무렵에 쓰여진 왕충(王充, 27~97년)의 『논형(論衡)』「길험편(吉驗篇)」에는 부여의 건국과 관련된 사화(史話)가 실려 있다. 아래와 같은 내용의

251 袁傳璋, 『太史公生平著作考論』, 安徽人民出版社, 2005, 12~15쪽.

252 『史記』卷129 「貨殖列傳」第69 "夫燕亦勃,碣之閒一都會也.南通齊,趙, 東北邊胡.上谷至遼東, 地踔遠, 人民希, 數被寇, 大與趙,代俗相類, 而民雕捍少慮, 有魚鹽棗栗之饒.北鄰烏桓,夫餘, 東綰穢貉,朝鮮,眞番之利."

그 글에서는 부여의 건국에 관련된 사실 뿐 아니라, 부여의 국제적 위상(位相)도 충분히 짐작할 수 있게 해준다.

> 북이(北夷) 탁리국(槖離國) 왕의 시비(侍婢)가 임신을 하였다. 왕이 그를 죽이려고 하자 시비가 "크기가 달걀만한 기운이 있었는데 하늘로부터 저에게 내려왔으므로 임신을 하였습니다."라고 대답했다. 뒤에 아들을 낳으니, (왕은) 돼지우리에 버렸지만. 돼지가 입으로 숨을 불어넣어 죽지 않았다. 다시 마구간으로 옮겨 놓고는 말에 밟혀 죽도록 했으나, 말들 역시 입으로 숨을 불어넣어 죽지 않았다. 왕은 아이가 아마 하늘의 자식일 것이라 생각하여, 그의 모친에게 거두도록 하고 노비로 삼아 길렀다. 이름을 동명(東明)이라 부르며 소나 말을 치게 하였다. 동명의 활솜씨가 뛰어나자 왕은 그에게 나라를 빼앗길 것이 두려워 그를 죽이려고 했다. 동명이 남쪽으로 도망가다가 엄호수(掩淲水)에 이르러 활로 물을 치니 물고기와 자라가 떠올라 다리를 만들어 주었고, 동명이 건너가자 물고기와 자라가 흩어져 추적하던 병사들은 건널 수 없었다. 그는 도읍을 세우고 부여(夫餘)의 왕이 되었다. 이것이 북이(北夷)에 부여국이 생기게 된 유래이다.[253]

후한(後漢)의 저명한 학자인 왕충은 『논형』의 편찬 목적에 대해 "현혹된 마음을 각성시켜 허실(虛實)을 분별할 줄 알게 하는 것"이라고 스스로 밝히고

253 『論衡』卷2 「吉驗篇」 "北夷槖離國王侍婢有娠, 王欲殺之.婢對曰 :「有氣大如雞子, 從天而下, 我故有娠.」後産子, 捐於豬溷中, 豬以口氣噓之, 不死 ; 復徙置馬欄中, 欲使馬藉殺之, 馬復以口氣噓之, 不死.王疑以爲天子, 令其母收取, 奴畜之, 名東明, 令牧牛馬.東明善射, 王恐奪其國也, 欲殺之.東明走, 南至掩淲水, 以弓擊水, 魚鱉浮爲橋, 東明得渡.魚鱉解散, 追兵不得渡.因都王夫餘, 故北夷有夫餘國焉.東明之母初妊時, 見氣從天下.及生, 棄之, 豬馬以氣吁之而生之.長大, 王欲殺之, 以弓擊水, 魚鱉爲橋.天命不當死, 故有豬馬之救 ; 命當都王夫餘, 故有魚鱉爲橋之助也."

之以爲神而收長及壯使兵數有功單于乃復以其
父之民予昆莫命令長守於西城夫后稷不當棄故
牛馬不踐烏以羽翼覆愛其身昆莫不當死故烏嗛
肉就而食之北夷橐離國王侍婢有娠王欲殺之婢
對曰有氣大如雞子從天而下我故有娠後產子捐
於豬溷中豬以口氣噓之不死復徙置馬欄中欲使
馬藉殺之馬復以口氣噓之不死王疑以爲天子令
其母收取奴畜之名東明令牧牛馬東明善射王恐
奪其國也欲殺之東明走南至掩淲水以弓擊水魚
鼈浮爲橋東明得渡魚鼈解散追兵不得渡因都王

[자료 35] 『논형』「길험편」의 '부여' 서술 부분

있다. 왕충은 당시 사회의 유학(儒學)이 지닌 허위성과 신비주의적 참위설(讖緯說)을 비판하였음은 물론, 고적(古籍)으로 전해지는 여러 내용에 대해서도 합리적인 비판을 가한 것으로 유명하다. 그런 학자가 부여의 건국과 관련한 사화(史話)를 수집하였다는 것은, 그 내용이 누구나 쉽게 지을 수 있는 허무맹랑한 얘기가 아니고, 부여란 국가 차원에서 성립되어 해외에까지 전해진 것임을 알 수 있게 해준다. 『논형』을 통해, 탁리국과 그곳으로부터의 남하에 의한 부여 건국의 사실적(事實的) 측면이 파악되는 것이다.

다른 한편, 『논형』「길험편」 전문에서 부여의 국제적 위상(位相)도 파악할 수 있다. 「길험편」에는 여러 유명한 인물들의 출생에 대한 얘기를 통해, 그들이 모두 천명(天命)을 타고 났음을 주장하고 있다. 그 인물들이란 바로 황제(黃帝), 순(舜), 후직(后稷), 이윤(伊尹), 제환공(齊桓公), 한(漢)의 고조(高祖)인 유방(劉邦)과 광무제(光武帝) 등 소위 중원 왕조의 중요한 역사적 인물들이다. 그 밖의 변경 민족으로는 오손(烏孫)의 왕인 곤막(昆莫)과 부여의 왕인 동명 등 단지 둘 만을 언급하고 있다.

오손은 한(漢)의 서쪽 초원에 접한 가장 중요한 변방민족의 하나이다. 그러므로 「길험편」의 여러 인물들과 함께 서술된 부여의 동명과 관련한 건국 얘기로부터 당시의 중원(中原)이 부여를 보는 시각을 파악할 수 있다. 즉 당시의 부여는 상당한 위상을 지닌 국가로서 왕충에게 인식되었고, 그에 따라, 그의 저서인 『논형』에 중원의 중요 인물들과 나란히 동명이 기록될 수 있었다.

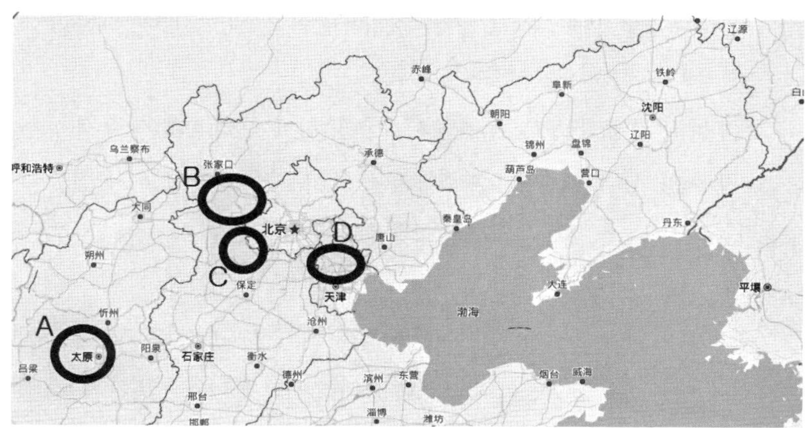

[자료 36] 서기49년 고구려가 공격한 우북평(C) · 어양(D) · 상곡(B) · 태원(A)의 위치

한(漢)이 부여 왕의 장례에 쓸 옥갑(玉匣)을 미리 준비하여 두었다가 대대로 제공해왔다는 『후한서』의 기록을 보더라도,[254] 후한(後漢)에게 부여는 상당한 위상을 지닌 국가였음이 분명하다. 그런데, 현재 중국의 장강(長江) 이남에 있는 절강성(浙江省) 소흥(紹興) 일대에서 태어난 왕충이 어떻게 그 먼 북쪽 지역 국가인 부여에 대해 자세히 알았고, 또 관련 기록을 그의 저서인 『논형』에 남길 수 있었을까? 이 궁금증은 당시의 부여와 후한(後漢)을 둘러싼 국제적 역학관계(力學關係) 속에서 이해할 수 있다.

서기49년에 고구려가 후한(後漢)을 공격하여 멀리 현재의 산서성(山西省) 태원(太原) 일대까지 일시 정복한 사실을 사서들은 아래와 같이 기록하고 있다.

> (고구려 모본왕) 2년(서기49년) 봄에 왕이 장수를 보내 한(漢)의 북평(北平), 어양(漁陽), 상곡(上谷), 태원(太原)을 습격하게 하였다. 요

254 『後漢書』卷85「東夷列傳」夫餘國傳 "其王葬用玉匣, 漢朝常豫以玉匣付玄菟郡, 王死則迎取以葬焉."

동태수(遼東太守) 채동(蔡彤)이 은의(恩誼)와 신의(信義)로써 대하므로 다시 화친하였다.[255]

(후한 광무제) 건무(建武)25년(서기49년) 봄에 구려(句驪)가 우북평, 어양, 상곡, 태원을 노략질하였다. 요동태수 제동이 은의와 신의로써 그들을 부르자 모두 다시 화친하였다.[256]

위와 같이, 49년에 고구려는 후한(後漢)의 태원(太原) 지역까지 공격하던 국가였다. 이런 상황을 이용하여, 오히려 부여는 후한과 더욱 특별한 우호관계를 형성하고 있다. 『후한서』를 보면, "건무(建武)25년(서기49년), 부여왕이 사신을 보내어 공물을 보내자 (후한의) 광무제(光武帝)가 후하게 보답하였다."란 기록이 있다.[257] 군사적으로 거칠 것이 없는 정복국가로 급성장하여 멀리 태원(太原) 일대까지 공격하는 고구려를 견제하려는 후한(後漢)이 '이이제이(以夷制夷)'란 입장에서 부여를 특별히 우대하였던 것이다. 부여와 후한(後漢)의 이러한 관계로 인해, 부여는 널리 알려졌고, 그 건국과 관련한 전설이 왕충의 『논형』에 기록될 수 있었던 것이다.

대륙국가의 출발점인 부여와 그를 계승한 고구려에 대한 역사 기록

중국의 정사(正史)에서 고구려와 부여의 민족관계를 처음으로 서술한 사서는 280년에서 290년 사이에 진수(陳壽, 233~297년)에 의해 씌어진 『삼국지(三國志)』이다. 관련 부분은 다음과 같다.

---

255 『三國史記』卷第14「高句麗本紀」第2 慕本王 "二年, 春, 遣將襲漢北平·漁陽·上谷·大原, 而遼東大守蔡彤, 以恩信待之, 乃復和親."

256 『後漢書』卷85「東夷列傳」第75 句驪 " 二十五年春, 句驪寇右北平·漁陽·上谷·太原, 而遼東太守祭肜以恩信招之, 皆復款塞."

257 『後漢書』卷85「東夷列傳」夫餘國傳 "二十五年, 夫餘王遣使奉貢, 光武厚荅報之, 於是使命歲通."

> 동이(東夷)의 옛말에 의하면 (고구려는) 부여의 별종(別種)이라 하는데, 말이나 풍속 따위는 부여와 같은 점이 많았으나, 그들의 기질이나 의복은 다름이 있다.[258]

위에서 '별종'이란 용어는 고대의 역사가들이 종족의 연원(淵源) 관계를 언급하는 데 사용하였다. 시간적으로 선후(先後)가 분명하고, 지역적으로 그들의 활동지역이 같거나 혹은 인접하고 있었으며, 문화적으로는 습속(習俗) 등이 아주 근사하며, 정치적으로는 일찍이 귀속(歸屬) 혹은 귀부(歸附)되어 있었거나 혹은 후세에 하나의 정치집단으로 통합된 경우에 사용되었던 용어였다.[259] 위의 『삼국지(三國志)』 기사에 나타난 '별종'이란 용어에 고구려와 부여의 계승관계가 잘 설명되어 있는 것이다.

고구려를 부여의 '별종'으로 지칭한 『삼국지』 이후에 작성된 중국의 정사(正史) 기록들에서 모두 고구려를 부여에서 갈라져 나온 국가로 서술하고 있다. 고구려 스스로도 부여로부터 자신들이 기원되고 있음을 414년 고구려의 장수왕이 제작한 「광개토태왕릉비」에 다음과 같이 분명하게 새기어 놓았다.

> 옛적 시조(始祖) 추모(鄒牟)왕이 나라를 세웠는데, 북부여로부터 나왔으며, 천제(天帝)의 아들이었고 어머니는 하백(河伯)의 딸이었다.[260]

이렇듯 분명하게, 고구려는 그 국가적 정체성을 부여의 계승으로부터 찾고 있었다. 그러므로 627년에서 659년 사이의 어느 시점에 작성된 것으로 추정되는 『북사(北史)』의 다음과 같은 기록을 보면, 고구려가 부여의 신(神)을 가장

258 『三國志』卷三十 「魏書」三十 烏丸鮮卑東夷傳第三十 高句麗傳 "東夷舊語以爲夫餘別種, 言語諸事, 多與夫餘同, 其性氣衣服有異."

259 이동휘, 「『舊唐書·渤海靺鞨傳』의 "本高麗別種"에 관하여」『지역과 역사』9, 2001, 127~128쪽.

260 「廣開土大王陵碑」"惟昔始祖鄒牟王之創基也出自北夫餘天帝之子母河伯女郎."

중요한 신으로서 국가 차원에서 제사지내고 있음을 알 수 있다.

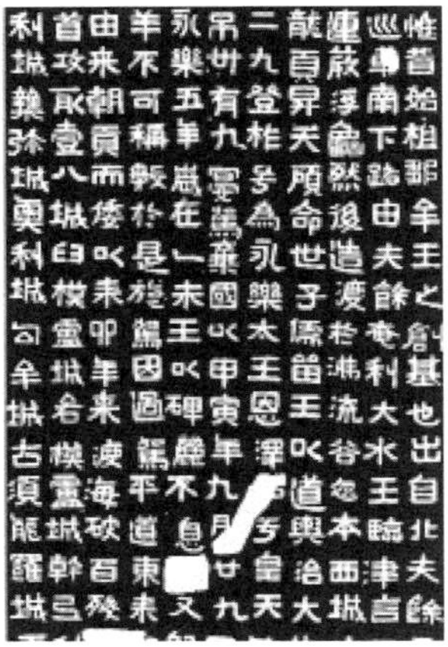

[자료 37] 고구려는 북부여로부터 나왔다고 기록한 「광개토태왕릉비」 제1면(부분)[261]

> (고구려에는) 조묘(祖廟, *필자 주 : 선조의 신주(神主)를 모신 사당을 말함)가 두 군데 있는데 하나는 부여신(夫餘神)으로 나무를 조각하여 부인상(婦人像)을 만들었고, 하나는 고등신(高登神)으로 고구려의 시조이신 부여신(夫餘神)의 아들이라고 한다. 두 조묘에 모두 관사(官司)를 설치해놓고 사람을 파견하여 수호하였다. (그 두 신은) 대개 주몽(朱蒙)의 어머니인 하백(河伯)의 딸과 주몽이라고 한다.[262]

그 국가의 정통성을 부여로부터 찾고 있던 고구려에게 부여와 관련된 제의(祭儀)는 당연히 국가 차원에서 가장 중시되는 것이었다. 위에 소개한 「광개토태왕릉비」와 『북사』의 기록에서 볼 수 있듯, 고구려는 조상신으로서의 하백의 딸과 주몽을 모시고, 부여로부터 계승된 것과 고구려의 토착적인 것을 중심으로 그들의 정체성을 유지 및 강화하고 있었음을 알 수 있다.

1124년 『고려도경』의 부여-고구려-발해-고려로 계승되는 역사 인식

261 1882년에 채탁(採拓)된 쌍구가묵본(雙鉤加墨本) 「광개토태왕릉비」 제1면 윗부분이다.

262 『北史』卷94 「列傳」第82 高句麗 "有神廟二所, 一曰夫餘神, 刻木作婦人像. 二曰高登神, 云是始祖, 夫餘神之子. 竝置官司, 遣人守護, 蓋河伯女 朱蒙云.".

현재 전해지는 문헌 중 부여를 한국사의 한 출발점으로 하여 <부여-고구려-발해-고려>로 계승되는 역사 인식을 처음 직접적으로 서술한 문헌은 『선화봉사고려도경(宣和奉使高麗圖經)』(이하 『고려도경』이라 줄여 부름)이다.[263] 『고려도경』에서 고려의 역사적 기원을 부여에서 찾고, 또 고구려 및 발해와 고려로 연결시킨 서술의 주요한 부분은 아래와 같다.

가) 고려의 선조는 주(周)의 무왕(武王)이 조선에 봉한 기자(箕子) 서여(胥餘)인데, 성은 자(子)이다. 주(周)·진(秦)을 지나 한(漢)의 고조(高祖) 12년(서기전195년)에 이르러 연(燕)의 위만이 망명하였는데, 무리를 모아 상투를 틀고[椎結] 와서 오랑캐를 복속시켜 점차 조선 땅을 차지하고 왕 노릇을 하였다. 자성(子姓)이 나라를 차지한 지 8백여 년 만에 위씨(衛氏)의 나라가 되었고, 위씨가 나라를 차지함이 80여 년이었다.

나) 이에 앞서, 부여(夫餘)의 왕이 하신(河神)의 딸을 얻었는데 햇빛이 비치어 임신하였으며 알[卵]을 낳았다. 자라서 활을 잘 쏘았는데, 세속에서 활 잘 쏘는 것을 '주몽(朱蒙)'이라 하므로, 따라서 '주몽'이라고 이름지었다. 부여 사람들이 그의 출생이 이상했던 때문에 상서롭지 못하다 하여 제거할 것을 청하였다. 주몽이 두려워서 도망하다가 큰물을 만났는데, 다리가 없어 건너지 못하자, 활을 가지고 물을 치면서 주문(呪文)을 외우자, 물고기와 자라가 줄지어 떠올랐다. 그리하여 타고 건너가 흘승골성(紇升骨城)에 이르러 살면서 그곳을 스스로 '고구려'라 부르고, 따라서 '고(高)'로 성씨를 삼고 나라를 고려라 하였다. …(중략)…

263 아래의 『고려도경』에 나타난 부여와 고구려에 대한 서술은 다음의 논문을 참고하였다. 임찬경, 「『고려도경』『삼국사기』의 고구려 건국 연대와 첫 도읍 졸본」『국학연구』제19집, 2015.

(다)한(漢)의 무제(武帝)가 조선을 멸망시키고 고구려를 현(縣)으로 삼아 현토군(玄菟郡)에 소속시키고, 그 군장(君長)에게 고취(鼓吹)와 기인(伎人)을 내려주었다. 고려는 늘 현토군에 가서 조복(朝服)·의복·책(幘)을 받아왔는데, (고구려현의)현령(縣令)이 그 관련 서류[名籍]를 관리하였다. 뒤에는 (고구려가) 점점 교만하여져 다시 군(郡)에 오지 않으니, 군(郡)에서 동쪽 경계에 자그마한 성을 쌓고 세시(歲時)에 받아가게 하였다. 따라서 그 성을 '책구루(幘溝漊)'라고 불렀는데, 고려 말로 성을 '구루'라 한다. 그리고 이때에 와서 비로소 왕이라 일컬었다. 왕망(王莽)이 고려의 군사를 출동시켜 흉노(匈奴)를 치려고 했으나, 출병(出兵)하지 않았고, 이에 왕을 낮추어 후(侯)로 삼으니, 이 때문에 고려 사람들이 더욱 그 국경을 침범했다. (동한의) 광무제(光武帝)가 중흥(中興)하자 고구려는 변방 관원을 보내왔고, 건무(建武)8년(서기32년)에 사신을 보내어 조회(朝會)하러 왔다. 따라서 왕호(王號)를 복구시켜 주고 외번(外藩)의 반열(班列)에 끼워 주었다. 안제(安帝, 107~125년) 이후에는 5부(部)가 번성하고 비록 약탈도 조금 있었으나, 곧 다시 되돌아와서 신하의 예를 갖췄다. …(이후 '고구려 역사 서술 부분' 중략)…
당(唐) 태종(太宗) 때에는 동부대인(東部大人) 개소문(蓋蘇文)이 잔학무도하므로, 태종이 친히 개소문을 정벌하여 위엄을 요동에 떨쳤다. 당(唐) 고종(高宗)이 또 다시 이적(李勣)에게 명하여 고구려를 토벌하도록 하였다. 그리하여 고구려왕 고장(高藏)을 사로잡고 그 땅을 나누어 군현(郡縣)을 삼았으며, 안동도호부(安東都護府)를 평양성(平壤城)에 설치하고 군사를 두어 지켰다.

라) 뒤에 무후(武后)가 장수를 보내어 그 왕 걸곤우(乞昆羽)를 죽이고 걸중상(乞仲象)을 왕으로 세웠으나 걸중상이 또한 병으로 죽으니, 중상(仲象)의 아들 조영(祚榮)이 즉위하였다. 대조영은 그 백성 40만을 이끌고 읍루(挹婁)에 터를 잡고 당(唐)의 신하가 되었다. 당(唐)의 중종(中宗) 때에는 홀한주(忽汗州)를 설치하고 대조영을 도독발해군왕(都督渤海郡王)으로 삼으니, 그 뒤부터 드디어 발해라고 불렀다. …(이후 '검모잠(劍牟岑) 등의 수복(收復) 운동 부분' 중략)…

마) 고씨(高氏, *필자 주 : 고구려의 왕족 혹은 고구려란 국가를 말함)는 이미 멸망했지만 오랜 뒤에는 점차 회복되어, 당(唐) 말기에 이르러서는 드디어 그 나라에서 왕이 되었다. 후당(後唐) 동광(同光) 원년(서기923년)에는 사신을 보내어 조회하러 왔는데, 국왕(國王)의 성씨(姓氏)를 사관이 빠뜨리고 기재하지 않았다. 장흥(長興) 2년(서기931년)에 왕건(王建)이 나라 일을 맡아보며[權知], 사신을 보내어 공물(貢物)을 바치고, 드디어 작위(爵位)를 받아 나라를 차지했다.[264]

---

264 『宣和奉使高麗圖經』卷第一「建國」始封 "高麗之先, 蓋周武王封箕子胥餘於朝鮮, 寔子姓也. 歷周秦, 至漢高祖十二年, 燕人衛滿亡命. 聚黨椎結, 服役蠻夷, 浸有朝鮮之地而王之. 自子姓有國八百餘年, 而爲衛氏, 衛氏有國八十餘年. 先是, 夫餘王得河神之女, 爲日所照, 感孕而卵生. 旣長善射, 俗稱善射爲'朱蒙', 因以名之. 夫餘人, 以其生異, 謂之不祥, 請除之. 朱蒙懼逃焉, 遇大水無梁, 勢不能渡. 因持弓擊水而呪之, 魚鱉竝浮, 因乘以濟. 至紇升骨城而居, 自號曰'高句驪', 因以'高'爲氏, 而以高麗爲國. …漢武帝滅朝鮮, 以高麗爲縣, 屬元菟郡, 其君長賜之鼓吹伎人. 常從郡受朝服衣幘, 縣令主其名籍. 後稍驕, 不復詣郡, 於東界築小城, 歲時受之, 因名'幘溝漊'. '溝漊'者, 高麗名城也. 於是始稱王焉. 王莽發其兵, 以誅匈奴. 不至, 降王爲侯. 而麗人益寇邊, 光武中興, 罷遣邊吏. 建武八年, 遣使來朝. 因復王號, 列爲外藩. 安帝以後, 部衆滋熾, 雖少鈔暴, 旋卽賓服. … 唐太宗時, 其東部大人蓋蘇文, 賊虐不道, 帝親征之, 威震遼海. 高宗又命李勣, 往平之. 俘其王高藏, 裂地而爲郡縣, 建安東都護府於平壤城, 以兵鎭守. 後武后遣將, 擊殺其王乞昆羽, 而立其王乞仲象. 亦病死, 仲象子祚榮立. 因有其衆四十萬, 據于挹婁, 臣于唐. 中宗時, 乃置忽汗州, 以祚榮爲都督渤海郡王, 其後, 遂號渤海. … 高氏旣絶, 久而稍復, 至唐末遂王其國. 後唐同光元年, 遣使來朝, 國王姓氏, 史失不載. 長興二年, 王建權知國事, 遣使入貢, 遂受爵以有國云."

위에 인용한 『고려도경』은 북송(北宋)의 사신으로 1123년에 고려에 와서 1개월 동안 머물렀던 서긍(徐兢, 1091~1153년)이 1124년에 편찬한 책이다. 서긍은 고려에 와서 직접 수집한 견문은 물론 당대(當代)의 관련 자료를 모두 살펴보고 이 책을 저술하였다.

물론 이 책에서의 고려 역사 서술에는 역사 사실(史實)를 왜곡한 부분도 있다. 위의 인용문 가)에 보이듯, 『고려도경』의 저자는 고려의 역사를 기자(箕子)로부터 서술하려 시도했던 것이다. 고려의 선조는 바로 기자(箕子)에서 비롯되었다는 분명한 역사왜곡이다. 물론 이러한 관점은 저자 서긍의 국가였던 북송의 입장이 반영된 것인데, 전혀 역사적 사실로 받아들일 수 없다. 고려를 주(周, 서기전1046~서기전256년)가 봉(封)한 기자(箕子)와 연결시키는 이러한 역사기록은 당(唐) 말기에서 북송 초기에 이르는 기간에 형성되었다.[265] 북송의 입장에서 고려의 국가적 기원을 자신들과 연관시키고, 또 화이관(華夷觀)에 따라 고려가 역사적으로 그 기원에서부터 자신들에게 종속되어 있었다고 주장하기 위해 조작한 말에 불과한 것이다.[266] 그러나 『고려도경』이 고려의 역사적 출발점을 기자(箕子)로 설정하려 했던 근본적 문제점을 갖고 있지만, 부여로부터 비롯되어 고구려와 발해로 연결되는 고려의 역사를 통사(通史) 체계로 서술했던 점은 주목할 만하다.

특히 위의 인용문 나)에서는 "이에 앞서[先是]"라는 표현을 사용하여, 고구려가 위만이 조선을 차지한 서기전194년 이전에 이미 건국되었다고 분명하게 서술하였다. 고구려가 이미 위만조선의 성립에 앞서 존재했었기 때문에, 서긍은 그 뒤의 문장에서 또한 "한(漢)의 무제(武帝)가 조선을 멸망시키고 고구려를

---

265 韓永愚, 「高麗圖經에 나타난 徐兢의 韓國史體系」『奎章閣』7, 1983, 19~20쪽.

266 기자조선이 중화주의(中華主義)에 근거한 화이(華夷)의 관점에서 조작된 것임은 이 책의 제1부에서 서술했다.

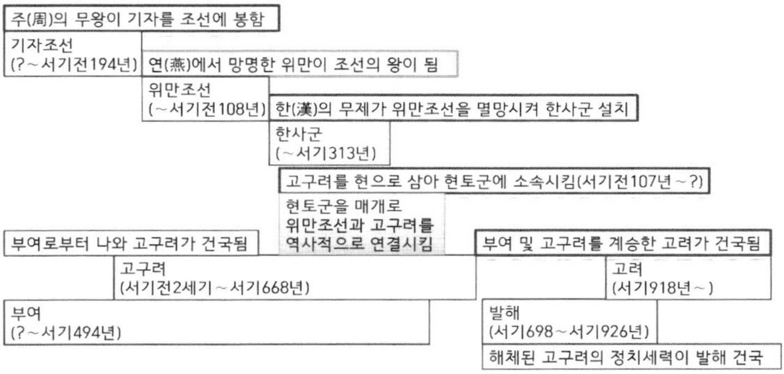

주(周)의 무왕이 기자를 조선에 봉함
기자조선
(?~서기전194년)
연(燕)에서 망명한 위만이 조선의 왕이 됨
위만조선
(~서기전108년)
한(漢)의 무제가 위만조선을 멸망시켜 한사군 설치
한사군
(~서기313년)
고구려를 현으로 삼아 현토군에 소속시킴(서기전107년~?)
현토군을 매개로
위만조선과 고구려를
역사적으로 연결시킴
부여로부터 나와 고구려가 건국됨
고구려
(서기전2세기~서기668년)
부여
(?~서기494년)
부여 및 고구려를 계승한 고려가 건국됨
고려
(서기918년~)
발해
(서기698~서기926년)
해체된 고구려의 정치세력이 발해 건국

[자료 38] 『고려도경』에서 시도한 이원적(二元的) 고려 역사 서술 체계[268]

현(縣)으로 삼아 현토군에 소속시켰다."고 기록할 수 있었다. 물론 조선과 고구려 및 현토군을 연결시키는 이 서술에서, 무제가 조선을 멸망시킨 서기전108년 이전에 이미 하나의 독립된 국가로서의 고구려가 존재하고 있었던 상황이 서술된 것은 역사적 사실로 볼 수 있지만, 그 "(국가로서의)고구려를 현(縣)으로 삼아 현토군에 소속시켰다."는 기록 자체는 역사적 사실과 전혀 다른 것이다.[267]

267 "한(漢)의 무제(武帝)가 조선을 멸망시키고 고구려를 현(縣)으로 삼아 현토군에 소속시켰다."는 기록은 범엽(范曄, 398~445년)이 432년에서 445년 사이에 작성한 『후한서』에 처음 나타난다. 『후한서』보다 150여년 앞서 작성된 『삼국지』에도 그와 비슷한 기록은 없다. 그러므로 "고구려를 현(縣)으로 삼아 현토군에 소속시켰다."는 부분은 범엽이 자신의 주관적 해석을 덧붙인 것이거나, 혹은 그 당시의 고구려 인식이 기록된 것일 가능성이 있다. 그러나 "고구려를 현(縣)으로 삼아 현토군에 소속시켰다."는 기록을 역사적 사실로 볼 수는 없다. 한무제(漢武帝)의 조선 정벌 이후인 서기전107년에 고구려의 일부 지역에 현토군을 설치했는데, 이후 이를 고구려를 현(縣)으로 삼았다고 기록했거나 혹은 한무제(漢武帝)가 현토군을 설치하고 그 안에 고구려의 이름을 빌어 고구려현을 설치한 것으로 볼 수는 있다. 『한서』의 현토군에 대한 안사고(顔師古, 581~645년)의 주(注)에 "(현토군) 무제 원봉(元封)4년(서기전107년)에 설치했다."고 덧붙였고, 그 현토군 아래의 3개 현(縣) 중에 고구려현이 설치됐다고만 기록했다. 물론 그 뒤에 "(고구려현)은 예전의 구려(句驪) 오랑캐"라는 응소(應劭, 153~196년)의 주(注)를 덧붙여서(『漢書』卷28下 「地理志」第8下 "(元菟郡) 武帝元封四年開. …(高句驪)應劭曰故句驪胡."), 고구려현의 구성원이 구려(句麗)의 족속일 수 있다고 밝혔다.

268 임찬경, 『고구려와 위만조선의 경계 : 위만조선, 졸본, 평양의 위치 연구』, 한국학술정보, 2019, 35쪽에

어쨌든 『고려도경』에는 〈기자조선-위만조선-한사군〉으로 연결되는 역사체계와 〈부여-고구려-발해-고려〉로 이어지는 역사체계가 이원적(二元的)으로 서술되어 있다. 그리고 서긍은 서로 다른 이원적 역사체계를 한사군 중의 현토군을 통해 억지로 연결시키려 시도했다. 고구려를 한(漢)에 예속적 관계로 연관시키는 역사적 고리로서 현토군을 이용하려 했던 것이다. 즉 〈기자조선-위만조선-한사군〉으로 연결시키는 역사체계에 뒤이어 고구려를 바로 연결시켜 놓으려는 의도에서, 한(漢)의 무제(武帝)가 서기전108년 조선을 멸망시킨 이후 고구려(국가로서의)를 현으로 삼았다는 논리를 덧붙여 강조하는 것이다. 『고려도경』의 고려사 서술에서는 한사군 중의 현토군 고구려현을 조작하여, 〈기자조선-위만조선-한사군-(부여)-고구려-발해-고려〉로 이어지는 고려사를 구성하려 했던 것이다.[269] 그러나 어쨌든, 『고려도경』에서 고려의 역사를 〈부여-고구려-발해-고려〉의 체계로 서술했던 점은, 대륙국가의 위상(位相)을 지닌 한국고대사의 특성을 잘 반영한 서술이라고 볼 수 있다.

1145년 『삼국사기』 이후 신라 중심 역사체계로의 전환

북송의 서긍은 1123년에 사신으로 고려에 와서 1개월 정도 머물렀다. 이때의 견문(見聞)과 당대(當代)의 여러 문헌들을 참고하여 1124년에 『고려도경』을 완성하였다. 자연히 『고려도경』에는 1123년 당시의 고려사회 현황은 물론 서긍이 수집한 직간접적인 자료를 토대로 작성된 고려의 전반 역사 등이 생생하게 서술될 수 있었다. 그러므로 『고려도경』 제1권의 「건국」편에는 "이제 모든 역사를 살펴보고 역대의 왕을 차례대로 기록하여 (고려의) 건국기(建國記)를 짓는다."며,[270] 고려의 역사가 건국 이전부터 당대(當代)까지 서술되어 있는데,

---

서 인용.

269 안병우는 서긍이 그의 『고려도경』에서 고려의 역사를 〈기자-위만-주몽-발해〉로 체계화시키려 했다고 서술했다(안병우, 「고구려와 고려의 역사적 계승 관계」『한국고대사연구』33, 2004, 130~131쪽).

270 『宣和奉使高麗圖經』卷第一「建國」建國 "今謹稽諸史, 敍敍其歷代之王, 作建國記云."

이 기록은 1123년 당시 고려사회의 역사인식을 비교적 사실적으로 반영한다고 평가할 수 있다.

위에서 살펴보았듯, 『고려도경』에 서술된 고려사의 특징은 고려가 고구려를 계승했음을 특히 강조한 것이다. 또한 위만조선의 성립 시기인 서기전194년 이전에 부여로부터 갈라져나온 고구려가 이미 건국되어 있었으며, 고구려가 발해를 거쳐 고려의 건국으로 이어지는 것으로 서술하였다. 즉 <부여-고구려-발해-고려>로 이어지는 부여 및 고구려 중심의 역사체계로서 고려사를 구성한 것이다. 물론 그 앞에 <기자조선-위만조선>을 한사군을 고리로 끼워 넣으려는 억지를 부리기도 했다.

그렇다면 서긍은 『고려도경』에 <부여-고구려-발해-고려>로 이어지는, 부여로부터 비롯되는 고구려 중심의 역사체계를 어떻게 기록할 수 있었을까? 답은 쉽고도 명확하다. 고려 전기의 지배집단이 강한 고구려 계승의식을 갖고 있었기에 가능했다. 서긍은 자신이 목격한 고려인들의 역사관을 비교적 사실 그대로 옮겨 적었다고 볼 수 있는 것이다.

우선 고려의 건국자인 왕건이 고구려 계통의 인물이었다. 그렇기 때문에 1123년 직접 고려를 방문한 서긍이 『고려도경』에 "왕씨의 선조는 대개 고구려[高麗]의 대족(大族)이다. 고씨(高氏)의 정치가 쇠퇴하게 되자 나라 사람들이 왕건(王建)을 어질게 여겨 드디어 왕으로 세웠다."고 기록할 수 있었다.[271] 또한 왕건을 도와 고려를 건국한 주체세력 가운데는 평주(平州)를 비롯한 패서(浿西) 지역, 정주(貞州) 등 한반도 중부지방 출신들이 큰 역할을 하였다. 그들은 옛 고구려 계통의 후손들이었고, 그들에게는 고구려 계승의식이 남아 있었다. 이

271 『宣和奉使高麗圖經』卷第二「世次」王氏 "王氏之先, 蓋高麗大族也. 當高氏政衰, 國人以建賢, 遂共立爲君長.". 이 인용문에서의 '고씨(高氏)'는 고구려와 그를 이은 발해의 왕족을 의미한다고 볼 수 있다.

들이 왕건을 도와 고구려를 건국하였으며, 당연히 초기의 고려에는 강력한 고구려 계승의식과 함께 관련한 문화가 남아 있었던 것이다.[272]

서긍은 1123년의 고려에서 직접 부여와 고구려를 계승하는 고려인들의 제의(祭儀) 유적을 목격하고, 그의 『고려도경』에 다음과 같이 기록하였다.

> 동신사(東神祠)는 선인문(宣仁門) 안에 있다. 땅은 약간 평평하고 넓은데, 전각(殿閣) 건물은 낮고 누추하다. 낭무(廊廡) 30칸은 황량하게 수리하지 않은 채로 있다. 정전(正殿)에는 '동신성모지당(東神聖母之堂)'이란 방(榜)이 붙어 있고 장막으로 가려 사람들이 신상(神像)을 보지 못하게 만들었다. 이는 나무를 깎아 여인상을 만들었기 때문인데, 어떤 사람은 그것이 부여(夫餘)의 처(妻)인 하신(河神)의 딸이라고 한다. 그가 고려의 시조가 된 주몽(朱蒙)을 낳았기 때문에 제사를 모시게 된 것이다. 구례(舊例)에는 사신이 오면 관원을 보내 전제(奠祭)를 마련하는데, 그 제물을 바치고[牲牢] 술을 올리는[酌獻] 법식(法式)은 숭산신(崧山神)에 대한 법식과 같은 예법(禮法)이다.[273]

고려가 하신(河神) 즉 하백(河伯)의 딸을 제사의 대상으로 삼은 것은 그녀가 낳은 주몽이 고구려의 시조가 되었기 때문이다. 부여신(夫餘神)인 하백의 딸을 모시는 고구려의 신앙이 고려에도 그대로 전승되어 존재했던 것이다. 고

---

272 안병우, 「고구려와 고려의 역사적 계승 관계」『한국고대사연구』33, 2004, 126~128쪽.

273 『宣和奉使高麗圖經』卷第十七 「祠宇」 東神祠 "東神祠, 在宣仁門內. 地稍平廣, 殿宇卑陋. 廊廡三十間, 荒涼不葺. 正殿榜曰'東神聖母之堂', 以帟幕蔽之, 不令人見神像. 蓋刻木作女人狀, 或云乃夫餘妻河神女也. 以其生朱蒙, 爲高麗始祖, 故祀之. 舊例使者至則遣官設奠, 其牲牢酌獻, 如禮崧山神式."

려는 하백의 딸과 함께 동명왕을 시조로 제사지냄으로써 자신들의 출자(出自)가 부여 및 고구려임을 확인하고 있었던 것이다.[274]

그러나 서긍이 직접 목격하고 또 『고려도경』에 기록했던 <부여-고구려-발해-고려>로 이어지는 고려의 역사체계는, 머지않아 큰 변화를 맞게 되었다. 바로 1145년에 『삼국사기』가 정사(正史)로서 출간되면서, 신라 중심의 역사체계로 급격히 변화되고만 것이다.

그렇다면 1124년에 작성된 『고려도경』과 그 21년 뒤인 1145년에 작성된 『삼국사기』에서 나타난 역사인식의 큰 차이 즉 『고려도경』에서는 고구려 중심의 고려 역사가 서술되고 이와 비교하여 『삼국사기』에서는 신라 중심의 역사체계가 나타난 것을 어떻게 설명해야 할까? 21년이란 길지 않은 시간 차이를 두고 형성된 두 문헌의 관점 차이가 왜 그토록 큰 것일까? 이에 대해서는 다음의 연구성과를 참고하여, 이해할 수 있다.

> 7세기 말엽 남쪽 신라의 반도통일과 더불어 북쪽 고구려의 고토에서는 고구려의 후예들이 발해국을 세워 남북이 대치하게 되었다. 해동성국(海東盛國)으로 칭도(稱道)되는 이 발해국은 스스로 고구려의 계승자로 자인(自認)하여, 역대국왕들은 '고려국왕'이라 하여 외국에 보내는 공식문서에까지 그 칭호를 사용하였고, 발해국이 망한 뒤에 그 유민들이 부흥운동을 할 때마다 '동명구강(東明舊疆)'이나 '고려유려(高麗遺黎)'이니 하는 말들을 가지고 동족을 규합하고 대외적으로 호소하기도 하였다.
>
> 그런데 신라와 발해는 끝까지 남북에 대치 상태로 있었을 뿐, 한번도 화합할 수가 없었다. 삼국시대로부터의 숙원(宿怨)이 있기도 했겠지만, 그보다도 당(唐)의 이간(離間) 기미정책(羈縻政策)에 시

274 金光洙, 「高麗朝의 高句麗 繼承意識과 古朝鮮 認識」『歷史敎育』43, 1988, 95쪽.

종 조종되었던 것이 중요한 이유였던 것 같다. 당(唐)은 신라와 동맹관계를 맺고 있으면서 신라의 반도통일이 성공될 단계에 이르자 갖가지 방해공작을 벌여왔고, 나중에 발해와의 관계에 있어서도 그것을 최대한 이용하였다. 신라와 발해의 대립을 조장시키기 위하여 통상이나 두 나라 거류민에 대한 대우를 비슷하게 배려하고, 빈공과거(賓貢科擧)에도 두 나라 자제들을 동수(同數)로 합격시킴으로써 상호간의 시기심과 경쟁심을 끊임없이 유발시키게 하였다. 이러한 당(唐)의 동방정책에 희생되어 남북국 사이의 관계는 삼국시대의 신라·고구려에 비하여 한층 더 격리된 감이 있다. 특히 신라인들의 발해에 대한 증오는 강렬한 것이어서 발해의 조상을 '구려(句麗)의 잔얼(殘蘖)'이라고 욕하고 발해의 주민을 '북적(北狄)'으로 열시(劣視)하였다.

이러한 신라인들과는 반대로 고려 초기의 사람들은 발해에 대한 태도가 매우 달랐다. 신라세력권 밖에서 주로 고구려의 옛 강역 안의 지방호족들로 구성된 고려 건국의 주체세력은 궁예(弓裔) 시절로부터 반신라적(反新羅的) 심리의 반사작용과 아울러 고구려의 계승자로서의 자부심 위에 국호부터 '고려'를 내세웠다. 이 '고려'라는 명칭은 그 동안 발해에 의하여 계속 애용되어 오던 것이므로, 이제 이 신흥세력에 의하여 정식 국호로 등장하게 된 것이다, 이리하여 고려 초기의 발해에 대한 친근감은 항상 발해의 편에 서서 거란을 적대시하게 되었고, 급기야 발해가 거란에게 정복되자 고려는 발해의 유민들을 최대한으로 흡수하였다. 고려가 이처럼 발해를 가까이한 것은 발해가 고려와 함께 고구려의 계승자라는 인식 때문이며, 고려가 고구려의 계승자로서 고구려의 옛 땅-동명구양(東明舊壤)을 회복하려면, 발해유민과 함께 거란에 대한 동구지의(同仇之義, *필자 주 :공동의 적이란 인식)를 강조할 필요가 있기 때문이었다.

…(중략)…그러나 고려 중기에 와서 『삼국사기』와 같은 역사서가 나오게 되었을 때는 이미 시대의 분위기가 아주 달라져 있었다. 주로 고구려의 옛 영역 안의 지방호족으로 구성되었던 고려 건국의 주체세력과는 달리, 신라의 문물과 전통을 긍지로 지녀오는 문신귀족이 정국을 지배하게 되었고, 거란과 항전하면서 불굴의 민족기개를 보였던 종래의 자세와는 달리 여진(女眞)과 강화(講和)하여 온갖 국가적 모욕을 감수하면서 구안(苟安, *필자 주 : 일시적인 편안함)을 도모하는 상황이었다.

『삼국사기』가 삼국을 동등(同等)의 자격으로 다루는 형식을 취했지만, 사실 고구려와 백제는 질량(質量) 모두 부용(附庸)에 불과한 인상인데다가 중간에서 끝나버린 결과가 되고 신라사만은 시조 혁거세(赫居世)로부터 시작하여 고려왕조로 대체되는 데까지 연면히 엮어 놓았다. 말하자면 『삼국사기』는 신라 본위(本位), 신라 중심주의의 편찬물이다. 발해를 송두리째 빠뜨리며 '남북국시대'를 부정하고, 신라를 고려에 직결시켜 놓은 『삼국사기』는 그 역사계승의식에 있어서 고려 초기와는 크게 상이한 것이다. 이제 고려왕조의 정통의 계승은 고구려로부터가 아니고 신라로부터인 것으로 되었다. 역사계승의식의 커다란 전환이다.[275]

위의 인용문에서 보이듯, 1145년에 편찬된 『삼국사기』에서 김부식 등은 고려사회의 역사계승의식을 의도적으로 크게 변환(變換)시켰던 것이다. 그 전환

275 李佑成, 「三國史記의 構成과 高麗王朝의 正統意識」『震檀學報』38, 1974, 204~206쪽.

의 계기는 '묘청(妙淸)의 서경천도(西京遷都) 운동'의 결과로서 1135년 정월에서 1136년 2월까지 고려에서 벌어진 내란인 소위 '묘청의 난(亂)'의 좌절이다. 김부식 등은 이 내란을 무력으로 진압하고, 국정의 주도권을 장악한 이후에 『삼국사기』를 집필하여, 그들 지배계급의 지배이데올로기를 형성시켜 고려사회에 확산시키려 했는데, 그 핵심이 고려 초기의 고구려 계승의식을 신라 계승의식으로 변환시키는 것이었다.

앞서 묘청의 난을 진압한 김부식 등이 제거했던 정치세력인 고구려 계승론자들의 주요한 주장은 왕권강화와 '주체의식의 강조'에 따른 대외적 강경론 등이었다. 이런 고구려 계승론자들의 의도를 철저하게 좌절시킨 김부식 등은 왕권은 철저히 자신들 집권세력에 의해 견제되어야 하며, 또한 당시에 시도되었던 서경천도(西京遷都)·금국정벌(金國征伐)·칭제건원(稱帝建元) 등은 완전하게 부정되어야 했는데, 이러한 그들의 의도에 따라 『삼국사기』가 편찬되었고, 그 편찬의 핵심은 고려사회의 역사인식을 상징하는 고구려 계승의식을 신라 계승의식으로 의도적으로 변환시키는 것이었다.[276]

『삼국사기』에 의한 역사인식의 한계 : 반도사관

당시 『삼국사기』에 의한 역사계승의식의 변환은 김부식이 신라 계통의 인물이라는 단순한 이유만으로는 설명되지 않는다. 당시의 역사적 상황으로 볼 때, 반도국가로 만족할 수밖에 없는 고려의 처지가 역시 반도국가였던 신라의 계승자로 자처한 측면도 있다. 다만 문신귀족의 소극적 타협주의 체질로서, 고구려 계승론자들의 칭제건원(稱帝建元)은 물론 서경천도(西京遷都)도 도저히 받아들일 수 없었던 김부식 일파에 의하여 그것이 더욱 수식되었을 뿐이다.[277]

---

276 金塘澤, 「高麗 仁宗朝의 西京遷都·稱帝建元·金國征伐論과 金富軾의 《三國史記》 편찬」『歷史學報』第170輯, 2001, 15~23쪽.

277 李佑成, 「三國史記의 構成과 高麗王朝의 正統意識」『震檀學報』38, 1974, 206쪽.

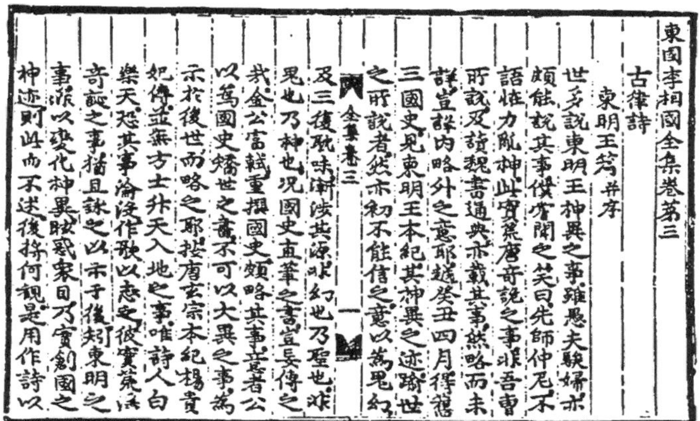

東國李相國全集卷第三
古律詩
東明王篇 幷序
世多說東明王神異之事雖愚夫騃婦亦
頗能說其事僕嘗聞之笑曰先師仲尼不
語怪力亂神此實荒唐奇詭之事非吾曹
所說及讀魏書通典亦載其事然略而未
詳豈詳內略外之意耶越癸丑四月得舊
三國史見東明王本紀其神異之迹踰世
之所說者然亦初不能信之意以爲鬼幻
全集卷三 一
及三復耽味漸涉其源非幻也乃聖也非
鬼也乃神也況國史直筆之書豈妄傳之
哉金公富軾重撰國史頗略其事意者公
以爲國史矯世之書不可以大異之事爲
示於後世而略之耶按唐玄宗本紀楊貴
妃傳並無方士升天入地之事唯詩人白
樂天恐其事淪沒作歌以志之彼實荒淫
奇誕之事猶且詠之以示于後矧東明之
事非以變化神異眩惑衆目乃實創國之
神迹則此而不述後將何觀是用作詩以

[자료 39] 「동명왕편」

물론 고려시대에도 신라 중심적인 『삼국사기』의 명백한 한계를 극복하려는 서술들이 나타났다. 1193년 이규보에 의해 쓰여진 「동명왕편(東明王篇)」은 "(동명왕이 나라를 창시한 일에 대해) 시를 지어 기록하여 우리나라가 본래 성인(聖人)의 나라라는 것을 천하에 알리고자." 한다며,[278] 고려가 바로 위대한 고구려를 계승했다는 고려인의 자긍심을 강력히 표현하고 있다. 이규보가 이 시를 쓴 목적은 당시 고려에 대하여 군신(君臣)의 관계를 강요하던 금(金)에 대항하는 자존심의 선언이며, 그 자존심의 근거를 천손(天孫)의 후예가 세운 고구려의 건국정신에서 찾아서 드러낸 것이다. 따라서 그것은 안으로 고구려 전통을 낮게 평가한 『삼국사기』에 대한 반발인 동시에, 밖으로는 고려의 자존심을 훼손한 금(金)의 압력에 대한 저항을 나타낸 것으로 볼 수 있다.[279]

확실히 무신(武臣)의 집권 시기에 나타난 「동명왕편」은 고려를 다시 고구려에 연결시키려는 의도를 드러낸 것임이 분명하다. 그러나 고구려 계승의식을

278 『東國李相國集』第三卷 古律詩 「東明王篇」 幷序 "是用作詩以記之.欲使夫天下知我國本聖人之都耳."

279 한영우, 「고려시대의 역사의식과 역사서술」『한국의 역사가와 역사학』상, 창작과비평사, 1994, 49~50쪽.

복원하려는 이와 같은 시도는 그 이후 몽고와의 맹약(盟約) 아래 다시 사라지게 되었고, 그 뒤에 나타난 일연(一然)의 『삼국유사』도 역시 『삼국사기』의 전례(前例)에 따라 '삼국' 속에 '남북국시대'를 해소(解消)시킴은 물론 신라 본위 혹은 신라 중심주의에서 크게 벗어나지 못한 것이었다.[280]

신라 계승의식으로 서술된 『삼국사기』의 내용은 고려가 성립되기 이전의 고대사를 정리한 것이다. 그러므로 그 「연표(年表)」의 끝 부분은 경순왕이 고려의 태조에게 항복하여 신라를 바친 이듬해인 936년이다. 그런데 그 서술의 중심을 신라에 둔 한계로 인하여, 신라가 성립된 서기전57년 이전의 시기에 대해서는 그 〈연표〉에 다음과 같이 간략하게만 언급하였다.

> 해동(海東)에 국가가 있은 지는 오래되어, 기자(箕子)가 주(周) 왕실로부터 책봉을 받고 한(漢) 초에 위만(衛滿)이 스스로 왕을 참칭(僭稱)할 때부터지만, 연대가 아득히 멀고, 문자기록이 소략하여 상세하게 고찰할 수 없다.[281]

『삼국사기』는 신라의 건국에서부터 그 멸망하는 시기까지를 신라를 중심으로 서술하면서, 고구려와 백제 관련 사실을 두 편의 본기(本紀)로써 부차적으로 덧붙인 형식의 사서에 불과한 것이었다. 이미 위에서 살펴보았듯, 『삼국사기』가 고려의 고구려 계승의식을 배제시킬 의도로 작성되었기 때문에, 고려를 부여와 연관시킬 수 있는 고대국가들도 자연히 서술에서 배제되었음은 물론 고구려를 뒤이은 발해도 철저하게 서술에서 배제시켰다. 따라서 우리민족 고대사 서술의 시간적 또는 공간적 범위가 크게 축소될 수밖에 없었다. 이러한

---

280 李佑成, 「三國史記의 構成과 高麗王朝의 正統意識」『震檀學報』38, 1974, 206~207쪽.

281 『三國史記』卷第二十九 「年表」上 "海東有國家久矣, 自箕子受封於周室, 衛滿僭號於漢初, 年代綿邈, 文字疎略, 固莫得而詳焉."

『삼국사기』는 이후 조선시대의 사대주의와 결합하면서, 한반도란 공간적 범위에서 고대사 전반을 서술하게 하는 한계로 작용하게 되었다.[282]

고려시대 중후기에 이루어진 이러한 역사 서술의 한계는 이후 조선시대에도 몇 차례 그를 극복해보겠다는 개인적 시도들이 저서의 형태로 나타났지만, 본격적으로 그런 역사인식의 한계를 극복하려는 적극적인 움직임은 일제강점기를 전후한 시점에 독립운동역사가들에 의해 비로소 가능해졌다.

독립운동가의 '잃어버렸던' 부여-고구려-발해 찾기

당연히 근대 독립운동가들의 부여-고구려-발해 찾기는 고려 중기 이후 조선시대를 거치며 오래도록 왜곡되어온 우리의 역사를 바로 서술하려는 노력이기도 했는데, 그 노력은 독립운동이라는 절박한 현실적 요구로부터 비롯된 측면이 있다. 아래의 인용문처럼, 독립운동가들에게 〈부여-고구려-발해〉의 역사는 독립운동의 가장 유력한 방법으로서 시급히 모색되어진 것이라 할 수 있다.

> 오호라! 어찌하면 우리 이천만의 귀에 항상 애국이란 말이 울리게 할까? 오직 역사로서 그렇게 할 수 있다. 오호라! 어찌하면 우리 이천만의 눈에 항상 나라란 한 글자가 들어오게 할까? 오직 역사로서 그렇게 할 수 있다. 오호라! 어찌하면 우리 이천만의 손이 항상 나라를 위해 바쁘게 일하게 할까? 오직 역사로서 그렇게 할 수 있다. 오호라! 어찌하면 우리 이천만의 다리가 항상 나라를 위해 뛰게 할까? 오직 역사로서 그렇게 할 수 있다. 오호라! 어찌하면 우리 이천만의 목이 항상 나라를 위해 부르짖게 할까? 오직 역사로서 그

282 조선시대의 사대적 역사인식 아래에서, 우리민족의 역사와 강역을 한반도 안에 축소하여 서술한 대표적인 경우는 정약용에서 찾아볼 수 있다. 정약용의 『아방강역고』는 우리민족의 역사적 강역이 원래부터 대체로 한반도 지역 안에 있었음을 입증하려는 의도에서 작성된 것이었다(趙誠乙, 「《我邦疆域考》에 나타난 丁若鏞의 歷史認識」『奎章閣』15, 1992, 91~92쪽).

렇게 할 수 있다. 오호라! 어찌하면 우리 이천만의 뇌가 항상 나라를 위해 곰곰이 생각하게 할까? 오직 역사로서 그렇게 할 수 있다. 오호라! 어찌하면 우리 이천만의 머리가 항상 나라를 위해 곤두서게 할까? 오직 역사로서 그렇게 할 수 있다. 오호라! 어찌하면 우리 이천만의 피와 눈물이 항상 나라를 위해 뜨겁게 흐르게 할까? 오직 역사로서 그렇게 할 수 있다.[283]

무엇보다도 독립운동가들은 식민지로 몰락한 국가의 독립을 위한 유력한 방법으로 역사를 찾았던 것이다. 역사로서 애국을 일깨우고, 역사로서 항상 나라에 관심을 갖게 하고, 역사로서 이천만 국민들이 나라를 위해 일하게 하고, 역사로서 이천만이 단결하게 하고, 역사를 올바로 찾아 그로써 이천만이 독립운동을 위해 피흘리게 할 수 있다고 독립운동가들은 생각했던 것이다.

그러나 독립운동가들이 볼 때, 당시에는 그런 역사가 전혀 존재하지 않았다. 이런 상황에서 신채호는 "지금 민족주의로 온 나라의 완고한 꿈을 일깨우며, 국가 관념으로 청년의 새로운 두뇌를 단련시켜, 우수함은 살아남고 열등하면 망하는 갈림길에서 함께 나서서, 한 가닥의 실처럼 아직 남아있는 국가의 명맥(命脈)을 지켜내고자 할진대, 역사를 버리고서는 다른 방법이 없음"을 절감했지만, "내가 현재 여러 학교 교과용의 역사를 살펴보건대, 가치 있는 역사가 거의 없다"고 단언했다.[284] 신채호는 당시 통용되던 대한제국의 역사 교과서를 모두 분석한 뒤에, 그 서적들이 우리 민족의 역사가 최소한 어떤 민족의 역사인지조차 제대로 서술하지 못한 불필요한 것들임을 날카롭게 지적하였다.

그리고 독립운동가들은 우리 민족을 제대로 서술한 역사가 존재하지 않는 주요한 이유를 과거의 역사가들이 역사서술에서 저지른 오류에서 찾았다.

283 申采浩, 「歷史와 愛國心의 關係」『大韓獨立協會報』2(1908. 5. 25).

284 申采浩, 『讀史新論』「叙論」『大韓每日申報』(1908. 8. 27).

예를 들면 신채호는 "조선에 조선사라 할 조선사가 있었던가 하면 수긍하기 어렵다."고 제대로 된 역사 서술이 존재하지 않는 당시의 상황을 비판하면서, 그 이유에 대해서는 "내가 보건데, 조선사는 내란이나 외구(外寇)의 병화(兵火)에서보다 곧 조선사를 저작하던 그 사람들의 손에서 더 탕잔(蕩殘)되었다 하노라."라며, 조선의 고대사를 서술한 여러 역사가들에게 그 책임이 있다고 지적하였다.[285] 특히 신채호는 아래의 인용문에서처럼, 조선민족 출발점으로서의 부여 관련 사실은 물론 고구려의 역사를 제대로 서술하지 않고, 더욱이 부여 및 고구려를 직접적으로 계승한 발해의 역사를 전혀 서술하지 않은 김부식 등을 신랄하게 비판하였다.

> 고려에 와서는 저자의 성명을 알 수 없는 『삼한고기(三韓古記)』·『해동고기(海東古記)』·『삼국사(三國史)』 등과 김부식의 『삼국사기』와 일연(一然)의 『삼국유사』가 있었으나, 지금까지 전하는 것은 『삼국사기』와 『삼국유사』뿐이다. 그 전해지거나 혹은 못 전해지는 원인을 생각하건대, 김부식과 일연이란 두 사람만의 저작이 뛰어나서 이것들만이 전해지는 것이 아니다. 대개 고려 초기부터 평양에 도읍을 정하고 나아가 북쪽의 옛 강역을 회복하자는 화랑(花郞)의 무사(武士)가 일파(一派)가 되고, 사대(事大)로 국시(國是)를 삼아 압록강 안쪽에서의 편안함을 주장하는 유교도(儒教徒)가 일파가 되어, 두 파가 서로 날카롭게 다투며 대치한 지 수백년만에, 불교도인 묘청(妙淸)이 화랑의 사상에다가 음양가(陰陽家)의 미신을 보태어, 평양에서 군사를 일으켜 북벌을 실행하려다가 유교도인 김부식에게 패망하고, 김부식이 이에 그 사대주의를 기본으로 하여 『삼국사기』를 지은 것이다. 그러므로 동·북의 두 부여를 빼버려 조

285 申采浩, 『朝鮮史(三)』「二. 史의 三大元素와 朝鮮舊史의 缺點」(『朝鮮日報』1931.6.11).

선문화가 출발해 나온 곳을 까맣게 묻으며, 발해를 버려 삼국 이후 힘들여 이루어진 문명을 쓸모없는 것처럼 없애버렸다. 또한 김부식은 이두(吏讀)와 한역(漢譯)의 구별을 잘못하여, 한 사람이 다수가 되고 또 한 곳이 여러 곳이 된 서술이 많으며, 내이(內吏)나 외적(外籍)의 취하고 버림에 홀려서 앞뒤가 안맞고 사건이 중복한 곳이 많아, 거의 역사적 가치가 없다 할 것이다.[286]

그러므로 독립운동가들은 독립운동을 위한 민족사의 서술을 위해, 『삼국사기』와 그 이후 조선시대의 사서(史書)들이 지녔던 역사서술의 한계를 전반적으로 극복해야 했다. 특히 조선시대의 소위 '정통론(正統論)'에 의한 역사서술을 먼저 극복해야만 했다.

소위 '정통론'이란 조선시대 중후기의 학자들이 역사를 구성하는 일정한 틀이었다. 이러한 '정통론'에서의 조선역사는 기자(箕子)로부터 시작되어, 기자(箕子)를 중심에 세워, 기자(箕子)의 정통을 계승하는 역사를 서술하는 것으로서 근본적으로 사대적이다. 안정복의 『동사강목』이나 정약용의 『아방강역고』는 '정통론'에 의해 서술된 대표적 저술들이다. 그러므로 『아방강역고』의 첫 부분인 「조선고(朝鮮考)」는 "조선이란 이름은 평양에서 생겼는데, 실은 기자(箕子)가 도읍한 본지(本地)를 말한다."며 기자(箕子)로부터 우리역사 서술을 시작한다.[287] 『동사강목』은 단군조선-기자조선-마한을 정통으로 세웠는데, 실제로 『동사강목』 본문의 역사서술은 기자(箕子) 원년(元年)으로부터 시작한다.[288]

그러므로 독립운동가들은 『삼국사기』와 그 이후 조선시대의 사서(史書)들을 극복하기 위해, 우선은 민족적 상징으로서 단군을 찾아 그 출발점으로 삼

---

286 申采浩, 『朝鮮史(三)』「第一編 總論 三.舊史의 種類와 그 得失의 略評」(『朝鮮日報』1931.6.12).

287 정약용 지음/이민수 옮김, 「朝鮮考」『我邦疆域考』, 범우사, 1995, 21쪽.

288 『東史綱目』第1 上 己卯年 朝鮮 箕子 元年.

았고, 단군에서 부여-고구려-발해로 이어지는 민족사를 찾아 역사의 중심에 두었다. 한반도를 넘어선 동북아시아의 너른 대륙을 무대로 한 민족사를 구성하려 시도했던 것이다.

2. 독립운동가의 대륙국가 인식

근대 이전의 역사학은 대부분 삼한정통론(三韓正統論)에 매몰되어 있었거나, 신라 중심의 서술에 치중하였다. 설령 고구려와 발해를 언급한다고 하더라도 남북조(南北朝) 인식에까지 이르지는 못했던 것이다.[289]

여기서 삼한정통론은 이익(李瀷, 1681~1763년)이 확립한 역사서술 체계로서, 조선 역사의 '정통(正統)'이 단군-기자(箕子)-마한-신라-고려-조선으로 계승되었다고 보았으며, 핵심은 기자조선을 이은 마한(馬韓)을 조선역사의 '정통(正統)'으로 세운 관점이다. 마한을 계승한 신라는 원래 진(秦)에 의해 세워진 진한(秦漢) 즉 진한(辰韓)인데, 그럼에도 마한의 영향을 받아 기자(箕子)의 교화를 받은 것과 마찬가지였기 때문에 마한의 '정통'을 신라가 이은 것으로 볼 수 있다고 설명하였다.[290] 삼한정통론에 의해 서술된 역사는 결국 기자(箕子)를 중심에 세운 한반도 중심의 역사에 불과했던 것이다.

당연히 독립운동가들에게 삼한정통론에 의한 한반도 중심의 역사는 도저히 받아들일 수 없는 것이었다. 독립운동가들은 우선 삼한정통론을 극복하고, 부여-고구려-발해를 우리 역사의 중심에 세우려 시도했다. 그에 따라 독립운동가들이 서술했던 민족사는 한반도를 넘어선 대륙국가의 역사가 되었다.

289 박걸순, 「日帝强占期 亡命 人士의 高句麗·渤海認識」『한국독립운동사연구』제23집, 2004, 477~478쪽.

290 李瀷, 『星湖全集』卷47 「雜著」 三韓正統論.

이상룡(李相龍, 1858~1932년)의 대륙국가 인식

1910년 3월, 신민회(新民會)[291]는 긴급간부회의를 열어서 「독립전쟁전략」을 최고전략으로 채택하고, 국외(國外)에 독립군 기지(基地)와 무관학교(武官學校)를 설립하기로 결정하였다.[292] 이 소식을 전해들은 이상룡은 자신이 고민하고 있던 독립운동방법이 바로 신민회의 계획과 일치한다는 사실을 깨닫고, 만주로의 망명을 추진하였다. 이상룡의 만주 망명은 만주에 대한 그의 인식에 따른 것이기도 했다.

> 예로부터 뜻을 가진 선비가 자신의 뜻을 이루지 못할진대, 일가(一家)를 온전히 하여 은둔(隱遁)하는 것도 또한 한 가지 방도였다. 하물며 만주는 우리 단성(檀聖)의 구강(舊疆)이며, 항도천(恒道川)은 고구려의 국내성(國內城)에서 가까운 땅이었음에랴? 요동은 또한 기씨(箕氏)가 봉해진 땅으로서 한사군과 이부(二府)의 역사가 분명하다. 거기에 거주하는 백성이 비록 옷차림이 다르고 언어가 다르다고는 하나, 그 선조는 동일한 종족이었고, 같은 강의 남북에 서로 거주하면서 아무 장애 없이 지냈으니, 어찌 이역(異域)으로 여길 수 있겠는가? 이에 이주하기로 뜻을 결정하고 전지(田地)를 팔아 약간의 자금을 마련한 후, 장차 신해년(1911년) 1월 5일 먼저 서쪽으로 출발하기로 하였다.[293]

---

291 신민회는 1907년 4월 초에 설립되어 1911년 9월 이후 일제에 의해 해산된 독립운동단체이다. 신민회의 목적은 국권을 회복하여 자유독립국을 세우고, 그 정치 체제는 공화정체(共和政體)로 하는 것이었다. 신민회가 계획한 구체적 사업은 ① 신문·잡지와 서적을 펴내어 국민의 지식을 계발할 것, ② 각지에 계몽운동가들을 파견하여 국민의 정신을 각성시킬 것, ③ 우수한 학교를 설립하여 인재를 양성할 것, ④ 각지 학교의 교육 방침을 지도할 것, ⑤ 실업가에게 권고하여 영업 방침을 지도할 것, ⑥ 신민회 회원끼리 힘을 더해 실업장을 건설하여 실업계의 모범을 지을 것, ⑦ 국외에 무관학교를 설립하여 독립전쟁에 대비할 것, ⑧ 국외에 독립군기지를 건설하고 독립군을 창건할 것 등이었다.

292 愼鏞廈, 「新民會의 獨立軍基地 創建運動」『韓國文化』4, 1983, 참조.

293 안동독립운동기념관 편, 「西徙錄」『국역 석주유고』하, 15쪽.

이상룡에게 만주는 "남의 땅"이 아니었다. 만주는 "단성(檀聖)의 구강(舊疆)" 즉 "단군 성조의 옛터"로서 그 오래전부터 "남의 땅"이 아니었던 것이다. 그가 망명하여 처음 도착할 항도천은 고구려 도읍의 하나였던 국내성 인근이었다. 요동 자체도 기자(箕子)가 봉해졌던 땅으로서, 곧 우리의 옛터였다. 땅 뿐 아니라 그곳의 사람도 '남'이 아니었다. 옷차림이 다르고 언어가 다르지만, 같은 선조를 지닌 같은 종족이라고 이상룡은 인식했다. 이상룡에게 만주는 이역(異域) 즉 다른 나라의 땅이 아니었다, 그러므로 만주는, 일제의 침략에 한반도를 빼앗긴 자신이 갈 수 있는 곳이었다.

물론 이상룡의 만주 망명 배경에는 일제의 식민지에서 하루도 생명을 이어가기 싫다는, 식민지의 노예로 살기보다는 차라리 죽음을 택하고, 그 죽음보다는 만주 망명을 통해 독립운동을 벌이겠다는 절박함이 있었다. 이상룡 뿐만 아니라 당시 만주 망명을 선택했던 대다수의 지식인들은 그런 절박함이 있었다.

그러나 현실적인 절박함과 함께, 만주는 역사적으로 "우리가 가서 몸을 맡기고 재기(再起)를 도모할 수 있는 곳"이라는 만주 인식이 작용했다. 만주 대륙을 우리 역사의 옛터로 인식하는 이런 인식은 당시 만주로 망명했던 지식인들 대다수에게서 보여진다. 예를 들면 안동에서 이상룡과 함께 애국계몽운동을 벌이다 만주 망명을 실행에 옮긴 김대락은, 그의 저서에서 만주를 다음과 같이 인식하고 있었다.

> 더구나 이 땅이 어느 땅이며 이때가 어떤 때인가? 이 양백(兩白)의 사이는 바로 우리 부여의 옛터이다. 압록강은 다만 띠처럼 가늘게 경계가 되었으나 닭 우는 소리와 개 짓는 소리가 서로 들리며, 그

속에 누른 길[黃裏]은 옛 사신들이 지나던 통로로 수레 먼지와 말 발굽이 서로 이어지던 곳이다.[294]

1911년 음력 1월 27일 압록강을 건너 만주로 망명한 이상룡은 만주 현지의 풍경에서 우리 역사의 자취를 발견해낸다. 그의 눈으로 만주가 단군조선의 옛터 즉 '단성(檀聖)의 구강(舊疆)'임을 직접 확인했던 것이다.

27일, …대체로 길을 온 지 3~4일 동안에 눈에 뜨인 것은 다만 말과 소, 양, 돼지와 개 밖에는 다른 것이 하나도 없었다. 비록 두어 간 초가집이라 할지라도 반드시 십여 마리의 가축을 기른다. 또 그 가축들을 부리는 데, 익숙하여 10세 된 어린아이라 하더라도 왕량(王良)이나 조보(趙父)와 같은 우인(虞人)이나 목관(牧官)의 재목이 아닌 이가 없으니, 비로소 만주 일역이 예로부터 수렵국이었음을 알겠다. 『부여사(扶餘史)』에 이른바 "우가(牛加), 마가(馬加), 견사(犬使), 녹사(鹿使), 저사(猪使)"라 한 것은 모두 엽관(獵官)의 명칭인데, 단군조선의 유속(遺俗)이 오늘날까지 남아있었던 것이다.[295]

---

294 안동독립운동기념관 편, 「勸諭文」『국역 백하일기』, 2011, 128~129쪽. 이 책에서 위 인용문에 사용된 '양백(兩白)'이란 지명에 대해 "백두산과 백하(白河)를 가리키는 것으로 보이나 단정할 수는 없다. 백하는 만리장성과 가까운 고원(沽源) 근처에서 발원해 남동쪽으로 흘러 북경(北京) 동쪽에 있는 통현(通縣)을 지난 다음 영정하(永定河)와 합류한다."고 해석하고 있다. 그러나 이 해석은 더욱 검토가 필요하다. 1807년 혹은 1808년 홍의영(洪儀泳, 1750~1815년)이 지은 지리서인 『북관기사(北關紀事)』에 서술된 '양백(兩白)'은 백두산과 장백산을 가리키는 것으로 파악된다. 홍양호(洪良浩, 1724~1802년)가 함경도 지방의 풍토를 기록한 『북새기략(北塞記略)』에는 "백두산의 남쪽 줄기가 갑산(甲山)의 동쪽을 지나 두리산(豆里山)이 된다. 단천부(端川府) 북쪽 300여 리에 이르러 두 갈래로 나뉘는데, 한 줄기는 동북쪽으로 꺾여 장백산(長白山)을 이루니 우뚝 솟아 북도(北道) 여러 산의 시조가 된다."고 쓰여있다. 이런 여러 기록들을 참고하여, '양백(兩白)'의 지리위치를 해석해야 할 것이다.

295 안동독립운동기념관 편, 「西徙錄」『국역 석주유고』하, 25쪽.

특히 이상룡은 만주가 단군 조선에서 부여로 이어지고, 다시 부여에서 고구려와 발해로 이어져온 우리 역사의 터전임을 확인해나갔다. 음력 2월 7일 첫 정착지인 회인현(懷仁縣) 항도천(恒道川)에 도착한 이상룡은, 그 어려운 생활여건 속에서도 22일부터 역사책을 읽어나갔다. 먼저 『숙신사(肅愼史)』를 읽고, 백두산과 그 이북 흑룡강에 걸쳐 있었던 숙신국이 단군의 속국임을 확인하고, 나아가 왜국(倭國) 역시 단군의 속국이었음을 확인해냈다.

[자료 40] 이상룡과 『석주유고』(국역본)

> 22일, 『숙신사(肅愼史)』를 읽었다. 대개 만주의 나라 중 숙신이 가장 오래 되었는데, 구이(九夷)의 하나이다. 그 경계는 남으로 장백산을 둘러싸고 북으로 흑룡강에 이르며, 동으로 대해(大海)에 미치고 서로 관만국(冠漫國, 달리 冠汗이라고 한다)에 닿는다. 이른바 관만은 어느 부락인지 알지 못하나, 대해는 아마 일본해를 가리키는 듯하니, 너비와 길이가 수천 리이다. 지지(地誌)로써 고증하면, 길림성과 흑룡강성 지경이요, 발해의 상경(上京)이 바로 그 옛 성이다. 살펴보건대 단군은 구이의 우두머리이니, 숙신은 그 속국일 것이다. 또 『한서(漢書)』와 『진서(晉書)』에 모두 이르되 "숙신은 일명 읍루(挹婁)인데 부여에 신속(臣屬)하여 조세를 바쳤다."고 한다. 소위 부여는 고등왕(高登王)이 도읍한 곳이니, 단씨(檀氏)의 신속(臣屬)이 된다는 것은 더욱 확실한 근거가 있다. 따라서 왜국(倭

國) 또한 구이의 하나임을 생각하면, 똑같이 단군의 속국이었음을 알 수 있다.[296]

만주에 도착한 이후 우리 역사를 재확인하여, 이상룡은 만주가 부여 이후 수천 년 우리나라의 근본이며 복심(腹心) 즉 배와 가슴처럼 가장 중요한 터전임을 확신하였다. 그 땅은 우리의 개국(開國) 시조 이래 피 흘려 싸우며 개척한 땅으로서 3천여 년 그 유족의 혈기가 끊이지 않고 흘러, 비록 잠시 잊어버리고 있었지만, 현재도 결코 끊을 수 없는 관계가 있음을 다음처럼 주장하였다.

조종(祖宗) 이래 혈전(血戰)으로 개척해온 땅을 마치 다 쓰고 난 뒤의 통발이나 올무처럼 여겨 잊어버리도록 버려두었으니, 어찌 천 년 문화의 역사가 이토록 비열하기에 이르렀는가? 대개 만주 온 땅은 부여 이래 우리나라의 근본이요, 복심(腹心)이 되는 곳이다. 3천여 년 동안 그 유족(遺族)의 혈기가 서로 흘러 잊을 수 없는 깊은 관계가 있음을 알 수 있다.[297]

1911년 4월 중국 길림성 유하현(柳河縣) 삼원포(三源浦)에서 독립운동단체인 경학사(耕學社)가 설립되었다. 이 때 이상룡이 초안을 작성한 「경학사취지서(耕學社趣旨書)」가 발표되었는데, 여기에서 만주에 대한 이상룡의 인식과 함께 그 땅을 근거로 한 독립운동의 의지가 잘 표현되어 있다.

한밤 중 종소리가 홀연히 베개 위로 떨어지매 한 줄기 혈로(血路)가 곧 면전(面前)에 나타났다. 부여의 옛 강토가 눈강(嫩江)에까지

296 안동독립운동기념관 편, 「西徙錄」『국역 석주유고』하, 32쪽.

297 안동독립운동기념관 편, 「西徙錄」『국역 석주유고』하, 36쪽.

[자료 41] 1911년 4월에 작성된 「경학사취지서(耕學社趣旨書)」[298]

이르니 이 땅은 이역(異域)이 아니요, 고구려의 유민이 발해에 모였으니, 이 사람들은 동포인 것이다. 더구나 16세기의 네덜란드는 스페인으로부터 독립하여 일어났다. 옛날에도 사례가 있는 것이다. 19세기의 그리스는 터키로부터 자립을 하였다. 저들이 무슨 역량이 있었겠는가? 뜻이 있고 마음이 있다면 귀신도 꾸짖을 수 있음이라.

박은식(朴殷植, 1859~1925년)의 대륙국가 인식

박은식은 53세가 되던 1911년 5월 만주 서간도(西間島)에 망명하여, 회인현(懷仁縣)·홍도천(興道川)에 있던 대종교 시교사 윤세복(尹世復)의 집에 머물면서, 『대동고대사론(大東古代史論)』·『동명성왕실기(東明聖王實記)』·『명림답부전(明臨答夫傳)』·『천개소문전(泉蓋蘇文傳)』·『발해태조건국지(渤海太祖建國誌)』·『몽배금태조(夢拜金太祖)』·『단조사고(檀祖事攷)』 등을 저술하였다. 이 책들은 모두 시기적으로 한국고대사와 관련되어 있으며, 지리적으로는 만주 지역을 대상으로 하고 있다. 이 책들은 고조선-고구려-발해-여진으로 계승 및 발전되어온 우리민족의 역사체계를 설명하기 위해, 기획되어 서술된 것으로 평가할 수 있다.

298 독립기념관 홈페이지(https://www.i815.or.kr/)에서 인용

특히 우리 역사가 만주를 기반으로 한 대륙국가의 역사였다는 사실을 잘 정리한 책이 바로 『대동고대사론』이다. 이 책은 단군조선과 기자조선을 서술하면서, 만주와 한반도가 원래 하나의 문화권이었음을 이야기하고 있다. 박은식은 이 책에서 그 하나의 민족을 '대동(大東) 민족'으로 표현하고 있다. 박은식은 '대동(大東)'이란 단어에 "만한통칭(滿韓統稱)"이란 해석을 붙여놓았다. 즉 대동이란 만주와 한반도를 함께 부르는 용어였던 것이다.

박은식은 만주와 대한(大韓)이 원래 그 역사의 출발부터 하나의 나라였고, 같은 동족(同族)으로서, 모두 단군의 후예라며, 다음과 같이 서술하였다.

> 대략 고대사로 증명하면, 만주와 대한은 원래 하나의 나라였고, 그 백성이 동족이었기 때문에 모두 단군의 신성한 후예이다. 다만 갈래로 나뉘어지면서 멀어지고 분리된 지 매우 오래되었고, 압록강 일대는 막연히 연(燕)과 월(越)처럼 멀어진 지 천여 년이 지났다.[299]

또한 박은식은 『대동고대사론』에서 동양(東洋)의 두 시조인 단군과 황제(黃帝)가 각각 백두산과 곤륜산에서 나와 나라를 세웠다고 서술하였다. 중원에서 중토민족(中土民族)의 시조가 된 황제와, 백두산에서 동방민족의 시조가 된 단군을 뚜렷이 구분하였던 것이다. 동양 역사의 시작에서부터 만주와 한반도는 단군을 시조로 하는 한 민족의 터전으로, 다음과 같이 서술한 것이다.

299 朴殷植, 『大東古代史論』(1911). 『대동고대사론』에 대한 원문 및 번역문은 다음의 책을 유용하게 참고할 수 있다. 조준희, 『백암 박은식의 우리 역사 우리 영웅』, 훈뿌리, 2008. 단 이 책의 101쪽에서 위 인용문의 원문인 "但派別旣遠分離甚久鴨江一帶漠然燕越逡千有餘年矣"를 "다만 갈라진 시간이 오래되었고, 압록강 일대도 어렴풋하게 연나라, 월나라 시대를 거쳐 천여 년이 지났다."라고 오역하였다. 그러나 원문의 '연월(燕越)'은 고대 한어(漢語)에서 "(黃河 이북에 있는 燕과 長江 유역에 있는 越처럼) 서로 거리가 멀리 떨어진 지역을 의미하는 개념"으로 사용되었다. 박은식은 원래는 하나의 동족이었다가 오래 분리되어 결국 매우 멀어진 관계를 의미하는 용어로서 '연월(燕越)'이란 표현을 사용한 것으로 보인다.

하늘이 동양을 열어 대륙이 아득히 넓었으니, 거대한 산은 동쪽에 태백산(백두산)이 있고, 서쪽에 곤륜산(崑崙山)이 있다. 두만강과 압록강이 태백산에서 발원하고, 황하가 곤륜산에서 발원하니, 실로 신성(神聖)들이 나신 곳이었다. 단군은 태백산에 내려와 동방민족의 시조가 되었고, 황제는 곤륜산에 와서 중토민족(中土民族)의 시조가 되었다. 단군은 압록강의 발원지를 돌아보고서 서북쪽으로 나아가 평양에 나라를 세우고, 황제는 황하의 발원지를 돌아보고서 동남쪽으로 나아가 중원에 나라를 세웠다.[300]

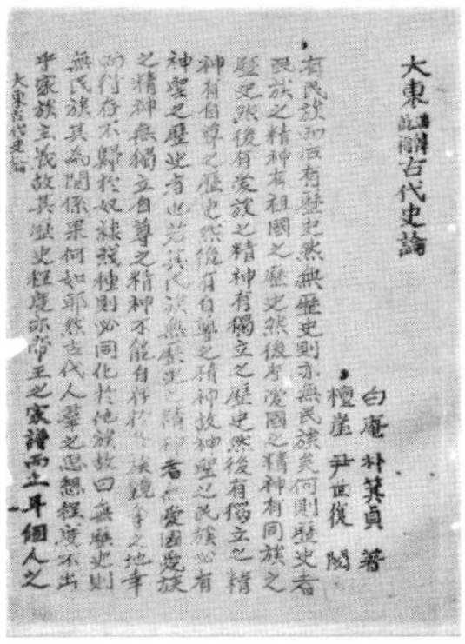

[자료 42] 『대동고대사론』의 '大東'과 '滿韓統稱' 표시 부분

『대동고대사론』에서 박은식은 이렇게 단군을 시조로 한 민족국가를 설정하였고, 그 민족국가의 강역이 서쪽으로 현재의 북경 및 그 동쪽 일대인 유주(幽州) 지역에까지 이르렀다는 새로운 주장 등을 하게 되었으며, 만주와 한반도 전역을 강토로 한 단군 후예의 역사를 여러 문헌을 통해 입증하려 시도하였다.

박은식은 기자(箕子)가 와서 처음에 영평부(永平府)의 조선현(朝鮮縣)에 머물렀는데, 그곳 역시 단군조선의 변방이었고, 단군은 기자(箕子)가 성인(聖人)의 덕(德)이 있다는 소문들 듣고 변방인 조선현 일대를 다스리게 하였다는 것이다. 박은식은 기자(箕子)의 후예들은 이때로부터 단군의 후예들에게 동화(同化)되어 갔다고 보았다. 박은식이, 단군이 형성시킨 대동(大東) 민족에 기자(箕子)가 귀화(歸化)시킨 중화인(中華人)도 포함시킨 이유이다. 즉 "그 갈래가

300 朴殷植, 『大東古代史論』(1911).

다를지라도 주체족(主體族)이 객족(客族)을 동화시키면 당연히 동족(同族)으로 인정할 수 있다. 단군과 기자(箕子)의 후예에 대해 말하면, 수천 년간 피가 섞이고 동화되어, 기자(箕子)의 후예를 단군의 후예라고 아니할 수 없다."는 것이다.

『대동고대사론』 이후 박은식은 그의 역사 관련 저작을 통해 만주대륙에서 이루어졌던 대동 민족의 역사를 부각시키려 노력했다. 『동명성왕실기』·『명림답부전』·『천개소문전』·『발해태조건국지』·『몽배금태조』 등은 모두 만주대륙에서 전개된 고구려, 발해, 금(金)의 역사를 배경으로 했던 것이다.

박은식은 이종휘(李鍾徽, 1731~1797년)가 쓴 『동사(東史)』에 나오는 "부여의 선조는 단군으로부터 왔다(扶餘之先.出自檀君)"는 기록을 인용하면서,[301] 단군에서 부여를 거쳐 그 다음에 이어지는 고구려 중심의 역사를 중시(重視)하였다. 박은식은 "무릇 고구려 7백여 년 역사는 우리 대동 민족이 가장 강하고 용감하며 활발한 기상으로 독립자주의 가치와 자격을 세계에 드러낸 영광스러운 역사"라며,[302] 고구려 역사를 대동 민족의 역사에서 가장 중요한 부분으로 인식했던 것이다. 또한 자주독립이란 측면에서 고구려가 지니는 민족사적 의미를 추구하며, 고구려의 기상을 부활시킬 것을 다음과 같이 강조하였다.[303]

> 우리 사천년 역사에 가장 자주독립의 자격이 완전하여, 신성한 가치가 있었던 때는 고구려 시대다. 무릇 고구려는 처음 건국하는 날부터 사방의 강적과 혈전(血戰)하며 그 기초를 수축(修築)하였다. 7백여 년 동안에 우리 민족의 활발하고 날래며 용감한 기상이

301 李鍾徽, 『修山集』卷之十一 「東史世家」.

302 朴殷植, 「渤海太祖建國誌」『白巖朴殷植全集』 제4권, 동방미디어, 2002, 409쪽.

303 박걸순, 「日帝强占期 亡命 人士의 高句麗·渤海認識」『한국독립운동사연구』제23집, 2004, 439쪽.

어떠했는가? …우리는 오늘에 이르러 아무쪼록 고구려의 역사를 숭배하고 기념하여 우리의 인(仁)과 법신(法身)과 우리의 곡신(谷神)과 우리의 영혼을 이 세상에 부활시켜야 인류의 자격에 참가하고 관여할 수 있을 것이다.[304]

또한 박은식은 『발해태조건국지』를 통해, 고구려를 계승한 발해가 민족사에서 차지하는 중요성을 강조하였으며, 『몽배금태조』에서는 금(金)의 태조 역시 단군의 후예로서 고구려와 발해를 계승한 것으로 서술하였다. 『몽배금태조』는 발해와 함께 조명되지 못했던 금(金)의 역사를 재발견하고 또 부각시킴으로써, 만주와 대한이 모두 단군의 후예라는 대동사관(大東史觀)의 관점에서 쓰여진 저작이었다. 박은식의 이러한 대륙국가 인식은 그의 「역사가(歷史歌)」에 잘 표현되어 있다.

歷史歌[305]

어화우리 靑年덜아 故國山川 이싸이라
北扶餘의 檀君子孫 二千餘年 享國일세
神祖遺澤 無窮ᄒᆞ야 萬世万世 億萬世라
渾江一帶 滔滔ᄒᆞ니 東明聖王 北來ᄒᆞ야
高句麗를 建設ᄒᆞ니 虎視天下 宏壯ᄒᆞ다
丸都古城 차자보니 廣開土王 碑文이라
南征北伐 所向處에 東洋大陸 震動ᄒᆡᆫ네
蓋世英雄 蓋蘇文은 山海關의 古墓로다
龍泉府를 도라보니 渤海太祖 事業일세

304 朴殷植, 「明臨答夫傳」『白巖朴殷植全集』 제4권, 동방미디어, 2002, 219쪽.

305 조준희, 『백암 박은식의 우리 역사 우리 영웅』, 흔뿌리, 2008, 370쪽에서 인용.

四十萬衆 一號令에 海東盛國 일어낫네
우리同族 金太祖는 白頭山에 터를싹가
二千五百 精兵으로 橫行天下 足足힌네
우리오날 것너온일 上帝命令 아니신가
아무쪼록 精神차려 祖上歷史 繼述ᄒᆞ세

류인식(柳寅植, 1865~1928년)의 대륙국가 인식

1910년 대한제국이 멸망하자, 경상북도 안동 출신의 독립운동가 김대락(金大洛), 이상룡, 류인식, 김동삼 등은 만주로 망명하였다. 소위 '혁신유림(革新儒林)'이라 불리는 그들의 망명에는 해외에 무관학교 설립과 독립군기지를 창건하려는 목적이 작용하였다.[306] 그들은 만주로 모여든 각지의 독립운동가들과 함께 1911년 4월 만주 유하현 삼원포에서 독립운동 기관인 경학사(耕學社)를 설립하였다. 그때 안동에서 협동학교(協同學校)의 설립과 운영을 주도했던 류인식은 교무부장에 선임되었다.[307]

그러나 류인식의 만주 망명생활은 오래가지 못했다. 1912년 7월 만주에서 일시 귀국했던 류인식은 일제 경찰에 체포되어 구금되었다. 류인식의 귀국은 만주에서의 독립운동 자금 확보와 관련되어 있을 것으로 해석되고 있다. 1911년 경학사를 설립하였는데, 그 해에 추위가 일찍 닥쳤고 그 기후에 볍씨가 맞질 않았다. 설립된 독립운동 기지에 경제 문제가 닥친 것이다. 류인식의 귀국

306 안동 지역의 소위 '혁신유림(革新儒林)'인 김대락, 이상룡, 류인식, 김동삼 등의 만주 망명과 독립운동 관련성 및 그들의 해외 독립군기지 건설 시도에 대해서는 다음의 논문을 참고할 수 있다. 장세윤, 「1910년대 남만주 독립군 기지 건설과 신흥무관학교 : 안동 유림의 남만주 이주와 이상룡·김동삼의 활동을 중심으로」『만주연구』24, 2017.

307 박걸순, 「일제강점기 안동인의 역사저술과 역사인식」『국학연구』제20집, 2012, 280쪽.

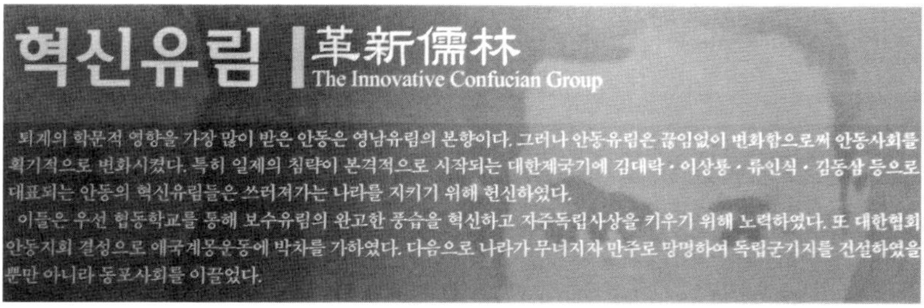

혁신유림 革新儒林
The Innovative Confucian Group
퇴계의 학문적 영향을 가장 많이 받은 안동은 영남유림의 본향이다. 그러나 안동유림은 끊임없이 변화함으로써 안동사회를 획기적으로 변화시켰다. 특히 일제의 침략이 본격적으로 시작되는 대한제국기에 김대락 · 이상룡 · 류인식 · 김동삼 등으로 대표되는 안동의 혁신유림들은 쓰러져가는 나라를 지키기 위해 헌신하였다.
이들은 우선 협동학교를 통해 보수유림의 완고한 풍습을 혁신하고 자주독립사상을 키우기 위해 노력하였다. 또 대한협회 안동지회 결성으로 애국계몽운동에 박차를 가하였다. 다음으로 나라가 무너지자 만주로 망명하여 독립군기지를 건설하였을 뿐만 아니라 동포사회를 이끌었다.

[자료 43] 안동의 '혁신유림'과 '협동학교'및 '독립운동' 관련 안내문[308]

은 이런 경제적 어려움을 해결하는 재원(財源) 마련을 위한 발걸음으로 보여진다.[309]

만주로 돌아가기 어려워진 류인식은 국내에서 교육사업과 함께 역사저술 활동에 전념하였다. 1912년 귀국 이후 시작한 『대동사(大東史)』의 저술은 이후 10여 년간 이어진 것으로 보인다. 1917년 무렵 일단 초고가 완성되었지만, 이후에도 "고증이 정밀하지 못하고 유례(類例)가 완전하지 못하다."고 판단하여, 다른 문인들에게 검토를 요청하며, 일제의 삼엄한 감시를 피하여 1920년 무렵까지도 계속 수정과 보완을 진행하였다. 이는 류인식의 역사저술이 매우 신중한 태도로 진행되었으며, 『대동사』는 그의 나이 50대 10여 년에 걸친 역사인식과 저술의 산물임을 알려주는 것이다.[310]

『대동사』는 단군의 시대로부터 1910년 경술국치(庚戌國恥)를 당하기까지의 역사를 3권 11책으로 구성하였는데, 책의 첫 부분에는 있는 「대동연혁지총도(大東沿革地總圖)」·「대동연혁국차도(大東沿革國次圖)」·「대동족총도(大東族總圖)」·「대동역대일람도(大東歷代一覽圖)」 등은 그의 역사인식을 지도 및 도표로써 정리한 것이다. 또한 「범례」 17조는 『대동사』의 서술방향을 제시한 것으

308 2015년 5월 경상북도 안동시 임하면에 있는 안동독립운동기념관을 방문하여 촬영한 전시물을 편집한 사진임.

309 김희곤, 「東山 柳寅植의 생애와_독립운동」『한국근현대사연구』7, 1997, 52~53쪽.

310 박걸순, 「일제강점기 안동인의 역사저술과 역사인식」『국학연구』제20집, 2012, 288~289쪽.

로, 이 책의 성격이 「범례」에 그대로 담겨있다.

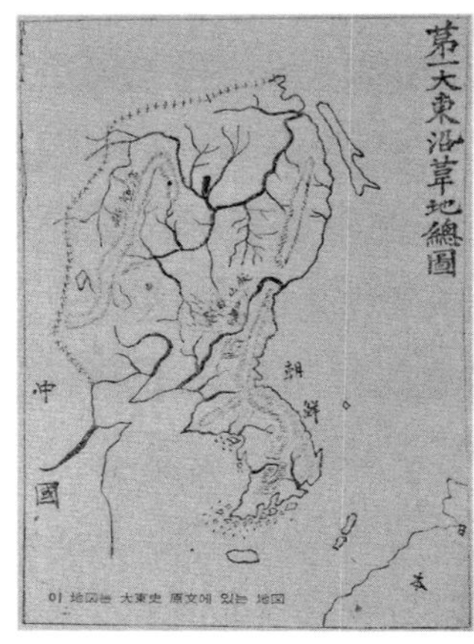

[자료 44] 『대동사』의 「대동연혁지총도(大東沿革地總圖)」[311]

위의 「대동연혁지총도」를 통해, 류인식은 만주 전체와 한반도를 대동(大東) 민족의 역사 강역으로 인식하고 있었음을 알 수 있다. 그런데 이 지도는 사실 대종교의 초기 문건인 『단군교오대종지포명서』에 실린 「배달신국삼천단부도(倍達神國三千團部圖)」와 크게 다르지 않다. 「대동연혁지총도」에 나타난, 이러한 류인식의 고대사 인식은 확실히 대종교의 영향을 받아 이루어진 것이다. 류인식은 1913년 대종교에 입교했는데,[312] 그의 『대동사』 저술에도 김교헌의 『신단실기』 등 대종교 계열의 역사서적들을 크게 참고한 것으로 보인다.

모두 3권으로 구성된 『대동사』의 권1은 「단씨조선기(檀氏朝鮮紀)」와 「남북조기(南北朝紀)」로 이루어졌고, 권2는 「고려기(高麗紀)」이며, 권3은 「조선기(朝鮮紀)」이다.

「단씨조선기」에서는 먼저 "원년(元年) 무진(戊辰, 서기전2333년) 나랏사람이 임검(壬儉)으로 추대하여 왕이 되었고, 국호를 단(檀)이라 하였다. …나라의 경계를 정했는데, 동쪽으로 대해(大海)에 닿고, 서쪽으로 중국의 성경성(盛京省)에 이르며, 북쪽으로 중국 흑룡강성에 접하고, 남쪽으로는 조령(鳥嶺)에 이른다. …23년 경인(庚寅, 서기전2310년) 평양으로 도읍을 옮기고 국호를 조선이라 했다."로 시작하여, 서기전2333년 건국 이후 서기전1316년 단군이 예(濊)의 지역으로 옮기기까지 1017년의 역사를 서술하고 있다. 「단씨조선기」의 내용은

311 柳寅植, 『大東史』東山全集 上, 東山先生記念事業會, 1978.

312 김동환, 「단군을 배경으로 한 독립운동가」『仙道文化』제11권, 2011, 155쪽.

단군이 만주와 한반도를 터전으로 건국하여 다스린 상황을 설명하고 있는데, 그 전반적인 내용은 김교헌의 『신단실기』 등과 크게 다르지 않다.

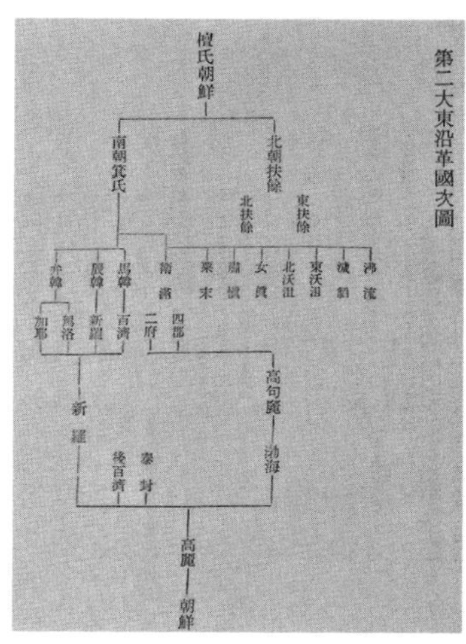

[자료 45] 남북조사관으로 서술된 『대동사』 남북조 인식 도표[313]

「남북조기」는 '남조(南朝) 기씨조선(箕氏朝鮮)-북조(北朝) 부여(夫餘)', '남조(南朝) 기씨마한(箕氏馬韓)-북조(北朝) 위만평양(衛滿平壤)', '남조(南朝) 신라백제(新羅百濟)-북조(北朝) 고구려부여(高句麗扶餘)', '남조(南朝) 신라백제(新羅百濟)(가락임나駕洛任那)-북조(北朝) 고구려(高句麗)', '남조(南朝) 신라백제(新羅百濟)-북조(北朝) 고구려(高句麗)', '남조(南朝) 신라(新羅)(후백제後百濟)-북조(北朝) 발해(渤海)(태봉泰封)' 등으로 나누어 서술하고 있다. 각 시기에 남조(南朝)와 북조(北朝)에 있는 국가를 남북조(南北朝) 사관(史觀)으로 서술한 것이다.

『대동사』의 「남북조기」에 나타난 류인식의 고대사 인식은 기자(箕子)를 남조(南朝)의 시작이자 '정통(正統)'으로 부각시켰다. 그러므로 「남북조기」의 첫 서술은 서기전1121년 기자(箕子)가 조선으로 와서 평양에 거주한 것으로부터 시작한다. 류인식은 기자조선으로부터 기씨마한(箕氏馬韓)으로 이어지고 다시 신라백제(新羅百濟)를 거쳐 신라(新羅)(후백제後百濟)에 연결되는 남조(南朝)의 역사를 936년 후백제가 멸망하는 시점까지 서술하였다. 남조(南朝)의 서술 부분에서는 임나(任那)도 실제 존재했던 것처럼 서술하였다. 즉 신라 내해이사금(奈解尼師今)4년(200년) 조항에서 『일본사(日本史)』를 인용하여 비미호(卑彌呼)의 신라 침공 기사를 주(註)로 덧붙여 놓았고, 조분이사금(助賁尼師

313 柳寅植, 『大東史』東山全集 上, 東山先生記念事業會, 1978.

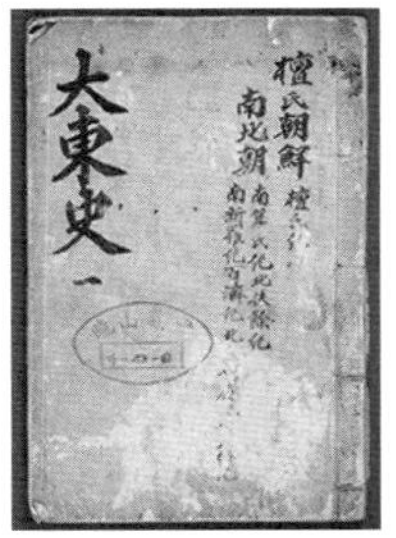

[자료 46] 류인식과 『대동사』

今)17년(247년) 조항에서는 왜(倭)의 대가야(大伽倻) 공격과 함께 임나(任那)에 행정기관 설치 및 군대 주둔 사실을 서술하였다. 또한 진흥왕(眞興王) 개국(開國)12년(562년) 조항에서 임나에 247년에 설치되었던 행정기관이 315년간 존속하다가 신라에 의해 폐지된 것이라고 서술하였다.[314]

물론 류인식의 고대사 인식은 만주와 한반도를 우리 고대사의 강역으로 설정하여, 남북조(南北朝) 사관(史觀)으로 설명한 것이다. 그러나 류인식의 역사인식은 전근대성(前近代性)을 벗어나지 못하였다는 비판을 피할 수 없다. 곧 체제나 형식은 물론, 범례(凡例)의 서술 원칙에 보이는 봉건적 문체(文體), 공교(孔教)와 유학(儒學)만을 최고의 가치로 인식하는 듯한 경직성(硬直性), 『삼국사기』 편년(編年)에 따른 신라 우선 및 중심 서술, 중국 기년(紀年)의 사용, 정통론(正統論)을 부정하였지만 용어를 엄격히 구별하여 사용한 점, 『춘추(春秋)』와 『의례(儀禮)』에 따른 지나친 도덕적 명분론(名分論), 시기구분의 문제 등은 류인식의 『대동사』 곳곳에서 보여지는 전근대적 인식의 한계였다. 특히 임나일본부(任那日本府)의 존재를 역사적 사실로 서술함으로써 무비판적으로 식민사학의 굴레에 빠졌고, 한말(韓末) 사학(史學)의 오류를 그대로 답습한 것은 큰 결점이라 지적하지 않을 수 없다.[315]

김교헌(金敎獻, 1868~1923년)의 대륙국가 인식

314 柳寅植, 『大東史』 東山全集 上, 東山先生記念事業會, 1978, 33쪽과 36쪽 및 58쪽.

315 박걸순, 「東山 柳寅植의 歷史認識」 『韓國史學史學報』 2, 2000, 94쪽.

독립운동가 김교헌의 역사인식은 한마디로 "대종교적(大倧教的)"이다. 김교헌은 1910년 정월부터 대종교를 신봉(信奉)하였고, 1911년 4월에 지교(知教)라는 대종교의 품계(品階)를 받았으며, 1916년 음력 8월 나철(羅喆)의 뒤를 이어 대종교의 제2대 도사교(都司教)에 취임하여, 1917년 총본사를 만주의 화룡현(和龍縣)으로 옮기고 교세 확장과 독립정신 교육에 모든 노력을 다하였다.[316] 이러한 김교헌의 역사 인식 및 서술은 당연히 대종교와 깊은 관련을 가질 수밖에 없었다.

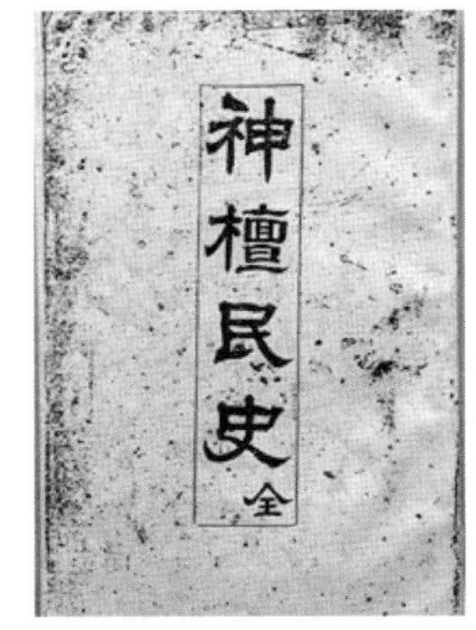

[자료 47] 김교헌의 『신단민사』

그런데 이 책의 앞에서 여러 차례 언급했지만, 대종교는 단군을 신앙의 대상으로 하며, 또 단군으로부터 시작된 민족을 '배달족'이라 부르는데, 그 '배달족'의 종교가 바로 '신교(神教)'였으며, 그러므로 그 '배달족'의 역사를 '신교사(神教史)'로 하여 무엇보다 중시하고 있다. 그 '신교사'로부터 대종교의 교리(教理)가 정당화되는 것이다.

여기서 더욱 중요한 점은 나철(羅喆) 등에 의한 대종교의 중광(重光)이 처음부터 '구국(救國)' 및 '독립운동'과 연관되어 이루어졌다는 점이다. 대종교는 그 출발이 단순한 종교적 목적만으로 이루어진 것이 아니었던 것이다. 때문에 중광 이후 대종교는 단군으로부터 시작된 민족의 역사를 체계화시켜 나갔고, 또 이를 널리 확산시켜, 대종교의 교세 확장은 물론 독립운동의 확산을 시도하였다. 그러므로 일제강점기에 만주 및 중국 본토로 망명했던 독립운동가 중 상당수는 대종교 조직에 참여하였으며, 이들은 대종교에서 발간한 『단조사고(檀祖事攷)』·『신단실기(神檀實記)』·『배달족역사(倍達族歷史)』·『신단민사(神檀民

316 大倧教總本司 編, 『大倧教重光六十年史』, 大倧教總本司, 1971, 참조.

[자료 48] 『단조사고』(김동환 해제, 2006)

史)』 등에 서술된 한국사 체계를 바탕으로 하여 만주·연해주·상해 등지에서의 독립운동을 주도하였다.[317]

김교헌은 바로 위에 언급한 『단조사고』·『신단실기』·『배달족역사』·『신단민사』 등의 역사서적 편찬 모두에 직간접적으로 관여한 역사연구자이자 독립운동가이다. 그 네 권의 역사서적 중 처음으로 1911년에 출간된 『단조사고』는 김교헌이 박은식 및 유근(柳瑾, 1861~1921년)과 함께 편찬한 책이다.

『단조사고』는 역사·문화·종교적으로 단군을 체계적으로 이해하기 위한 필요에서 작성된 일종의 '단군 관련 자료집'이다. 대종교의 중광 이후 단군에 대한 관심이 높아진 상황에서, 단군에 대한 체계적이고도 깊은 이해를 널리 확산시키고자, 대종교는 '단조사고편찬위원회'를 구성하여, 결국 『단조사고』를 편찬했던 것이다. 『단조사고』는 이후 단군을 시조로 하는 역사체계를 언급하는 역사연구자들 모두에게 중요한 지침(指針)이 되었다.[318]

『단조사고』의 내용은 단군의 혈통과 강역, 행적과 유속(遺俗)들을 통해 단군의 역사성과 당위성을 확보하는데 집중되어 있다. 그러므로 『단조사고』는 첫 부분에 단군의 혈통을 밝힌 「배달족원류(倍達族源流) 단군혈통(檀君血統)」 도표를 실었고, 그 다음에 단군의 강역을 밝힌 「삼천단부(三千團部) 배달강역(倍達疆域)」 지도를 실었으며, 그 뒤의 내편(內篇)과 외편(外篇)에서 각각 단군의 역사적 행적과 유속 등을 서술하고 있다.

317 도면회, 「독립운동 계열의 한국사 구성 체계—대종교계 역사서술을 중심으로-」『사림』제53호, 2015, 1쪽.

318 김교헌·박은식·유근 엮음/김동환 해제, 「단조사고에 대하여」『단조사고』, 훈뿌리, 2006, 256~257쪽.

『단조사고』에서 김교헌 등 대종교 관련 역사가들의 '대륙사관(大陸史觀)'이 가장 잘 드러난 부분은 바로 「배달족원류 단군혈통」 도표이다([자료 49] 참조). 이 도표에서 단군의 배달족(倍達族)이 처음에 조선, 예(濊), 맥(貊), 북부여, 옥저, 숙신의 여섯 종족으로 나뉘어 각각 발전하게 된다. 이들이 단군의 자손인 배달족이란 하나의 민족에서 출발하여, 결국은 수천 년의 변화와 발전을 거치면서 고구려, 발해, 읍루, 물길, 말갈, 여진(女眞), 규봉(圭封), 마한, 진한, 변한, 가락(駕洛), 백제, 신라, 탐라(耽羅), 선비, 거란(契丹), 요(遼) 등을 거쳐 금(金)과 후금(後金) 즉 지금의 만주로 연결되고 또 고려를 거쳐 조선으로 연결된다고 서술했다. 이 「배달족원류 단군혈통」 도표의 가장 특징적인 점은 조선족과 만주족을 같은 단군의 혈통으로 연결시켰다는 것이며, 이는 대종교 대륙사관의 중요한 근거가 되었다. 물론 김교헌 등의 이러한 대륙사관은 1909년 음력 10월 3일에 발표된 대종교 문건인 『대종교오대종지포명서』에 실린 「대황조신손원류지도(大皇祖神孫源流之圖)」에 의해 처음 형성된 것임이 분명하다(앞 부분의 [자료 18]에 실린 「단군교오대종지포명서」 (1909)의 '대황조신손원류지도' 참조).

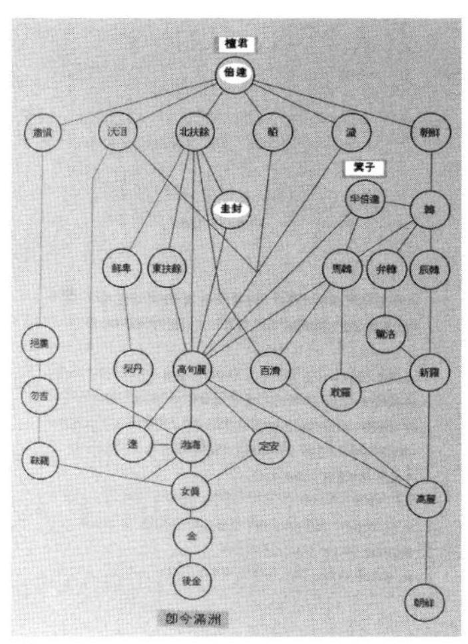

[자료 49] 「배달족원류 단군혈통」 도표[319]

『단조사고』에 나타난 대륙사관은 1914년 김교헌이 출간한 『신단실기』의 「족통원류(族統源流)」에서 더욱 구체화되었고, 또한 1923년에 김교헌이 편찬하여 출간한 『신단민사』에서 대륙사관에 의한 통사(通史)로서의 민족사(民族史)를 완성시켜 주었다. 김교헌은 『신단민사』에서 남방족을 조선족으로 북방족

319 김교헌·박은식·유근 엮음/김동환 해제, 「단조사고에 대하여」『단조사고』, 훈뿌리, 2006.

을 만주족으로 설명하되, 이를 모두 배달족으로 해석하여 만주와 한반도 전체를 민족사의 무대로 확정할 수 있었다.

한편 조선족을 남조(南朝), 만주족을 북조(北朝)로 하는 『신단민사』에서의 남북조시대 개념은 다른 역사가들의 그것과는 차이가 있었다. 즉, 『신단민사』에서는 통일신라와 발해만이 아니라 거란(契丹)까지 '남북(南北)의 삼조(三朝)'를 남북조시대라고 하였던 것이다. 요(遼)·금(金)·청(淸)까지 단군으로부터 이어져온 민족사에 포함시켰던 그로서는 당연한 시기구분의 범주 설정이었을 것이다. 따라서 특별히 발해의 민족사적 의의를 굳이 강변할 필요도 없었을 것이다. 어차피 처음부터 만주와 한반도의 고대민족 모두를 단군족(배달족)으로 간주하였기 때문이다. 김교헌이 정립(定立)한 남북강통일국론(南北疆統一國論)과 고구려, 발해 인식은 대종교적 역사인식의 중심 축을 이루었다.[320]

3. 대한민국임시정부의 역사교과서 『배달족역사』에 나타난 역사 인식

1926년 7월 8일 간도(間島) 총영사(總領事)가 발송한 기밀문서에는, 화룡현(和龍縣) 이도구(二道溝)에 있는 용흥학교(龍興學校)에서 교과서로 사용되던 『배달족역사(倍達族歷史)』를 일제가 압수한 상황이 보인다. 이 문서에 의하면, 『배달족역사』는 상해(上海)에서 발행되었으며, 독립을 고취하는 내용이라고 기록되어 있다.[321]

대한민국임시정부가 발행한 역사교과서 『배달족역사』

320 박걸순, 「日帝强占期 亡命 人士의 高句麗·渤海認識」『한국독립운동사연구』제23집, 2004, 455~456쪽.

321 間島總領事 鈴木要太郎, 「大正十五年六月中間島及接壤地方治安情況」, 1926. 7. 8.

新刊介紹

編輯人金獻氏의名義로「倍達族歷史」라는一冊子를本年一月五日의日字로發行하엿는데此를上古로中古, 近世의四世로分하고또한章과課로分하야上으로神市時代와및檀君建國時代로부터始하야下으로韓日合併에至하기까지上下四千二百餘年間의歷代의沿革과民族의文化를國漢文으로簡明하게記錄하엿슴으로敎科書로使用하기에가장適當한好個의書籍이더라

[자료 50]『倍達族歷史』의 출간을 전하는 『독립신문』의 기사[323]

『배달족역사』는 그 목차에서 스스로 '배달족교과서'라는 그 책의 특성을 분명히 밝히고 있듯, 배달족의 교과서로 사용하려고 만들어진 책이 확실하다. 그러나 『배달족역사』에 대해서는. 지금까지 위에 언급한 정도의 비교적 간단한 사항들만 알려져 있을 뿐이다.[322]

현재 볼 수 있는 『배달족역사』의 판본(板本)에는 김헌(金獻)이 편집했고, 그 출판의 시점은 "대한민국4년 1월 15일"이라고 기록했다. 우리가 『배달족역사』에 관해 쉽게 알 수 있는 사항은 단지 그 편집자와 출판시점일 뿐, 관련 연구가 많지 않아, 그 책의 형식이나 체제·성립·전래 등에 관한 정보인 서지(書誌)에 대해 더 자세한 사항은 알려지지 않았다.

『배달족역사』의 맨 뒷면에 '편집인(編輯人)'으로 기록된 김헌에 대해서는, 그가 바로 김교헌(金敎獻)임이 이미 분명히 확인되었다. 그런데 왜 저자가 아닌

322 지금까지 몇몇 연구에서 그 책의 이름과 간단한 내용이 언급되지만, 지금까지 그 책의 내용을 구체적으로 분석해본 연구는 없었다. 그 책이 배달족의 역사를 서술했다는 정도로 알려져 있을 뿐, 실제로 그 배달족의 역사라는 것이 그 책이 출간되던 당시나 현재에 어떠한 의미를 지니고 있는지 연구된 적이 전혀 없는 것이다. 『배달족역사』가 작성된 배경에 대한 연구도 전혀 없는 실정이다. 이런 문제의식에서 출발하여 필자는 다음과 같은 논문을 작성하여 학술지에 발표하였다. 임찬경, 「대한민국임시정부 출간 『배달족역사』의 대종교적 역사관」『국학연구』제23집, 2019. 이 책의 "3. 대한민국임시정부의 역사교과서 『배달족역사』에 나타난 역사 인식" 부분은 위의 논문을 전반적으로 인용하여 재구성하였음을 밝혀둔다.

323 「新刊介紹」『獨立新聞』(1922. 3. 31)

'편집인'이란 표현을 썼을까? 혹시 여러 명의 공동작업을 통해 책의 내용이 구성되고, 그 편집을 김교헌이 했던 것은 아닐까?

대한민국임시정부의 기관지인 『독립신문(獨立新聞)』에도 『배달족역사』가 편집인 김헌(金獻)의 명의로 1922년 1월 5일에 발행되었음을 [자료 50]과 같이 전하고 있다.

기사에서 김헌을 저자가 아닌 편집인으로 하여, "편집인 김헌씨의 명의(名義)"로 『배달족역사』를 출간하였다고 밝힌 점이 특히 주목된다. 이 책의 간행을 소개하면서, 저자가 김헌이라고 분명하게 밝히지 않고, 굳이 "편집인 김헌씨의 명의"로 발행한다고 라고 쓴 이유가 있을 것이다. 사전적으로 '명의(名義)'는 "어떤 일에 공식적으로 내세우는 문서상의 이름 혹은 어떤 집단이나 기관 또는 개인을 대표하여 나타내는 이름"이므로, 일반적으로 "누구의 명의로 출판한다."고 말할 때, 그 '누구'가 꼭 그 책의 저자일 수는 없는 것이다.

한편 김교헌의 『신단민사』가 1904년에 쓰여진 것으로 보면서, 『배달족역사』는 "『신단민사』를 간략하게 줄거리만 간추려서 만든 축소판"이라는 연구도 있었다.[324] 그러나 『신단민사』의 제2편 제5장에 백제의 금동불상이 언급되는데, 이 금동불상의 발견 연대가 1915년이고, 당연히 『신단민사』는 1915년 이후의 시기에 저술된 것이며, 또한 1914년에 완성된 『신단실기』와의 내용이 서로 다른 점으로 볼 때, 『신단민사』는 현재 전해지는 판본처럼 1923년에 처음 완성 및 간행되었다고 분석한 연구도 있다.[325] 그런데 『신단민사』에 서술된 역사서술은 전적으로 대종교의 역사관에 따른 것이며, 따라서 『신단민사』의 완성 시점은 1909년의 대종교 중광(重光) 이전인 1904년일 수가 없고, 또한 『신단민사』가 1910년에 대종교가 제정한 개천(開天) 연호를 쓰고 있는 점으로 보거나, 또는 여러 서지(書誌) 정보를 비교하면, 현재로서는 『신단민사』가 1923년에 완성 및

324 金正玶, 「金敎獻 民族史學의 精神的 背景」『國學硏究』第4輯, 1998, 14~19쪽.

325 李道學, 「大倧敎와 近代民族主義史學」『國學硏究』第1輯, 1988, 66~69쪽.

출간되었다고 보는 것이 합리적이다.

神檀民史刊行廣告

生數治三化로九夷에君하시고止觀禁三法으로百數에宗이되신
한검의後孫으로北陸을能讓하고東亞를席捲하던餘、傾、眞、獲파倧、
遂、金、淸을包括한民族血系史가于今서지世上에顯出되지못하야
神祖의創古開天하신偉模와聖孫의亘今樂土하는榮興을發揮치못한것
은宗性族粹에莫大한缺欠이더니
茂園金獻先生은史學의獨步이심을全民族이推許하는바自來十餘星霜
을우리歷史에全精彈神하야今에
神檀民史라는秩巨述備의無二宗史가璧完되엿기本人이綿力을不顧하
고該史를中等教科用으로編修印行하야血血同胞의家家譜牒을作코저
하오나事不隨意로爲先幾千部만을刊出하엿사오니우리愛兄慈姊는趁
時購覽하시와上으로皇祖百代의神神을頌하시며下으로子孫萬世에檀
檀을訓하시면民史의本意일가하오며略此特告하나이다
購讀하실兄弟께서上海나寧古塔南關으로請求하시되十圓未滿의代金
은保險郵便으로送하시고多數의金額은上海朝鮮銀行或中國銀行으
로換送하시며百秩以上을都賣로請求하시면代金의三割을減하오나
必히先金을要하나이다

全秩四編洋裝代金每秩壹圓三十錢 (內地에난金貨로中價 領에난大洋美價美貨)

編修兼發行人 金希山 告白
發行所 上海郵務信箱二百八十三號
發賣所 吉林寧古塔南關大倧教施教會

[자료 51] 『신단민사』의 간행을 광고한 『독립신문』의 기사326

1923년 7월 21일자 『독립신문』의 『신단민사』 간행 관련 광고에도 "무원(茂園) 김교헌 선생은 사학(史學)의 독보(獨步)이심을 전민족이 추허(推許)하는바 자래(自來) 십여성상(十餘星霜)을 우리역사에 전정탄신(全精彈神)하야 금(今)에 신단민사라는 질거술비(秩巨述備)의 무이종사(無二宗史)가 벽완(璧完)되었기"에 출간했다고 밝히고 있다. 이 기사를 보면, 『신단민사』는 "금(今)" 즉 1923년 7월 무렵에 완성되어 출간된 것이 분명하다([자료 51] 참조).

이처럼 『신단민사』의 출간 시점을 1923년으로 판단했을 때, 1946년에 중간(重刊)된 『신단민사』의 「중판서언(重板序言)」에 "종사(宗師)의 저작(著作)하신 사서(史書)로 배달족역사는 거번취요(去繁取要)하야 소학생(小學生)의 교과용(教科用)으로 되어 간행(刊行)하였던 것이오."라는 부분을, 마치 『배달족역사』가 『신단민사』를 요약하여 교과서로 출간한 것처럼 해석할 수는 없을 것이다. 즉 『배달족역사』는 『신단민사』보다 1년 앞서 출간되었으며, 오히려 『신단민사』는 『배달족역사』를 토대로 작성되었다고 해석해야 논리에 맞는 것이다.

『신단민사』가 『배달족역사』를 토대로 그 내용에서 더욱 상세한 설명을 덧붙이며 완성되었다는 점은 『신단민사』의 그 「범례(凡例)」에 분명하게 나타난다. 김교헌이 1923년에 작성한 「범례」에는 "원편(原編)의 기사는 개천갑자(開天甲子)에서 시작하여 4351년 갑오경장까지로 하고, 그 이후는 속편(續編)에 기록하기로 한다. 원편에서 빠졌다고 여겨지는 부분은 증편(增編)에, 원편과 속편

326 「神檀民史刊行廣告」『獨立新聞』(1923. 7. 21)

에 다 쓰지 못할 것을 보편(補編)에 기록하기로 한다."고 밝히고 있다.[327] 이 「범례」를 보면, 1923년에 완성되어 현재 전해지는 『신단민사』는 일종의 '미완(未完)'의 책인 것이다. 『신단민사』의 저자인 김교헌은 그 책에 이어, 1895년의 갑오경장 이후 시기를 서술하는 『속편』과 『신단민사』에서 누락된 부분을 보완하는 『증편』 그리고 전반적인 보완을 거친 『보편』을 작성하려 계획했던 것이다. 그러나 저자인 김교헌은 1923년 11월 18일 사망하였고, 『신단민사』에 뒤이은 여러 책들의 저작 및 출판 계획은 실현되지 못했던 것이다.

『배달족역사』의 간행 주체에 대해서는 대한민국임시정부로 분명하게 파악된다.[328] 대종교는 1910년 9월 27일에 개천(開天) 연호(年號) 제정을 포함한 <의식규례(儀式(規例)>를 공포하였는데,[329] 이에 따라 그 이후 작성된 대종교의 문건이나 저작에 대부분 개천 연호를 사용하고 있다. 그러므로 만약 『배달족역사』가 대종교 측에서 출간한 것이라면, 그 출판일은 당연히 개천 연호에 따라 표기되었을 것이다. 그러나 『배달족역사』의 맨 뒷면에 "대한민국4년 1월 15일"이라고 임시정부의 문서에 기록하는 것과 같이 대한민국 연호를 사용한 점으로 보아, 『배달족역사』는 대한민국임시정부에서 역사교과서로 작성한 책으로 판단된다. 위에 소개한 [자료 50]에 보이듯, 대한민국임시정부의 기관지인 『독립신문』의 기사에 "교과서로 사용하기에 가장 적당한" 서적으로 소개하고 있는 점을 보아도, 『배달족역사』는 대한민국임시정부에서 역사교과서로 간행되었음이 분명한 것이다.

대한민국임시정부의 『배달족역사』 출간 과정

327 金教獻 저 高東永 역, 「범례(凡例)」『신단민사』, 훈뿌리, 1986, 3쪽.

328 金正珅, 「金教獻 民族史學의 精神的 背景」『國學硏究』第4輯, 1998, 19쪽.

329 大倧教總本司 編, 『大倧教重光六十年史』, 大倧教總本司, 1971, 참조.

대한민국임시정부가 1919년 4월 11일에 선포한 첫 헌법인 <대한민국임시헌장(大韓民國臨時憲章)>의 제7조는 "대한민국(大韓民國)은 신(神)의 의사(意思)에 의(依)하야 건국(建國)한 정신(精神)을 세계(世界)에 발휘(發揮)하며 진(進)하야 인류(人類)의 문화(文化) 및[及] 평화(平和)에 공헌(貢獻)하기 위(爲)하야 국제연맹(國際聯盟)에 가입(加入)함"이다.[330]

이 <대한민국임시헌장>은 조소앙(趙素昻, 1887~1958년)이 1919년 4월에 그 초안을 작성한 것인데, "신의 의사에 의하야 건국한" 대한민국의 '건국정신'이란 문구에는 그 당시 조소앙이 지녔던 민족의식이 반영된 것으로 볼 수 있다. 조소앙은 1941년의 <대한민국건국강령>을 작성하면서 "우리나라의 건국정신(建國精神)은 …홍익인간(弘益人間)과 이화세계(理化世界)하자는 우리 민족(民族)이 지킬 바 최고공리(最高公理)"임을 명백히 밝혔다. 이런 사실을 살피면, 조소앙이 1919년 4월에 초안을 마련한 대한민국임시정부의 첫 헌법에 명시된 "신의 의사에 의하야 건국한" 대한민국의 '건국정신'은 바로 배달민족의 건국시조인 단군의 건국이념인 "홍익인간, 이화세계"였던 것이다.

그리고 대한민국임시정부는 1919년 4월 11일의 정부 수립 이후 그 정부의 건국정신과 그에 따른 정통성을 국내외에 널리 알리며, 우리민족 성원에 대해 그를 교육하려는 정책적인 시도들을 해나갔다.

1919년 4월 11일에 공포된 <대한민국임시헌장> 제5조는 "대한민국의 인민은 교육 납세 및[及] 병역의 의무가 있음[有함]"이다. 이에 따르면, 납세 및 병역의 의무와 함께 교육도 국민의 의무로 규정한 것이다. 또한 1919년 4월 25일에 발표된 <대한민국임시정부장정(大韓民國臨時政府章程)>에는 내무부(內務部) 아래에 학무국(學務局)을 두어 교육업무를 맡도록 정하였는데, 그 구체적인 업무에 대한 규정은 다음과 같았다.

330 大韓民國臨時政府, <大韓民國臨時憲章>, 1919. 4. 11.

第43條 學務局은 下關事務를 掌理함

1. 神化宣傳에 關한 事務
2. 普通教育에 關한 事務
3. 專門教育에 關한 事務
4. 編輯에 關한 事務[331]

위에 열거한 학무국의 업무 중 제1항의 "신화선전(神化宣傳)에 관(關)한 사무(事務)"란 국내외에 대한민국임시정부의 존재를 알려 국가계승의 정통성을 확보하고, 무엇보다도 강인한 민족의식을 키워 우리민족의 연대감을 굳건히 할 목적의 선전 사무일 것으로 볼 수 있다.[332] 또한 제4항의 "편집(編輯)에 관(關)한 사무(事務)"란 다른 3항 사업에 필요한 경우의 문서나 저작물 등의 작성을 위한 사무라고 볼 수 있다. 이와 같이 대한민국임시정부는 출범 초기부터 우리민족의 정신과 역사를 교육하기 위한 『배달족역사』와 같은 책을 출판할 체제를 법적으로 갖추고 있었던 것이다.

1920년대에 들어서면, 대한민국임시정부는 의무교육제를 기본정책으로 천명하고, 그 실행업무로서 우선 교과서 편찬과 서적 간행을 통해 독립적인 교육교재를 발행하며 또 교재를 통일하고자 했다. 교육의 정상적 진행과 교육목표 달성을 위해, 교과서 및 교재의 편찬은 무엇보다도 우선시되는 사업이라는 인식이 있었던 것이다. 더욱이 일제가 한말(韓末) 이래로 민족의식을 담은 우리의 역사와 지리 및 국어 교과서는 물론 일반 서적도 '불온서적(不穩書籍)'으로 분류하여 철저히 단속 및 압수하고, 그 대신에 국내뿐만 아니라 만주와 연해주 지역에까지도 조선총독부가 발간한 교과서를 무상으로 배부하여 식민교

331 大韓民國臨時政府, 〈大韓民國臨時政府章程〉, 1919. 4. 25.

332 이명화, 「大韓民國臨時政府의 教育政策과 活動」『역사와 실학』12, 1999, 449쪽.

육을 조장하고 있었다. 그런 상황에서 우선적으로 국정교과서를 발행하는 사업은 매우 중요하고도 시급했다.[333]

이러한 상황 속에서 대한민국임시정부가 발행한 역사교과서로서 『배달족역사』가 발간된 것이다.

이 『배달족역사』가 발간될 당시 상해의 대한민국임시정부는 다소 혼란스러웠고 또 여러 어려움을 겪고 있었다. 1921년 3월 중순에 상해로 온 김승학(金承學)은 안창호(安昌浩)를 통해 프랑스 영사관과 교섭하여, 그 이전에 압류 및 봉쇄되었던 독립신문사와 삼일인쇄소(三一印刷所)를 1921년 4월 중순에 부활시켰다. 그 이후 김승학이 독립신문사의 사장이 되어, 신문사의 조직을 재편하였는데, 주필은 박은식(朴殷植)이 맡았고 편집장은 차리석(車利錫)이 맡았다.

이때 독립신문사의 부차적 사업으로 교과서편찬위원회를 부설(附設)하고 박은식, 조완구, 윤기섭(尹基燮), 김두봉(金枓奉), 정신(鄭信), 차리석, 백기준(白基俊) 등과 함께 김승학이 책임을 분담하여 교과서를 편찬하기로 했다. 편찬할 때 초등과(初等科) 교과서는 한자(漢字)를 1,500자 이내로 제한하고, 중등과(中等科) 교과서는 한자를 2,500자 이내로 제한하여 사용하도록 시켰다. 그러한 작업의 결과로 초등과 교과서는 완성되었으나, 경비 문제로 인쇄하지는 못했다고 한다.[334]

김승학이 주도하던 당시의 위와 같은 일련의 상황은 1922년 1월 5일의 『배달족역사』 출간과 관련이 있을 것으로 추정된다. 그런데 위에 언급한 여러 상황을 종합하면, 다음과 같은 추론이 가능하다.

① 『배달족역사』는 1922년 1월 5일 상해의 삼일인쇄소에서 간행되었다.

333 이명화, 위의 논문, 455쪽.

334 金承學 著/김병기 정리, 「亡命客行蹟錄」『한국독립운동사연구』12, 1998, 427~431쪽.

② 『배달족역사』는 1921년 4월 중순 이후에 대한민국임시정부의 기관지인 독립신문사의 교과서편찬위원회에 의해 그 편찬이 시작되었다.

③ 교과서편찬위원회에서 편찬 실무를 담당한 인물들은 박은식, 조완구, 윤기섭, 김두봉, 정신, 차리석, 백기준 등과 함께 김승학이다.

④ 「망명객행적록」 (김승학)에 의하면, 김승학은 소련에서 열리는 전세계혁명단체대표자회의에 참석하기 위해 1921년 9월 중순에 상해를 떠났고, 1922년 3월에야 상해로 돌아왔으므로,[335] 김승학이 『배달족역사』 등의 교과서 편찬 실무에 직접적으로 참여했다고 보이지 않으며, 『배달족역사』가 출간되는 시점에 김승학은 상해에 없었다.

⑤ 교과서편찬위원회에 의해 초등과 교과서가 완성은 되었지만, 경비 문제로 출간은 되지 못한 것으로 보이며, 그렇다면 『배달족역사』 등만이 간행되었는데 그 이유는 알 수 없다.

⑥ 위의 [자료 51](『신단민사』의 간행을 광고한 『독립신문』의 기사)에 의하면, 희산(希山) 김승학은 독립신문사와 삼인인쇄소의 사장으로서 1923년 7월 무렵 발행된 『신단민사』의 편수(編修) 및 발행인이었다.

⑦ 위의 사실을 종합하면, 김승학은 여러 사정으로 봉쇄되었던 독립신문사와 삼일인쇄소를 정상화시키는데 크게 기여했으며, 교과서편찬위원회를 주도하여 1922년의 『배달족역사』의 간행이 가능하게 했다. 또한 1923년 7월 무렵 김교헌이 완성한 『신단민사』의 발간을 가능하게 해주었다.

대한민국임시정부 『배달족역사』 출간의 사회적 배경

『배달족역사』의 '배달'이라는 명칭 자체가 대종교에서 형성된 것이다. 『배달족역사』도 실제로 철저히 대종교의 역사관에 의해 서술된 역사이다. 대종교는 단군을 신앙의 대상으로 하며, 또 단군으로부터 시작된 민족을 '배달족'이

335 金承學 著/김병기 정리, 위의 글, 430~431쪽.

라 부르는데, 그 '배달족'의 종교가 바로 '신교(神教)'이다. 대종교에서는 그 '배달족'의 종교인 '신교'가 번창하고 또 쇠락하는 과정의 역사를 '신교사(神教史)'로 부르는데, 대종교는 그 무엇보다 '신교사'를 중시하고 있다. 그 '신교사'로부터 대종교의 교리(教理)가 형성되고 또 정당화되는 것이다. 이 '신교사'의 역사관이 바로 대종교의 역사관인 '신교사관(神教史觀)'이다. 이 '신교사관'에 의한 역사가 구체적으로 서술된 것이 대종교의 문건인 「단군교오대종지포명서」이다. 『배달족역사』는 이 「단군교오대종지포명서」에 서술된 역사를 바탕으로 작성된 것이다.

그런데 어떻게 철저히 대종교의 역사관에 의해 작성된 『배달족역사』가 1922년에 대한민국임시정부의 역사교과서로 간행될 수 있었을까? 이는 당시의 시대상황과 관련이 있다.

1910년 전후 이 땅의 많은 지식인들이 대종교를 받아들였다. 지식인뿐만 아니라 다수 국민들도 대종교를 종교적으로 직접 받아들이지 않더라도, 크게 배척하지는 않았다. 이런 상황은 1905년 이후 근대적 민족의식과 국가의식을 수용한 결과인 동시에, '국망(國亡)'이라는 엄청난 충격을 사상적·종교적으로 극복하려는 의지의 소산이었다. 당시 그들은 대종교를 통하여 우리민족의 민족의식을 드높이는 것만이 국권회복(國權回復)의 지름길이라는 신념에서 대종교를 받아들이거나, 혹은 직접 받아들이지 않더라도 배척하지는 않았던 것이다.[336]

대종교는 단군의 시기에 우리민족이 형성되고 그 이후 끊임없이 발전하여 왔다는 역사관으로부터 하나의 종교로서 그 실체가 구성되었고, 당연히 우리민족은 우수한 '천손(天孫)'이라는 민족의식을 갖고 있었다. 이렇게 대종교에 참여한 다수의 지식인들의 영향 아래 우리민족은 단군을 이은 민족이란 인식이 확산된 것이다. 그러한 민족의식이 당시 사회에 널리 확산되면서, 단군을 중

336 오영섭, 「朝鮮光文會 硏究」『韓國史學史學報』3, 2001, 110쪽.

심으로 한 대종교의 역사관 또한 널리 확산되었고, 그 당시 사회에 널리 수용될 수 있었던 것이다. 이런 사회 상황에서 『배달족역사』가 대한민국임시정부의 역사교과서로 간행될 수 있었다.

『배달족역사』에 나타난 대한민국임시정부의 역사관

『배달족역사』는 상고역사, 중고역사, 근고역사, 근세역사의 네 부분으로 구성되어 있다. 그 목차를 장(章) 별로 정리하면 아래와 같다.

[자료 52] 『倍達族歷史』의 목차

倍達族教科書 上古歷史

제1장 神市時代

제2장 倍達時代

제3장 夫餘時代

제4장 上古文化

倍達族教科書 中古歷史

제1장 列國時代

제2장 南北朝時代

제3장 中古文化

倍達族教科書 近古歷史

제1장 麗遼時代

제2장 麗金時代

제3장 高麗時代

제4장 近古文化

倍達族教科書 近世歷史

제1장 朝鮮時代

제2장 朝淸時代

제3장 近世文化

위의 목차에서 보이듯, 『배달족역사』는 '신인(神人)의 하강(下降)' 즉 신인(神人)이 하늘에서 내려와 그 지역에 이미 존재하던 우매한 백성을 교화하며, 국가를 세우고, 배달족을 형성하여 유지 및 발전시키는 배달족 전반의 역사이다. 『배달족역사』에 나타난 배달족의 강역은, 위에 이미 소개한 [자료 1]의 「단군교오대종지포명서」에 첨부된 '배달신국삼천단부도(倍達神國三千團部圖)'의 그 범위이다.

그러므로 『배달족역사』는 그 강역 안의 여러 국가와 종족들의 흥망(興亡) 관련 사실과 그 국가와 종족들이 지녔던 문화를 서술하고 있다. 그러므로 『배달족역사』에는 위에 제시한 [자료 18]의 '대황조신손원류지도'에 나타나는 신시(神市), 배달, (고)조선, 기자조선, 부여, 북부여, 고구려, 숙신(肅愼), 선비(鮮卑), 위만조선, 한사군, 동부여, 남부여, 예(濊), 맥(貊), 옥저(沃沮), 읍루(挹婁), 삼한, 마한, 진한, 변한, 백제, 신라, 가락(駕洛), 말갈(靺鞨), 발해, 후백제, 태봉(泰封), 여진(女眞), 거란(契丹), 고려, 요(遼), 금(金), 조선, 만주(滿洲), 후금(後金), 청(淸) 등의 역사가 서술되어 있다.

『배달족역사』는 '배달신국삼천단부도'에 나타난 배달족의 국가가 열강의 침입으로 혼란스러운 와중에 정치적으로 해체당하는 1911년까지의 상황까지 서술하였는데, 그 마지막 부분은 다음과 같다.

倍達族教科書 近世歷史

…

제2장 朝淸時代

제42과 韓淸의 歷年

大韓隆熙四年庚戌에 統監 寺內正毅가 總理 李完用과 合併條約을 結하니 李氏의 朝鮮이 五百十九年을 歷하얏고 大淸宣統三年辛亥에 武昌에서 革命軍이 起하야 淸은 國絶하고 中華民國이 되니 愛新覺羅氏의 帝號가 二百九十六年을 歷하얏더라 倍達民族의 國名君號가 南北疆에 皆絶함은 檀君 以後로 初有한 大變이러라[337]

위의 인용문처럼 『배달족역사』는 '이씨(李氏)의 조선(朝鮮)'이 일제의 식민지로 전락하는 1910년, 신해혁명(辛亥革命)으로 청(淸)이 국가로서의 자격을 상실하고 중화민국이 성립되는 1911년까지를 서술하고 있다. 『배달족역사』는 조선과 청(淸)의 멸망을 "배달민족이 세운 국가의 국호(國號)와 군호(君號)가 이때 남북의 강역 모두에서 동시에 끊어져 사라졌는데, 이런 일은 단군 이래 처음 있는 일이라"고 평가하고 있다. 이런 평가에는 숙신-읍루-물길-말갈-여진(女眞)에서 청(淸)으로 이어지는 만주족이 우리의 배달민족에 포함된다는 역시인식이 담겨있다.

『배달족역사』에는, 다른 일반적인 역사책과 달리 '신(神)', '신인(神人)'. '신교(神敎)'에 대한 서술이 많다. 위에서 언급했듯, 『배달족역사』는 배달족의 '신교(神敎)'의 형성과 발전 및 쇠퇴를 서술한 「단군교오대종지포명서」의 '배달민족 신교사'에서 영향을 받았다. 그러므로 이런 서술이 가능하게 되었던 것이다.

그러나 더욱 특징적인 점은 이렇게 '신(神)'과 관련한 다수의 서술이 있지만, 그 서술은 배달족의 역사와 자연스레 연결되어 서술될 뿐이라는 것이다. 즉 배달족 자체가 '신인(神人)의 하강(下降)'에 의해 이루어지는 관계로 그 '신인(神人)'이 교화시키고 또 종족과 국가를 이루고 발전하는 과정을 배달족의 역

337 金獻 編, 「제42과 韓淸의 歷年」『倍達族歷史』, 大韓民國臨時政府, 1922, 33쪽.

사로 서술하다보니, 그에 따라 '신인(神人)'과 그 '교(教)'가 언급되는 수준이다. 배타적으로 그 '신인(神人)'과 그 종교를 부각시키거나 절대 강요하지 않는 것이다.

물론『배달족역사』는 그 시기마다 그 당시의 여러 종교를 기록하고 있다. 대종교 이외의 다른 종교와 관련된 서술을 살펴보면, 비록『배달족역사』가 단군 혹은 대종교와 관련된「단군교오대종지포명서」에 나타난 '배달' 혹은 '배달민족신교사'의 영향을 받아 그 배달족의 역사를 서술하는 과정에 자연히 '신교'를 다수 언급했지만, 다른 종교에 대해 배타적이거나 혹은 결코 편향적(偏向的)이지 않았으며, 오히려 다른 종교들에 대해 인정하고 또 그 역할을 긍정적으로 서술했다는 것은 특히 주목할 만하다. 대종교의 영향 아래 작성되긴 했지만『배달족역사』가 종교에 있어서 결코 편향되지 않았음은, 다음의 서술에서 분명히 알 수 있다.

> 倍達族教科書 近世歷史
>
> …
>
> 제3장 近世文化
>
> 第一課 宗教의 門户
>
> 文化를 助長함이 宗教의 力이 最大하더니 近世에 至하야 宗教의 名稱이 甚多라 우리 南北疆에 在한 者로 論하야도 大倧教와 天道教와 大宗教와 孔子教와 太極教와 佛教와 道教와 耶蘇教와 天主教와 回回教와 希臘教가 各其 門户를 立하고 化導의 責을 負擔하니 趣旨는 不同하나 社會를 善良케함은 大略 同一하더라[338]

338 金獻 編,「제42과 韓淸의 歷年」『倍達族歷史』, 大韓民國臨時政府, 1922, 33쪽.

위의 인용문에서, 근세에 이르러 배달족의 강역 안에 여러 종교가 있고, 그들이 각자 문호(門户)를 세우고 즉 포교 및 그 외의 활동하는 여러 통로를 갖추고, 화도(化導) 즉 덕(德)으로 교화하여 사람들을 이끌고 있는데, 각 종교의 취지는 같지 않지만, 사회를 올바로 이끌고 평안케하는 목적과 활동은 대체로 같다고 서술하는 것이다.

사실 다른 종교에 대해 배타적이지 않은 것은 대종교가 철저히 지키는 중요한 원칙이다. 대종교를 중광한 나철(羅喆) 홍암 대종사가 1916년 8월 15일 순명조천(殉命朝天)[339]하면서 유언과 함께 남긴 「밀유(密諭)」에 "다른 교인을 별달리 보지 말라(勿岐視敎外人)"며,[340] 다른 종교에 대해 배타적이어서는 안된다고 특히 강조하였다. 그러므로 대종교의 영향 아래 작성된 『배달족역사』가 다른 종교에 조금도 배타적이지 않은 서술을 한 것은 매우 자연스러운 것이다.

대종교는 자기 밖의 '타(他)'에 대해 결코 배척하거나 배타적이지 않음을 지키는 원칙도 갖고 있다. 위에 언급한 홍암 대종사의 「밀유」에 "외국 사람을 따로 말하지 말라(勿異論城外人)"는 부분은, 바로 자기 이외의 민족이나 국가를 배타적으로 배척하지 말라는 원칙을 말한 것이다. 『배달족역사』도 그 서술에서 외국 혹은 배달족 이외의 다른 민족에 대해 '자타(自他)'를 구별하는 서술을 했지만, 결코 '타(他)'를 배척하거나 비하하는 서술은 하지 않았다. 그러므로 『배달족역사』에서 언급하는 배달족 내부의 사건은 물론 외국이나 타민족에 대한 서술에서도 객관적으로 사실을 서술할 뿐 어떤 편향성을 보이지 않는, 역사 교과서로서의 서술 원칙을 지키고 있는 것이다.

『배달족역사』의 바탕이 되었던 「단군교오대종지포명서」에 서술된 '신교사(神敎史)'는 '신교(神敎)'의 발전과 몰락 과정을 전함과 동시에, 그 이면(裡面)에

339 대종교에서는 1916년 8월 15일에 있은 홍암 대종사의 죽음에 대해 '순명조천(殉命朝天)'이란 표현을 사용한다. 삼가 그 뜻을 존중하여 위의 본문에 그 용어를 사용한다.

340 大倧敎總本司 編,『大倧敎重光六十年史』, 大倧敎總本司, 1971, 참조.

앞으로 마주할 수 있는 '신교' 즉 대종교의 가능성과 희망을 아주 강렬하게 담아내려 시도했던 것으로 파악된다. 배달족의 구성원인 자로서 이 '신교사(神教史)'를 읽거나 혹은 들으면, 그 민족의 역사를 사랑할 수 있게 되고, 또 그 민족을 위한 어떤 일을 하려는 의지가 발동할 수도 있게 만들려는 의도가 「단군교오대종지포명서」에 담겨있는 것이다. 「단군교오대종지포명서」의 작성자는 이런 모든 것을 의도하고, 이 문건을 작성한 것으로 분명하게 파악할 수 있다.

마찬가지로 1922년에 대한민국임시정부의 소학생 교과용 역사교과서로 출간된 『배달족역사』도 「단군교오대종지포명서」와 그 서술 취지가 비슷하지 않았을까? 즉 『배달족역사』에는 배달족의 발전과 몰락 과정을 전함과 동시에, 그 이면(裡面)에 앞으로 마주할 수 있는 배달족의 발전 가능성과 희망을 아주 강렬하게 담아내려 시도했던 것이 아닐까? 배달족의 구성원인 자로서 이 『배달족역사』를 읽거나 혹은 들으면, 그 민족의 역사를 사랑할 수 있게 되고, 또 그 민족을 위한 어떤 일을 하려는 의지가 발동하도록 만들려는 의도에서 『배달족역사』를 출간하지 않았을까? 『배달족역사』의 작성자는 이런 모든 것을 의도하고, 이 책을 편찬하지 않았을까? 어쨌든 『배달족역사』는 출간 이후 "독립을 고취하는" 불온문서로서 일제에 의해 압수당하는, 많은 사람들이 보지 못하도록 일제가 그 확산을 가로막는 출판물이 되었었다.

4. 고대사 인식을 통한 대륙국가 건설 논의 : 『배달족이상국건설방략』

독립운동역사가들은 민족국가의 첫 출발점이자 하나의 이상적 국가로서 '배달'을 발견해 냈다. '배달'의 국가이상은 당대에 널리 확산되었다. '배달'은 독립운동역사가 이시영, 박은식, 김교헌, 이원태, 김승학 등의 저작 속에서 가장 중요한 개념으로 사용되었다. 그들 독립운동가들에게 '배달'은 민족의 희망을 상징하는 하나의 용어가 될 수 있었다.

고대사 속 '배달'의 발견

19세기 말에 우리민족을 나타내는 고유명사를 찾자는 움직임이 있었다. 옛날부터 진역(震域), 한국, 한반도, 청구(靑丘), 동국(東國) 등 다양한 명칭들이 사용되었다. 그러나 어떤 것은 지역의 이름이고, 어떤 것은 일정한 시기에 존속했던 특정 국가의 이름일 뿐 민족 자체의 이름이 아니라는 인식이 확산되었다. 당연히 민족의 이름을 확정짓는 것이 시급하다는 여론이 일어났다. 민족의 명칭에 대한 논란이 쉽게 끝나지 않으면서, 1910년 5월의 어느 언론에는 "우리 민족의 칭호를 과연 무엇이라 하는 것이 적당할까?"라는 글이 실릴 정도였다.[341]

당시 여러 가지 명칭이 민족의 이름으로 쓰이고 있었지만, 1910년대 초부터 우리민족의 특성을 부각시키는 용어로 '배달(倍達)'이란 용어가 널리 사용되기 시작했다. 물론 배달이란 용어는 전적으로 대종교에 의해 처음 형성되었고,[342] 또 대종교에 의해 우리민족사회에 널리 확산되었다. 1904년 음력 10월 3일에 작성된 것으로 알려진 대종교의 문건인 「단군교포명서」[343]에서 배달에 관한 첫 기록이 다음과 같이 보인다.

---

341 윤영실, 「'국민'과 '민족'의 분화」『상허학보』25, 2009, 86~87쪽. 그 기사는 "우리 민족도 또한 일정한 민족의 이름이 있을지어늘, 이제 내외국인을 물론하고 우리민족의 칭호를 각각 다르게 불러서 혹은 부여족이라 하며 혹은 퉁구스족이라 하고 혹은 일본족이라 하며 혹은 한족이라 하여 열사람이 말하면 열사람이 다 다르게 부르니 슬프다! 이것도 또한 우리국민의 한가지 수치로다. 그러하면 우리민족의 칭호를 과연 무엇이라 하는 것이 적당할까?"(「기사 : 우리 한국 인민의 종족 이름을 변명함」『대한매일신보』, 1910. 5. 10)이다.

342 배달이란 용어의 출현을 『계림유사(鷄林類事)』, 『규원사화(揆園史話)』 등의 책과 관련지어 설명하는 연구들도 있다. 그러나 엄밀히 고증해보면, 배달이란 용어는 대종교의 초기 문건에서 처음 나타남이 분명하다. 이 글에서 『계림유사』, 『규원사화』 등의 책과 관련된 배달 논의는 생략한다.

343 「단군교포명서」에 그 작성 시점이 1904년 음력 10월 3일로 기록되었다. 그러나 그 마지막 부분에 설

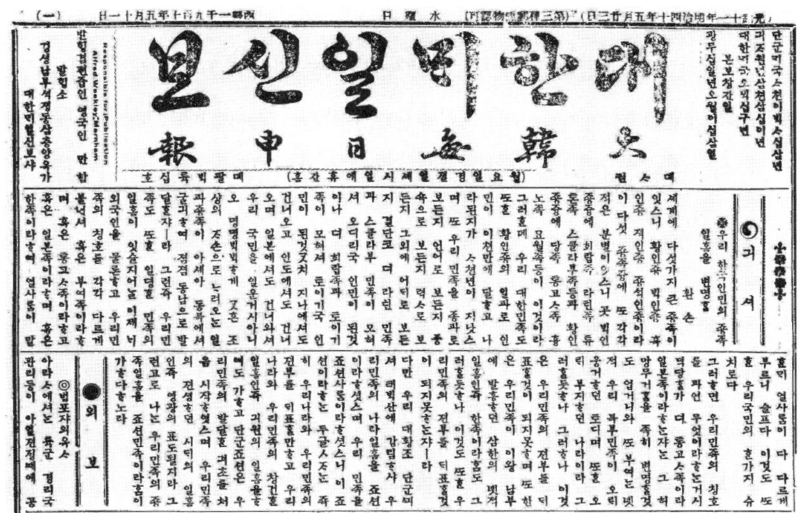

대한매일신보

大韓每日申報

◉긔셔

◎우리 한국인민의 종족 일홈을 변명홈

환 손

세계에 다섯가지 큰 종족이 잇스니 황인종 백인종 흑인종 적인종 종석인종이라 이 다섯 종족중에 또 각각 적은 분별이 잇스니 곳 백인종중에 희랍족 라뎐족 튜톤족 스클라부족등과 황인종중에 당족 몽고스족 흉노족 묘월족등이 이것이라 그러훈데 우리 대한민족도 또훈 황인종의 일파로 인민이 이쳔만에 달ᄒᆞ고 나라된지가 ᄉᆞ쳔년이 지낫스며 또 우리 민족을 종파로 보든지 언어로 보든지 풍속으로 보든지 력ᄉᆞ로 보든지 그외에 어ᄃᆡ로 보든지 ……

[자료 53] 우리민족의 명칭을 찾자는 『대한매일신보』(1910. 5. 11)의 기사[344]

오늘의 말로 조선국(朝鮮國)이라 칭함은 단군조(檀君朝) 중엽에 배달국(倍達國)이라 칭한 말이 한자(漢字)의 뜻과 음에 의해 변하여 조선(朝鮮)이 되었으니, 고어(古語)에 할아버지를 배(倍)라 하고 아버지를 비(比)라 하며 빛나는 물체를 달(達)이라 하니, 조상의 광채(光彩)를 받은 사방의 땅이라 하여 국호(國號)로 정한 것인즉 배달

명을 덧붙인 부분인 '부백(附白)'에는 우형(愚兄) 이외에 20인을 구강(舊疆) 및 청(淸)과 일본 등 각지에 파견하여 동북아 전체에서 고대의 사적을 찾고 현재의 정세를 살피게 하며 단군교를 위하여 안과 밖에서 한마음으로 정성을 다하겠다는 의지를 밝히고 있다. 이 '부백'에서 각지에 파견하는 20인을 "本疆十二人奉天省二人吉林省二人黑龍省三人錦州一人"으로 설명하고 있다. 이 기록을 볼 때, 『단군교포명서』의 '부백' 부분은 1907년 5월 이후에 그 지명이 덧붙여지거나 수정된 것임을 알 수 있다. 위의 기록에 나오는 봉천성, 길림성, 흑룡강성 등이 설치되어 그러한 지명 용어의 사용이 가능한 시점은 1907년 5월 이후이기 때문이다. 예로부터 필사(筆寫)하여 전승되는 각종 문서나 책이 뒤에 가필(加筆)되는 현상은 불가피하였는데, 「단군교포명서」의 '부백' 부분도 필사본(筆寫本)의 형태로 1908년에 나인영 등에게 전해져 1909년 및 1910년의 발표되는 시점에 일부 수정 및 가필(加筆)된 것으로 볼 수 있다(임찬경, 「『단군교포명서』의 고구려 인식」『국학연구』제13집, 2009, 참조).

344 「긔서 : 우리 한국인민의 죵족 일홈을 변명흠」『대한매일신보』(1910. 5. 11)

(倍達)은 즉 조광(祖光)이다. 한(漢) 지역 사관(史官)의 문체(文體)가 외국의 국명(國名)에 나쁜 글자를 쓰는 관례를 따르는데 하물며 조(祖) 자(字)를 사용하겠는가? 조(祖)는 그 음(音)에 의해 바꾸어 조(朝) 자가 되고 광휘(光輝)를 그 뜻으로 바꾸어 선(鮮) 자가 되었으나…[345]

「단군교포명서」에서는 배달의 뜻을 "조상의 광채를 받은 사방의 땅"으로 해석했고, 단군조 중엽에 국호로 삼았던 것이라고 설명했다. 또 배달이란 용어를 고대 중국의 사관들이 외국의 국명에 대해 나쁜 글자를 사용하는 관례에 따르다보니 결국 조선으로 변하게 되었다고 설명했다.

1909년 음력 10월 3일에 발표된 대종교 문건인 「단군교오대종지포명서(檀君教五大宗旨佈明書)」에서는 대황조가 서기전2333년에 나라를 세운지 740년 뒤인 서기전1594년에 배달국을 세웠다며, 다음과 같이 기록하였다.

나라를 여신지 740년 뒤(丁亥 殷太戊44년 西曆紀元前1594년)에 배달검신(倍達儉神)께서 다스리실 때 수사노(秀斯老) 철인(哲人)의 교화에 의해 삼천단부(三千團部)에서 태초의 풍속이 지켜지는 시절을 다시 볼 수 있었다. 대황조께서 삼천단부의 영역을 합쳐서 이름하여 '배달'이라 하였다. 당시 검신(儉神)은 또한 배달 성호(聖號)를 칭하였다. 이때는 단군조(檀君朝) 중엽으로 가장 번성한 시대였다.

그 후 수사노 철인의 제자들 중 학식과 품행이 특히 우수한 자들이 삼천단부의 각 수장이 되었는데, 그 수가 반이 넘었다. 이리하

345 大倧教總本司 編, 『大倧教重光六十年史』, 大倧教總本司, 1971. 이 책에 나오는 국한문체(國漢文體)의 「단군교포명서」 원문을 필자가 읽기 쉽게 한글로 번역하여, 위의 인용문을 작성하였다.

> 여 본교(本教)의 융성과 번창은 오래갔다. 사람들이 마음을 느껴 깨닫는 바는 깊고 오래갔으며, 배달 강역 안의 삼천단부는 생활이 즐겁고 화평하였으며 어질고 덕이 있어 오래 사는 지역이었다.[346]

위에 인용한 「단군교오대종지포명서」에서는 삼천단부의 영역 모두를 합친 지역을 지칭하는 개념으로서의 배달이 설명되어 있다. 단군조(檀君朝) 중엽인 이 배달의 시기가 우리민족 역사에서 가장 번성한 시대였다고 한다. 여기서의 삼천단부에 대해 「단군교오대종지포명서」는 "우리 대황조성신(大皇祖聖神)께서 이 때(戊辰 唐堯25년 西曆紀元前2333년) 강림하셨다. …구역 내에 삼천단부를 두셨으니. 옛 말에 환인(桓因) 신시씨(神市氏)의 무리 3,000을 말함은 이를 전하여 이르는 것이다."고 설명했다. 이 삼천단부는 『삼국유사(三國遺事)』에 다음과 같이 기록된 것이다.

> 「고기(古記)」에는 이렇게 말했다. "옛날에 환인(桓因 ; 帝釋을 말함)의 서자(庶子) 환웅(桓雄)이란 이가 있었는데 자주 천하를 차지할 뜻을 두어 사람이 사는 세상을 탐내고 있었다. 그 아버지가 아들의 뜻을 알고 삼위태백산(三位太白山)을 내려다보니 인간들을 널리 이롭게 해 줄만했다. 이에 환인은 천부인(天符印) 세 개를 환웅에게 주어 인간의 세계를 다스리게 했다. 환웅은 무리 3,000을 거느리고 태백산 마루턱(곧 太白山은 지금의 妙香山)에 있는 신단수(神壇樹) 아래에 내려왔다. 이곳을 신시(神市))라 하고, 이 분을 환웅천왕이라고 이른다." [347]

---

346 사단법인 국학연구소 편, 「단군교오대종지서」『울소리』통권 제7호, 2008, 140쪽. 위의 책에 실린 「단군교오대종지포명서」의 원문을 필자가 번역하여 여기에 인용한 것이다.

347 『三國遺事』卷 第1 「紀異」第1 "古記云, 昔有桓(謂帝釋也). 庶子桓雄數意天下貪求人世. 父知子意下視三危太伯可以弘益人間, 乃授天符印三箇遣往理之. 雄率徒三千降於太伯山頂(卽太伯今妙香山). 神壇樹下謂

『삼국유사』의 "무리 3,000"이 「단군교오대종지포명서」의 삼천단부가 된 것이며, 그 삼천단부의 지역에 배달(국)이 세워진 것이다. 배달족은 그 배달국의 민족을 지칭하는 것이다.

「단군교포명서」에서 「단군교오대종지포명서」를 거치며 정립(定立)된 배달이란 개념은, 『삼국유사』에서 환웅의 신시(神市) 건설을 가능하게 했던 무리 3,000 즉 삼천단부를 통합하여 단군조(檀君朝)에서 가장 번성한 시대를 만들었을 때의 국명(國名)인 것이다. 삼천단부가 합쳐져 강역은 넓었고, 환웅이 건설했던 신시(神市)의 옛 풍속이 지켜졌고, 학식과 품행이 우수한 자들이 각지의 수장이 되었기에 다스림은 시비(是非)를 올바로 가려 공정(公正)했으며, 고유의 신앙은 융성했고, 이에 따라 그 지역에 사는 사람들의 깨달음은 깊어졌으며, 그러므로 배달 강역 안의 모든 사람들은 생활이 즐거우며 화평하였고, 또한 자연스레 그 사람들은 어질고 덕이 있게 됨으로써 오래 사는 지역이 바로 배달(국)이었던 것이다. 즉 배달이란 우리민족 역사에서 가장 번성하였던 이상국(理想國)으로 설정된 것이다.

일제강점기 이전 국가건설 논의와 그 좌절

1894년에 폭발된 갑오농민전쟁은 반봉건 및 척왜양(斥倭洋)이라는 반침략의 민족 논리를 바탕으로 민족적·계급적 요구를 실현하기 위해 일종의 혁명을 시도한 것이었다. 하지만, 침략의 구실을 노리던 외세로서 끌어들여진 일제와 그에 기생하려는 망국적 집권 봉건세력의 무력에 짓눌려 국가건설 논의에는 접근하지도 못했다.

그 이후 주변 열강의 침략이 노골화되는 속에서 성장한 민중의식을 바탕으로, 쓰러져가는 국가를 '독립' 혹은 '민주화'의 방향으로 진전시키려는 여러

之神市, 是謂桓雄天王也."

시도가 있었는데, 대표적인 것의 하나가 1896년 7월에 설립된 독립협회(獨立協會)이다. 독립협회는 자주독립과 충군애국(忠君愛國)의 구호를 내걸고 출발했지만, 동력을 모으고 운동을 벌여나가는 과정에 내적 및 외적으로 발전하여, 기존의 전통적 전제군주체제를 근대적인 입헌대의군주체제로 전환시키려는 단계로 진전하였다. 하지만 침략에 유리한 전제군주제의 해체를 반대하는 외세와 그에 결탁한 봉건 지배계급의 탄압에 의해 그 시도는 좌절되었다.

그 결과 1899년 8월 17일에 공포된 「대한국국제(大韓國國制)」에 따라 제국(帝國)으로서의 '대한제국'이 탄생하며 정치는 황제가 무한한 군권을 가지는 전제군주제를 성립시켰고, 시대착오적이고 외세 타협적인 이 정체(政體)는 식민지를 향해 치닫게 되었다. 민족적 위기 상황을 근본적으로 헤쳐나갈 국가건설 논의에 실패하고 만 것이다.

독립운동과 '배달국' 건설의 희망

일제 강점을 전후한 시기로부터 고대사 연구 속에서 독립운동의 역량을 찾고, 그 역사로서 민중을 깨우치고 단결시켜 독립운동에 나서게 만들려 했던 독립운동역사가들은 그들이 지향한 독립자주국가의 이상 역시 고대사 속에서 탐색하려 하였다. 이러한 원인으로 독립운동역사가의 국가건설 논의는 일반 독립운동가들과도 다소 다른 색다른 점이 있다.

예를 들면 안중근과 김구의 국가 건설 논의는 물론 이승만 등의 국가 건설 논의와도 일종의 차별성을 갖고 있다. 안중근의 국가 건설 논의는 독립국가론, 주체국가론, 국민국가론과 함께 동양평화론을 실천하려는 화평국가론(和平國家論)으로 설명할 수 있다.[348] 김구는 주체국가론, 자주국가론, 민주국가

348 안중근의 독립국가론은 그 어떤 외세의 간섭과 개입 및 침략적 행위도 부정하는 국가론이다. 주체국가론은 자주국가론의 현실적 구현을 위해, 주체로서 자주를 실현하려는 국가론이다. 국민국가론은 국민을 주인으로 세운 민주국가론이다. 화평국가론은 그의 동양평화론을 실현하는 의미의 국가론이다(정경환, 「제3장 안중근의 국가론에 관한 연구」『민족사상』6(2), 2012, 101~102쪽).

론과 함께 그의 특징적인 문화국가론으로 요약할 수 있다.[349] 이러한 논의들은 세계 모든 국가에서 있을 수 있는 즉 당위론적인 국가론에 크게 다르지 않다. 그러나 독립운동역사가들은 그들이 연구한 고대사와 연관하여, 고대사 속에서 그들의 지향하는 국가를 설정하려 했었다. 이것이 독립운동역사가들이 추구한 국가건설 논의의 특징이며, 다른 독립운동가들의 국가 건설 논의와 다른 점이다.

일제 강점 이후 독립운동가의 다수가 망명하여 독립운동을 전개하는 상황이 되었는데, 이들 망명 독립운동가들의 다수에게 그들의 망명지인 만주 일대와 그들의 국가건설 논의를 연관시키는 경향도 있었다. 예를 들면 이상룡과 류인식은 모두 발해가 있던 만주가 망국민인 우리들이 돌아가야 할 땅이라고 여기고 망명을 결심한 경우인데, 생존의 터전이란 절박한 현실 문제의 해결이 급선무였던 그들에게 만주는 당연히 가서 정착할 수 있는 곳으로 판단되었던 것이다. 이런 판단에는 만주가 옛 고구려와 발해의 터전이었다는 역사인식이 작용하고 있었다.[350]

그런데 만주에 대한 이러한 역사인식을 일정 정도 정치적으로 연관시키면, 만주와 관련된 국가건설 논의로 연결되는 것이다.

근대에 만주와 관련된 여러 국가건설 논의들이 있지만, 대륙국가 건설을 지향하는 대표적인 국가건설 논의의 하나로 김승학의 『배달족이상국건설방략』을 살펴볼 수 있다.

349 김구의 주채국가론은 민족의 역량으로 국가가 형성되어야 함을 강조한 국가론이다. 자주국가론은 자주독립국가론이라 할 수 있다. 민주국가론은 자유와 민주를 지향하는 국가론이다. 문화국가론은 김구가 그의 저서 『백범일지』에서 "나는 우리나라가 세계에서 가장 아름다운 나라가 되기를 원한다." 라고 한 바의 이상국가를 지향하는 국가론이다(정경환, 「제5장 백범 김구의 국가론에 관한 연구」『민족사상』6(1), 2012, 참조).

350 박걸순, 「日帝强占期 亡命 人士의 高句麗·渤海認識」『한국독립운동사연구』제23집, 2004, 474쪽.

『배달족이상국건설방략』의 작성 시기

김승학(金承學, 1881~1965년)의 『배달족이상국건설방략(倍達族理想國建設方略)』은 '배달'의 이상국가를 가장 직접적으로 구상하여 서술한 결과물이다. 배달족 이상국 건설의 꿈은, 일제강점기 대종교지도자들의 암묵적 이상이었으며, 고구려가 대륙을 통치하던 역사적 사실과 관련된 '다물정신(多勿精神)'[351]과도 통하는 가치였다.

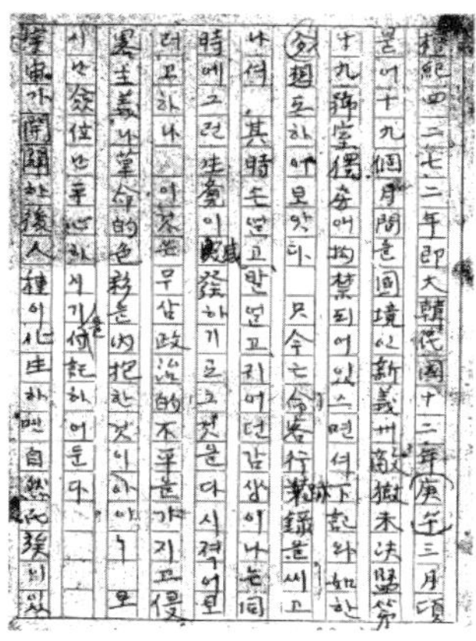

[자료 54] 작성 연대를 1939년으로 잘못 적은 『방략』 친필원고의 첫 부분

『배달족이상국건설방략』(아래에서 『방략』이라 줄여서 적음)은 만주에서의 무장투쟁에 참여했던 독립운동가 김승학이 일경(日警)에 체포되어, 1930년에 신의주의 미결수 감옥에 구금되어 있을 때, 구상한 내용을 뒤에 친필로 기록한 것이다. 여기서 친필 원고에는 신의주 감옥에 구금되어 있던 시점을 "단기4272년 즉 대한민국12년(경오)"으로 기록했고, 글의 제목에는 "단기4272(1939)년 신의주 감옥에 구속되어 있을 때 생각함"이라고 썼다.

그러나 [자료 54]에 보이는 1939년이란 이 연도는 김승학 자신이 잘못 기록한 것이 확실하다. 단기4272년이 1939년임은 맞지만, 함께 기록한 대한민국12년(경오)은 1939년이 아닌 1930년이다. 기록이 서로 틀린 것이다.

그런데 김승학이 만주 및 중국 전역에서 독립운동을 벌인 또 다른 기록인 『망명객행적록』의 다음과 같은 부분에 의하면, 김승학이 신의주 감옥에 구금되어 있던 시점은 1930년이 분명함을 알 수 있다.

351 『三國史記』卷第十三 「高句麗本紀」 第一 東明聖王 "二年, 夏六月, 松讓以國來降, 以其地爲多勿都, 封松讓爲主. 麗語謂復舊土爲多勿, 故以名焉." 고구려의 말에 옛 땅을 회복하는 것을 '다물'이라 한다.

4262년(49세) 7월에 통합회의에 파견할 대표를 각 부에서 3명씩 선출하게 되었는데, 참의부 대표는 나와 장기초, 박희곤이 피선되고 정의부에서는 김동삼, 이청천, 이귀일 3명과 신민부에서는 김좌진, 정신, 김동진 등 3명이 선출되고 동만주 교민대표 전성호, 북만주 교민 대표 이응서, 주중청년 총대표 김상덕, 진공박, 상해에서 홍진, 길림성 교민대표 윤복영 등 모두 25명이 길림으로 모였다. 당시 정의부 내에는 협의회, 촉성회가 양파벌로 분립되어있던 때라, 형성회 측에서는 의론이 합치되지 않아 대표를 보내지 않았고, 촉성회 측에서만 참가하였으며, 참의부 내에서는 중앙 간부가 부재한 틈을 타서 암투가 일어났는데, 제3중대 재향군인인 심용준 등 몇 사람이 중앙호위대장 차천리를 살해하는 괴변이 일어났으나, 통일회의 도중이므로 잠시 무마하여 방치하였더니, 심용준 일파가 자기들의 범죄를 두려워하여 비밀리에 정의부 협의회 일파와 비공식 야합을 하여 '국민회'라는 것을 조직하였던 것이다. 그러나 삼부통일회에서는 불문에 부치고 계속 협상을 추진하여 4개월 만에 합의에 도달하였으니, 통일된 외곽단체 명의는 군민의회라하고, 내부의 당명은 한국독립당으로 결정하였다. 그때에 나는 군민의회 민사위원과 한국독립당 최고위원에 피선되었다.

같은 해 11월말 경에 회의를 마치고 각 대표들이 흩어져 복귀하던 도중, 김동진은 중동선에서, 정신은 화피순자 부근에서 각각 피살되고, 김동삼은 하얼빈에서 체포되고, 김좌진은 중동선 산시에서 공산당 불량배에게 피살되고, 우리 일행 2인은 통화현과 환인현의 경계인 와니순자 서구에서 중·외 혼합군대에게 체포되었다. 왜적은 통일회의가 길림성에서 개최되는 것을 알고 있었으나, 중국 관청에 교섭하여도 불응할 것이요, 설령 체포하더라도 중국에서 자기들에게 인도하지 않을 것을 미리 통지하였으므로, 회의를 마친 후를 이용하여 직접 체포하려는 흉계 하에 각지에 매복하고 기다리다가 체포한 것이다.

통화현 왜 영사관에서 2주일 동안 문초를 받았는데, 나에게는 상해에서 무기를 얼마나 구입하였는가 하는 것과 독립운동사 자료를 수집한 것은 어느 곳에 두었는가 하는 등을 심문하는 것이다. 2주 후에는, 봉천의 왜 총영사관을 경유하여 신의주 왜 경찰서로 압송되었다.[352]

위의 기록에 의하면, 김승학은 단기4262년(49세) 즉 1929년 11월말에 회의를 마치고 돌아가던 중 통화현과 환인현의 경계 지점에서 매복하던 중·외 혼합군대에 의해 체포되어 통화현 일본 영사관에서 2주일 동한 조사를 받고, 신의주의 일본 경찰서로 압송된 것이다. 그러므로 김승학이 신의주 경찰서를 거쳐 신의주의 미결수 감옥에 구금된 시점은 1930(단기4263)년이었음이 틀림없다. [자료 54] 즉 『방략』의 첫 부분에는 19개월 동안 미결수 감옥에 있었다고 썼지만, 『망명객행적록』에는 "이십개월(二十個月) 동안을 미결(未決)로 지내었는데"라고 썼다. 그러므로 『방략』은 김승학이 1930년 신의주 감옥에 미결수로 19~20개월 동안 구금되었던 시기에 구상된 것이 틀림없다.

1930년 신의주 미결수 감옥 제18호실 독방에서 구상된 『방략』은 그 글을 쓰게 된 시점과 계기, 만주에서의 배달족 이상국 건설 논의를 위한 전제로서의 만주 유래(流來), 배달족의 강역과 종족에 대한 설명, 배달족 이상국의 건립처와 국체(國體) 및 정체에 대한 설명 등의 몇 부분으로 나누어 구성되었다.

352 金承學, 「亡命客行蹟錄」『한국독립운동사연구』12, 1998, 433~434쪽.

『배달족이상국건설방략』의 작성 목적

우선 첫 부분에서는 『방략』을 쓰게 된 계기와 함께, 『방략』을 읽는 분들에게 드리는 자신의 간단한 의견을 적고 있다. 일부를 인용하면, 다음과 같다.

> 지금 『망명객행적록』을 쓰고나서 그때 손 얼고 발 얼고 귀 얼던 감상이 나는 동시에 그런 생각이 감발(感發)하기로 그것을 다시 적어 보려고 하나, 이것은 무슨 정치적 불평을 가지고 침략주의나 혁명적 색채를 내포(內包)한 것이 아니니, 보시는 분들은 평심(平心)하시기를 부탁하여 둔다.[353]

위의 인용문에서 1930년에 신의주의 미결수 감옥에서 구상했던 『방략』을 직접 글로 정리한 시점을 알 수 있다. 즉 "『망명객행적록』을 쓰고나서"라고 기록했는데, 『망명객행적록』이 1958년에 쓰여졌으므로, 『방략』은 그 이듬해인 1959년에 정리한 상황을 적은 것이다. 위의 인용문에서 뒤이어 표현된 '부탁'은 자신의 글이 혹시 오해를 불러오지 않을까 하는 염려에서 덧붙인 것이다. 자신의 『방략』이 외국에 대한 침략주의적 발상 혹은 정치적 극단주의가 결코 아니라는 점을 강조한 것으로 볼 수 있다.

『배달족이상국건설방략』 국가 건설의 3요소

국가는 주권, 영토, 국민의 3요소에 의하여 성립된다고 하는 것이 통설이다. 그러므로 국가 건설 논의로서의 『방략』도 먼저 '배달족이상국'을 건설하기 위해, 이 3요소가 모두 가능한지를 분석하고 있다. 물론 그 결론은 국가 건설이 가능하도록 이미 3요소가 모두 갖추어져 있다는 것이다.

353 김승학, 「배달족이상국건설방략」『국학연구』제14집, 국학연구소, 2011, 206쪽.

『방략』은 그 첫 부분에서 "우리 배달족은 인류 역사가 기록되기 시작한 후 7천여 년 전부터 백두산과 송화강을 중심으로 황하 북쪽까지 발상지로 하고 번식"하였는데, "단군조부터 고구려 중엽 광개토왕 시대까지 근 3천여 년간(年間)은 우리 배달족이 동아(東亞) 대륙에서 제일 다수족이며 제일 문명족이며 웅비하던 족속이다. 뿐만 아니라 국경 토지도 지나(支那, *필자 주 : 중국을 말함) 본토(황하 이남 양자강 이북) 구주(九州)에 비하면 3배나 광대하였다."고 말한다. 즉 『방략』은 우리 배달족의 역사가 유구하며, 그 오랜 역사 속에서 줄곧 만주 일대의 강대국이며 문명국이었다는 것을 강조한다.

비록 고구려 말엽 이후 당의 침략 및 신라의 배반으로 요하 서쪽 일대를 당에게 빼앗긴 적이 있지만, 만주는 아직도 여전히 배달족이 주권을 주장할 수 있는 영토라며, 다음과 같이 주장한다.

> 만주는 우주가 개벽되고 씨족이 생기고 국가가 건설된 이후부터는 계속하여 우리 배달족의 보금자리로 내려오는 낙토(樂土)다. 어느 시대 어느 때에 어떤 외족(外族)들과 전쟁하다가 실패하였거나 또는 어떤 종족에게 어떤 배상으로 토지를 양도한 것도 아니다. 그 토지 내에 남아 있는 물품과 고적이 도처에 상존(尙存)하여 사람 사람마다 고구려 땅으로 구전(口傳)하여 오니…[354]

심지어 만주 사람들 사이에는 "'서양인이 국경을 잡는 것은 무섭지 않아도, 오직 흰옷 입은 고구려 사람이 저희 고토를 찾아오는 것이 무섭다(不怕洋鬼子弄國權只怕白高麗還古家)"라는 도참(圖讖)도 있다는 것이다. 이러한 여러 사정으로 보면, 그 땅의 주인공은 단족(檀族) 즉 배달족 각 파(派)의 유래(由來) 지역이라는 것이다.

354 김승학, 「배달족이상국건설방략」『국학연구』제14집, 국학연구소, 2011, 209쪽.

그리고 그 지역에는 아직도 "조선족, 만주족, 홍안령 산중과 흑하(黑河) 연안 삼림 중에서 수렵생활하는 고(故) 숙신족, 북부여족(질나개족, 솔논족) 등 5개 종족 수십만 명, 합하면 배달족이 아직도 그 땅에 살고 있는 것이 근 이천만 명 이상이 된다. 이 족속과 압록강 이남 반도에 사는 삼천만을 합하면 오천여 만이 되니 이것을 기본으로 하여 배달족 이상국 건설의 꿈을 그려 보는 것도 그다지 망상이 아니라"는 것이다.

배달족이상국의 국체와 정체 및 도읍

『방략』의 앞 부분에서 국가 건설을 위한 당위성으로서, 국가 구성의 3요소를 검토했다. 마지막 부분에서는 이러한 영토, 국민, 주권으로 건설할 국가인 배달족이상국의 국체(國體) 및 정체(政體)와 도읍을 설명한다.

> 우리 배달족의 이상국 건설의 판도는 남북계 판도를 통합하여 하되 오납산부터 대마도까지 수륙 수만 리로 하고 국도(國都)는 북쪽 지역으로 확정한다. 북으로 조종산인 백두산을 등지고 그 이하 노야(아무지)령과 모아(오마니)산이 놓여 있어 자녀들에게 명령을 전하는 듯이 매산(妹山)과 형제봉이 상하에 나열하였으며, 서북쪽으로 계관산(鷄冠山)과 봉황산(鳳凰山)과 금석산(金石山) 이하 오룡(五龍)을 등지고 구룡포(九龍浦) 일대로 본 수도(首都)를 정하면 압록강이 전면에 가로 질러 흐르고, 은보산(銀寶山)과 횡금산(橫金山) 남매형제가 각각 좌우 눈 밑에 펼쳐져 있으니 가히 천년대도요 백년대도시라 할 수 있다. 산명수려하니 우리나라 미신, 즉 도참비결에 말하되 계룡산 신도처(新都處)와 계관산 이하 오룡과 구룡이 구비하였으니, 이것이 흔히 말하는 계룡산 신도처 아닐까.

그 곳을 배달족 이상국 건립처라 하면 그 국체와 방략은 어떻게 할까. 국체는 공화국으로 하고 국시(國是)는 농공본위로 하며, 중앙 이하 동서남북 오경(五京)과 구부(九府)와 십팔주(十八州)로 나누어 본다. 즉 북쪽 내에 삼경(三京) 남쪽으로는 이경(二京), 그리고 북쪽에 육부(六府)와 남쪽 내에 삼부(三府)를 두며, 북쪽에 십이주(十二州)와 남쪽에 육주(六州)를 설치한다. 또 중앙 즉 본경(本京)은 집권제로 하되, 학제(學制)는 반드시 소중학(小中學)을 거친 후에는 농공 전문으로 하여, 북쪽 대륙을 농업지대로, 삼면(三面) 각 도서(島嶼) 지역은 공업지대로, 금강산 주위와 백두산 부근은 세계 공원지로, 각종 시설은 전력에 의하여 하기로 하되, 건설 방략과 기타 여러 가지 방침은 당시 집권자의 고견에 맡겨 두고 이만 마친다.[355]

배달족이상국의 수도로 비정한 구룡포(九龍浦)는 압록강을 끼고 있다. 김승학은 구룡포의 압록강과 그 북쪽의 계관산(鷄冠山)과 봉황산(鳳凰山) 및 금석산(金石山) 이하 오룡(五龍)을 등지고 은보산(銀寶山)과 횡금산(橫金山)을 내려다볼 수 있는 지점을 수도로 선택한 것이다. 실제로 현지에 가서 확인하면서, 구룡포를 중심에 놓고 이 지역을 하늘에서 내려다보면, 사방을 산으로 둘러싼 너른 분지가 큰 나라의 수도로서 손색이 없을 지역임을 확인할 수 있다. 또한 압록강 하류를 통해 바다로 진출하기 쉬운 곳이며, 만주와 동쪽으로는 연해주로 연결될 수 있는 요충이다.

김승학이 배달족이상국의 수도로 비정한 지역은 벌써 오래전부터 일국(一國)의 도읍 터로서 거론된 적이 있던 곳이다. 조선의 정조 때인 1780년 음력

355 김승학, 「배달족이상국건설방략」『국학연구』제14집, 국학연구소, 2011, 213~214쪽.

[사진 55] 배달족이상국의 도읍 비정 지역 전경(압록강 이남 부분)[356]

6월에 연행(燕行)하던 사신을 수행하는 박지원(朴趾源, 1737~1805년)이 압록강을 건너고 난 뒤 사방의 지세를 살피면서 다음과 같이 말했다.

> 애랄하(愛剌河)의 너비는 우리 임진강(臨津江)과 비슷하다. 여기서 곧 구련성(九連城)으로 향한다. 우거진 숲은 푸른 장막을 둘렀고, 군데군데 호랑이 잡는 그물을 쳐 놓았다. 의주(義州)의 창군(鎗軍)이 가는 곳마다 나무를 찍어서 소리가 온 들판에 울려온다. 홀로 높은 언덕에 올라 사면을 바라보니, 산은 곱고 물은 맑은데 판국이 툭 트이고, 나무가 하늘에 닿을 듯 그 속에 은은히 큰 부락들이 자리 잡고 개와 닭 소리가 귀에 들리는 듯하며 땅이 기름져 개간하기에도 알맞을 것 같다. 패강(浿江) 서쪽과 압록강 동편에는 이와 비교할 만한 곳이 없으니, 의당히 이곳이 거진(巨鎭)이나 웅부(雄府)를 설치함직하거늘, 너나없이 이를 버려두어 아직까

356 이 배달족이상국 수도 위치 사진은 『방략』에 나타난 지명 등을 실제적으로 고증하기 위해, 2015년 7월에 중국 요녕성 단동의 압록강 유역을 현지답사하며 확보한 것이다. 이 사진은 압록강 이남의 구룡포와 통군정 일대를 중심에 둔 것이다. 『방략』의 도읍은 압록강을 끼고, 그 강의 남북과 동서로 그 범위가 널리 설정되어 있다.

[자료 56] 『방략』 중 배달족이상국의 수도 비정 지역(○으로 표시된 부분)

지 공지로 남아있다. 어떤 이는 이르기를, "고구려 때에 이곳에 도읍한 일이 있었다."하니, 이는 이른바 국내성(國內城)이다. 명(明) 때에 진강부(鎭江府)를 두었더니, 청(淸)이 요동을 함락시키매 진강 사람들이 머리 깎기를 싫어하여 혹은 모문룡(毛文龍)에게 가고 혹은 우리나라에도 귀화하였는데, 그 뒤에 우리나라로 온 사람은 모조리 청의 요구에 의하여 돌려보냈고, 모문룡에게 간 사람들은 많이 유해(劉海 : 명의 장수)의 난리에 죽었다. 이리하여 공지가 된 지도 벌써 백여 년에 쓸쓸하게도 산 높고 물 맑은 것만 눈에 띌 따름이다.[357]

1780년 음력 6월에 박지원은 그곳 일대를 살펴보며 "의당히 이곳이 거진(巨鎭)이나 웅부(雄府)를 설치"할 곳인데, 아직 버려져 있다며 안타까워했었다.

357 『熱河日記』「渡江錄」6月 24日 辛未.

김승학의 『방략』은 일제강점기 독립운동가들이 꿈꾸었을 '배달'의 이상적인 국가를 가장 직접적으로 구상하여 서술한 것으로서 검토해볼 가치가 크다. 이러한 국가 건설 논의는 당시 독립운동역사가들의 역사 연구 성향과 그 목적 그리고 그 성과들이 종합되어 나타난 결과로서, 앞으로 더 심도있게 분석되어야 할 가치가 있는 것이다.

독립운동가들의 배달족이상국 건설 의지와 그 성격

1920년대 중반에 북만주 지역의 독립운동 단체들이 보다 체계적이고 효과적인 항일투쟁을 전개하기 위하여 각 단체들 사이의 통합을 추진하였다. 그 과정에서 1925년 1월 길림성 목릉현(穆陵縣)에서 부여족통일회의가 개최되었고, 그 해 3월 10일에 영안현(寧安縣)에서 신민부(新民府)가 결성되었다.

신민부의 주요 구성원인 대종교 계열의 독립운동가들은 독립운동을 통해 이상적인 국가인 배달국을 재건(再建)하고자 하였다. 그 배달족이상국의 구체적인 모습은, 우선 단군의 자손인 배달족을 그 구성원으로 하였을 것임에 틀림없다. 그 영토는 한반도와 만주 지역 전체를 그 대상으로 하였다. 그 범위 속에 신민부가 관할하던 북만주가 역시 포함된다. 이곳은 과거에 발해가 있던 지역이며, 그 이전에 고구려의 터전이었고 또 부여의 옛 터전이기도 했었다. 이 점 때문에 그곳의 독립운동가들은 고구려와 발해의 옛 터전인 북만주에서 독립운동을 전개한다는 사실 그 자체가 역사적으로 의미있는 일이라고 여겼다. 그들은 이곳을 '남의 땅'이 아닌, 예로부터 우리 민족의 오래된 영토로서 인식하고 있었다. 그러한 대종교 계열 독립운동가들과 그에 따르는 북만주 조선인들의 영토 관념은 그 자체로서 큰 정신적 위안이 되었을 것이며, 한편 신민부에 대한 신뢰를 확보하는 기제(機制)로도 작용했을 것이다.[358]

---

358 박환, 「「新民府」에 대한 一考察」『歷史學報)』第108輯, 1985, 115쪽.

1942년 11월 19일 만주 영안현 동경성(東京城)에 있던 대종교 총본사의 교주 이하 간부들 모두가 일본경찰에 의해 검거되어 박해를 당한 사건인 '임오교변(壬午敎變)'이 발생했다. 이 사건과 관련된 1944년 음력 4월 5일의 공판에서 피고인들에게 다음과 같은 심리가 이루어졌다. "대종교는 조선 고유의 신도(神道) 중심인 단군문화를 다시 발전시킨다는 표방(標榜)하에, 조선민중에게 조선정신을 배양하고, 민족자결의 의식을 선전하는 교화(敎化)단체인 만큼 조선독립이 그 최종목적이오. 따라서 반도와 만주를 '탈취'하여 배달국 재건(再建)의 음모를 가졌으니, 이것이 어찌 종교를 가장한 정치운동이 아닌가?" . 이에 대해 대종교 측의 피고인들은 "…조선독립은 국민운동에 속할 것이오. 배달국 재건은 곧 천국 건설이니, 대종교인의 이념이다."라고 대답했다고 한다.[359]

당시 한반도의 조선은 물론 만주까지 강제로 '탈취'하여 식민지로 만들었던 일본의 입장에서는, 독립운동가들의 독립운동을 통한 독립과 배달국 재건이 '탈취'로 인식되었겠지만, 이미 강제로 '탈취'당한 땅과 주권을 되찾는 독립운동의 입장에서는 결코 '탈취'가 될 수 없는 것이다. 그러므로 일제강점기에 진행되었던 '배달족이상국' 건설 시도는 독립운동이라는 차원에서 바르게 이해되고 또 평가되어야 할 것이다. 당시 독립운동가들의 최종 목적은 조선독립이요, 독립 이후의 '배달국' 재건이었던 것이다. 이는 선택의 문제가 아닌, 목숨을 걸고라도 마땅히 꼭 해야할 '당위(當爲)'였던 것이다.

359 大倧敎總本司 編,『大倧敎重光六十年史』, 大倧敎總本司, 1971

결 론

독립운동사학의 현재적 의미와 그 계승을 위한 제언

위의 본문에서 언급했듯, 독립운동 차원의 역사연구를 진행하여 일정한 저술을 남긴 대표적인 독립운동가로서 이상룡, 박은식, 류인식, 김교헌, 이시영, 계봉우, 신채호, 김정규, 김승학, 이원태 등을 들 수 있다. 이 책에서는 독립운동과 함께 역사연구라는 무거운 짐을 동시에 짊어졌던 이들을 '독립운동역사가'로 표현했다. 기존의 한국역사학계에서는 이들 독립운동역사가들을 대체로 '민족주의사학'을 추구한 '민족주의사학자' 유형으로 분류하는 경향이 있다. 그러나 이 책의 목적처럼, 독립운동 차원의 역사연구를 진행했던 이들 독립운동역사가의 독특한 면모(面貌)를 살펴보려는 시도를 하기 위해서는, 기존 한국역사학계의 이러한 분류 경향을 반드시 재검토하고 넘어갈 필요가 있다.

소위 민족주의사학의 성립에 대해

이만열(李萬烈)은 『한국근대역사학의 이해』(1981)에서 19세기말부터 일제 강점기에 이르는 시기의 민족주의사학 태동(胎動)과 성립 및 분화에 대해 다음과 같이 요약하고 있다.

> 민족주의사학의 태동 : 국가 자주(自主)의 시련으로 이 시기의 역사학은 민족적 자각을 위한 방편으로 환기 고조되었고, 애국계몽

사상의 중요한 소재와 내용이 되었다. 애국계몽이 중요한 임무였던 만큼 자주성 교양에 역점을 두고 교과서 등을 통해 민족사 교육을 강화하려고 하였다. 그랬던 만큼 일제 통감부(統監府)와의 충돌은 불가피하였다. 한편 뜻있는 선각자들은 민족 전통의 계승을 위해 민족적인 고전(古典) 간행에 열을 올렸다. 조선광문회(朝鮮光文會)가 발족(發足)되는 것은 이때다.

민족주의사학의 성립 : 일제 강점기에 들어서면 일제는 어용학자들을 동원, 그들의 조선 침략과 지배를 역사적으로 정당화하는 소위 식민주의사관을 안출(案出)하기에 광분한다. 이에 대하여 박은식·신채호·남궁억 등은 한국사의 연구와 보급이 국권회복·독립투쟁의 중요 방편임을 인식하고 민족사 연구에 정력을 기울였다. 그들은 전통적인 역사연구 방법을 답습한 것이 아니고, 식민주의사학에 대항할 역사의식과 방법론을 확대 심화시켰던 것이다. 이 결과 한국의 소위 근대역사학의 성립을 가능하게 했던 것이다.

민족주의사학의 분화 : 1920년대 말기부터 민족 사학은 사관과 방법론을 달리하는 여러 유파가 형성된다. 흔히 민족주의사학·실증주의사학·유물사관(사회경제사학으로도 불리어진다)으로 3대별(大別)된다. 1930년대에 접어들면 일본의 소위 근대사학에 자극받았고 근대교육에 접했던 소장 사학자들을 중심으로 근대적인 학회를 조직하여 학술활동을 전개하게 된다. 진단학회(震檀學會)의 성립과 활동이 그것이다. 그러나 일제의 민족말살정책으로 1940년대에 이르면 민족주의사학은 표면상으로는 거의 침묵 상태에 돌입하게 된다.[360]

360 李萬烈, 『韓國近代歷史學의 理解』, 文學과知性社, 1981, 116~117쪽.

민족주의사학의 태동, 성립, 분화에 대한 위의 인용문은 한국사학계의 보편적인 인식이라고 할 수 있다. 위의 인용문은 이만열이 1976년에 작성한 것인데, 이보다 앞서 김용섭(金容燮)도 1971년에 유사한 관점을 제시했었다. 김용섭은 1971년 및 1972년에 발표된 글에서 박은식과 신채호의 근대역사학을 먼저 서술한 뒤, 이를 계승한 1930년대 및 1940년대의 민족주의 역사학을 서술하고, 이어서 일본 역사학의 '관학(官學) 아카데미즘'의 학풍과 방법론을 그대로 도입하여 성립된 실증주의 역사학을 서술하고 있다.[361] 또한 김용섭은 민족주의 역사학 및 실증주의 역사학과 같은 시기에 맑스와 엥겔스의 사적유물론을 이론적 기초로 하여 성립된 사회경제사학도 언급하고 있다.[362]

물론 일제의 침략으로 얼룩진 근대 역사학의 발전과정을 민족주의사학, 실증주의사학, 사회경제사학으로 구분하여 설명하는 방식은 근대사학을 전반적으로 체계 있게 개괄(槪括)함에 매우 유용함이 분명하다. 그러나 이 책에서 검토한 독립운동역사가의 역사연구를 단순하게 민족주의사학으로만 분류하기에는 다소 한계가 있다. 이 점에 관하여, 민족주의사학이란 명칭 자체부터 한 번 깊이있게 검토할 필요가 있다.

독립운동역사가들과 민족주의 그리고 민족주의사학의 상관성

원칙적으로 독립운동가들에게 민족주의란 침략적 제국주의, 외세와 영합하여 식민지의 지배계급으로 다시 살아남은 매국적(賣國的) 봉건 잔재세력, 침략적 제국주의와 이에 영합한 매국적 봉건 세력이 식민지에 이식(移植)하여 강화하려는 식민주의 등에 맞서는 개념으로 설정된 것이다. 이미 앞의 본문에서

361 위에 소개한 김용섭의 논의는 『文學과 知性』제2권제2호(통권4호, 1971)과 『文學과 知性』제3권제3호(통권9호, 1972)에 수록되어 있다.

362 사회경제사학에 대해서는 김용섭이 1970년대에 강의 등에서 언급했지만 논문으로 발표되지 않은 것을 정리하여 그의 회고록인 『역사학의 오솔길을 가면서 - 해방세대 학자의 역사연구 역사강의』(지식산업사, 2011)에 싣고 있는데, 본문에서는 이를 참고하였다.

언급했듯, 신채호는 그의 논설인 「제국주의와 민족주의」(1909) 등에서 제국주의에 대항하는 민족주의의 속성을 분명히 이해하고 있었음을 알 수 있다. 신채호는 1910년에 발표한 또 다른 글에서, 당시 세계의 추세를 "제국주의의 세계, …민족주의의 세계"라고 설명하고 있다.[363] 그런데 이 글에서 주목할 점은, 제국주의와 민족주의가 서로 대립적인 것으로만 설명되지 않는다는 것이다. 이 글 전체의 맥락을 살펴보면, 신채호는 제국주의도 물론 그 자체 안에 민족주의적 속성을 갖고 있고, 그러한 제국주의 내부의 민족주의는 지배계급의 계급적 지배를 강화하거나 혹은 국민을 동원하여 다른 국가를 침략하는 지배이데올로기[364]로서 작용할 수 있으며, 그럼으로써 제국주의의 민족주의는 그 성격이 기본적으로 배타적이고 또 폭력적인 것으로 이해하고 있었음을 알 수 있다. 이에 비교하여, 제국주의에 의해 침략당하는 국가의 민족주의는 제국주의에 맞서 대항하는 '저항적 민족주의'로서, 그 저항에는 제국주의 침략은 물론 자기 국가 내부의 반민족주의적인 온갖 세력과도 맞서는 것임을 이해하고 있었던 것으로 보인다.

다른 독립운동가들 또한 제국주의에 맞서는 민족주의 차원의 독립운동을 전개했던 것으로 볼 수 있다. 그런데 기존 한국사학계에서 민족주의사학이란 용어를 사용할 때, 그 용어가 과연 일제강점기에 그러한 시대에 맞서는 독립운동가들이 이해하고 선택했던 민족주의의 이러한 속성을 정확히 반영한 용어인가? 이러한 의문에 분명하게 답할 수 있어야 한다. 분명한 사실은 독립운동가들에게 민족주의는 최종 목적이 아니라, 독립운동을 위해 선택한 하나

363 申采浩, 「二十世紀 新國民」『大韓每日申報』(1910.2.22 3.3).

364 지배란 지배하는 자와 지배되는 자와의 사이에 성립하는 노골적인 사실관계이며, 그것을 지탱하는 것은 지배하는 측의 힘이지만, 그러나 동시에 지배되는 측이 그 지배를 어쩔 수 없는 것, 혹은 자진하여 선한 것으로 받아들이는 것을 가능케 하는 논리나 사상 같은 것이 없으면 지배는 역사적으로 적어도 어느 정도의 영속성을 지닐 수가 없는 것이다. 그와 같은 지배의 정당성을 강조하고 인상지을 수 있는 역할을 담당하고 있는 사상이나 이념 등을 지배이데올로기라고 부를 수 있다(呂博東, 「日本近代天皇制의 統治構造와 지배이데올로기」『일본학지』10, 계명대학교 국제학연구소, 1991, 64~65쪽).

의 방법론이었다. 그러므로 그들의 역사연구를 지칭하는 용어를 선택한다면, 그들 역사연구의 목적이었던 독립운동과의 연관성을 특히 부각시켜주어야 할 것이다.

1960년 4월혁명의 정신적 영향력 아래에서 1960년대 초부터 논의되기 시작한 소위 민족주의사학에 대한 관심은 1960년대 후기 및 1970년대 초기에 한국근대사학의 흐름을 정리하고, 식민사학을 비판하는 속에서 더 구체화되었다. 이 시기에 민족사학은 민족주의사학과 동의어(同義語)로 불려지기도 했다. 예를 들면 이기백(李基白)은 『사상계』 1963년 2월호에 「민족사학의 문제」라는 제목으로 글을 썼는데, 뒤에 이기백이 자신의 저서인 『민족과 역사』 (1974)에 제목을 「민족주의사학의 문제」로 바꾸어 싣는 정도였다. 대체로 보면 1960년대와 1970년대에 민족사학이라고 부르던 것을 1970년대 이후 민족주의사학이라고 부르게 된 것 같다.[365]

서중석(徐仲錫)은 민족사학과 민족주의사학의 차이점, 민족주의사학의 개념 및 성격 그리고 식민사학과의 관계, 민족주의사학의 범위 등을 검토한 그의 논문에서 민족주의사학의 개념에 대해 다음과 같은 관점을 제시하고 있다.

> 민족사학과 민족주의사학을 구별하여 사용할 필요성도 있다. 예컨대 민족운동과 민족주의운동을 같은 의미로 사용하기도 하지만, 양자는 구별하여 사용할 필요도 있다. 민족주의가 사람마다 다르게 사용될 수 있다고 하여 두리뭉실하게 아무데나 갖다 붙일 수 있는 용어라고 볼 수는 없다. 민족운동이라는 말은 민족주의운동이라는 말보다는 더 광의(廣義)로 사용되는 것이 일반적이다. 그러므로 연구자에 따라서 일제시기에 민족주의와 민족개량주의는 엄격히 구별되어야 한다고 주장할 수 있지만, 비록 반일민족해

365 서중석, 「민족주의사학의 논쟁」『진단학보』80, 1995, 208쪽.

> 방투쟁이 아니고 일제의 통치 내(內)라고 하더라도 민족이라는 한 단위를 지키기 위한 활동이라면 민족운동이라고 볼 수는 있는 것이다. 필자는 이와 비슷하게 민족사학은 민족주의사학보다 포괄적으로 사용될 수 있는 용어임을 시사한 바 있는데, 이 점에 관해서 조동걸(趙東杰)은 보다 적극적으로 양자의 구별을 시도하였다.[366]

위의 인용문에 언급되었듯, 조동걸은 그의 논문인「민족사학의 분류와 성격」에서 민족사학과 민족주의사학을 구별해서 볼 것을 제안하고, 그 이유로 1930년대의 맑스주의사학(사회경제사학)이 민족사학이기는 하지만 민족주의사학이라고 할 수는 없다는 점을 지적하였다. 조동걸은 민족사학이란 말은 식민사학에 대칭하는 용어이고, 민족주의사학은 민족사학의 분류상의 호칭으로 보는 것이 옳을 것이라고 주장하고, 민족사학에 맑스주의사학과 더불어 실증사학을 포함시켰던 것이다.[367]

민족사학과 민족주의사학의 문제

그러나 민족사학이란 매우 포괄적인 조동걸의 개념 설정에 대해, 서중석은 "친일행위를 한 자들의 사학도 민족사학에 포함시킬 수 있는지의 여부는 더 검토되어야 할 것"이라고 비판하였다.[368] 사실 이러한 비판은 아주 적절한 것이었다.

"식민사학에 대칭하는 용어로서의 민족사학"이란 조동걸의 개념 설정에 의하면, 민족사학이라는 큰 범위 안에 일제의 식민사학을 제외한 모든 유형의 한국 사학들이 포괄(包括)되는 것이다. 당연히 실증주의사학 혹은 문화사학

366 서중석,「민족주의사학의 논쟁」『진단학보』80, 1995, 209쪽.

367 조동걸,「민족사학의 분류와 성격」『한국민족주의의 발전과 독립운동사연구』, 지식산업사, 1993, 368쪽 및 414쪽.

368 서중석,「민족주의사학의 논쟁」『진단학보』80, 1995, 209~210쪽.

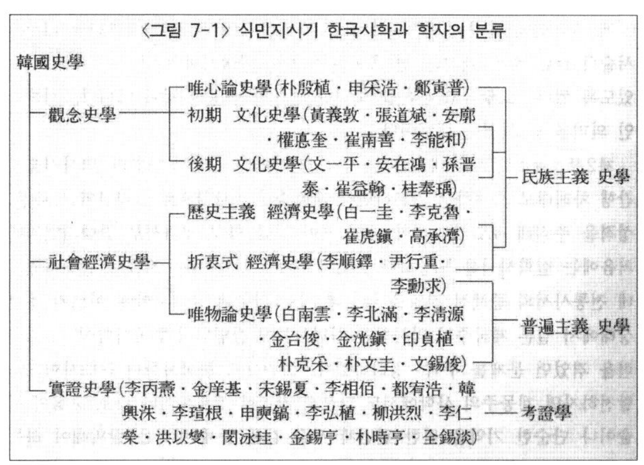

[도표1] 조동걸에 의한 〈한국사학의 분류도〉[369]

등의 분야에서 친일을 한 한국 국적의 학자도 모두 민족사학의 범위에 포함되는 것이다. 그러므로 조동걸의 경우, 민족사학이란 식민사학에 정확하게 대칭되는 개념이기보다는 단순히 한국사학을 의미하는 것에 지나지 않는 것으로 보일 여지가 있다.

실제로 조동걸의 『현대한국사학사(現代韓國史學史)』(1998)에서는 '한국사학(민족사학)'이라는 큰 범주에 한국사학 전체를 포괄하고 있다. 민족사학은 한국사학과 같은 의미로 사용된 것이다. 조동걸에 의한 한국사학(민족사학)의 분류는 그가 작성한 [도표]에서 분명하게 이해할 수 있다.

[도표1]에 대해 조동걸은 다음과 같은 설명을 덧붙이고 있다.

> 우선 민족사학과 민족주의사학이 동일한 의미가 아니라는 뜻이 나타나고 있는 점에 유의하기 바란다. 그것은 민족운동과 민족주의운동이 다른 것과 같다. 민족사학은 식민사학의 대칭이고, 민족주의사학은 보편주의사학의 대칭이다. 그리고 사회경제사학은 유

369 趙東杰, 『現代韓國史學史』, 나남출판, 1998, 518쪽 도표 참조 작성.

물론사학과 절충식 경제사학을 총괄한 의미의 호칭으로 이해하였다. 식민지 시기 민족주의사학은 민족해방의 인식에 기초한 것이지만 오늘날의 민족주의사학은 민족통일을 지향한 것이어야 하듯이 민족주의사학은 민족의 역사적 조건에 따라 표방할 점이 다른 것도 유의하여 이해해야 한다.[370]

조동걸은 위에 인용한 논고의 결론 부분에서 다시 한 번 [도표]에 대해, 보충 설명하고 있다. 그의 설명에 따르면 위의 [도표]에서 왼쪽 즉 관념사학, 사회경제사학, 실증사학은 역사학 방법론에 의한 분류를 나타내는 것이며 오른쪽 즉 민족주의사학, 보편주의사학, 고증학은 식민지 현실인식의 기준에 의한 분류를 나타낸다는 것이다. 조동걸은 "종래에 학계에서는 민족주의사학, 사회경제사학, 실증사학으로 분류해 기준이 일정하지 않았다. 그리하여 한국사학을 이해하는데 고도(高度)의 사고가 없으면 논리를 세우기가 힘들었다."며, 여러 검토 끝에 위의 [도표]와 같은 분류가 가능했음을 밝히고 있다.[371]

일반적으로 생각할 때 사관(史觀)은 무엇보다도 역사적 시간에 대한 강한 자각(自覺) 즉 사회와 문화의 변화와 발전을 시간적 선후(先後) 관계에 따라 인식하는 경우 비로소 성립될 수 있다고 본다.[372] 조동걸은 근대사학이 사실의 실증(實證)과 역사적 논리 즉 인과관계(因果關係)의 규명에 의한 역사발전의 논리를 탐색하는 것이어야 하며, 그 탐색 과정에 역사를 변천시키는 힘의 존재를 무엇으로 보느냐에 따라 사관의 차이가 나타난다는 인식을 바탕으로 한 듯하다. 이런 인식에 의해, 위의 [도표]에서 언급되었듯, 조동걸은 역사변천의 해석에서 정신적 요소를 중시하는 관념사학을 설정한 것이다. 위의 [도표]

370 趙東杰, 『現代韓國史學史』, 나남출판, 1998, 45쪽.

371 趙東杰, 『現代韓國史學史』, 나남출판, 1998, 518~519쪽.

372 車河淳, 『史觀이란 무엇인가』, 청람, 1982, 9쪽.

에서 보듯, 또한 조동걸은 다시 관념사학을 유심론사학(唯心論史學)과 문화사학으로 나누고 있다. 신채호나 박은식의 경우처럼 혼(魂), 민기(民氣), 낭가사상(郞家思想) 등 정신적 힘이 역사발전의 원동력이라고 보는 관점을 유심론사학이라고 해석했고 황의돈(黃義敦)이나 안확(安廓) 등처럼 인간의 문화적 기능에 의하여 역사가 변천한다고 본 방법론은 문화사학으로 해석했던 것이다.

이 책에서 '독립운동사학'을 설정하고 그에 특별히 주목하는 이유

문제는 위에 소개한 이만열과 조동걸 등의 근대사학 분류를 적용할 경우, 이 책에서 독립운동역사가들이 보여준 역사인식의 특성을 제대로 밝히기에 한계가 있을 수 있다는 점에 있다. 이만열과 조동걸 등의 분류에 따를 경우, 독립운동역사가들은 소위 기존의 민족주의사학의 범주 안에서 기존의 여러 역사학자들이 이미 분석한 것과 같은 결과들에서 논의를 더 진전시킬 수 없을 수 있는 것이다.

조동걸은 한국사학(민족사학)을 역사학 방법론에 따라 관념사학, 사회경제사학, 실증사학으로 나누고 신채호와 박은식 등의 독립운동가들은 관념사학 아래의 분화(分化)된 개념인 유심론사학에 분류하고 있다. 또한 유심론사학, 문화사학은 사회경제사학 아래의 분화된 개념인 절충식 경제사학과 함께 식민지 현실인식이란 기준에 의해 민족주의사학으로 분류하고 있다. 이러한 분류로써 그 분석 대상들을 서로 연관시켜 인식하면서, 오로지 독립운동으로서의 역사를 연구했던 독립운동역사가들의 독특한 면모를 제대로 밝힐 수 있겠는가?

일찍이 강만길은 위에 언급한 이러한 분류와 민족주의사학(당시에는 민족사학이라고 혼용하기도 한)이란 용어의 한계에 대해 다음과 같이 지적한 적이 있다.

> 식민지 치하에서 독립운동의 일환으로서, 더 나아가서 그 지도이론의 한 갈래로서 이루어진 사론(史論)을 〈민족사학〉이라 이름 지은 것은 다소 막연히 민족주의적 입장에 선 국사학이란 의미에서인 것 같다. 그러나 우리가 알다시피 민족이란 말은 시대에 따라 그 의미가 변하여 왔다. 따라서 민족주의도 여러 가지 단계(段階)와 유형(類型)이 있으며 같은 시대의 민족주의도 그 대내적 기능과 대외적 기능이 서로 다르다. 우리는 〈민족사학〉이란 용어 자체가 그다지 적당한 것이라 생각하지 않으며, 더구나 그 의미에 있어서는 한층 더 면밀한 분석이 있어야 할 것이라 생각된다.[373]

위와 같은 여러 논의를 검토한 결과, 이 책에서는 '독립운동사학'이란 새로운 개념을 세워, 본문에서의 자료수집과 분석의 잣대로 삼았다. 즉 이 책에서는 독립운동역사가를 '민족주의사학'이란 개념의 틀로 분석하지 않고, '독립운동사학'이란 특성(特性)화시킨(혹은 분화된 혹은 진화된) 개념의 틀로서 독립운동역사가만을 뚜렷이 구분하여 그 특성을 부각시키는 방향의 서술을 시도하려 했던 것이다.

'독립운동사학'은 독립운동가와 역사학을 융합시킨 용어이다. 즉 독립운동가들이 그 연구 주체가 되어 형성한 역사학을 범주화한 것이 '독립운동사학'이다. 부연하면, '독립운동사학'이란 독립운동역사가들의 역사적 의미를 더욱 뚜렷이 부각시키는 용어로서 새로 창안해낸 것이다. 즉 독립운동역사가들의 역사학을 기존의 한국사학사(韓國史學史)에서처럼 '애국계몽사학'을 뒤이은 '민족주의사학'으로 분류하여 검토하는 것이 아니라, '애국계몽사학'을 뒤이은 '독립운동사학'으로 분류하여 검토하는 새로운 시도를 해보려는 것이다. 독립운

373 강만길, 「〈民族史學〉論의 反省」『창작과비평』11(1), 1976, 320쪽.

동을 목적으로 운동 차원에서 진행된 독립운동역사가의 역사연구들을 특별히 '독립운동사학'이란 새로운 개념으로 구분하여 전문적으로 검토하고 싶은 의도 때문이다.

'독립운동사학'이란 자칫 민족주의사학에서 분화된 개념으로 이해될 여지가 있겠지만, 본질적으로는 한국의 근대사학에서는 '독립운동사학'에서 뒤의 '민족주의사학' (1945년 8월의 해방 이후에도 역시 민족의 과제로 남은 자주, 식민세력 청산, 민주와 통일의 과제 실현을 위한 역사학으로 이런 용어가 굳이 필요하다면)이 잉태되고 발전했다고 보는 것이 정확할 것이다. 분명한 점은, 일제 강점기의 독립운동역사가들이 형성한 사학은 그 자체의 특수성으로 인하여, 별도로 '독립운동사학'으로 구분하여 그 특성을 제대로 검토할 필요가 있다는 것이다.

'독립운동사학'이란 새로운 개념의 설정은 본 연구를 통해 한층 진전된 결과를 얻어내기 위한 의도가 작용한 것이었으며, 더 나아가서는 독립운동역사가들의 재조명(再照明)은 물론 그 계승의 문제와도 깊은 관련이 있다. 우리 사회, 우리 역사학계가 이 책에서 검토한 독립운동역사가들의 독립운동 및 역사연구에의 열정과 피땀과 방법에 대한 정당한 평가에서는 물론 그 역사정신의 계승에서 그간 적지 않은 한계를 지니고 있었으며, 이제부터라도 그에 대한 새로운 평가와 계승을 심각하게 검토해보아야 한다는 상황인식을 바탕으로 이 책을 통해 다소 새로운 시도를 하자는 차원이기도 한 것이다. '독립운동사학'이란 다소 생소한 개념의 설정과 함께, 이 책에서 그에 주목하는 이유는 바로 그러한 차원에서 이해되어야 한다.

독립운동사학에 대한 평가와 그 계승의 과제

우리 사회, 우리 역사학계에서 독립운동역사가에 대한 정당한 평가와 그에 대한 계승은 아직도 정상적으로 이루어지지 못하고 있다고 볼 수 있다. 특히 독립운동역사가의 연구성과 중 고대사 부분에 대한 정당한 평가 및 비판적 계승은 아직도 우리 사회, 우리 역사학계의 과제로 남아 있다고 볼 수 있다.

그렇다면 우리 사회, 우리 역사학계가 왜 아직도 독립운동역사가의 고대사 연구에 대한 정당한 평가 및 비판적 계승의 과제를 안고 있게 된 것일까? 이러한 의문에 대해, 이만열은 독립운동역사가 중의 대표적 인물인 단재 신채호의 사례로서 다음과 같이 답하고 있다.

> 1950년대 말까지만 하더라도 그(신채호)의 이름은 국사학계에 거의 알려지지 않은 상태였다. 다만 홍이섭(洪以燮) 등 몇몇 민족주의사학 계열의 학풍을 계승한 학자들이 대중 잡지와 신문의 한 귀퉁이에 그를 소개하고 있을 정도였다. 1936년 그가 사망했을 때만 하더라도 『조광(朝光)』 같은 잡지에서 그에 관한 특집호를 낼 정도로 민족운동가로, 사학자로 알려졌던 그(신채호)가 해방 및 독립된 조국에서 거의 백안시(白眼視)된 이유는 무엇인가? 그것은, 냉전체제의 고착으로 그 여파(餘波)를 가장 심하게 받았던 1950년대 전후의 우리 사회에서, 민족주의를 금기시(禁忌視)했던 한국의 전반적 분위기에 뿌리를 박고 있던 당시 국사학계의 풍토와도 깊이 관련되어 있다고 생각한다. …(중략)…
> 해방 후 국사학계에 새로운 변화가 일어났다. 앞서의 사회경제사학 계열이 학문 연구의 장을 달리한데다가 민족주의사학 계열의 학자들마저 해방 및 독립된 조국에서 보다 긴급 및 중요하다고 판단된 국사(國事)에 참여하게 됨으로써, 그 학파의 명맥 유지가 어

렵게 되었다. 이는 일제하의 민족주의사학의 역사연구가 민족주의 운동의 일환으로 전개된 점도 없지 않았었기 때문에 그 독자적 학문 영역을 확보할 수 없었던 데서 오는 결과였다고 생각된다. 이러한 상황에서 학문의 독자성과 전문성을 인식하고 그 직업화까지를 내다본 소위 실증주의학파 계열에서 해방 후 국사학계의 학문과 교육 분야를 담당하게 된 것은 자연스러웠다. 거기에다 6·25를 전후한 시기에 동서 냉전체제가 굳어지면서 해방과 더불어 한때 충일(充溢)했던 민족주의사상마저 흑백논리에 의해 우리사회에서 금기시되었다.

민족주의사학의 근간적 존재였던 단재가 이러한 사회적·학문적 분위기 속에서 정당하게 평가받는 것이 어렵게 되었던 것은 오히려 당연하였다. 이와 함께 앞서 말한, 민족주의사학을 대하는 실증주의사학의 분위기가 이때에도 지속되고 있었기 때문에 교단을 지키고 있던 학자들의 단재에 대한 태도는 한마디로 냉담 그것이었다. 그 구체적인 예로서, 동빈(東濱) 김상기(金庠基)가 그의 「동이(東夷)와 회이(淮夷) : 서융(西戎)에 대하여」(『東方學志』 1·2집, 1953, 1955)와 「백제의 요서경략에 대하여」(『白山學報』제3호, 1976)라는 논문에서, 단재가 이미 이 문제에 대해 깊이 있게 다루었고, 그 발표 연내로 보나 발표 기관으로 보나, 동빈(東濱)이 단재의 소설(所說)에 접했을 것은 틀림없는데도, 동빈(東濱)은 단재를 전혀 언급하지 않았던 것을 들 수 있다.[374]

물론 우리사회가 1960년대의 4·19 이후 단재 신채호에 일부 주목하기 시작했고, 1972년에 단재 신채호 전집이 간행되었으며, 그 이후 여러 분야에서

374 李萬烈, 『丹齋 申采浩의 歷史的 硏究』, 문학과지성사, 1990, 12~13쪽.

연구되었지만, 그가 정작 가장 정력을 기울였던 그의 고대사 연구결과에 대한 연구는 아직도 부족한 감이 있다. 단재에 대해서 뿐만 아니라, 독립운동역사가들 전체의 연구성과에 대한 정당한 평가와 그 계승에 대해서도 아직은 과제로만 남아있는 실정이다. 확실히 한국의 역사학계, 역사연구자는 한없이 바쁜 것이다.

보 론

독립운동사학 계승을 통한 한국역사학계 적폐청산 과제와 방법

1. 머리말 : 계승을 통한 청산의 과제를 위해

본고[375]에서는 우선 독립운동가들이 연구 및 저술한 역사학의 성격을 분석하였다. 독립운동가들이 역사를 연구 및 저술한 목적은 전적으로 독립운동을 위한 것이다. 그러므로 필자는 독립운동가들의 역사학을 '독립운동사학'으로 분류하여, 그 특성을 부각시켜 분석해야 한다고 설명할 것이다. 또한 민족사학 혹은 민족주의사학이란 모호하고 부정확한 개념을 사용하는 배경에 우리 역사학의 식민성이 작용하고 있음을 분석할 것이다.

본고의 두 번째 부분에서는 독립운동가의 역사 적폐 청산 노력과 그 좌절에 대해 검토하였다. 독립운동가들이 독립운동을 위해 우리 역사를 찾았을 때, 당시의 그 어디에도 우리의 '참역사'는 없었다. 즉 우리 민족을 주체로 세워 우리의 자주독립과 발전을 추구하게 할 역사가 당시에 없었던 것이다. 조선왕조 시기에 서술된 기존의 역사들은 사대사관에 의해, 봉건세력의 지배를 가능하게 할 왕조사(王朝史)가 중화(中華) 및 소중화(小中華)의 논리 아래 산만하게 편집된 것이었다. 거기에 한반도를 침략하여 영구적으로 지배하려는 일제는 사대사관을 변형시킨 식민사관을 급조(急造)하여, 우리 역사의 정체성과 식민

375 본고는 바른역사학술원이 2018년 6월 30일에 펴낸 학술지인 『역사와 융합』 제2집에 실렸던 논문인 「독립운동가의 고대사 인식: 그 계승을 통한 한국 역사학계 적폐 청산 과제와 방법」을 수정 및 보충한 것임을 밝혀둔다.

성을 부각시키며, 식민지 국민을 형성하는 도구로서 식민사학을 악용하려 했다.

이에 독립운동가들은 사대사관과 식민사관이라는 두 가지의 역사 적폐를 동시에 청산하고, 우리의 역사를 정립(正立)하기 위해 노력했다. 그러나 독립운동가들의 역사 적폐 청산 시도는 철저하게 좌절되었다. 심지어 1945년 해방 이후에도 독립운동가들이 청산하고자 시도했던 역사 적폐는 아직도 살아 현재의 한국역사학까지 집어삼키고 있다. 본고에서는 그 좌절의 원인을 살펴볼 것이다.

본고의 세 번째 부분은 독립운동가 고대사 인식의 계승에 관한 논의이다. 사실, 독립운동가가 연구 및 서술한 역사를 우리의 정사(正史)라고 말하지는 못할 것이다. 독립운동가의 역사 연구 및 서술에 여러 제약과 한계가 있었음은 분명한 것이다. 그러나 분명히 말할 수 있는 것은, 독립운동가의 역사 인식 중에 우리가 반드시 계승해야할 부분이 있다는 것이다. 본고에서는 그 계승할 부분 중 가장 중요한 것으로서 역사 적폐 청산에 대해 언급하려 한다.

사실 독립운동가들이 청산하려 시도했던 역사 적폐 즉 사대사관 및 식민사관 청산은 현재를 살아가는 우리에게까지 아직도 과제로 남겨져 있는 부끄러운 상황이다. 한국역사학계의 적폐 청산은 지난 노무현 정부에서 본격화되었던 '과거사 청산'과도 연관이 있으며, 그 이후 이명박과 박근혜 정권을 거치며 좌절되고 왜곡되었던 역사적 적폐 청산 과제를 다시 되살리는 차원이라고 할 수도 있다. 본고에서 2017년에 들어선 문재인 정부와 그 이후 한국사학계의 적폐 청산은 어떻게 시도되어야 할지, 그 적폐 청산의 과제와 방법을 간략하게 검토해보았다.

2. 독립운동가의 역사학은 '민족주의사학' 아닌 '독립운동사학'

1) 기존 한국사학사의 민족주의사학이란 용어의 학문적 정체성에 대한 검토

독립운동의 목적으로 역사를 연구 및 저술하고 또 그 역사를 확산시키려 했던 독립운동가의 고대사 인식을 검토하는 『독립운동가의 고대사 인식』에서, 필자는 '독립운동역사가'와 '독립운동사학'이란 두 가지의 새로운 용어를 창안(創案)하여 사용하였다.

'독립운동역사가'는 독립운동 차원의 역사연구를 진행하고, 또 그 연구에 의한 일정한 역사저술을 남긴 독립운동가를 지칭하는 용어로 창안되었다. 독립운동과 역사연구라는 두 가지의 시대적 역할을 동시에 담당했던 독립운동가들의 그 성격을 특히 부각시키는 의미의 용어로 사용하려 한 것이다.

'독립운동사학'이란 독립운동역사가들의 역사적 의미를 더욱 뚜렷이 부각시키는 용어로서 새로 창안해낸 것이다. 즉 독립운동역사가들의 역사학을 기존의 한국사학사(韓國史學史)에서처럼 '애국계몽사학'을 뒤이은 '민족주의사학'으로 분류하여 검토하는 것이 아니라, '애국계몽사학'을 뒤이은 '독립운동사학'으로 분류하여 검토하는 새로운 시도를 해보려는 것이다. 독립운동을 목적으로 운동 차원에서 진행된 독립운동역사가의 역사연구들을 특별히 '독립운동사학'이란 새로운 개념으로 구분하여 전문적으로 검토하고 싶은 의도 때문이다.

① 소위 민족주의사학의 성립

독립운동 차원의 역사연구를 진행하여 일정한 저술을 남긴 대표적인 독립운동역사가로서 이상룡, 박은식, 유인식, 김교헌, 이시영, 계봉우, 신채호, 김정규, 김승학, 이원태 등을 들 수 있다. 기존의 한국역사학계에는 이들 독립운동역사가들을 대체로 '민족주의사학'을 추구한 '민족주의사학자' 유형으로 분류하는 경향이 있다. 그러나 독립운동역사가의 독특한 면모(面貌)를 살펴보려는 시도를 하기 위해서는, 기존 한국역사학계의 이러한 분류 경향을 반드시 재검토하고 넘어갈 필요가 있다.

이만열(李萬烈)은 『한국근대역사학의 이해』(1981)에서 19세기말부터 일제 강점기에 이르는 시기의 민족주의사학 태동(胎動)과 성립 및 분화에 대해 다음과 같이 요약하고 있다.

> 민족주의사학의 태동 : 국가 자주(自主)의 시련으로 이 시기의 역사학은 민족적 자각을 위한 방편으로 환기 고조되었고 애국계몽사상의 중요한 소재와 내용이 되었다. 애국계몽이 중요한 임무였던 만큼 자주성 교양에 역점을 두고 교과서 등을 통해 민족사 교육을 강화하려고 하였다. 그랬던 만큼 일제 통감부(統監府)와의 충돌은 불가피하였다. 한편 뜻있는 선각자들은 민족 전통의 계승을 위해 민족적인 고전(古典) 간행에 열을 올렸다. 조선광문회(朝鮮光文會)가 발족(發足)되는 것은 이때다.
>
> 민족주의사학의 성립 : 일제 강점기에 들어서면 일제는 어용학자들을 동원, 그들의 조선 침략과 지배를 역사적으로 정당화하는 소위 식민주의사관을 안출(案出)하기에 광분한다. 이에 대하여 박은식·신채호·남궁억 등은 한국사의 연구와 보급이 국권회복·독립투쟁의 중요 방편임을 인식하고 민족사 연구에 정력을 기울였다. 그들은 전통적인 역사연구 방법을 답습한 것이 아니고, 식민주의사학에 대항할 역사의식과 방법론을 확대 심화시켰던 것이다. 이 결과 한국의 소위 근대역사학의 성립을 가능하게 했던 것이다.

> 민족주의사학의 분화 : 1920년대 말기부터 민족사학은 사관과 방법론을 달리하는 여러 유파가 형성된다. 흔히 민족주의사학·실증주의사학·유물사관(사회경제사학으로도 불리어진다)으로 3대별(大別)된다. 1930년대에 접어들면 일본의 소위 근대사학에 자극받았고 근대교육에 접했던 소장 사학자들을 중심으로 근대적인 학회를 조직하여 학술활동을 전개하게 된다. 진단학회(震檀學會)의 성립과 활동이 그것이다. 그러나 일제의 민족말살정책으로 1940년대에 이르면 민족주의사학은 표면상으로는 거의 침묵 상태에 돌입하게 된다.[376]

민족주의사학의 태동, 성립, 분화에 대한 위의 인용문은 한국사학계의 보편적인 인식이라고 할 수 있다. 위의 인용문은 이만열이 1976년에 작성한 것인데, 이보다 앞서 김용섭(金容燮)도 1971년에 유사한 관점을 제시했었다. 김용섭은 1971년 및 1972년에 발표된 글에서 박은식과 신채호의 근대역사학을 먼저 서술한 뒤, 이를 계승한 1930년대 및 1940년대의 민족주의 역사학을 서술하고, 이어서 일본 역사학의 '관학(官學) 아카데미즘'의 학풍과 방법론을 그대로 도입하여 성립된 실증주의 역사학을 서술하고 있다.[377] 또한 김용섭은 민족주의 역사학 및 실증주의 역사학과 같은 시기에 맑스와 엥겔스의 사적유물론을 이론적 기초로 하여 성립된 사회경제사학도 언급하고 있다.[378]

376 李萬烈,『韓國近代歷史學의 理解』, 文學과知性社, 1981, 116~117쪽.

377 위에 소개한 김용섭의 논의는『文學과 知性』제2권제2호(통권4호, 1971)과『文學과 知性』제3권제3호(통권9호, 1972)에 수록되어 있다.

378 사회경제사학에 대해서는 김용섭이 1970년대에 강의 등에서 언급했지만 논문으로 발표되지 않은 것을 정리하여 그의 회고록인『역사의 오솔길을 가면서 - 해방세대 학자의 역사연구 역사강의』(지식산업사, 2011)에 싣고 있는데, 본문에서는 이를 참고하였다.

물론 일제의 침략으로 얼룩진 근대 역사학의 발전과정을 민족주의사학, 실증주의사학, 사회경제사학으로 구분하여 설명하는 방식은 근대사학을 전반적으로 체계 있게 개괄(概括)함에 매우 유용할 수 있음이 분명하다. 그러나 이 책에서 검토한 독립운동역사가의 역사연구를 단순하게 민족주의사학으로만 분류하기에는 다소 한계가 있다. 이 점에 관하여, 민족주의사학이란 명칭 자체부터 한 번 깊이 있게 검토할 필요가 있다.

② 독립운동역사가들과 민족주의 그리고 민족주의사학의 상관성

원칙적으로 독립운동가들에게 민족주의란 침략적 제국주의, 외세와 영합하여 식민지의 지배계급으로 다시 살아남은 매국적(賣國的) 봉건 잔재세력, 침략적 제국주의와 이에 영합한 매국적 봉건 세력이 식민지에 이식(移植)하여 강화하려는 식민주의 등에 맞서는 개념으로 설정된 것이다. 신채호의 논설인 「제국주의와 민족주의」(1909)를 살펴보면, 신채호는 제국주의에 대항하는 민족주의의 속성을 분명히 이해하고 있었음을 알 수 있다.[379] 신채호는 1910년에 발표한 또 다른 글에서, 당시 세계의 추세를 "제국주의의 세계, …민족주의의 세계"라고 설명하고 있다.[380] 그런데 이 글에서 주목할 점은, 제국주의와 민족주의가 서로 대립적인 것으로만 설명되지 않는다는 것이다. 이 글 전체의 맥락을 살펴보면, 신채호는 제국주의도 물론 그 자체 안에 민족주의적 속성을 갖고 있고, 그러한 제국주의 내부의 민족주의는 지배계급의 계급적 지배를 강화하거나 혹은 국민을 동원하여 다른 국가를 침략하는 지배이데올로기[381]로서 작용

379 申采浩, 「帝國主義와 民族主義」『大韓每日申報』(1909. 5. 28).

380 申采浩, 「二十世紀 新國民」『大韓每日申報』(1910.2.22 3.3).

381 지배란 지배하는 자와 지배되는 자와의 사이에 성립하는 노골적인 사실관계이며, 그것을 지탱하는 것은 지배하는 측의 힘이지만, 그러나 동시에 지배되는 측이 그 지배를 어쩔 수 없는 것, 혹은 자진하여 선한 것으로 받아들이는 것을 가능케 하는 논리나 사상 같은 것이 없으면 지배는 역사적으로 적어도 어느 정도의 영속성을 지닐 수가 없는 것이다. 그와 같은 지배의 정당성을 강조하고 인상지을 수 있는 역할을 담당하고 있는 사상이나 이념 등을 지배이데올로기라고 부를 수 있다(呂博東, 「日本

할 수 있으며, 그럼으로써 제국주의의 민족주의는 그 성격이 기본적으로 배타적이고 또 폭력적인 것으로 이해하고 있었음을 알 수 있다. 이에 비교하여, 제국주의에 의해 침략당하는 국가의 민족주의는 제국주의에 맞서 대항하는 '저항적 민족주의'로서, 그 저항에는 제국주의 침략은 물론 자기 국가 내부의 반민족주의적인 온갖 세력과도 맞서는 것임을 이해하고 있었던 것으로 보인다.

다른 독립운동가들 또한 제국주의에 맞서는 '저항적 민족주의' 차원의 독립운동을 전개했던 것으로 볼 수 있다. 그런데 기존 한국사학계에서 민족주의사학이란 용어를 사용할 때, 그 용어가 과연 일제강점기에 이러한 시대에 맞서는 독립운동가들이 이해하고 선택했던 '저항적 민족주의'의 속성을 정확히 반영한 용어인가? 이러한 의문에 분명하게 답할 수 있어야 한다. 분명한 사실은 독립운동가들에게 민족주의는 최종 목적이 아니라, 독립운동을 위해 선택한 하나의 방법론이었다. 그러므로 그들의 역사연구를 지칭하는 용어를 선택한다면, 그들 역사연구의 목적이었던 독립운동과의 연관성을 특히 부각시켜주어야 할 것이다.

1960년 4·19혁명의 정신적 영향력 아래에서 1960년대 초부터 논의되기 시작한 소위 민족주의사학에 대한 관심은 1960년대 후기 및 1970년대 초기에 한국근대사학의 흐름을 정리하고, 식민사학을 비판하는 속에서 더 구체화되었다. 이 시기에 민족사학은 민족주의사학과 동의어(同義語)로 불려지기도 했다. 예를 들면 이기백(李基白)은 『사상계』 1963년 2월호에 「민족사학의 문제」라는 제목으로 글을 썼는데, 뒤에 이기백이 자신의 저서인 『민족과 역사』 (1974)에 제목을 「민족주의사학의 문제」로 바꾸어 실는 정도였다. 대체로 보면 1960년대와 1970년대에 민족사학이라고 부르던 것을 1970년대 이후 민족주의사학이라고 부르게 된 것 같다.[382]

近代天皇制의 統治構造와 지배이데올로기」『일본학지』10, 계명대학교 국제학연구소, 1991, 64~65쪽).

382 서중석, 「민족주의사학의 논쟁」『진단학보』80, 1995, 208쪽.

서중석(徐仲錫)은 민족사학과 민족주의사학의 차이점, 민족주의사학의 개념 및 성격 그리고 식민사학과의 관계, 민족주의사학의 범위 등을 검토한 그의 논문에서 민족주의사학의 개념에 대해 다음과 같은 관점을 제시하고 있다.

> 민족사학과 민족주의사학을 구별하여 사용할 필요성도 있다. 예컨대 민족운동과 민족주의운동을 같은 의미로 사용하기도 하지만, 양자는 구별하여 사용할 필요도 있다. 민족주의가 사람마다 다르게 사용될 수 있다고 하여 두리뭉실하게 아무데나 갖다 붙일 수 있는 용어라고 볼 수는 없다. 민족운동이라는 말은 민족주의운동이라는 말보다는 더 광의(廣義)로 사용되는 것이 일반적이다. 그러므로 연구자에 따라서 일제시기에 민족주의와 민족개량주의는 엄격히 구별되어야 한다고 주장할 수 있지만, 비록 반일민족해방투쟁이 아니고 일제의 통치 내(內)라고 하더라도 민족이라는 한 단위를 지키기 위한 활동이라면 민족운동이라고 볼 수는 있는 것이다. 필자는 이와 비슷하게 민족사학은 민족주의사학보다 포괄적으로 사용될 수 있는 용어임을 시사한 바 있는데, 이 점에 관해서 조동걸(趙東杰)은 보다 적극적으로 양자의 구별을 시도하였다.[383]

위의 인용문에 언급되었듯, 조동걸은 그의 논문인 「민족사학의 분류와 성격」에서 민족사학과 민족주의사학올 구별해서 볼 것을 제안하고, 그 이유로 1930년대의 맑스주의사학(사회경제사학)이 민족사학이기는 하지만 민족주의사학이라고 할 수는 없다는 점을 지적하였다. 조동걸은 민족사학이란 말은 식민사학에 대칭하는 용어이고, 민족주의사학은 민족사학의 분류상의 호칭으

383 서중석, 「민족주의사학의 논쟁」『진단학보』80, 1995, 209쪽.

로 보는 것이 옳을 것이라고 주장하고, 민족사학에 맑스주의사학과 더불어 실증사학을 포함시켰던 것이다.[384]

그러나 민족사학이란 매우 포괄적인 조동걸의 개념 설정에 대해, 서중석은 "친일행위를 한 자들의 사학도 민족사학에 포함시킬 수 있는지의 여부는 더 검토되어야 할 것"이라고 비판하였다.[385] 사실 이러한 비판은 아주 적절한 것이었다.

식민사학에 대칭하는 용어로서의 민족사학이란 조동걸의 개념 설정에 의하면, 민족사학이라는 큰 범위 안에 일제의 식민사학을 제외한 모든 유형의 한국사학들이 포괄(包括)되는 것이다. 당연히 실증주의사학 혹은 문화사학 등의 분야에서 친일을 한 한국 국적의 학자도 모두 민족사학의 범위에 포함되는 것이다. 그러므로 조동걸의 경우, 민족사학이란 식민사학에 정확하게 대칭되는 개념이기보다는 단순히 한국사학을 의미하는 것에 지나지 않는 것으로 보일 여지가 있다.

실제로 조동걸의 『현대한국사학사(現代韓國史學史)』(1998)에서는 '한국사학(민족사학)'이라는 큰 범주에 한국사학 전체를 포괄하고 있다. 민족사학은 한국사학과 같은 의미로 사용된 것이다. 조동걸은 위의 저서에 <한국사학의 분류도>란 [도표]를 제시하였으며, 여기에서 한국사학(민족사학)의 분류에 대해 다음과 같은 설명을 덧붙이고 있다.

> 우선 민족사학과 민족주의사학이 동일한 의미가 아니라는 뜻이 나타나고 있는 점에 유의하기 바란다. 그것은 민족운동과 민족주의운동이 다른 것과 같다. 민족사학은 식민사학의 대칭이고, 민족

384 조동걸, 「민족사학의 분류와 성격」『한국민족주의의 발전과 독립운동사연구』, 지식산업사, 1993, 368쪽 및 414쪽.

385 서중석, 「민족주의사학의 논쟁」『진단학보』80, 1995, 209~210쪽.

> 주의사학은 보편주의사학의 대칭이다. 그리고 사회경제사학은 유물론사학과 절충식 경제사학을 총괄한 의미의 호칭으로 이해하였다. 식민지 시기 민족주의사학은 민족해방의 인식에 기초한 것이지만 오늘날의 민족주의사학은 민족통일을 지향한 것이어야 하듯이 민족주의사학은 민족의 역사적 조건에 따라 표방할 점이 다른 것도 유의하여 이해해야 한다.[386]

조동걸은 위에 인용한 논고의 결론 부분에서 다시 한 번 그 [도표]에 대해, 보충 설명하고 있다. 그의 설명에 따르면 그 [도표]에서 왼쪽 즉 관념사학, 사회경제사학, 실증사학은 역사학 방법론에 의한 분류를 나타내는 것이며 오른쪽 즉 민족주의사학, 보편주의사학, 고증학은 식민지 현실인식의 기준에 의한 분류를 나타낸다는 것이다. 조동걸은 "종래에 학계에서는 민족주의사학, 사회경제사학, 실증사학으로 분류해 기준이 일정하지 않았다. 그리하여 한국사학을 이해하는데 고도(高度)의 사고가 없으면 논리를 세우기가 힘들었다."며, 여러 검토 끝에 아래의 [도표 2]와 같은 분류가 가능했음을 밝히고 있다.[387]

일반적으로 생각할 때 사관(史觀)은 무엇보다도 역사적 시간에 대한 강한 자각(自覺) 즉 사회와 문화의 변화와 발전을 시간적 선후(先後) 관계에 따라 인식하는 경우 비로소 성립될 수 있다고 본다.[388] 조동걸은 근대사학이 사실의 실증(實證)과 역사적 논리 즉 인과관계(因果關係)의 규명에 의한 역사발전의 논리를 탐색하는 것이어야 하며, 그 탐색 과정에 역사를 변천시키는 힘의 존재를 무엇으로 보느냐에 따라 사관의 차이가 나타난다는 인식을 바탕으로 한 듯하다.

386 趙東杰, 『現代韓國史學史』, 나남출판, 1998, 45쪽.

387 趙東杰, 『現代韓國史學史』, 나남출판, 1998, 518~519쪽.

388 車河淳, 『史觀이란 무엇인가』, 청람, 1982, 9쪽.

<table>
<tr><td></td><td>*역사학 방법론에 의한 분류</td><td></td><td>*식민지 현실인식의 기준에 의한 분류</td></tr>
<tr><td rowspan="7">한국사학
(민족사학)</td><td rowspan="3">관념사학</td><td>유심론사학</td><td rowspan="4">민족주의 역사학
(민족주의사학)</td></tr>
<tr><td>초기 문화사학</td></tr>
<tr><td>후기 문화사학</td></tr>
<tr><td rowspan="3">사회경제사학</td><td>역사주의 경제사학</td></tr>
<tr><td>절충식 경제사학</td><td rowspan="2">보편주의 역사학</td></tr>
<tr><td>유물론사학</td></tr>
<tr><td>실증사학</td><td></td><td>고증학</td></tr>
</table>

[도표 2] 위의 본문에 언급된 조동걸의 〈한국사학의 분류도〉[389]

이런 인식에 의해, 위의 [도표 2]에서 언급되었듯, 조동걸은 역사변천의 해석에서 정신적 요소를 중시하는 관념사학을 설정한 것이다. 위의 [도표 2]에서, 또한 조동걸은 다시 관념사학을 유심론사학(唯心論史學)과 문화사학으로 나누고 있다. 신채호나 박은식의 경우처럼 혼(魂), 민기(民氣), 낭가사상(郞家思想) 등 정신적 힘이 역사발전의 원동력이라고 보는 관점을 유심론사학이라고 해석했고 황의돈(黃義敦)이나 안확(安廓) 등처럼 인간의 문화적 기능에 의하여 역사가 변천한다고 본 방법론은 문화사학으로 해석했던 것이다.

2) '독립운동사학'을 설정하고 그에 특별히 주목하는 이유

문제는 위에 소개한 이만열과 조동걸 등의 근대사학 분류를 적용할 경우, 독립운동역사가들이 보여준 역사인식의 특성을 제대로 밝히기에 한계가 있을 수 있다는 점에 있다. 이만열과 조동걸 등의 분류에 따를 경우, 독립운동역사가들은 소위 기존의 민족주의사학의 범주 안에서 기존의 여러 역사학자들이

389 조동걸『現代韓國史學史』(나남출판, 1998) 45쪽의 도표를 518~519쪽의 설명 등을 참고하여 재구성한 것이다.

이미 분석한 것과 같은 결과들에서 논의를 더 진전시킬 수 없을 수 있는 것이다.

조동걸은 한국사학(민족사학)을 역사학 방법론에 따라 관념사학, 사회경제사학, 실증사학으로 나누고 신채호와 박은식 등의 독립운동가들은 관념사학 아래의 분화(分化)된 개념인 유심론사학에 분류하고 있다. 또한 유심론사학, 문화사학은 사회경제사학 아래의 분화된 개념인 절충식 경제사학과 함께 식민지 현실인식이란 기준에 의해 민족주의사학으로 분류하고 있다. 그러나 이러한 분류로써 그 분석 대상들을 서로 연관시켜 인식하면서, 오로지 독립운동으로서의 역사를 연구했던 독립운동역사가들의 독특한 면모를 제대로 밝힐 수 있겠는가?

일찍이 강만길은 위에 언급한 이러한 분류와 민족주의사학(당시에는 민족사학이라고 혼용하기도 한)이란 용어의 한계에 대해 다음과 같이 지적한 적이 있다.

> 식민지 치하에서 독립운동의 일환으로서, 더 나아가서 그 지도이론의 한 갈래로서 이루어진 사론(史論)을 〈민족사학〉이라 이름 지은 것은 다소 막연히 민족주의적 입장에 선 국사학이란 의미에서인 것 같다. 그러나 우리가 알다시피 민족이란 말은 시대에 따라 그 의미가 변하여 왔다. 따라서 민족주의도 여러 가지 단계(段階)와 유형(類型)이 있으며 같은 시대의 민족주의도 그 대내적 기능과 대외적 기능이 서로 다르다. 우리는 〈민족사학〉이란 용어 자체가 그다지 적당한 것이라 생각하지 않으며, 더구나 그 의미에 있어서는 한층 더 면밀한 분석이 있어야 할 것이라 생각된다.[390]

390 강만길, 「〈民族史學〉論의 反省」『창작과비평』11(1), 1976, 320쪽.

위와 같은 여러 논의를 검토한 결과, 필자는 '독립운동사학'이란 새로운 개념을 세워, 『독립운동가의 고대사 인식』 본문에서의 자료수집과 분석의 잣대로 삼았다. 즉 필자는 독립운동역사가를 '민족주의사학'이란 개념의 틀로 분석하지 않고, '독립운동사학'이란 특성(特性)화시킨 개념의 틀로서 독립운동역사가만을 뚜렷이 구분하여 그 특성을 부각시키는 방향의 서술을 시도하려 한 것이다.

'독립운동사학'은 독립운동가와 역사학을 융합시킨 용어이다. 즉 독립운동가들이 그 연구 주체가 되어 형성한 역사학을 범주화한 것이 '독립운동사학'이다. 부연하면, '독립운동사학'이란 독립운동역사가들이 연구 및 저술한 역사의 의미를 더욱 뚜렷이 부각시키는 용어로서 새로 창안해낸 것이다. 즉 독립운동역사가들의 역사학을 기존의 한국사학사(韓國史學史)에서처럼 '애국계몽사학'을 뒤이은 '민족주의사학'으로 분류하여 검토하는 것이 아니라, '애국계몽사학'을 뒤이은 '독립운동사학'으로 분류하여 검토하는 새로운 시도를 해보려는 것이다. 독립운동을 목적으로 운동 차원에서 진행된 독립운동역사가의 역사연구들을 특별히 '독립운동사학'이란 새로운 개념으로 구분하여 전문적으로 검토하고 싶은 의도 때문이다.

'독립운동사학'이란 자칫 민족주의사학에서 분화된 개념으로 이해될 여지가 있겠지만, 본질적으로는 한국의 근대사학에서는 '독립운동사학'에서 뒤의 '민족주의사학' (1945년 8월의 해방 이후에도 역시 민족의 과제로 남은 자주, 식민세력 청산, 민주와 통일의 과제 실현을 위한 역사학으로 이런 용어가 굳이 필요하다면)이 잉태되고 발전했다고 보는 것이 정확할 것이다. 분명한 점은, 일제 강점기의 독립운동역사가들이 형성한 사학은 그 자체의 특수성으로 인하여, 별도로 '독립운동사학'으로 구분하여 그 특성을 제대로 검토할 필요가 있다는 것이다.

'독립운동사학'이란 새로운 개념의 설정은 본 연구를 통해 한층 진전된 결과를 얻어내기 위한 의도가 작용한 것이었으며, 더 나아가서는 독립운동역사가들의 재조명(再照明)은 물론 그 계승의 문제와도 깊은 관련이 있다. 우리 사회, 우리 역사학계가 『독립운동가의 고대사 인식』에서 검토한 독립운동역사가들의 독립운동 및 역사연구에의 열정과 피땀과 방법에 대한 정당한 평가에서는 물론 그 역사정신의 계승에서 그간 적지 않은 한계를 지니고 있었으며, 이제부터라도 그에 대한 새로운 평가와 계승을 심각하게 검토해보아야 한다는 상황인식을 바탕으로 다소 새로운 시도를 하자는 차원이기도 한 것이다. '독립운동사학'이란 다소 생소한 개념의 설정과 함께, 그에 주목하는 이유는 바로 그러한 차원에서 이해되어야 한다.

3. 독립운동가의 역사 적폐 청산 노력과 그 좌절

1) 독립운동가의 역사 적폐 청산 노력

사대적이고 봉건적인 조선이 해체되며 근대로 넘어가는 시기에, 근대적 방법으로 우리역사를 해석하고 또 복원하려는 독립운동역사가들이 본 당시 우리역사의 현실은 실로 참담한 것이었다. 신채호가 "조선에 조선사라 할 조선사가 있었던가 하면 수긍하기 어렵다."고 하던가, "내가 보건데, 조선사는 내란이나 외구(外寇)의 병화(兵火)에서보다 곧 조선사를 저작(著作)하던 그 사람들의 손에서 더 탕잔(蕩殘)되었다 하노라."라고 하던가, "예전 조선의 역사가들은 … 도깨비도 뜨지 못한다는 땅 뜨는 재주를 부려 졸본(卒本)을 떠다가 성천(成川) 혹은 영변(寧邊)에 놓으며, 안시성(安市城)을 떠다가 용강(龍崗) 혹 안주(安州)에 놓으며"라고 비판했듯,[391] 기존 조선 역사의 서술이나 연구방법은 물론 그 서술 주체 등 모두가 전반적으로 혁신되어야 할 필요가 절실했다.

391 申采浩, 「二. 史의 三大元素와 朝鮮舊史의 缺點」『朝鮮日報』(1931. 6. 11). 위의 인용문에서 "도깨비도 뜨

고려 중기 이후부터 조선시대를 거치며 사대사관에 의한 한국민족사의 왜곡은 심각한 수준에 이르러 있었다. 신채호가 그의 글에서 "조선에 지금까지 조선사가 없다 하여도 과언이 아니다."라고 비판할 정도로, "조선적 조선을 적은 조선사거나, 위인적(偉人的) 조선을 지은 조선사이거나, 다만 조선을 주체로 하는 충실히 적은 조선사"라 할 수 있는 '참 조선사'는 전혀 존재하지 않았던 것이다.[392]

독립운동가들이 볼 때, 일제강점기로 넘어가는 그 위기의 시기에 우리민족을 각성시키고 단합시켜 독립운동의 동력을 이끌어낼 우리의 민족사가 세상에 존재하지 않았다. 그러므로 독립운동을 위한 차원의 역사서술이 절실하였고, 그 역사서술의 역할을 맡은 이들이 바로 독립운동역사가였던 것이다.

① 사대사관 및 식민사관과의 역사전쟁

그러나 독립운동역사가들이 독립운동을 위한 우리의 역사를 서술하고자 했을 때, 그러한 시도들은 출발부터 크나큰 장벽에 부딪혔다. 조선을 침략하여 영구적인 식민지로 만들려는 일제는 처음부터 조선의 주체적인 민족사 서술, 독립운동을 위한 동력을 만들어낼 수 있는 조선인의 역사서술을 근본적으로 철저하게 막아내려 했다. 독립운동역사가들이 직면한 당시의 암담한 역사 연구 관련 상황은 박은식의 망명과 관한 다음의 서술에 잘 나타나 있다.

지 못한다는 땅 뜨는 재주를 부려 졸본을 떠다가 성천 혹은 영변에 놓으며"라는 구절은 조선시대의 사대적 역사가들이 고구려의 첫 도읍인 졸본을 한반도 안의 성천이나 영변에 있었던 것처럼 서술한 상황을 비판한 것이다. 고려시대의 사서인 『삼국사기』와 『삼국유사』에는 고구려의 첫 도읍인 졸본이 현재의 요하 서쪽 의무려산 일대에 있었다고 분명하게 기록하였다. 고려시대의 고구려 첫 도읍에 대한 통설(通說)은 졸본이 현재의 요하 서쪽에 있었다는 것이다. 그러나 조선시대 이후 일제강점기를 거치며, 조선시대의 사대사관과 일제강점기의 식민사관에 의해 고구려의 첫 도읍이 현재의 중국 요령성 환인 일대라는 소위 통설(通說)이 형성되어 현재까지 유지되고 있다(임찬경, 「고구려 첫 도읍 위치 비정에 관한 검토」『선도문화』20, 2016, 참조).

392 신채호, 「조선사 정리에 대한 사의」『룡과 룡의 대격전』, 조선문학예술총동맹출판사, 1966, 216~223쪽.

> 합병과 동시에 여러 언론기관이 문을 닫고, 또 모든 국사책을 압수하니 (박은식) 선생은 "나라는 비록 망하였으나 국혼(國魂)이 소멸되지 않으면 부활(復活)이 가능한데 지금 국혼인 국사책마저 태워 없애니 통탄하지 않을 수 없다", "한마디 말과 글자 하나의 자유가 없으니 오로지 해외로 나가서 4천년 문헌을 모아서 편찬하는 것이 우리민족의 국혼을 유지하는 유일한 방법이라"고 한탄하면서 망명을 계획하였다.[393]

일제의 조선 강점에 따라 독립운동가들이 이 땅에서 우리역사를 새롭게 쓸 시도조차 할 수 없는 식민지 상황으로 전락하면서, 독립운동을 위해 우리 역사를 새롭게 쓰고자 시도하는 다수의 독립운동가들은 국외로 망명하여 그곳에서 독립운동과 함께 역사서술에 나섰다. 이들 독립운동역사가들에 의해 '독립운동사학'의 역사서술이 시작된 것이다.

독립운동역사가들이 독립운동과 역사서술을 위해 이 땅을 떠나야했던 이러한 시대상황은 우리역사학의 근대사학으로의 순조로운 발전적 전환을 가로막았다. 이때 조선을 침략하여 영구한 식민지로 만들려는 일제는 "조선에 참다운 조선사가 없는" 그런 시대상황을 오히려 악용하였다. 즉 일제는 조선의 주체적 민족사 서술을 강력히 탄압하는 한편, 더 나아가 조선고대사를 왜곡하고 조작하여 일제가 조선민족을 문화적으로 영구히 지배하기 위한 유용한 도구로 활용하고자 했다. 일제의 조선사 왜곡이 조선역사를 말살(抹殺)하는 수준이었음을 박은식은 다음과 같이 밝히고 있다.

> 일본인 요시다 도고(吉田東伍)는 문학박사로서 조선역사를 없앨 것을 소리높이 주장하였다. 조선역사가 존재하면 일본이 조선 문

393 李萬烈 編, 「白巖 朴殷植 연보」『朴殷植』, 한길사, 1980, 359쪽.

화를 받았다는 것이 남아 있게 되어, "조선역사를 없애 그 흔적까지 없애버리는 것만 같지 않다."라고 말하였다.[394]

그러므로 일제는 식민사관(植民史觀)이란 논리로 무장했고, 그 식민사관에 의해 왜곡된 조선사의 논리들을 만들어 전파하는 시도에 착수했다. 그러므로 독립운동역사가들은 조선이란 봉건왕조에서 오랫동안 사대사관에 의해 왜곡되어온 기존의 역사서술은 물론 일제가 새로이 식민사관에 의해 왜곡해대는 역사서술에 동시에 맞서면서, 조선의 민중을 각성시켜 독립운동으로 내세울 수 있는 민족사를 연구하고 서술하는 작업에 가능한 모든 노력을 기울여야 하였다. 독립운동가들의 역사 적폐 청산 즉 사대사관 및 식민사관 극복 노력이 독립운동 차원으로 진행된 것이었다.

② 독립운동역사가들이 청산하려했던 역사적 적폐의 본질

독립운동역사가들이 청산하려했던 역사적 적폐의 하나는 오랫동안 깊이 뿌리내린 사대사관이었다. 사대사관의 형성은 고려 중기 이후와 조선시대 지배층이 지닌 문화의식 및 사대정책과 깊은 관련이 있다. 조선시대 사대사관의 형성은 다음과 같은 이데올로기 아래에서 가능했다.

해동(海東)은 그 국호가 일정하지 않았다. 조선이라고 일컬은 이가 셋이 있었으니, 단군·기자(箕子)·위만이 바로 그들이다. 박씨·석씨·김씨가 서로 이어 신라라고 일컬었으며, 온조(溫祚)는 앞서 백제라고 일컫고, 진훤(甄萱)은 뒤에 후백제라고 일컬었다. 또 고주몽은 고구려라고 일컫고, 궁예는 후고구려라고 일컬었으며, 왕씨는 궁예를 대신하여 고려라는 국호를 그대로 사용하였다. 이들은

394 朴殷植, 『韓國痛史』, 1915.

모두 한 지역을 몰래 차지하여 중국의 명령을 받지 않고서 스스로 명호를 세우고 서로를 침탈하였으니 비록 호칭한 것이 있다손 치더라도 무슨 취할 게 있겠는가? 단 기자만은 주무왕(周武王)의 명령을 받아 조선후에 봉해졌다. 지금 천자(*필자주 :명의 태조를 가리킴)가, "오직 조선이란 칭호가 아름다울 뿐 아니라, 그 유래가 멀고 오래다. 이 이름을 그대로 사용하고 하늘을 체받아 백성을 다스리면, 후손이 길이 창성하리라."고 명하였는데, 아마 주무왕(周武王)이 기자에게 명하던 것으로 전하에게 명한 것이리니, 이름이 이미 바르고 말이 이미 순조롭게 된 것이다. 기자는 무왕에게 홍범(洪範)을 설명하고 홍범의 뜻을 부연하여 8조(條)의 교(敎)를 지어서 국중에 실시하니, 정치와 교화가 성하게 행해지고 풍속이 지극히 아름다웠다. 그러므로 조선이란 이름이 천하 후세에 이처럼 알려지게 된 것이다. 이제 조선이라는 아름다운 국호를 그대로 사용하게 되었으니, 기자의 선정(善政) 또한 당연히 강구해야 할 것이다.[395]

조선의 개국과 통치기반 확립을 주도했던 정도전(鄭道傳, 1342~1398년)이 작성한 위의 「조선경국전」은 그 뒤 조선왕조를 움직이는 통치이데올로기가 되었다. 그 통치이데올로기의 핵심에는 기자(箕子)가 있었다. 즉 기자조선을 계승하는 의미의 국호를 지닌 조선은 "기자의 선정(善政) 또한 당연히 강구해야" 하는 것이다. 나아가 정도전은 기자가 주무왕(周武王)의 책봉을 받아 고조선의 임금이 되었듯, 이성계가 명(明)의 책봉을 받아 조선의 왕이 된 것을 연결시켜,

395 『三峰集』第13卷「朝鮮經國典」上 國號.

조선 건국의 대내외적 정당성을 드러내려 하였다.[396] 물론 그 결과는 사대(事大), 소중화(小中華), 화이관(華夷觀)의 함정에 더욱 깊이 빠져드는 것이었다.

한편 조선 초기부터 사대적 역사인식과 서술이 강화되면서 역사지리에서 나타난 현상은 단군, 기자, 위만, 한사군의 낙랑 등이 모두 현재의 대동강 강변 현재의 북한 평양 일대로 설정되는 것이었다. 대표적인 예를 들면, 『동국여지승람』의 다음과 같은 기록을 들 수 있다.

> [평양부] 본래 삼조선과 고구려의 옛 도읍으로 당요(唐堯) 무진년(戊辰年)에 신인(神人)이 태백산 박달나무 아래에 내려왔으므로 나라 사람들이 그를 세워 임금을 삼아 평양에 도읍하고 단군이라 일컬었으니, 이것이 전조선이요, 주무왕(周武王)이 상(商)을 이기고 기자(箕子)를 여기에 봉하니, 이것이 후조선이요, 전하여 41대 손인 준(準)에 이르러 연인(燕人) 위만이 그 땅을 빼앗아 왕험성[險은 儉이라고도 쓰니, 바로 평양이다]에 도읍하니, 이것이 위만조선이다. 그 손자 우거가 한(漢)의 조명(詔命)을 받들려 하지 않으니 무제가 원봉 2년에 장수를 보내어 토벌하여 사군(四郡)으로 만들고 왕험성으로 낙랑군을 삼았다. 고구려가 장수왕 15년(427)에 국내성으로부터 옮겨와 도읍하였다.[397]

그 이후 조선 중후기에 들어서면, 기자(箕子)가 도읍하여 문명을 교화한 평양에서 시작하여, 우리민족 전반 역사의 강역을 한반도에 한정하는 유형의 역사서술이 지배적 관점으로 자리잡게 되었다. 대표적인 사례가 정약용인데,

396 유성선, 「栗谷의 華夷論 硏究」『인문과학연구』34, 2012, 380쪽.

397 『新增東國輿地勝覽』第51卷 平安道 平壤府.

그의 『아방강역고』는 우리민족 고대사의 영역이 원래부터 대체로 한반도 지역 안에 있었음을 입증하려는 의도에서 작성되었다고 평가할 수 있다.[398]

이 무렵의 대표적 역사지리서라 할 수 있는 『동사강목』과 『아방강역고』는 조선시대 중후기의 학자들이 역사를 구성하는 일정한 틀로 작용한 소위 '정통론'에 의해 우리역사를 서술한 것들이다. 이러한 '정통론'에서의 조선역사는 반드시 기자(箕子)로부터 시작되어, 기자(箕子)를 중심에 세워, 그 정통을 계승하는 역사를 서술하는 것으로서 근본적으로 사대적이다. 정약용 『아방강역고』의 첫 부분인 「조선고(朝鮮考)」도 "조선이란 이름은 평양에서 생겼는데, 실은 기자(箕子)가 도읍한 본지(本地)를 말한다."며 기자(箕子)로부터 우리역사 서술을 시작한다.[399] 『동사강목』은 <단군조선-기자조선-마한>을 정통으로 세웠는데, 실제로 『동사강목』 본문의 역사서술은 기자 원년(元年)으로부터 시작한다.[400]

여기서 분명하게 지적해야 할 점은, 조선시대 지배계급의 역사편찬 논리인 정통론은 실은 중화(中華) 혹은 소중화(小中華) 혹은 사대(事大)를 포괄하는 개념으로서 근본적으로 사대주의(事大主義) 입장에 선 것이란 점이다. 정통론이란 실제로 '중화계승의식'의 역사학적 표현에 다름 아니다.[401] 기자가 현재의 평양 일대에서 조선이란 나라를 문명국으로 교화시키고, 뒤에 한(漢)의 무제가 그 평양에 낙랑군을 세웠으며, 한사군 중의 현토군은 압록강 중류 일대에 있었는데 그곳에서 고구려가 건국되었으니, 고구려의 첫 도읍은 압록강 중류 이북 일대에 비정된다는 논리가 조선시대에 나타나서 지배적 인식으로 작용하기 시작한 것이다.

그 이후 조선시대의 사대사관은 한반도를 침략하여 영구히 지배하려는 일제에 의해 악용되었다. 일제는 사대사관을 변용하여, 짧은 시간에 식민사관

398 趙誠乙, 「《我邦疆域考》에 나타난 丁若鏞의 歷史認識」『奎章閣』15, 1992, 91~92쪽.

399 정약용 지음/이민수 옮김, 「朝鮮考」『我邦疆域考』, 범우사, 1995, 21쪽.

400 『東史綱目』第1 上 己卯年 朝鮮 箕子 元年.

401 許太榕, 「17세기 말~18세기 초 中華繼承意識의 형성과 正統論의 강화」『震檀學報』103, 2007, 75쪽.

을 형성할 수 있었다. 그러므로 일제 식민사관의 큰 틀은 조선시대의 사대사관과 다르지 않다.[402]

예를 들면 하야시 다이스케(林泰輔)는 1892년에 출간한 『조선사』에서 "옛날 은(殷)이 망함에 기자가 도망하여 와서 조선의 왕이 되었다. 9백년이 지난 준왕(準王) 때 연(燕)의 위만에게 쫓겨나고, 위씨(衛氏)가 대신 통치한 지 대략 80년 만에 한(漢)의 무제에게 멸망되었다. 무제가 그 땅을 나누어 사군(四郡)으로 삼고, 소제(昭帝) 때 이를 합하여 이부(二府)로 하였다. 결국 기자로부터 이에 이르기까지 1천여 년 동안 모두 중국인이 통치한 셈이 된다."라고 조선고대사를 요약하고 있다.[403] 조선시대의 사대사관과 틀은 같지만 대외종속성을 더욱 강조한 이런 관점 즉 식민사관으로 한국 민족사를 재구성하여 확산시키려 했던 것이다.

이에 맞서, 사대사관과 식민사관을 동시에 극복하려했던 독립운동역사가들은 고대사 연구를 통해 우리민족사의 첫 출발점에 우선 단군(檀君)을 세우려 했다. 단군에서 우리민족의 역사적 정체성을 찾았고, 단군으로부터 시작된 유구한 역사로서 우리민족을 각성시켜 독립운동에 나설 동력을 찾으려 했다. 당연히 독립운동역사가들은 고대의 한반도에 기자(箕子)가 와서 조선을 다스렸다는 사대적(事大的) 역사 인식을 극복하려 했다.

서기전108년 무렵 한(漢)의 무제(武帝)가 위만조선(衛滿朝鮮)을 멸망시키고 한반도 일대에 설치했다는 소위 한사군(漢四郡)의 논리 역시 독립운동역사가의 고대사 연구에서 우선적으로 극복해야 할 대상이었다. 독립운동역사가들은 조선시대의 사대적인 역사가들이 기자(箕子)나 한사군을 한반도에 끌어들임으로서 우리민족의 역사적 강역을 한반도 안으로 축소시켰다고 강하게

402 필자는 조선시대의 사대사관과 일제강점기의 식민사관은 크게 다르지 않다고 평가한다. 일제가 강점을 전후한 짧은 시간에 식민사관을 형성하여 조선 역사왜곡에 바로 작동시킬 수 있었던 이유는 조선시대에 형성된 사대사관을 식민사관으로 변용시켰기에 가능했다고 볼 수 있다.

403 하야시 다이스케(林泰輔) 著/편무진·김현욱·이태훈 역, 『조선사』, 인문사, 2013, 51~52쪽.

비판하면서, 만주대륙(滿洲大陸)을 강역으로 하는 우리민족 고대사를 회복시키려고 노력했다.

또한 독립운동역사가들은 단군에서 부여(扶餘)-고구려-발해를 거쳐 여진(女眞)과 고려로 이어지는 민족사 체계를 확립하고, 그에 따른 대륙국가를 우리역사의 본모습으로 설정하려 애썼다. 만주대륙을 우리민족 본래의 역사 강역으로 보는 이러한 역사 인식에 따라, 독립운동가들은 만주대륙을 터전으로 독립운동을 벌여나갈 수 있었고, 독립운동으로 쟁취할 자주독립국가의 건설 구상에서도 만주대륙을 미래의 우리 강역으로 설정할 수 있었다.

2) 독립운동가의 역사적 적폐 청산 시도가 좌절된 원인

해방이 되었지만, 1945년 이후의 한국사회는 청산되었어야 할 일제 식민요소들이 현재까지도 계속 사회 곳곳을 지배하는 불행한 역사가 지속되고 있다. 1945년 8월 이후 미군정은 한반도 남부 장악의 편의를 위해 친일 부역자들을 이용하였고, 1948년에 성립된 이승만 정권 역시 한국사회 지배를 위해 친일 및 반민족세력을 온존시켰기 때문에 부끄러운 식민의 과거를 청산할 기회를 가질 수 없었다. 1949년에는 당시 사회를 장악한 친일파들에 의해 반민족행위특별조사위원회가 해체됨으로써, 친일협력자 척결의 초보적인 기회조차 무산되었다. 뒤이은 1961년 박정희 등의 5·16쿠데타, 1979~1981년의 전두환 등 신군부 권력 장악 등의 사건은 과거청산의 기회를 결정적으로 무산시키는 계기가 되었다. 독립운동가의 역사적 적폐 청산이 좌절된 원인도 이러한 한국의 역사상황에 의한 것이다.

1945년 해방 이후 일제를 대신하여 한반도의 남부를 지배하게 된 미군정 아래에서 냉전(冷戰)의 대립구조에 편승하여 권력을 장악하게 된 집단은 독립운동가들이 시도했던 역사 적폐 청산을 반대하는 세력이었다. 즉 사대사관과 식민사관을 1945년 해방 이후에도 한반도의 남부에 온존시켜야만 하는 세력이 한국사회의 집권세력이 된 것이다. 그러한 집권세력에 의해 정치, 경제, 문화, 교육 등 사회전반에서 과거청산의 계기가 총체적으로 무산되어 왔던 것이다.

해방 이후 한국사회의 지배집단이 된 친일 매국세력은 왜 사대사관은 물론 식민사관을 척결하지 않고 오히려 이 사회에 계속 온존시키려 하는가? 그 이유는 그러한 사관을 유지시켜야, 그들의 기득권 체제를 계속 유지할 수 있기 때문이었다.

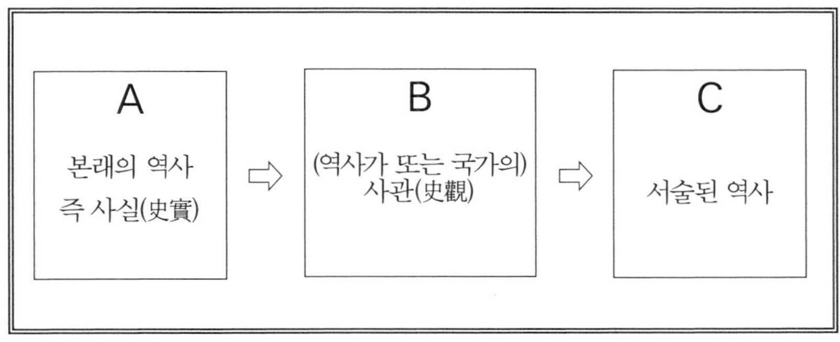

[도표3] 사관과 역사서술의 관계

위의 [도표 3]에서 보듯, 본래의 역사 즉 사실(史實)은 사관(史觀)을 통해 국민들이 접하는 역사로 서술된다. 그 경우 국가는 그 국가의 지배이데올로기로서의 사관을 통해, 지배집단의 지배를 유리하게 할 내용의 역사를 만들어내게 된다. 조선시대에는 사대사관으로써 역사를 서술하여, 그 역사로써 백성에 대한 봉건적 지배를 가능하게 했다. 일제는 강점 이후 한반도에 대한 영구지배를 목적으로 식민사관을 형성하였고, 이 식민사관으로써 한반도 침략과 영구지배의 논리를 확산시켜왔다.

독립운동가들은 조선의 봉건지배세력은 물론 조국을 침략하여 영구히 지배하려는 일제를 동시에 극복하고자 독립운동을 전개하였다. 그들 독립운동가들은 민중을 각성시키고, 또 독립운동에 나서게 할 방편으로서의 역사 연구 및 서술을 중시하였는데, 당연히 그들 독립운동가들은 독립운동을 가능케 할 '독립운동사관'으로 '독립운동사학'의 역사를 서술하여 민중에게 확산시키려 하였다. 그러나 1945년 '미완의 광복'이 되고, 미군정과 그에 뒤이은 이승만 일당에 의해 다시 친일의 매국세력이 한국사회의 지배집단이 되면서, 그들은 그들의 지배를 계속 유지하기 위해 사대사관과 식민사관을 한국사회에 온존시킬 수밖에 없었다. 해방 이후 한국사회의 지배집단은 사대사관과 식민사관의 역사로써 그들의 지배를 합리화하려 했던 것이다. 당연히 독립운동가들이 추구했던 역사 적폐 청산은 한국사회의 지배집단에 의해 다시 철저하게 억압될 수밖에 없었다.

역사 적폐 청산이 이렇게 좌절되는 사회상황이 지금까지 줄곧 지속됨에 따라, 청산되어야 할 역사 적폐는 소위 '통설(通說)'이라는 이름으로 한국사회의 역사학계를 장악해왔으며, 그 적폐를 답습하는 소위 일부 역사학자들은 일종의 학문 권력이 되어 역사 관련 학계와 역사연구 및 역사교육 관련 기관을 장악하였고, 오히려 사회 전반을 적폐의 모순으로써 점점 오염시켜 왔다. 지금 한국사회의 역사학계는 조선시대의 사대사관과 일제강점기의 식민사관 등 그 어느 것도 제대로 청산하지 못한 채, 오히려 그 적폐들을 심화시켜, 기형적인 모습으로 우리 역사의 정립(正立)을 방해하는 장애가 되어 있다.

4. 독립운동가 고대사 인식 계승을 통한 한국 역사학계 적폐 청산 과제와 방법

1) 독립운동가 고대사 인식 계승을 통한 한국 역사학계 적폐 청산 과제

우리 사회, 우리 역사학계에서 독립운동역사가에 대한 정당한 평가와 그에 대한 계승은 아직도 정상적으로 이루어지지 못하고 있다. 특히 독립운동역사가의 연구성과 중 고대사 부분에 대한 정당한 평가 및 비판적 계승은 아직도 우리 사회, 우리 역사학계의 시급한 과제로 남아 있다고 볼 수 있다.

그렇다면 우리 사회, 우리 역사학계가 왜 아직도 독립운동역사가의 고대사 연구에 대한 정당한 평가 및 비판적 계승의 과제를 안고 있게 된 것일까? 이러한 의문에 대해, 이만열은 독립운동역사가 중의 대표적 인물인 단재 신채호의 사례로서 다음과 같이 답하고 있다.

> 1950년대 말까지만 하더라도 그(신채호)의 이름은 국사학계에 거의 알려지지 않은 상태였다. 다만 홍이섭(洪以燮) 등 몇몇 민족주의사학 계열의 학풍을 계승한 학자들이 대중 잡지와 신문의 한 귀퉁이에 그를 소개하고 있을 정도였다. 1936년 그가 사망했을 때만 하더라도 『조광(朝光)』 같은 잡지에서 그에 관한 특집호를 낼 정도로 민족운동가로, 사학자로 알려졌던 그가 해방 및 독립된 조국에서 거의 백안시(白眼視)된 이유는 무엇인가? 그것은, 냉전 체제의 고착으로 그 여파(餘波)를 가장 심하게 받았던 1950년대 전후의 우리 사회에서, 민족주의를 금기시(禁忌視)했던 한국의 전반적 분위기에 뿌리를 박고 있던 당시 국사학계의 풍토와도 깊이 관련되어 있다고 생각한다.[404]

물론 위의 인용문에서 "그것은, 냉전 체제의 고착으로 그 여파를 가장 심하게 받았던 1950년대 전후의 우리 사회에서, 민족주의를 금기시했던 한국의

404 李萬烈, 『丹齋 申采浩의 歷史的 硏究』, 문학과지성사, 1990, 12~13쪽.

전반적 분위기에 뿌리를 박고 있던 당시 국사학계의 풍토"라는 부분은 달리 해석할 여지가 있다. 당시 한국 사회의 전반적 분위기가 '민족주의'를 금기시했다기보다는 "과거 일제강점기나 혹은 일제에 의해 온존된 그 이전 시기의 어떠한 역사적 적폐(積弊)에 대해 따지는 것을 금기시했다"고 표현하는 것이 더 정확하다. 일제강점기 혹은 이미 그 이전 시기부터 당시까지 줄곧 여러 적폐에 기반하여 한국사회를 장악하고 있던 지배세력에게 역사 적폐는 물론 그 어떤 적폐와 관련된 사소한 부분이라도 청산하자고 감히 말할 수 없는 시대상황이 당시까지도 지속되고 있었던 것이다. 일제의 식민사학에 맞서 싸우며, 독립운동과 함께 역사연구를 진행하며, 역사 적폐 청산을 외쳤던 신채호가 전혀 주목받지 못하던 당시의 상황은 바로 식민사학이 의도적으로 만들어낸 현실이었던 것이다. 한국사회의 지배집단이 독립운동가들의 역사 의식과 역사 적폐 청산 시도를 비판적으로 계승하지 못하고, 오히려 사대 및 식민사관을 온존시키고 또한 그 틀에 갇혀있던 당시 상황의 문제였던 것이다.

그러나 최근 한국사회의 상황은 획기적으로 변화하였다. 특히 2017년 5월 10일에 성립된 문재인 정부는 한국사회에 온존해온 각종 적폐 청산에 적극적이다. 한국사회는 2016년 10월부터 적폐 청산을 주장하며 촛불을 들고 자발적으로 거리로 나선 '시민혁명세력'의 함성으로 가득했었다. 그리고 한국사회에 누적된 적폐에 의한 총체적 모순을 청산하려는 '시민혁명' 형식인 촛불집회가 2017년 5월의 문재인 정부를 출범시킨 성격을 지니고 있기 때문에,[405] 문재인 정부는 적폐 청산의 명분과 함께 청산을 가능하게 할 일정한 동력을 갖고 있는 것이다.

405 촛불집회는 항의나 추모를 목적으로 하는 비폭력 평화시위의 한 방식이다. 2000년 이후 한국사회에는 여러 목적의 촛불집회가 다수 있었다. 그 중 '박근혜 대통령 탄핵 및 퇴진' 관련 촛불집회는 2016년 10월 29일에 시작되어 2017년 4월 29일까지 진행되었으며, 누적인원 1,700만여 명이 참여하였고, 그 결과로서 박근혜 대통령은 탄핵 및 퇴진에 이어 구속되었으며, 동시에 박근혜의 국정농단과 관련된 세력을 포함한 우리사회의 적폐 청산을 본격화하는 계기가 되었다(박근혜정권퇴진비상국민행동기록기념위원회, 『박근혜정권퇴진 촛불의 기록』1-2, 2018, 참조).

바로 적폐 청산이 사회 구성원 다수의 동의를 얻고 또 실행되어질 수 있는 이 시점에, 한국의 역사학계도 역시 적폐 청산의 영역에 포함되어야 한다. 물론 역사학계 자체가 스스로 적폐 청산에 나서지는 않는다. 그 자체가 적폐 덩어리일 수 있는 역사학계가 적폐 청산의 목소리를 스스로 내는 것은 불가능하기 때문이다.

그러므로 이 시점에 우리 역사의 정립(正立)을 희망해왔던 우리사회의 다수 구성원은 지난 시기에 이미 역사 적폐 청산을 위해 노력했던 독립운동역사가들의 역사 인식을 진지하게 돌아보아야 한다. 그리고 일제의 탄압에 의해 제대로 실행되지 못했던, 또한 해방 이후 한국사회를 장악한 일제 유사집단(類似集團)에 의해 중단되거나 좌절되었던 역사 적폐 청산 작업을 다시 되살려야 한다. 그것이 독립운동가 역사 인식을 올바로 계승하는 실천 방식이다. 현재의 우리는 독립운동가의 고대사 인식을 비판적으로 계승하면서, 독립운동가들이 시도했었지만 좌절되었던 우리 역사학계의 적폐 청산을 다시 시도하고 또 반드시 이루어내야 할 시대적 과제를 안고 있는 것이다.

2) 문재인 정부 이후 역사학계 적폐 청산 과제와 방법

역사학계 내부의 연구와 토론만으로는 역사학계의 오래고 고질적인 적폐를 결코 청산할 수 없다. 한국 역사학계의 적폐는 학술적 영역의 문제에 국한된 것이 아니다. 한국 역사학계의 적폐 청산은, 학계 이외 우리사회 각계 구성원 다수의 다양한 참여를 통해야만 비로소 가능할 것이다. 그렇도록 한국 역사학계의 적폐는 복잡하고 심각한 지경이다.

역사학계 적폐 청산은 다음과 같은 과정을 거쳐야 할 것으로 정리할 수 있다.

① 역사학계 적폐 청산의 주체 형성 : 우리 사회 구성원 다수의 역사학계 적폐 청산에 관한 동의 및 참여 확산과 조직

한국사회는 이미 과거사 청산을 시도했던 몇 단계의 경험을 갖고 있다. 지난 시기에 한국에서는 이승만 정부에 의해 친일 청산이 좌절된 이후 독재의 정치가 오래도록 이어져 왔다. 그리고 4.19와 5.18이라는 시민의 고귀한 희생 위에 민주화가 진전되면서 1997년 평화적 정권 교체가 이루어졌다. 그렇게 김대중 정부에 연이어 노무현 정부까지 민주정부가 집권한 10년을 상징하는 키워드 중 하나가 바로 '과거사 청산'이다.[406]

민주화를 민주주의의 공고화를 포함하는 넓은 의미에서 본다면, 민주화 이후 한국의 '과거사 청산'은 두 단계에 걸쳐 진행되었다고 할 수 있다. 6월 항쟁을 전후한 시기에는 5·18광주민주화운동을 중심으로 권위주의 정권의 인권침해 문제가 '과거사 청산'의 핵심 문제로 다루어졌다. 제2단계는 민주주의 공고화의 시기로, 김대중 정부 이후 식민지 잔재의 청산과 분단체제 형성 과정에서 발생한 국가폭력의 해결로 '과거사 청산'의 문제 영역이 확장되었다.[407]

노무현 정부에서는 이전의 과거 청산 작업을 승계하면서 친일진상규명법 등의 제정을 통해 정부차원에서 식민지배의 유산을 정리하는 작업이 진행되었다. 노무현 대통령은 탄핵사태를 겪은 뒤 2004년 5월 14일 국정에 복귀하면서 '과거사 청산' , 국가보안법 폐지를 포함하는 4대 개혁과제를 제시했다. 특히 광복 60주년이던 2004년 8월 15일 경축사에서 보편적 방식에 입각한 포괄적 '과거사 청산'을 제안함으로써 과거청산 입법에 힘을 실었다.

노무현 대통령의 8·15 경축사 이후 국정원, 경찰청, 국방부는 자체적으로 진실규명에 나섰다. 이미 각 영역에서 '과거사 청산' 운동을 추진해오던 시민단

406 김정인, 「역사는 무기다」『참여사회』통권203호, 2013.10, 37쪽.

407 정근식, 「민주화와 이행기 정의 또는 복합적 과거청산」『한국의 과거사 청산과 민주화』, 제주4·3연구소, 2010, 17쪽.

체 및 피해자단체들도 노 대통령의 포괄적 '과거사 청산' 제안을 환영하며 그에 대응해 '올바른 과거청산을 위한 범국민위원회'를 결성하였으며,[408] 포괄적인 '과거사 청산' 관련 법안을 준비하였고, 정치권과 연계하여 입법 활동을 진행하였다.

그러나 과거사정리 입법은 여야의 대립으로 계속 지연되었다. 이에 범국민위에 결집한 관련 유족들은 과거청산 입법을 적극 촉구하는 집회와 농성투쟁에 나섰다. 몇 개월 동안 연이어진 농성과 기자회견에도 입법은 지연되다가, 2005년 5월 3일 임시국회에서 열린우리당의 주도로 '진실·화해를 위한 과거사정리기본법'이 제정되었다. 이 과정에서 범국민위는 과거청산과 관련된 각종 법률들과 의문사위에서의 활동경험 등을 종합하여, 가장 실효적인 과거사정리 법안이 무엇인지를 고려하여 '범국민위원회(안)'을 만들어 열린우리당에 제안하며 입법 활동에 참여했다.[409]

이러한 지난 시기 '과거사 청산'의 입법화 경험은 앞으로 전개되어야 할 역사학계 적폐 청산 운동에도 유용하게 적용될 것이다. 식민지의 잔재로서 청산이 시급한 역사학계 적폐의 본질을 다수 국민들에게 정확하게 널리 알리면, 다수 국민들의 동의와 참여를 통한 조직화가 가능할 것으로 전망된다. 이미 한국사회에는 역사 적폐를 청산하려는 목적으로 활동하는 민간단체들이 다수 존재하고 있기 때문에, 이들 단체들의 연대를 통한 청산활동의 확산도 가능할 것이다. 무엇보다도 다수 국민들의 높은 '반일의식'과 '식민잔재 청산으로서의 식민사관 청산' 및 '올바른 역사 정립'이라는 주요한 이슈들을 결합시키고, 역사 적폐 청산으로 새로 자리잡을 사관(史觀)이 '나라다운 나라' 및 '자

408 참여단체는 친일반민족행위진상규명시민연대, 일제강제동원진상규명시민연대, 한국전쟁전후민간인학살진상규명범국민위원회, 의문사진상규명을위한유가족대책위, 민족민주열사희생자추모(기념)단체연대회의, 민주화운동정신계승국민연대, KAL858기사건진상규명시민대책위 등이다.

409 진실·화해를위한과거사정리위원회, 『진실화해위원회 종합보고서Ⅰ』, 진실·화해를위한과거사정리위원회, 2010, 참조.

주·민주·통일의 역사 서술'을 가능하게 할 것이란 점을 특별히 부각시킨다면, 동의하는 많은 국민들을 참여시키고 조직화하여 역사 적폐 청산의 동력을 충분히 형성할 수 있을 것이다. 그 첫 준비조직으로서 '역사 적폐 청산을 위한 범국민위원회(약칭 '역적청산범국민위')'를 설립하여,[410] 제반 실무를 진행할 수 있다.

② 역사학계 적폐 청산의 법적 및 제도적 장치 마련

역사학계 적폐 청산은 법과 그 법에 따른 제도적 장치를 갖추어, 적법하게 추진되어야 한다. 이미 한국사회에는 '과거사 청산'과 관련한 수많은 입법이 이루어졌는데, 그 중에서 역사학계 적폐 청산과 관련이 있는 최근의 입법 사례로 '일제강점하 반민족행위 진상규명에 관한 특별법'을 들 수 있다.

이 특별법은 2004년 3월 22일에 '일제강점하 친일반민족행위 진상규명에 관한 특별법'으로 제정되었고, 2005년 1월 27일에 '일제강점하 반민족행위 진상규명에 관한 특별법'으로 개정되었다. 이 특별법은 일본제국주의의 국권침탈이 시작된 러·일전쟁 개전시부터 1945년 8월 15일까지 일본제국주의를 위하여 행한 친일반민족행위의 진상을 규명하여 역사의 진실과 민족의 정통성을 확인하고 사회정의 구현에 이바지함을 목적으로 제정된 법이다.

이 법에서 '친일반민족 행위'로 규정한 것들 중 "사회·문화 기관이나 단체를 통하여 일본제국주의의 내선융화 또는 황민화운동을 적극 주도함으로써 일본제국주의의 식민통치 및 침략전쟁에 적극 협력한 행위"와 "일본제국주의와 일본인에 의한 민족문화의 파괴·말살과 문화유산의 훼손·반출에 적극 협

410 그 '역사 적폐'를 '역적'으로 줄여서 부름은 '역사 적폐'를 우리사회에서 청산해야할 대상으로 뚜렷이 상징화하는 의미가 있다. '역사 적폐'를 '역적(歷積) 즉 역사적폐' 혹은 '역적(逆賊)'으로 불러서 청산해야 할 반사회적 개념으로 분명하게 상징화하는 것이다.

력한 행위"가 있다. 이 규정을 적용하여 일제강점기의 역사학계 적폐 대상을 밝힐 수 있을 것으로 기대되었다.

그러나 정작 이 법에 따라 설립된 친일반민족행위진상규명위원회가 2009년 11월 27일 발표한 조사결과에는 역사 부문에 이능화(李能和)와 최남선(崔南善)을 포함시켰지만, 이병도(李丙燾)와 신석호 등은 친일반민족행위자에 포함시키지 않았다.[411] 이런 결과는 2008년 2월에 성립된 이명박 정권의 과거사 청산 반대 입장은 물론 그 정권의 친일적 성향이 크게 작용한 것으로 볼 수 있으며,[412] 그럼으로써 이 특별법에 의한 '친일반민족행위 진상규명'은 제대로 이루어지지 못한 것으로 판단할 수 있다.

1948년 9월 22일 일제 강점기 중의 반민족행위자를 처벌하기 위하여 제정된 '반민족행위처벌법'의 제4조에도 "종교, 사회, 문화, 경제 등 각 부문에서 악질적인 반민족적 언론, 저작과 기타 방법으로써 지도한 자"와 "개인으로서 악질적 행위로 일제에 아부하여 민족에게 해를 가한 자" 등은 10년 이하의 징역에 처하거나 15년 이하의 공민권을 정지하고 그 재산의 전부 혹은 일부를 몰수할 수 있다고 규정하였었다. 이 법에 의해 최남선은 1949년 2월 7일 특별조사위원회에 체포되어 구금되었다.『서울신문』(1949.2.9.)에 의하면, 최남선의 죄목은 중추원참의, 조선사편수회 편수위원, 언론보국회 회원 등을 지냈다는 것

---

411 친일반민족행위진상규명위원회 보다 먼저 2009년 11월 9일에 발표한 민족문제연구소의 〈친일인명사전〉 수록 대상자 명단에는 이병도와 신석호가 포함되어 있다. 친일반민족행위진상규명위원회와 민족문제연구소는 모두 '진상규명과 정의실현'이란 목적으로 조사를 벌였지만, 결과가 다른 것이다. 친일반민족행위진상규명위원회는 반민족행위자 1,006명의 명단을 밝혔지만, 민족문제연구소는 4,389명의 친일행위자 명단을 밝혔다. 이런 차이가 생긴 원인은 친일 행위의 유형과 죄의 정도, 그리고 그것을 판단하는 근거와 관련된 문제라고 볼 수 있다(정근식·이병천 엮음, 「5장 탈식민의 과제와 친일파 청산 운동」『식민지 유산, 국가 형성, 한국 민주주의』, 책세상, 2012, 262~266쪽).

412 2007년 12월의 대선에서 당선된 이명박의 대통령직 인수위원회는 2008년 1월 4일 "과거사 관련 위원회 14개를 우선적으로 폐지할 것이라는 방침"을 발표했다(『아시아경제』, 2008.1.4.). 그 이후 이명박 정권과 집권당인 한나라당 그리고 뉴라이트 집단에 의해 노무현 정부에서 추진하던 여러 과거사 청산 작업은 동력을 잃고 결국 무산되었다.

이다.[413] 그러나 반민특위가 1949년 6월 이후 점차 무력화되면서, '반민족행위처벌법'에 따른 역사학계 적폐 청산은 제대로 시도되지도 못한 채 무산되고 말았다.

위에서 살펴보았듯, 지난 우리의 근현대사에서 역사학계의 적폐를 제대로 청산해본 적이 없다. 청산과 관련한 법의 입법도, 청산과 관련된 제도적 기구도 제대로 설치해본 적이 없다.

문재인 정부에서 한국 역사학계의 적폐 청산을 시도하기 위해서는 다수 시민들의 참여로 먼저 역사 적폐 청산 관련 입법화 운동이 추진되어야 할 것이다. 노무현 정부에서 추진하던 '과거사 청산'의 개념을 확장하여, 일제강점기에 형성된 식민사학과 그 잔재를 현재 우리사회가 시급히 척결해야할 과제로 선정하고, 그 청산을 사회적으로 뒷받침하기 위한 법적 및 제도적 장치를 마련해야 하는 것이다. '식민사학 진상규명과 청산을 위한 특별법'을 제정하여, 이제껏 한국사를 왜곡시켜온 여러 인원 및 기구와 기관을 반드시 정리할 때가 된 것이다.

'식민사학 진상규명과 청산을 위한 특별법'에는 청산의 주체 설정과 제도적 장치 마련, 청산 대상의 범위, 청산의 방법, 청산의 결과에 따른 대안 마련 등의 구체적 내용이 담겨있어야 한다.

③ 역사학계 적폐 청산의 대상: 기존 식민사학 역사 연구 및 저술 또는 그 관련 인원과 기관에 대한 청산

현재의 한국사회가 반드시 청산해야할 역사 적폐의 대상은 다소 복잡하다. 적폐 청산에서의 적폐의 내용 자체가 원래 복잡하기 때문이다. 우리사회가 지닌 여러 적폐의 복잡성에 대해서는 문재인 대통령의 다음과 같은 지적에서도 확인할 수 있다.

413 이강수, 『반민특위 연구』, 나남출판, 2003, 114쪽과 244쪽 및 408~409쪽.

적폐 청산의 '적폐'라는 뜻은 오랫동안 쌓여온 그런 폐단이라는 뜻입니다. 그것은 비단 앞의 정부에서만 만들어졌던 것이 아니라 우리가 해방 이후에 우리가 성장만능주의, 물질만능주의, 그런 어떤 사상을 추구하는 사이에 그 그늘 속에서 생겨났던 여러 가지 폐단을 말하는 것이라고 생각합니다.[414]

사실 우리사회가 청산해야 할 역사 적폐는 그 실체가 자못 '거대하고' 또 '심각'하다. 1945년 해방 이후의 한국사회가 청산해야할 역사 적폐를 그대로 온존시켰기 때문에, 일제가 심어놓으려 했던 식민사학은 해방 이후에 오히려 더 확산되었다. 분단에 이은 동족 상잔(相殘)의 전쟁도 식민사학의 적폐가 한국사회에 더 깊이 뿌리내리고 더 널리 확산되는 계기로 작용했다. 이러한 과정에 역사 적폐는 확대되었고, 나름대로 견고하게 조직화되어 있으며, 소위 역사학계의 소위 '통설'이란 명목으로 학술 권력과 연구 기관 및 기구를 장악하고 있다. 또한 역사 적폐는 그 기득권을 유지하기 위해, 끊임없이 재생산되고 있기도 하다. 또한 이러한 속성 때문에 우리사회의 역사 적폐는 청산 대상으로서 뚜렷이 그 '거대한' 실체를 드러내고 있기도 하다.

그러므로 다수 시민의 참여와 동의로 '식민사학 진상규명과 청산을 위한 특별법'을 제정하게 되면, 그 청산 대상으로서의 역사 적폐의 설정은 크게 어렵지 않다. 역사 적폐 청산의 대상은 크게 인적 청산과 제도적 청산으로 구분할 수 있다. 인적 청산은 과거의 잘못을 저지른 개인을 처벌하거나 영향력을 미칠 수 있는 자리에서 물러나게 하는 것이고, 제도적 청산은 과거의 적폐 행위를

414 청와대 홈페이지(http://www1.president.go.kr/articles/1345)에 게재된 <문재인 대통령 한상대회 참석자 차담회 인사말>(2017. 10. 28) 참조.

가능하게 했던 법이나 제도 등 환경을 변화시키는 것이다.[415] 청산의 중심은 기존에 서술된 식민사학에 의한 한국사 연구 및 서술 전반은 물론, 그 식민사학을 아직도 의도적으로 답습하고 있는 연구자들, 그 연구자들에 의해 장악되어 식민사학의 논리를 유지 및 재생산하고 있는 각종 역사 관련 연구기관 및 기구가 될 것이다.

④ 사대사관 및 식민사관 극복을 통한 사회변혁과 통일조국의 추구

문재인 정부 이후 다수 시민의 참여에 의해 법적 및 제도적 장치를 갖추고 추진될 한국사회 역사 적폐 청산은, 이미 위에서 밝혔듯, 단순한 '역사 바로 세우기' 작업을 넘어서서, 한국사회의 근본적 사회변혁과 분단극복 및 통일을 이루기 위한 기초 작업의 의미를 지닌다. 왜냐하면, 한국사회의 역사 적폐는 왜곡된 지배권을 유지하며 또 분단을 계속 유지시키려는 기득권층에 의해 형성 및 유지되는데, 역사 적폐 청산은 이들 기득권층의 형성 및 유지 기반을 와해시킴으로써 결국 사회변혁과 통일을 앞당기는 작용을 하게 되기 때문이다.

예를 들어, 한국고대사 관련 논쟁의 중심에 있는 한사군 중의 낙랑군 위치 문제를 살펴보자. 낙랑군의 위치 문제는 처음부터 정치적으로 설정된 것이다.

한사군 중의 낙랑군 문제는, 실은 현재의 평양이 고대의 기자조선(箕子朝鮮)이나 위만조선(衛滿朝鮮)이 있던 지역이며, 또 서기전108년에 한무제(漢武帝)가 이곳을 정벌하여 한사군 중의 낙랑군을 설치했다는 식의 역사왜곡에 의해 고정(固定)된 것이다. 우선 조선시대의 지배계급들은 사대사관에 의해 이러한 낙랑군 관련 역사왜곡을 스스로 조작했는데, 그 이유는 그들이 정통(正統)으로 여기는 기자(箕子)의 조선을 평양에 꼭 위치시켜야했기 때문이다. 조선은

---

415 김동춘, 「한국 과거청산의 성격과 방향」『올바른 과거청산을 위한 전국순회 심포지엄 자료집 '청산하지 못한 역사, 어떻게 할 것인가?'』, 올바른과거청산을위한범국민위원회, 2005, 12쪽.

시기	조선시대	일제강점기	해방 이후 현재까지
관점	기자조선=평양 위만조선=평양 한사군 낙랑=평양	기자조선=평양 위만조선=평양 한사군 낙랑=평양	위만조선=평양 한사군 낙랑=평양
사관	사대사관	식민사관	식민사관
목적	사대주의 유지 소중화 논리 형성 봉건 지배 유지	한국사의 식민성 강조 식민지 지배 유지	친일·반민족·반민주 기득권 유지 식민사학 통설(학문 권력) 유지
지배계급	사대적 유학집단	일제 친일매국집단	과거 기득권 유지 세력 (실체 복잡)
극복 시도		독립운동사학	'과거사 청산' 진보적 국학운동(역사 부문)

[도표 4] 조선시대, 일제강점기, 해방 이후 낙랑군 평양설 주장 세력의 사관과 목적 등

기자(箕子)가 다스리는 주(周)의 속국으로서 문명화되었으며, 이로서 중화(中華)에 대응하는 소중화(小中華)로서의 조선을 부각시키려는 의도가 작용했다. 사대주의(事大主義)가 예(禮)의 기본이던 조선의 다수 지배계급에게 사대(事大) 및 사대사관(事大史觀)은 조금도 부정적인 것이 아니었다.

이와 비교하여 일제는 조선 역사의 식민성을 부각시키기 위해, 현재의 평양에 낙랑군을 반드시 위치시켜야 했다. 이때 일제는 조선시대의 사대사관을 변용(變容)시켜, 짧은 시간에 식민사관을 형성했다. 그러므로 일제 식민사관의 큰 틀은 조선시대의 사대사관과 크게 다르지 않다.[416] 예를 들면 하야시 다이스케(林泰輔)는 1892년에 출간한 『조선사』에서 "옛날 은(殷)이 망함에 기자가 도망하여 와서 조선의 왕이 되었다. 9백년이 지난 준왕(準王) 때 연(燕)의 위만에게 쫓겨나고, 위씨(衛氏)가 대신 통치한 지 대략 80년 만에 한(漢)의 무제에게 멸망되었다. 무제가 그 땅을 나누어 사군(四郡)으로 삼고, 소제(昭帝) 때 이

416 필자는 조선시대의 사대사관과 일제강점기의 식민사관은 크게 다르지 않다고 평가한다. 일제가 강점을 전후한 짧은 시간에 식민사관을 형성하여 조선 역사왜곡에 바로 작동시킬 수 있었던 이유는 조선시대에 형성된 사대사관을 식민사관으로 변용시켰기에 가능했다고 볼 수 있다.

를 합하여 이부(二府)로 하였다. 결국 기자로부터 이에 이르기까지 1천여 년 동안 모두 중국인이 통치한 셈이 된다."라고 조선고대사의 원천적 식민성을 강조하고 있다.[417] 결국 현재의 평양에 한(漢)의 무제(武帝)가 설치한 낙랑군이 있었다는 한사군 인식은, 일제에 의해 더욱 강화된 것이다. 조선시대에는 사대사관으로, 일제는 식민사관으로 한사군 중의 낙랑군 논리를 강화한 것이다.

문제는 21세기로 넘어선 이 시점에도 역시 조선시대의 사대사관과 일제의 식민사관으로 왜곡시킨 한사군 중의 낙랑군 위치 논리를 극복하지 못하고, 그 논리로 '고대사 논쟁'을 지속하고 있는 부끄러운 우리의 현실이다.

조선시대의 봉건적 지배계급이 사대사관으로 낙랑군의 위치를 현재의 평양에 위치시키려 했던 이유, 그 뒤에 일제가 식민사관으로 역시 낙랑군의 위치를 평양에 위치시키려 했던 이유, 1945년 이후 일제 식민사관을 그대로 답습하는 한국사회의 기득권층이 역시 서기전108년에 처음 설치된 낙랑군이 현재의 평양에 위치했다고 주장하는 이유는 그들 당대(當代) 지배계급의 지배이데올로기와 연관이 있다. 조선시대, 일제강점기, 해방 이후 등 세 시기에 낙랑군의 위치를 현재의 평양에 위치시키려는 세력들의 역사관과 목적 등을 [도표]로 작성하면, [도표 4]와 같다.

[도표 4]에서 보듯, 각 시기별로 서기전108년 설치된 낙랑군의 위치를 평양에 위치시킴은 당시의 지배계급의 사관이 작용하고 있으며, 그 목적은 그런 역사인식으로서 당시 지배계급의 기득권을 유지시키려는 것이었다.

그러므로 문재인 정부 이후 시민사회가 나서서, '식민사학 진상규명과 청산을 위한 특별법'을 제정하고, 법적 및 제도적 장치를 갖추어 '낙랑군'의 첫 위치 문제 등을 주체적(主體的) 역사관점으로 바로잡아 나간다면, 그 결과는 단순히 '낙랑군의 위치'를 바로잡는 문제에 그치지 않을 것이다. 그런 역사 왜곡

417 하야시 다이스케(林泰輔) 著/편무진·김현욱·이태훈 역, 『조선사』, 인문사, 2013, 51~52쪽.

의 그늘 아래 기생(寄生)했던 우리사회의 여러 모순이 함께 드러나면서, 여러 부문과 연관된 적폐 청산의 시도가 연이어질 것임이 분명하다.

그러므로 문재인 정부 이후 우리 시민사회가 힘을 모아 추진해야 할 역사 적폐 청산 작업은 단순한 '역사 바로 세우기' 작업을 넘어서서, 한국사회의 근본적 사회변혁과 분단극복 및 통일을 이루기 위한 기초 작업의 의미를 지닌다고 말할 수 있는 것이다.

5. 맺음말: 문재인 정부와 그 이후 역사 적폐 청산을 위한 제언

문재인 정부에게도 역사 적폐 청산이란 물론 쉽지 않은 작업이다. 그러나 더 미루어 둘 수 없는 시급한 과제가 또한 역사 적폐 청산이다. 한편으로는 문재인 정부를 성립시킨 동력으로서의 '촛불'을 들었던 우리 시민사회의 진정한 요구 또한 역사 적폐 청산이라 할 수 있으며, 한편으로는 문재인 정부가 가능하도록 민주적 토대를 마련해준 노무현 정부의 '과거사 청산'을 계승하는 차원에서도 문재인 정부는 역사 적폐 청산에 무엇보다 적극적이어야 한다. 어찌 보면, 문재인 정부의 성공 여부는 역사 적폐 청산의 성과에 달려 있다고 볼 수도 있다.

물론 문재인 정부의 역사 적폐 청산이 가능하려면, 한국사회의 시민사회는 모든 역량을 모아 역사 적폐 청산에 주도적으로 참여하고 적극 지지해야 한다. 지난 시기 우리사회는 노무현 정부가 '과거사 청산'을 통한 우리사회의 변혁을 시도했을 때, 우리 시민사회의 온 힘을 모아 지지하지 못함으로써 그 '과거사 청산'이 완성되지 못함은 물론 노무현이란 '사람다운 사람'의 죽음을 목격해야만 했던 불행한 역사를 공유(共有)하고 있다. 노무현 정부의 '과거사 청산'이 얼마나 의미있는 것이며, 그 의미있는 '청산'이 왜 불가능했는지, 그리고 당시 우리 시민사회는 왜 노무현 정부의 '과거사 청산'에 온 힘을 모아주지 못했는지에 대해 당시 신문의 한 기사는 다음과 같이 기록하였다.

> 사람들이 왜 이토록 노무현을 증오하는가? 상식적으로는 도저히 이해가 안 된다. 그가 박정희나 전두환처럼 쿠데타로 정권을 잡은 것도 아니고, 천문학적인 돈을 해먹은 것도 아니다. 그렇다고 김영삼처럼 나라 살림을 거덜낸 것도 아니다. …단순히 실책만으로 정도를 넘어서는 증오를 설명하기는 무언가 부족하다. 노대통령에 대한 비난 이상의 증오, 살기마저 느껴지는 분노는 그가 우리 역사의 잊고 싶은 그 역린(逆鱗)을 끊임없이 들추면서 우리를 괴롭혀 온 데 기인한다고 생각한다. 노 대통령은 집권 5년 동안 보기 싫은 진실, 이른바 '불편한 진실'을 보도록 끊임없이 들추어 왔다. 끊임없이 들추면서 우리를 괴롭혀 온 데 기인한다고 생각한다.
>
> 그 문제는 제대로 이뤄지지 않은 친일 청산의 문제이고, 그것에 기생하고 있는 대한민국 지배계층의 정통성의 문제이고, 그것이 만들어내는 왜곡된 의식의 문제이다. 그것이 실타래처럼 얽혀서 이념 문제가 되고 남북 문제가 되어 우리의 발목을 꼼짝달싹 못하도록 만들어 왔다. 그것은 우리 모두가 쉬쉬하는 침묵의 카르텔이었다.
>
> 노무현 집권으로 그 카르텔에 금이 가면서 목하 대한민국의 지배계층의 기원과 본성이 백일하에 드러나게 되었고, 그 과정에 지배계층은 대통령 탄핵이라는 특단의 조치까지 감행하지 않을 수 없게 되었다. 탄핵에서 다시 살아났지만, 그때부터 노무현은 고립되었고, 여당조차도 더 이상 아군이 아니었다.

정동영의 실용주의는 바로 그 이탈의 신호탄이었다. 사실 여당이라 해도 아군인 척은 했지만 아군인 적은 없었다. 그들도 엄연한 지배계층이었고 침묵의 카르텔의 일원이었다. 대선에 패배하고 난 뒤 모두가 노무현 탓이라고 손가락질 하는 태도를 보더라도 알 수 있다. 정·언·관의 융단 폭격 속에 민심의 이반도 함께 일어났다. 왕조 시대라면 이미 탄핵으로 반정(反正)이 완성된 것이다.
…어두운 진실을 밝은 햇빛 속에 드러내었다는 것 그것만으로도 노무현 정부 5년은 충분히 의미가 있다.[418]

문재인 정부 이후, 노무현 정부의 '과거사 청산' 시도를 계승하는 혹은 그를 뛰어넘는 역사 적폐 청산 시도는 우리 시민사회의 피할 수 없는 '시대적 과제'이다. 그리고 이번에는 노무현 정부의 '과거사 청산'을 방해했던 소위 '침묵의 카르텔'조차도 과감하게 청산해낼 의지를 시민사회가 보여주어야 한다. 그리고 왜곡된 역사의 그늘 아래 온존할 수 있는 '침묵의 카르텔' . 그것이 서서히 문재인 정부를 또한 잠식해가지 못하도록,[419] 오히려 문재인 정부 스스로 서둘러 앞장서서 먼저 '식민사학 진상규명과 청산을 위한 특별법' 제정에 나서라고 감히 제언(提言)한다.

위의 본고에서 필자는 독립운동가들이 지녔던 고대사 인식의 실체를 검토하면서, 독립운동가들이 극복하려했던 사대사관과 식민사관이 현재까지 온존하는 우리의 역사상황도 살펴보았다. 그리고 독립운동가들의 역사학 중 우리가 계승해야할 것으로서의 역사 적폐 청산이 우리시대의 과제라는 인식 아래

418 김미선(국제신문 수석 논설위원), 「불편한 진실과 노무현」『국제신문』칼럼, 2007년 12월 28일,

419 역사 적폐 청산이란 시대적 과제를 가로막으려는 '침묵의 카르텔' 즉 기득권 세력의 저항은 항상 우리사회 다수의 적폐 청산 의지를 좌절시킬 기회를 노리고 있다. 우리사회가 무엇을 해야 할 것인가는 분명하다. 문제는 권력과 자원을 독점하고 있는 기득권 세력의 반발을 어떻게 제압하는 것이냐이다 (이재명, 「대한민국 적폐청산과 공정국가 건설」『이재명 성남시장 초청 국회토론회』, 2017.1.3, 12쪽).

문재인 정부와 그 이후 한국사회 역사 적폐 청산 과제와 방법에 대해서 간략하게 검토해 보았다. 필자의 서술 중 부족한 점은 이후의 연구를 통해 보충하고자 한다.